知识产权
运营实务

国家知识产权运营公共服务平台／组织编写

主　编：朱　宁

副主编：于立彪　马天旗　吕占江

知识产权出版社

全国百佳图书出版单位

——北京——

图书在版编目（CIP）数据

知识产权运营实务/国家知识产权运营公共服务平台组织编写；朱宁主编. —北京：知识产权出版社，2020.4（2022.4重印）

ISBN 978-7-5130-6837-6

Ⅰ.①知… Ⅱ.①国… ②朱… Ⅲ.①知识产权—研究—中国 Ⅳ.①D923.404

中国版本图书馆 CIP 数据核字（2020）第 044941 号

内容提要

本书全面系统地对国内外知识产权运营现状、运营模式、典型案例进行收集、整理和剖析，分为基础篇、传统篇和创新篇。基础篇概述国内外知识产权运营现状，引入并介绍专利价值评估方法、专利分类分级管理等运营基础知识。传统篇，对专利产品化、转让许可、标准化、专利诉讼、拍卖、专利信托等运营模式进行了阐述，同时扩展到商标和地理标志品牌的运营。创新篇，重点介绍知识产权基金、知识产权质押融资和知识产权证券化等近年来兴起的知识产权运营新模式。

读者对象：企业、高校、研究院所、服务机构、政府机构等知识产权相关人员。

项目责编：黄清明　　　　　　责任校对：潘凤越

本书责编：张利萍　　　　　　责任印制：刘译文

知识产权运营实务

国家知识产权运营公共服务平台　组织编写

主　编　朱　宁

副主编　于立彪　马天旗　吕占江

出版发行：知识产权出版社有限责任公司	网　　址：http://www.ipph.cn
社　　址：北京市海淀区气象路 50 号院	邮　　编：100081
责编电话：010-82000860 转 8117	责编邮箱：hqm@cnipr.com
发行电话：010-82000860 转 8101/8102	发行传真：010-82000893/82005070/82000270
印　　刷：三河市国英印务有限公司	经　　销：各大网上书店、新华书店及相关专业书店
开　　本：720mm×1000mm　1/16	印　　张：22.25
版　　次：2020 年 4 月第 1 版	印　　次：2022 年 4 月第 2 次印刷
字　　数：460 千字	定　　价：88.00 元
ISBN 978-7-5130-6837-6	

本书编委会

主　编◇ 朱　宁

副主编◇ 于立彪　马天旗　吕占江

编　委◇ 杨　倩　胡　伟　吕　媛　彭绘羽
　　　　　王　静　陈　伟　曹　莉　左阿惠
　　　　　李巧博　刘　昕　刘思其　郑雅棋

作者简介
ABOUT THE AUTHORS

杨 倩 湖南大学数学与计量经济学院理学学士，上海交通大学复杂网络专业硕士。2012 年入职中国专利信息中心，从事专利咨询分析工作。2015 年进入华智众创（北京）投资管理有限公司，担任公司总经理助理兼产品研发部（规划发展部）部长，深度参与国家知识产权运营公共服务平台的建设及公司对外知识产权服务工作。国家知识产权局骨干人才，完成多项课题研究。

胡 伟 现就职于国家知识产权运营公共服务平台，负责财务及知识产权金融工作，专注于知识产权与金融领域的融合应用；同时担任电子信息领域知识产权培育运营专项股权代持工作组执行负责人，带领团队完成多项重大股权投资工作。

吕 媛 华中科技大学电子科学与技术专业工学学士，中国政法大学民商法学专业法学硕士，具备律师和专利代理师资格。2007 年入职国家知识产权局专利局电学发明审查部，从事半导体领域专利审查工作 13 年。国家知识产权局骨干人才，发表多篇知识产权类文章，完成多项局级课题研究。

彭绘羽 现任国家知识产权运营公共服务平台财务部兼产品研发部副部长，并兼任北京中科微知识产权服务有限公司董事。具备专利代理师、专利信息分析师、基金从业资格资质。曾牵头完成公司质押融资产品的设计与实施、电子信息领域高价值 IP 培育运营财政资金代持等。

王 静 国家知识产权运营公共服务平台高级经理。先后从事发明专利实质审查、知识产权服务工作。致力于高价值专利培育、知识产权运营、知识产权软课题研究、国家平台品牌活动策划等。熟悉专利检索、专利导航及预警分析、知识产权分析评议等，参与多项课题研究，发表相关文章 7 篇。

陈 伟 原国家知识产权局专利局专利审查协作北京中心审查员，现任职于国家知识产权运营公共服务平台，借调在国家知识产权局运用促进司。曾负责多项国家知识产权局课题研究以及企业专利分析和知识产权战略规划咨询项目。

曹　莉　北京化工大学化学专业博士，知识产权师，专利信息分析人员，具备专利代理师资质。参与多项专利导航分析、知识产权分析评议课题研究。致力于知识产权大数据产品开发与管理、专利价值评估、高价值专利培育、知识产权证券化等。

左阿惠　中国科学院过程工程研究所化学工程专业硕士，具备专利代理师资质，熟悉专利质量管控、专利资产分类分级管理、高价值专利挖掘培育等实务工作。参与国家平台《高价值专利（组合）培育和评价标准》的起草。

李巧博　北京石油化工学院自动化专业学士，专利信息分析专业人员。全面参与国家平台的调研分析、建设及运营工作。曾参与过《国防专利价值评估的可行性分析》《热电池领域分析评议》等项目，在专利撰写、专利价值评估等方面具有丰富的工作经验。

刘　昕　清华大学法律硕士，国家知识产权运营公共服务平台行业研究员。主要研究方向为产业分析和专利信息分析与挖掘，至今已参与多项大数据、生物医药等领域的产业研究项目以及知识产权信息分析相关项目和课题。

刘思其　国家知识产权运营公共服务平台财务部部长助理兼投资经理，注册会计师，专利信息分析专业人员能力素质评测中级水平。主要研究方向为专利价值评估与知识产权金融，参与电子信息领域高价值专利培育运营专项股权代持等项目。

郑雅棋　英国曼彻斯特大学国际市场营销硕士，负责国家平台品牌活动策划执行、中国知识产权发展联盟管理。熟练运用品牌管理策略，擅于挖掘商标价值与品牌资本，及联动商标运营战略与各类知识产权运营。

2019 年 4 月 26 日，习近平总书记在第二届"一带一路"国际合作高峰论坛开幕式上发表主旨演讲时指出，"没有创新就没有进步，加强知识产权保护，不仅是维护内外资企业合法权益的需要，更是推进创新型国家建设、推动高质量发展的内在要求"。

2020 年 2 月，国资委和国家知识产权局联合发布了《关于推进中央企业知识产权工作高质量发展的指导意见》，教育部、国家知识产权局和科技部联合发布《关于提升高等学校专利质量促进转化运用的若干意见》，对中央企业知识产权高效运用、高校科技成果转化运用提出要求，突出高价值知识产权的转化运用导向。2019 年 3 月，国家知识产权局局长申长雨在参加两会时提出三项举措，积极推动知识产权转化运用，落实中央有关要求。一是持续深化知识产权权益分配机制改革，建立更加科学合理的权益分配机制，从根本上调动各类创新主体实施成果转化的积极性和主动性；二是加快建设和完善知识产权运营体系和运营平台，促进知识产权综合运用，包括知识产权的转移转化、收购托管、交易流转、质押融资、导航评议等；三是大力促进知识产权密集型产业发展，包括智能制造、生物医药、新一代移动通信等。

培育知识产权密集型产业是产业转型升级的重要举措，为此必须构建围绕产业链的创新链，在创新链上进行针对性的专利布局，形成良性的市场竞争格局，实现专利的市场控制力，最后获得通过高效益运用实现产业创新升级的知识产权结局。深化知识产权权益分配机制改革解决好知识产权的所有权、收益权、处置权等三权问题，加快建设和完善知识产权运营体系和运营平台，从调动各类创新主体积极性和加强服务体系支撑两方面促进知识产权转化运用，促进产业转型升级。

根据国家知识产权局 2020 年 3 月发布的 2019 年全国知识产权运营体系建设有关统计数据显示，2019 年全国知识产权运营体系建设成效显著。全国专利转让、许可、质押等运营次数达到 30.7 万次，同比增长 21.3%；专利和商标质押金额达到 1515 亿元，同比增长 23.8%；知识产权运营服务体系建设重点城市增至 26 个；首单纯专利资产证券化产品成功发行；各类运营试点和平台建设项目陆续落地；高价值专利组合培育项目、各类专利导航项目、地理标志运用促进工程在重点城市稳步推进，逐步形成知识产权助推创新经济和特色产业的局面。

国资委和国家知识产权局联合发布的《关于推进中央企业知识产权工作高质量发展的指导意见》中，明确提出支持中央企业将战略性高价值专利组合纳入国家知识产权运营公共服务平台（以下简称"国家平台"）项目库，开展高价值专利运营，凸显了国家平台在运营体系中的重要作用。

在这样的时代背景下，国家平台组织编写《知识产权运营实务》，既有对以往案例经验的梳理总结，也有对知识产权运营新模式的探索。本书编者中有国家知识产权专家库专家、国家知识产权局高层次人才、资深专利审查员、专利代理师、专利信息分析师，以及知识产权金融专家、基金从业者等，均在知识产权领域工作多年，具有丰富的理论和实践经验。

本书编者力求从创新主体、各级政府关注的知识产权运营实务问题出发，行文深入浅出，力争做到：一是知识点全面，按照知识产权运营发展历程，沿"基础篇—传统篇—创新篇"的脉络，逐步展开各类型知识产权运营工作的介绍，涵盖了专利价值评估方法、专利分级分类管理等基础知识，专利产品化、转让许可、专利诉讼、标准化、专利拍卖、专利信托、注册商标运营、地理标志品牌运营等传统运营方式，以及知识产权运营基金、质押融资和证券化等近年来兴起的运营新形式。二是实操性强，本书在各相关章节，均收集并剖析具体案例，以案例阐释相关概念、剖析运营模式，具有较强的实用参考价值。

期待本书能对企业、高校、科研单位等创新主体及各级政府知识产权运营管理工作起到借鉴和指导作用，并与社会各界共同助力高价值知识产权成果转化和产业实施。

前 言

INTRODUCTION

党的十八大报告指出，实施创新驱动发展战略，是加快转变经济发展方式、提高我国综合国力和国际竞争力的必然要求和战略举措。近年来，我国自主创新能力提升速度、自主创新成果数量累积速度达到世界领先水平，2015年，我国发明专利申请量突破100万件，并连续5年居世界首位，有效注册商标量突破1000万件，连续14年保持世界第一。党的十九大报告提出，中国经济由高速增长阶段转向高质量发展阶段，提出要倡导创新文化，强化知识产权创造、保护、运用。运用是知识产权创造和保护的目的，是知识产权的价值体现。因此，知识产权运营成为高质量发展阶段实施创新驱动发展的必然要求。

知识产权运营服务体系自2014年开始建设以来，取得了显著的成效，基本形成了覆盖重点产业、重点区域、竞争有序的知识产权运营体系。知识产权运营工作也取得了显著成绩，2018年我国知识产权使用费进出口总额超过350亿美元，其中使用费出口额提前完成《"十三五"国家知识产权保护和运用规划》确定的"五年累计超过100亿美元"的目标。2019年上半年，全国专利和商标新增质押融资金额为583.5亿元，同比增长2.5%；质押项目数为3086项，同比增长21.6%。2019年3月，全国首支知识产权证券化产品在深圳交易所发行，总规模7.33亿元，涉及发明专利、实用新型专利和著作权；2019年9月，全国首支纯专利知识产权证券化产品在深圳交易所挂牌交易，涉及广州开发区内11家高新科技中小企业的103件发明专利、37件实用新型专利，总规模3.01亿元。

然而，在取得这些成绩的同时，随着国际国内市场对专利质量提出新的要求，以及资本融入运营体系、知识产权与金融的结合，知识产权运营的复杂性也在提高，对于高校、企业，特别是高校、中小企业而言，仍然缺乏知识产权运营的相关知识和能力储备。

考虑到知识产权运营的涵盖面较广以及运营工作的复杂性，且目前市面上没有一本全面梳理相关理论和案例的书籍，为了切实解决创新主体，特别是中小企业和高校在知识产权运营中面临的问题，国家知识产权运营公共服务平台从服务于全国知识产权运营服务体系的立意出发，组织编写了本书。

　　本书第一章至第三章，是知识产权运营基础篇，第一章对国内外知识产权运营发展现状、国内外政策、知识产权运营模式进行了简述；第二章阐述了知识产权价值评估的应用场景和主要方法；第三章阐述了专利资产分类分级管理的相关流程和保障措施。第四章至第十章，是知识产权运营传统篇，其中第四章阐述了专利运营的最基本的模式，即专利产品化；第五章介绍了专利转让和许可这两种运营方式，详细介绍了转让和许可的流程和途径；第六章以专利标准化、专利诉讼、NPE 为代表介绍了其他传统形式的专利运营模式；第七章阐述了专利拍卖的现状、理论和典型案例；第八章阐述了专利信托相关理论及典型案例；第九章是注册商标运营，介绍了商标运营战略和策略，以及商标与专利运营相互助力作用；第十章介绍了地理标志品牌运营的发展现状、运营模式和典型案例。第十一章至第十三章，是知识产权运营创新篇，其中第十一章主要介绍了知识产权基金的运作模式及案例；第十二章阐述了知识产权质押融资模式及典型案例；第十三章主要介绍了几种国内外典型的知识产权证券化模式及相关案例。

　　本书编者中朱宁、于立彪、马天旗承担了全书的框架设计、篇章布局、案例和素材提供整理、统稿和审稿工作，吕占江参与了第一章的编写，吕媛参与了第二章的编写，左阿惠参与了第三章的编写，李巧博参与了第四章的编写，王静参与了第五章的编写，吕占江参与了第六章的编写，陈伟和刘昕参与了第七章的编写，刘思其参与了第八章的编写，郑雅棋参与了第九章的编写，杨倩参与了第十章的编写，胡伟参与了第十一章的编写，彭绘羽参与了第十二章的编写，曹莉参与了第十三章的编写。这其中吕媛的工作单位是国家知识产权局专利局电学发明审查部，其余作者的工作单位均为华智众创（北京）投资管理有限责任公司。

　　本书不仅对知识产权运营模式的理论、流程、途径等进行了介绍，还收集整理了国内外相关的典型案例进行实证分析，以提高本书指导实践操作的务实性，殷切希望能为知识产权运营人才、企业、高校等知识产权管理人员的工作提供参考，衷心期望以本书为契机，推动我国知识产权运营事业向前迈进一步。

　　本书撰写过程中，得到了诸多业界专家、领导、同事的帮助和支持，在此表示诚挚的感谢。

　　本书编者虽倾尽心力，力图追求务实、全面，然而时代的车轮滚滚向前，知识产权运营事业的面貌日新月异，知识产权运营的场景千变万化，在实际工作中，相关理论和模式还需要不断摸索、不断完善，我们也将会实时关注行业新动态，对本书进行修订和完善。由于时间仓促，本书中难免出现疏漏，望广大读者批评指正。

　　谨以此书献给为国家平台建设做出卓越贡献的朱宁同志。

编写组
2019 年 12 月 18 日

CONTENTS

创新篇

基础篇

第一章 CHAPTER 1
知识产权运营概论

第一节　知识产权运营概述

一、知识产权运营定义

1. 知识产权

知识产权，即知识所属权，指权利人对其所创作的劳动成果享有的独占权利，包括财产权利和人身权利两部分，在法律规定的期限内有效。

知识产权大体上分为两类：工业产权和著作权。

工业产权包括专利权、商标权及地理标志等。①专利权是专利权人依法合规拥有发明创造的独占实施权，具有时间性、排他性及地域性等特点；②商标权是商标权人依法合规拥有注册商标的独占实施权；③地理标志的定义出自世界贸易组织有关贸易的知识产权协议中，是鉴别原产于一成员方领土或该领土的一个地区或一地点的产品的标志，但标志产品的质量、声誉或其他确定的特性应主要取决于其原产地。

著作权又称为版权，是著作权人对其创作的文字、艺术等作品依法享有的权利，包括著作人身权及著作财产权等。

从产生想法设计到获得知识产权，仅是知识产权发挥自身价值的开端，而充分实现知识产权价值才是评判知识产权成功与否最核心的标准。

2. 知识产权运营

随着我国政府对知识经济的逐渐重视及国家知识产权战略的迅速推进，知识产权已逐步发展成为企业发挥核心竞争力的重要工具，成为社会经济增长的新引擎。我国知识产权数量不断增加，但知识产权转化为商业成果的比例还较低，制约着知识产权权利主体的发展。知识产权的合理有效运用及积极转化成为未来的发展重点，为充分实现知识产权的价值，知识产权运营产业应运而生。

知识产权运营是对知识产权进行经营，促进知识产权技术的应用和转化，实现知识产权价值和经济利益的行为。其根本，是运用制度经营权利。从社会学角度来看，制度泛指以规则或运作模式，规范个体行动的一种社会结构。制度是指要求大家共同遵守的办事规程或行动准则，其含义大于法律，但实际社会运行中，最主要的制度还是法律。在法律制度层面，不同种类的知识产权法律有所不同，不同国家的知识产权法也有所不同，而在世界范围内，还存在诸如《巴黎公约》等在多个国家和地区之间具有约束力的协定，因而要经营好知识产权，必须有针对性地运用好相关地区的法律制度。从管理学的角度来看，经营含有筹划、谋划、计划、规划、组织、治理、管理等含义。经营和管理相比，经营侧重指动态性谋划发展的内涵，而管理侧重指使其正常合理地运转。不少观点认为知识产权运营主要是对知识产权进行管理，笔者认为，管理的层面低于经营，知识产权通常与企业战略密切相关，必须经谋划、组织、管理，才能实现其价值，因而知识产权运营的行为，用"经营"更加贴切。

对企业而言，知识产权运营要从企业的原动力谈起，即获取利润。企业通过知识产权运营获得市场竞争优势，进而获取更大的利润，具体表现为获得新技术及利用新技术方面的竞争。在企业经济活动中，将知识产权的理论价值与实际价值进行转化，将知识产权与企业经营战略相结合，形成企业知识产权战略，而实施和推进知识产权战略则为知识产权运营。

从政府角度而言，我国知识产权运营始于 2012 年 5 月，以北京市政府倡导的北京知识产权运营管理公司成立为标志。2013 年 4 月，国家知识产权局发布《关于组织申报国家专利运营试点企业的通知》，这标志着全国层面从专利角度开始了知识产权运营。到 2015 年，全国知识产权运营公共服务平台建设启动，同年由中国专利保护协会牵头的中国知识产权运营联盟成立，社会上有从业者将 2015 年称为中国知识产权运营的元年。总体来看，我国的知识产权运营尚处在起步阶段，将知识产权创造的数量优势转化为行业发展的质量优势，成为技术领先而不仅是数量领先的知识产权强国，是我国发展知识经济、推进知识产权运营的发展目标。知识产权运营可将知识产权与资本市场有效融合，将无形资产转化为有形财富，通过知识产权转让、知识产权许可、知识产权质押、知识产权信托等知识产权运营模式，推动资本市场对技术创新的支持，以实现知识产权从技术层面逐步向产业化、商业化及资本化转变的目的。

二、知识产权运营的内容

知识产权运营的内容主要包括知识产权战略的制定、知识产权管理、知识产权商品化、知识产权商业化和知识产权资本化等。①知识产权战略是知识产权运营的根本遵循；②知识产权管理是知识产权战略目标实现的手段；③知识产权商品化是其运营方式的基础；④知识产权商业化可实现知识产权的经济价值；⑤知识产权资本化可实现知识产权的金融价值。

1. 知识产权战略的制定

知识产权战略是一个组织关于知识产权工作的目标、管理机制、实现路径等制定的总体规划。组织的知识产权战略是知识产权运营的根本遵循。知识产权战略的制定需分析组织面临的竞争形势、产业所处的政策和市场环境，结合组织自身情况，明确知识产权工作的目标、机构设置、管理策略和实现路径。知识产权的作用分为防御型、进攻型和攻防兼备型，企业应在知识产权目标中进行明确。

2. 知识产权管理

知识产权管理可以分为宏观和微观两个方面。宏观方面，知识产权管理是我国政府为保证知识产权法律制度的贯彻实施、维护知识产权权利人的合法权益而进行的行政及司法活动，以及知识产权权利人为使其合法拥有的知识产权发挥经济效益和社会效益而采取相应措施和策略的经营活动。微观方面，知识产权管理是各类创新主体围绕其组织层面制定的知识产权战略，对人员、知识产权等要素进行有机的组织协调、评价考核等行为。知识产权管理是知识产权运营的重要组成部分，也是知识产权运营的基础，知识产权的布局、产生、实施及维权均与知识产权管理相关联。随着互联网及信息技术的不断发展，企业、高校及科研机构应加强知识产权的信息管理，建立知识产权数据库，及时了解并跟踪国内外知识产权动态，提高自身知识产权运用能力，将知识产权转化为有形财富，推动知识经济社会的不断发展。

3. 知识产权商品化

知识产权商品化是通过生产行为将知识产权转变为对应的商品，使其可以被销售的过程。对于专利而言，是将发明、实用新型、外观设计等技术方案或设计生产为产品。对于著作权而言，是将著作变为可供大众接受的形式，例如纸媒出版、网络发布、拍摄视频等过程。知识产权商品化是其运营最原始的形式，也是最常见的形式。这是实现其价值的基础，如果无法商品化，那么商业化、资本化等运营方式都将无从谈起。

4. 知识产权商业化

知识产权商业化是通过市场化的行为最大限度地发挥知识产权价值以获得财产收益的商业行为。知识产权商业化是以营利为目的，通过知识产权转让、知识产权许可、知识产权质押等知识产权运营模式实现知识产权的商业价值。知识产权商业化发展不仅有利于企业将其自身知识产权变现，产生经济效益，还可通过知识产权商业化布局，突破竞争对手的技术垄断，整合产业技术资源，增强企业核心竞争力。知识产权商业化将为我国经济的转型升级注入新活力，盘活我国知识产权存量，扩大知识产权的经济效益及商业价值。

5. 知识产权资本化

知识产权资本化是充分利用知识产权，实现知识产权价值与资本的转换，极大地推动知识产权资产的流通与利用。2015 年 4 月，国家知识产权局发布《关于进一步推动知识产权金融服务工作的意见》，提出政府应引导知识产权评估、交易、担保、典当、拍卖、代理、法律及信息服务等机构进入知识产权金融服务市场，支持社会资本创办知识产权投融资经营和服务机构，加快形成多方参与的知识产权金融服务体系。2019 年 8 月，中国银保监会联合国家知识产权局、国家版权局发布了《关于进一步加强知识产权质押融资工作的通知》。上述政策的发布，有力地推动了知识产权与金融市场相融合，促进知识产权资本化不断发展，发挥知识产权运营对实体经济的支撑作用。

三、知识产权运营机构

1. 知识产权运营机构的兴起

我国逐步进入以知识产权为核心竞争力的新经济时代，知识产权逐渐成为驱动经济增长的新引擎和企业的核心竞争力，知识产权运营产业发展迅速❶。知识产权运营产业的高速发展推动知识产权运营机构的发展，在国家知识产权局于 2013 年实施专利导航试点工程以来，知识产权运营机构不断增加，运营模式不断创新，应用领域逐渐拓宽。截至 2018 年年底，专利代理机构数量与商标代理机构数量达到 4.1 万个，同比增长 16.6%。

知识产权运营机构的发展是我国知识产权运营产业未来的发展趋势，知识产权运营机构可为知识产权供需双方提供高效的知识产权交易、知识产权投融资等知识产权运营行为的公共服务平台，促进我国知识产权运营的发展，提升我国国际知识产权竞争力。自 2014 年以来，国家知识产权局与财政部共同开展以市场化方式促进知识产权运营服务的试点，在北京建设全国性知识产权运营公共服务平台，在西安和珠海建设特色试点平台，并以股权投资的方式指导扶持试点省、市的 20 家知识产权运营机构，初步形成了"平台+机构+资本+产业"四位一体的知识产权运营服务体系。

2. 知识产权运营机构的类型

我国知识产权运营产业发展迅速，根据服务类型可将知识产权运营企业划分为服务型知识产权运营企业、资产型知识产权运营企业等。

（1）服务型知识产权运营企业

服务型知识产权运营企业为知识产权交易提供平台服务、在知识产权申请或授权阶段提供支持性服务。服务型知识产权运营企业在市场中占据主流地位，企业自身并不持有知识产权，主要为知识产权交易、知识产权投融资等提供知识产权运营服务。该类平台最典型的代表为国家知识产权运营公共服务平台（以下简称"国家平台"），该平台具有以下主要功能：一是知识产权数据查询服务，除了基础的专利数据查询外，该平台还提供知识产权运营数据、审查数据以及商标数据的查询；二是知识产权交易服务，

---

❶ 郑杰. 浅谈知识产权运营中心平台建设意义 [J]. 企业技术开发, 2014, 33 (1): 88-89.

提供线上项目供需对接服务；三是知识产权服务集市，为服务机构提供展示和交易的平台；四是知识产权金融服务，提供线上知识产权质押融资服务。国家平台以知识产权数据为基础，建立了知识产权运营的基础数据库和项目标准，打通了知识产权运营相关的信息流、服务流和资金流，为全国的知识产权运营提供了基础支撑。

（2）资产型知识产权运营企业

企业通过购买等方式将自有资本转化为知识产权，自行承担知识产权资产和运营风险。以北京智谷睿拓技术服务有限公司（以下简称"智谷睿拓"）为例，智谷睿拓通过自主创新和与第三方合作的方式开展原创技术的开发和转让，并提供知识产权运营服务，如与高校院所搭建发明网络提供知识产权的研发、转让及商业信息咨询服务，帮助企业挖掘和实现知识产权的商业价值并提升其产品附加值等服务，解决我国高校院所科技成果转化率低及企业创新资金不足等问题。

第二节　知识产权运营发展现状

一、国外知识产权运营发展现状

1. 国外知识产权运营背景

自 1623 年世界第一部专利法《垄断法规》诞生于英国以来，国际知识产权制度随着三次工业革命日益完善，并逐渐在全球范围内普及。在全球经济一体化发展趋势下，知识产权制度在国际市场竞争中的地位日益突出，逐渐受到国家、社会及个人的重视，以知识产权为基础的运营市场也逐渐开始发展。

（1）美国知识产权运营背景

美国作为知识产权运营发展成熟的国家之一，知识产权制度制定时间早。1787 年，美国在其宪法中规定了版权和专利权，并于 1790 年发布第一部《专利法》和《版权法》，提出对专利权人及版权人的经济权利提供相关法律保障，推动了美国专利及版权的发展。1802 年美国成立直属于国务院的专利与商标局，并于 1870 年制定《美利坚合众国联邦商标条例》。通过发布《专利法》《版权法》《美利坚合众国联邦商标条例》等多项知识产权相关法规政策，美国已建立起完整的知识产权法律体系，对知识产权进行全方位的保护，为发展知识产权运营提供坚实的基础。

美国知识产权运营发展时间早，其知识产权运营模式的核心是市场化运作，政府部门负责提供政策指导、战略指引和便捷高效的服务，鼓励技术从研发端向应用端流动，并利用自身完善的金融市场推动知识产权的资本化转变。美国政府的政策扶持及其金融市场的支持，促进了美国知识产权运营产业的发展，促使其逐步发展成国际知识产权运营大国。

（2）英国知识产权运营背景

英国于 1623 年发布了世界第一部专利法《垄断法规》，成为知识产权发展最早的国家。《垄断法规》的诞生从法律上限制英国王室的特权性垄断，建立起鼓励专利创新的制度。1852 年，英国发布《专利法修正案》，正式确立专利制度并成立专利局，从而推动了第一次工业革命的产生。第一次工业革命中，通信技术及交通运输技术的变革改善了商品交换的方式，以创新发明专利作为资产进行交易的知识产权运营应运而生。1977 年，英国参与签订《关于授予欧洲专利的公约》，与欧洲各成员国间建立共同授予发明专利的法律制度。英国的知识产权制度及知识产权运营随着欧洲知识产权一体化逐步实现全球化发展。

（3）日本知识产权运营背景

日本拥有完善的知识产权制度，是亚洲知识产权保护及运营发展成熟的国家之一。自 1950 年起，日本开始大量引进国外先进技术以增强自身技术水平，并成功建立起本国的科学体系。1995 年，日本政府通过颁布《科学技术基本法》确立了科学技术立国的基本方针，规范了科技事业发展的方向和保障措施，并逐渐开始发展知识产权质押贷款。日本政策投资银行自 1995 年开始实施知识产权质押贷款业务❶，针对不同类型的企业进行金融创新，并开展多种形式的知识产权质押贷款及证券化业务，推动日本知识产权运营产业的发展。2018 年，日本发布了《2018 年知识产权推进计划》，提出重视知识产权创造教育及人才培养，加强知识产权制度基础设施建设，并建立数字化和网络化的著作权系统，强化知识产权保护，为知识产权运营奠定基础。

2. 国外知识产权运营发展现状

在全球经济一体化的发展趋势下，知识产权在产业竞争中的地位不断提升，逐渐发展成为国际市场竞争的重点。据 2018 年世界知识产权组织（World Intellectual Property Organization，WIPO）发布的《世界知识产权指标》年度报告数据显示，2018 年全球专利申请数达到 3326300 件，同比上涨 5.2%，连续 9 年实现增长；商标申请数达到 14321800 件，较 2017 年上涨 15.5%；工业品外观设计申请数达 1312600 件，同比上涨 5.7%，国际知识产权发展迅速。

（1）专利方面

如图 1-1 所示，2018 年，中国的专利申请数为 1542002 件，美国为 597141 件，日本为 313567 件，韩国为 209992 件，欧洲专利局为 174397 件。其中，欧洲专利局的专利申请数同比增长 4.7%，韩国同比增长 2.5%，而日本和美国的专利申请数分别下降 1.5% 和 1.6%，美国的专利申请数自 2009 年以来首次出现下降。2018 年，全球有效专利数为 1400 万件，同比增长 6.7%，其中美国有效专利数约为 310 万件，其次为中国（240 万件）、日本（210 万件）。

---

❶ 李希义. 日本政策投资银行开展知识产权质押贷款的做法和启示 [J]. 中国科技论坛，2011 (7)：147-152.

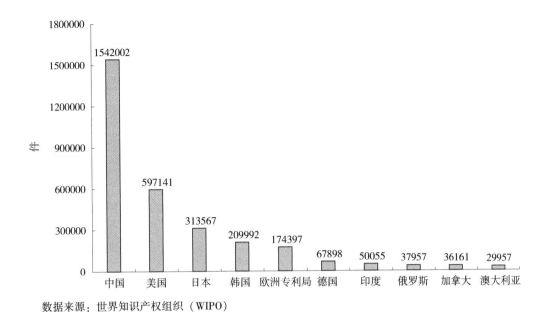

数据来源：世界知识产权组织（WIPO）

图 1-1　2018 年全球专利申请数排名前 10 位的国家和地区

如图 1-2 所示，2018 年，亚洲专利申请数占世界总数的 66.8%，北美洲占比为 19.0%，欧洲占比为 10.9%，其他国家和地区占比合计约为 3.3%。

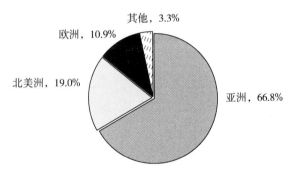

数据来源：世界知识产权组织（WIPO）

图 1-2　2018 年全球专利申请数构成

随着经济全球化的不断发展，进入国际市场抢占国际市场份额成为各经济主体的重点目标。通过向境外提交专利申请的方式逐渐成为各经济主体向国际市场扩张的战略发展方式。如图 1-3 所示，2018 年，美国向境外提交了 230085 件专利申请，其次为日本（206739 件）、德国（106753 件）、韩国（69459 件）、中国（66429 件）。

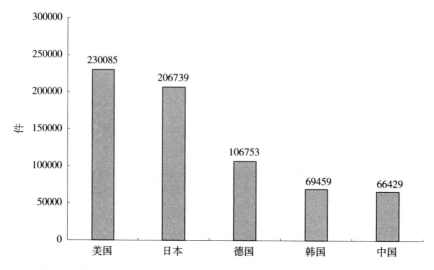

图1-3 2018年全球向境外提交专利申请数排名前5位的国家和地区

（2）商标方面

2018年，全球商标申请数约为1090万件，涵盖范围包括14321800个类别。如图1-4所示，中国商标申请涵盖类别为7365522类，美国为640181类，日本为512156类，欧盟为392925类，伊朗为384338类。2018年全球约有4930万件有效商标注册，同比增长13.8%，其中，中国拥有1960万件，其次为美国（240万件）、印度（190万件）。

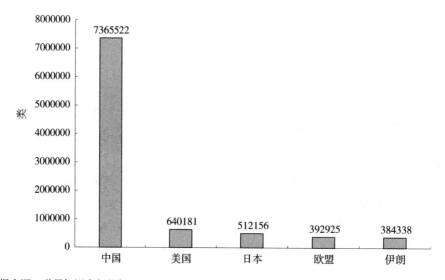

图1-4 2018年全球商标申请涵盖类别排名前5位的国家和地区

如图 1-5 所示，2018 年，亚洲商标申请占全球商标申请活动的 70.0%，欧洲占比为 15.8%，北美洲占比为 5.8%，其他国家和地区占比合计约为 8.4%。

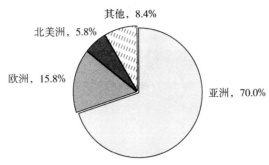

数据来源：世界知识产权组织（WIPO）

图 1-5 2018 年全球商标申请构成

（3）工业品外观设计方面

2018 年，全球工业品外观设计申请数达到 1312600 项，同比增长 5.7%。如图 1-6 所示，中国工业品外观设计申请数为 708799 项，欧盟为 108174 项，韩国为 68054 项，美国为 47137 项，德国为 44460 项。2018 年全球有效工业品外观设计注册总量约 400 万项，同比增长 6.5%，其中，中国有效注册量为 160 万项，其次为韩国（344560 项）、美国（336116 项）、日本（257157 项）。

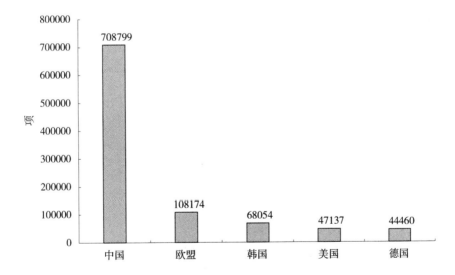

数据来源：世界知识产权组织（WIPO）

图 1-6 2018 年全球工业品外观设计申请数排名前 5 位的国家和地区

如图 1-7 所示，2018 年，亚洲工业品外观设计申请数占全球总申请数的 69.7%，欧洲占比为 23.0%，北美洲占比为 4.1%，其他国家和地区占比合计约为 3.2%。

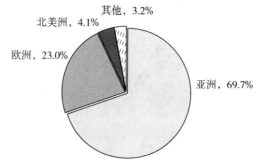

数据来源：世界知识产权组织（WIPO）

图 1-7　2018 年全球工业品外观设计申请数构成

国外知识产权制度发布早且完善，知识产权运营模式多样化。国外企业将知识产权运营与金融、法律、互联网等领域相融合，对依法合规拥有的有效知识产权进行分析、收购，并形成新的知识产权组合，通过知识产权转让、许可、质押、信托、诉讼、投融资、保险等运营模式实现知识产权的经济价值。随着国外知识产权运营市场的不断发展，知识产权运营模式不断更新升级，促使国外知识产权逐步形成完整的运营体系。

二、我国知识产权运营发展现状

1. 我国知识产权保护状况

知识产权保护是知识产权运营的前提，只有强有力的保护，才能激发运营的动力。自 1978 年改革开放以来，我国政府先后颁布了《中华人民共和国商标法》（1982 年）、《中华人民共和国专利法》（1984 年）、《中华人民共和国著作权法》（1990 年）、《中华人民共和国反不正当竞争法》（1993 年）等多项知识产权法规政策，初步建立起知识产权法律制度体系。这些法律也随着经济社会的发展，不断修订完善，为我国知识产权社会活动和知识产权事业的发展提供了根本遵循。表 1-1 展示了我国知识产权法律制度建设的最新进展。

表 1-1　我国知识产权法律建设的最新进展

序　号	类　型	名　称
1	2018 年实施的新修订的法律法规	《中华人民共和国反不正当竞争法》 《奥林匹克标志保护条例》
2	2018 年新颁布或新修订，2019 年实施的法律法规	《中华人民共和国电子商务法》 《专利代理条例》

续表

序 号	类 型	名 称
3	2018 年正在修订中的法律法规	《中华人民共和国专利法修正案（草案）》 《中华人民共和国著作权法修正案（草案）》 《文化产业促进法草案（征求意见稿）》 《中华人民共和国植物新品种保护条例》

　　为加强对知识产权的保护，2014 年年底，北京、广州、上海相继成立了知识产权法院。随着知识产权法院相关案件的受理、审判工作陆续展开，司法体制和知识产权审判制度改革方案相继出台，知识产权司法保护进入全新的阶段。近年来，党中央、国务院多次强调要强化知识产权保护，营造尊重知识价值的营商环境，全面完善知识产权保护法律体系，大力强化执法，加强对外国知识产权人合法权益的保护，杜绝强制技术转让，完善商业秘密保护，依法严厉打击知识产权侵权行为。2018 年，习近平总书记在亚洲博鳌论坛年会上讲道，"加强知识产权保护是完善产权保护制度最重要的内容，也是提高中国经济竞争力最大的激励""把（知识产权）违法成本显著提上去，把法律威慑作用充分发挥出来"。

　　（1）知识产权司法保护方面

　　司法保护是知识产权保护的重要方面，主要有民事诉讼、行政诉讼和刑事诉讼三大类。以全国基层法院　审案件情况来看，民事案件受理量约占 94%，行政案件受理量约占 5%，刑事案件受理量约占 1%。可见知识产权纠纷主要集中在平等民事主体之间，以民事诉讼为主。在司法保护方面，以 2018 年为例，我国知识产权诉讼相关情况如下。

　　加强知识产权民事审判工作，严格保护知识产权，给权利人提供有效的司法救济。2018 年，全国地方人民法院共新收知识产权民事一审案件 283414 件，审结 273945 件，同比分别上升 40.97% 和 41.99%。全国地方人民法院共新收知识产权民事再审案件 223 件，审结 221 件，同比分别上升 189.61% 和 301.82%。最高人民法院新收知识产权民事案件 913 件，审结 859 件，同比分别上升 81.51% 和 74.24%。

　　充分发挥行政审判职能，促进依法行政。2018 年，全国地方人民法院共新收知识产权行政一审案件 13545 件，审结 9786 件，同比分别上升 53.57% 和 53.15%。全国地方人民法院新收知识产权行政二审案件 3565 件，审结 3217 件，同比分别上升 304.20% 和 180.72%。审结案件中，维持原判 2708 件，改判 446 件，发回重审 9 件，撤诉 45 件，驳回起诉 1 件，其他方式结案 8 件。最高人民法院新收知识产权行政案件 642 件，审结 581 件，同比分别上升 64.19% 和 41.02%。

　　依法审理知识产权刑事案件，惩治侵犯知识产权犯罪。2018 年，全国地方人民法院共新收侵犯知识产权罪一审案件 4319 件，审结 4064 件，同比分别上升 19.28% 和 11.59%。审结案件中，假冒注册商标罪案件和销售假冒注册商标的商品罪案件占了绝大多数，分别为1852件和1724件；非法制造、销售非法制造的注册商标标识罪案件305件，同比上升17.31%；假冒专利罪案件2件；侵犯著作权罪案件136件，同比下降20%；销售侵权复制品罪案件6件，同比上升50%；侵犯商业秘密罪案件39件，同比上升50%。❶ 全国地方人民法院新收涉及知识产权的刑事二审案件683件，审结668件，同比分别上升28.14%和23.70%。

（2）专利行政执法方面

2018年，全国各级行政执法机关不断加大执法力度，持续加大专利行政执法力度，组织开展"护航""雷霆"专项行动，加强大型展会等重点领域及场所的专利保护。全年专利行政执法办案总量达到近7.73万件，同比增长15.9%。其中，专利纠纷案件达到近3.46万件，同比增长22.8%；查处假冒专利案件近4.27万件，同比增长10.9%。电子商务领域专利执法办案数达3.3万件，同比增长66.4%。

（3）商标行政执法方面

各级行政执法机关组织开展2018年打击商标侵权"溯源"专项行动，加强对商标侵权商品的源头追溯力度，整顿规范商标使用管理秩序。2018年，全国专利行政执法办案总量77276件，同比增长15.9%，其中查处商标侵权假冒违法案件近3.12万件，同比增长3.5%；案值近5.5亿元，同比增长49.3%；罚没金额5.1亿元，同比增长9.3%。查处商标侵权假冒案件2.8万件，同比增长5.4%；案值5.2亿元，同比增长54.5%；罚没金额4.9亿元，同比增长11.4%。全年共依法向司法机关移送涉嫌商标侵权犯罪案件236件，共查处各类不正当竞争案件1.5万件，罚没金额5.7亿元，查处侵犯商业秘密案件25件，罚没金额233万元。

（4）著作权行政执法方面

全国各级行政执法机关加大侵权盗版打击力度，利用版权监管平台技术手段，运用分类监管、约谈整改、行政处罚、刑事打击等多种措施，集中整治网络转载、短视频、动漫等侵权盗版多发领域，重点规范网络直播、知识分享、有声读物等平台版权传播秩序。2018年全年共立案查办侵权盗版案件2500余件，移送司法机关案件102件。

随着我国知识产权立法工作的开展，知识产权运营产业亦随之发展深化。由于国际化商业竞争压力不断加剧，知识产权作为发达经济体维护其自身利益的手段正逐渐受到各国企业的重视，跨国企业为占领和垄断先进技术，运用多样化的知识产权战略手段，如积极检索、购买核心技术、抢注知识产权等，抢占市场份额及利润。受贸易全球化影响，国际贸易已由纯粹的商品贸易逐渐发展成为商品贸易、资本贸易及技术贸易等多种贸易方式并存的态势，其中技术贸易额占国际贸易总额的比重逐步扩大。

---

❶ 以上公开数据不含新收和审结涉知识产权刑事一审案件总数，涉及侵犯知识产权的生产、销售伪劣商品罪案件数，涉及侵犯知识产权的非法经营罪案件数以及其他侵犯知识产权案件数。

据商务部数据显示，2018 年 1 月我国共登记技术进出口合同 1341 份，合同总金额达 311 亿元，其中技术进口合同 642 份，金额达 176 亿元，同比增长 22.3%；技术出口合同 699 份，金额达 135 亿元，同比增长 24.6%。以专利技术、软件著作权等知识产权许可和转让形式开展的技术贸易日益活跃，逐渐成为我国推动产业升级、贸易升级及融入全球价值链的重要途径。

2. 我国知识产权运营发展现状

国务院于 2008 年发布实施的《国家知识产权战略纲要》中提出，到 2020 年，把我国建设成为知识产权创造、运用、保护和管理水平较高的国家，标志着我国知识产权制度的战略重心从保护阶段进入创造、运用、保护和管理并重的阶段。其中知识产权保护与管理是知识产权运用的基础和保障，知识产权运用则是知识产权保护和管理的最终目的。随着我国社会经济与知识经济不断发展，我国知识产权创造能力日益提升，人民的知识产权意识逐渐增强。我国政府发布多项扶持政策对专利申请、商标申请等知识产权创造行为给予奖励，以此激发我国企业的创新热情，并在核心技术领域的自主知识产权不断取得新突破。

（1）专利方面

足够的授权专利数量是专利运营的基础，从专利申请受理和授权角度来看，我国专利运营基础较好。如图 1-8 所示，截至 2018 年年底，我国累计受理专利申请数为 432.3 万件，同比增长 16.9%；累计授权专利数为 244.7 万件，同比增长 33.3%。

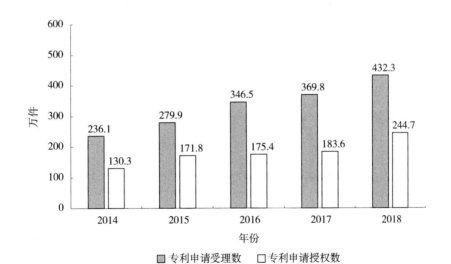

数据来源：国家统计局

图 1-8　我国专利申请受理数及授权数（2014—2018 年）

随着国家政策的扶持及我国企业专利意识的提升，我国专利的质量正逐渐提高。我国专利主要分为发明专利、实用新型专利及外观设计专利，其中国家知识产权局对申请的发明专利的新颖性、创造性、实用性等内容需要通过实质审查，因此发明专利在专利申请数量中的占比可反映出我国专利整体质量的高低。根据国家统计局数据显示，截至 2018 年年底，我国有效发明专利数达 1094200 件，同比增长 17.2%。

2018 年，我国受理的发明专利申请量为 154.2 万件，同比增长 11.6%，连续 8 年位居世界第一。2018 年我国共授权发明专利 43.2 万件，其中国内发明专利授权数为 34.6 万件。在国内发明专利授权数中，职务发明数为 32.3 万件，约占 93.4%；非职务发明数为 2.3 万件，约占 6.6%。国家知识产权局共受理 PCT 国际专利申请数 5.5 万件，同比增长 9.0%，提交 PCT 国际专利申请 100 件以上的国内企业达到 58 家，较 2017 年增加 14 家。

如图 1-9 所示，2018 年，我国发明专利授权量排名前 3 位的国内（不含港澳台地区）企业依次为：华为技术有限公司（3369 件）、中国石油化工股份有限公司（2849 件）、广东欧珀移动通信有限公司（2345 件）。

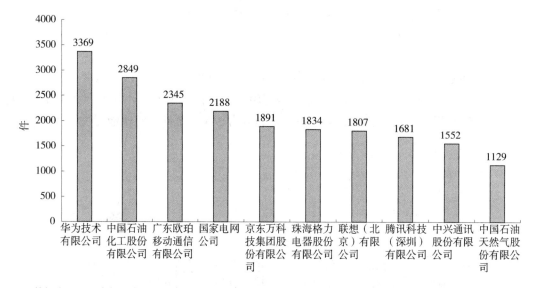

数据来源：国家知识产权局

图 1-9　2018 年我国发明专利授权数排名前 10 位的国内（不含港澳台地区）企业

截至 2018 年年底，我国国内（不含港澳台地区）发明专利拥有数累计 160.2 万件，每万人口发明专利拥有量达到 11.5 件，其中北京市以每万人口发明专利拥有量 111.2 件排名第一。排名前 10 位的省（区、市）如图 1-10 所示。

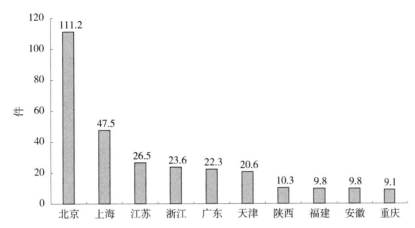

数据来源：国家知识产权局

图 1-10 我国每万人口发明专利拥有量排名前 10 位的省（区、市）（截至 2018 年年底）

在三种专利申请数的占比方面，如图 1-11 所示，2018 年我国发明专利、实用新型专利和外观设计专利占比分别为 33.6%、49.8% 和 16.6%，与往年相比，其结构发生逐渐变化，实用新型专利受理数占比有所上升。

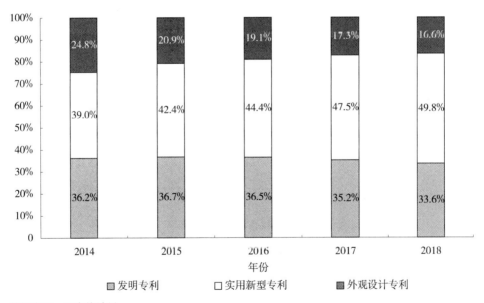

数据来源：国家统计局

图 1-11 我国专利申请受理数构成（2014—2018 年）

在三种专利授权数的占比方面，如图 1-12 所示，2018 年我国发明专利、实用新型专利和外观设计专利占比分别为 14.8%、63.0% 和 22.2%，与 2017 年相比，其结构变化明显，实用新型专利授权数占比上升。

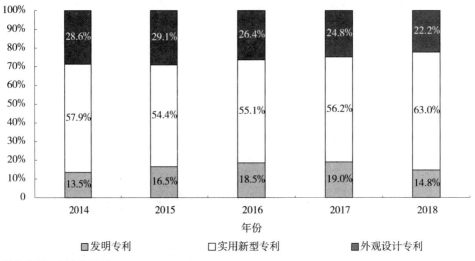

数据来源：国家统计局

图 1-12　我国专利授权数构成（2014—2018 年）

自 2002 年以来，中国专利运营数量保持了持续增长的态势，如图 1-13 所示，2017 年专利运营次数为 24.3 万次，专利运营总次数（2002—2017 年）高达 119 万次。从专利运营增长率来看，在 10%~88% 之间波动，且波动幅度较大。

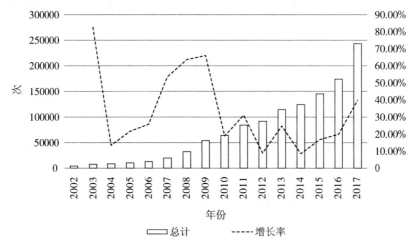

数据来源：国家知识产权运营公共服务平台

图 1-13　我国近年来的专利运营数量分析

从专利运营数量和专利公开量的对比数据（见图 1-14）可以看出，专利运营量的增长趋势和专利公开量的增长趋势基本吻合。在 2008 年 6 月，国家知识产权战略开始实施，专利运营数量随着专利公开量的增长，也发生了急剧增长，2009 年增长率达到了 66%。2017 年 6 月，国家知识产权战略实施 10 周年（2008 年 6 月—2017 年 6 月），专利运营数量和专利公开数量再创新高。

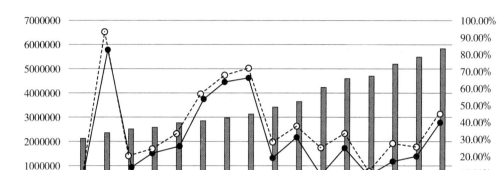

数据来源：国家知识产权运营公共服务平台

图 1-14　专利运营数量和专利公开量对比分析

通过对 2002—2017 年的专利运营数据进行分析，专利转让次数逐年增长，且专利转让是我国专利运营的最主要模式，以 2017 年为例，专利转让次数占所有专利运营次数的 92.23%，远远超过专利许可和专利质押等运营模式，如图 1-15 所示。同时，专利许可在专利运营中所占的比重在逐年下降，截至 2017 年年底，专利许可仅占专利运营总数的 1.97%。

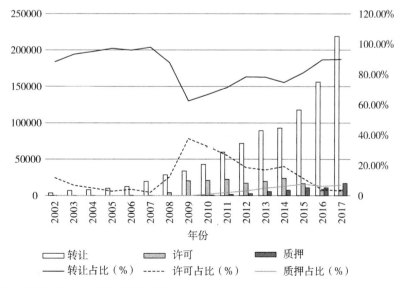

数据来源：国家知识产权运营公共服务平台

图 1-15　各专利运营模式趋势

（2）商标方面

随着我国经济不断转型升级，市场主体自主创新活力日益增强，企业自主品牌意识逐渐提升，商标注册申请数持续快速增长。2018 年，我国商标注册申请数为 737.1 万件，每万人口商标申请数达到 49.9 件，同比增长 28.5%，商标注册数为 500.7 万件，其中我国国内商标注册数为 479.7 万件。截至 2018 年年底，我国国内累计有效商标注册数（不含国外在华注册和马德里注册）达到 1804.9 万件，同比增长 32.8%，每万户市场主体商标拥有量达到 1724 件。

（3）著作权方面

著作权包括作品登记和计算机软件著作权登记。国家版权局发布的《关于 2018 年全国著作权登记情况的通报》数据显示，2018 年我国著作权登记总数达 3457338 件，2017 年为 2747652 件，同比增长 25.8%，其中作品登记数为 2351952 件，同比增长 17.5%。而计算机软件著作权登记数为 1104839 件，同比增长 48.2%。如图 1-16 所示，我国作品登记数各地区占比中，北京以 39.1% 居首位；作品登记数各作品类型占比中，美术作品占比为 42.2%。

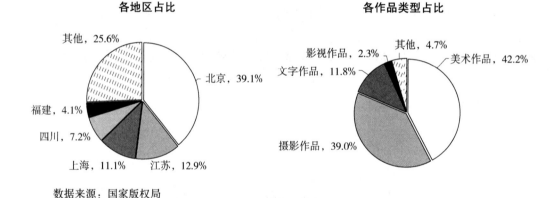

数据来源：国家版权局

图 1-16　2018 年我国作品登记数构成

我国知识产权制度建设及体系建设已取得新进展，知识产权相关宣传、教育及培训工作得以进一步加强，推动知识产权运营产业不断发展。国家知识产权局数据显示，2018 年我国知识产权使用费进出口总额超过 350 亿美元，其中使用费出口额提前完成《"十三五"国家知识产权保护和运用规划》确定的"五年累计超过 100 亿美元"的目标。

（4）专利质押融资方面

专利是知识产权资源中最具价值的资源，同时专利运营在知识产权运营中最具核心地位。专利运营不仅可以提升企业的创新能力，也是企业增强市场竞争力的有效手段。国家知识产权局数据显示，2018 年专利、商标质押融资总额达到 1224 亿元，同比增长 12.3%。其中，专利质押融资金额达 885 亿元，同比增长 23%；质押项目为 5408

项，同比增长 29%。我国企业对专利的保护及运营逐渐重视，推动知识产权运营产业高速发展。

（5）商标质押融资方面

我国商标专用权质押融资金额得到快速增长，2019 年一季度共办理商标质权登记 149 件，涉及担保债金额 70.7 亿元。我国企业对商标质押融资的意识逐渐增强，商标的价值逐渐得到有效运用。

（6）著作权质押融资方面

2018 年全年共完成著作权质权登记 547 件，同比增长 82.9%；涉及合同数 380 个，同比增长 41.3%；涉及软件和作品数量 1368 件，同比增长 29.9%；涉及主债务金额 796142.6 万元，同比增长 167.7%；涉及担保金额 836675.9 万元，同比增长 178.7%。著作权质权交易规模逐渐扩大，著作权权利人大幅提升对著作权的保护、运用和管理力度，并逐渐加强以著作权作为核心资产进行融资等运营方面的意识。

三、我国知识产权运营政策环境分析

自 2008 年由国务院发布实施我国第一部知识产权战略纲要《国家知识产权战略纲要》以来，我国知识产权强国建设稳步推进，知识产权量质并进，知识产权保护工作体系逐步健全，知识产权保护得到全面加强。世界知识产权组织发布的《2018 年全球创新指数报告》数据显示，我国创新指数排名升至全球第 17 位，成为唯一进入排名前 20 的中等收入经济体。为保障知识产权产业的规范化发展，我国政府相继出台了多项法律法规及政策，促进知识产权价值的实现，部分内容见表 1-2。

表 1-2　我国知识产权运营产业相关法律法规及政策

政策名称	颁布日期	颁布主体	主要内容及影响
《中华人民共和国反不正当竞争法（2019修正）》	2019-04	全国人大常委会	（1）经营者不得实施教唆、引诱、帮助他人违反保密义务或者违反权利人有关保守商业秘密的要求，获取、披露、使用或者允许他人使用权利人的商业秘密；（2）扩大侵犯商业秘密的主体；（3）提高恶意侵犯商业秘密的赔偿限额。该政策的发布鼓励和保护市场公平竞争，制止不正当竞争行为的发生，保障经营者和消费者的合法权益，促进中国市场经济健康发展
《2018 年深入实施国家知识产权战略　加快建设知识产权强国推进计划》	2018-11	国家知识产权局	（1）推进知识产权管理体制机制改革；（2）加大高价值知识产权培育力度，完善专利审查质量保障和审查业务指导体系。该政策从深化知识产权领域改革、强化知识产权创造、强化知识产权保护、强化知识产权运用等方面入手，促进知识产权转移转化，推动知识产权成果产品化、商品化和产业化发展

续表

政策名称	颁布日期	颁布主体	主要内容及影响
《专利代理条例》	2018-09	国务院	（1）改进专利代理机构执业准入制度；（2）完善专利代理师执业准入制度；（3）鼓励专利代理机构和专利代理师为小微企业及无收入或低收入的发明人、设计人提供专利代理援助服务；（4）完善关于专利代理师和专利代理机构违法行为的法律责任。该政策的发布完善了专利代理行业的监督和管理工作，强化了地方管理专利工作部门的监管职责，推动专利代理行业健康发展
《"互联网+"知识产权保护工作方案》	2018-08	国家知识产权局	提出充分运用"互联网+"相关技术手段提升知识产权保护效率和水平，创新执法指导和管理机制，发挥大数据、人工智能等信息技术在知识产权侵权假冒的在线识别、实时监测、源头追溯中的作用，提升打击知识产权侵权假冒行为的效率及力度，增强知识产权领域治理能力，促进知识产权行业健康有序发展
《奥林匹克标志保护条例（2018年修订）》	2018-06	国务院	（1）对奥林匹克标志及其权利人的范围进行调整并给予更全面的保护；（2）将侵犯奥林匹克标志专有权行为扩大到使用近似标志，并加大行政处罚力度，提高对侵犯奥林匹克标志专有权行为的罚款数额。该政策的发布加大了对奥林匹克知识产权的保护力度，保障中国体育事业发展的同时推动了中国知识产权的法治建设

2008年6月，国务院发布《国家知识产权战略纲要》，确立了"激励创造、有效运用、依法保护、科学管理"，确定到2020年，把我国建设成为知识产权创造、运用、保护和管理水平较高的国家，标志着我国知识产权制度的战略重心从保护阶段进入创造、运用、保护和管理并重的阶段。该政策的发布将知识产权工作上升到国家战略层面进行统筹部署和整体推进，指出知识产权创造是源头、管理是基础、保护是手段，运用才是目的，为知识产权事业发展指出明确方向。

2008年12月，全国人大常委会发布《中华人民共和国专利法（2008修正）》，提出了增强自主创新能力、建设创新型国家的发展战略，明确侵犯专利权的赔偿包括权利人维权的成本，加大对违法行为的处罚力度，强化了对知识产权转化、运用的规范及保护。该政策的发布从进一步完善专利保护、提高专利授权标准、加大处罚力度等方面对《中华人民共和国专利法》做出补充和完善，促进我国专利的规范化发展。

2012年9月，国家知识产权局、教育部、科技部等部委联合发布《关于进一步加强职务发明人合法权益保护　促进知识产权运用实施的若干意见》，提出将职务发明人知识产权相关要素纳入其晋升、职称、奖励的考评范围。鼓励高等院校、科研院所在评定职称、晋职晋级时，将科研人员从事知识产权创造、运用及实施的情况纳入考评范围，同等条件下重视知识产权落实、运用情况优的候选人员在评选时可获得加分。该政策鼓励国家、地方、各行业重视知识产权的创造及运用，完善了相关人事评级制度。

2013 年 8 月，全国人大常委会发布《中华人民共和国商标法（2013 修正）》，提出：①在注册商标申请中增加"声音"，且商标注册申请人可通过一份申请就多个类别的商品申请注册同一商标；②在注册和使用商标时，应遵循诚实信用原则；③在管理上，企业宣传禁用"驰名商标"字样，且严格规定禁止恶意抢注他人商标；④对商标恶意侵权的赔偿额从 50 万元提高到 300 万元。该政策的发布引导企业、科研机构和个人对商标的正确认识，增强商标相关知识的普及和推广，促进商标申请管理及商标市场环境规范化发展。

2013 年 12 月，国家知识产权局发布《关于进一步提升专利申请质量的若干意见》，提出：①由专利申请阶段资助向授权后资助转变，突出专利资助政策的质量导向；②由资助专利创造逐渐向资助专利运用转变，引导创新主体加强专利运用和保护。该政策的发布，大幅提高了专利的申请质量和转化率。

2015 年 12 月，《国务院关于新形势下加快知识产权强国建设的若干意见》发布，提出到 2020 年：①在知识产权重要领域和关键环节改革上取得决定性成果，进一步完善知识产权授权确权和执法保护体系，基本形成权界清晰、分工合理、责权一致、法治保障的知识产权体制机制；②大幅提升知识产权创造、运用、保护、管理和服务能力，进一步优化创新创业环境；③基本实现知识产权治理体系和治理能力现代化，建成一批知识产权强省、市，为建成中国特色、世界水平的知识产权强国奠定坚实基础。该政策的发布对知识产权强国建设工作做出明确安排，提出创新知识产权投融资产品，探索知识产权证券化，完善知识产权信用担保机制，推动发展投贷联动、投保联动、投债联动等新模式，并在全面创新改革试验区域引导天使投资、风险投资、私募基金加强对高技术领域的投资，促进我国知识产权价值的有效运用。

2016 年 2 月，国务院发布《实施〈中华人民共和国促进科技成果转化法〉若干规定》，提出：①加快实施创新驱动发展战略，打通科技与经济结合的通道，促进大众创业、万众创新，鼓励研究开发机构、高等院校通过转让、许可或作价投资等运营方式，向企业或其他组织转移科技成果，优先向中小微企业转移科技成果，为大众创业、万众创新提供技术供给；②将科技成果转化纳入对研究开发机构与高等院校的年度考核，科技成果转化收益的 50% 以上用于奖励科研人员；③鼓励企业建立健全科技成果转化的激励分配机制，充分利用股权出售、股权奖励、股票期权、项目收益分红、岗位分红等方式激励科技人员开展科技成果转化。该政策鼓励研究开发机构、高等院校、企业等创新主体及科技人员转移转化科技成果，促进知识产权的有效运用及价值的实现。

2020 年 2 月 3 日，教育部、国家知识产权局和科技部联合发布《关于提升高等学校专利质量促进转化运用的若干意见》，提出：①各高校要深刻认识进一步做好专利质量提升工作的重要性，坚持质量第一，积极推动把专利质量提升工作纳入重要议事日程，进一步提高知识产权工作水平，促进知识产权的创造和运用；②将专利转化等科技成果转移转化绩效作为一流大学和一流学科建设动态监测和成效评价以及学科评估的重要指标，不单纯考核专利数量，更加突出转化应用；③每年 3 月底前高校通过国家知识产权局系统对以许可、转让、作价入股或与企业共有所有权等形式进行转化实施的专利进行备案；④鼓励高校以普通许可方式进行专利实施转化，提升转化效率，支持高校创新许可模式，被授予专利权满三年无正当理由未实施的专利，可确定相关许可条件，通过国家知识产权运营相关平台发布，在一定时期内向社会开放许可。

2020 年 2 月 24 日，国家知识产权局联合教育部发布了《国家知识产权试点示范高校建设工作方案（试行）》，提出示范高校应全面提升知识产权高水平管理、高质量创造、高效益运用、高标准保护能力，形成知识产权综合优势。试点高校应基于自身基础和发展战略，以知识产权管理能力提升为基础，在知识产权"质量、效益、保护"任一方面形成专项特色或综合优势。

2020 年 2 月 26 日，国资委联合国家知识产权局发布了《关于推进中央企业知识产权工作高质量发展的指导意见》，提出：①中央企业建立适应高质量发展需要的知识产权工作体系；②知识产权创造、运用、保护、管理能力显著增强，有效专利拥有量持续增长；③在关键核心技术领域实现重点专利布局；④工作模式更加成熟，体制机制更加完善；⑤打造一支规模合理、结构优化的高水平人才队伍，对中央企业创新发展的引领支撑作用进一步提升。

第三节　知识产权运营基本类型

一、知识产权运营传统模式

1. 知识产权产品化模式

（1）知识产权产品化模式的含义

知识产权产品化是生产企业将知识产权从知识形态具象化为产品的过程。

专利权、商标权的产品化，需要将创新技术、外观设计和商标具体化到工业产品中。著作权的产品化，可以将各类作品进行纸质出版、图像化摄制、网络载体发布等产品化。知识产品的产品化，可以说是知识产权运营的最初形式，也是最根本的形式。

无法产品化的知识产权，通常来讲也就失去了运营的价值基础。当然也存在一些无法产品化的专利，作为其他专利的附庸或者作为评职称、得奖励的指标，确实实现了一定的价值，但这毕竟不是专利运营的主流，不值得提倡。

（2）知识产权产品化模式的现状和未来

知识产权的产品化是目前运营的主流，广泛存在于经济运行活动中，从农业、工业产品的生产到书籍、电视电影等文化消费品的生产，都包含了知识产权的产品化，因而其规模巨大。由于其广泛性，同时与诸多产业都有密切的关联，因此难以被统计。

从方式上来看，专利的产品化出现了众创空间、新技术集中中试平台等载体，为新技术的产品化提供系统服务；著作权的产品化也出现了新的变化，以往书籍靠印刷或网络出版收取费用，现在则出现了通过网络免费阅读书籍，培养受众后，再通过网剧、电视、电影等方式获得经济利益的方式。此外，知识付费产业的兴起和发展，也是知识产权产品化的一个重要分支。

可以预见，随着移动支付手段的便利化，以及新一代信息化技术和人工智能等技术的发展，知识产权的产品化模式会有新的变革，也必将迎来更蓬勃的发展。

2. 知识产权转让模式

（1）知识产权转让模式的含义

知识产权转让是权利人与受让方双方根据法律法规签订转让合同，将知识产权所有权转移给受让方的法律行为。

知识产权包括专利权、商标权、著作权等受知识产权法保护的种类。根据知识产权种类的不同，知识产权转让包括专利权转让、商标权转让、著作权转让等形式：①专利权转让是专利权人将其专利所有权转让给受让方的法律行为，受让方通过专利权转让合同取得专利所有权，成为新的专利权人；②商标权转让是商标权人将其合法拥有的商标专用权按照法定程序转让给受让方的法律行为；③著作权转让是著作权人将其著作的全部或部分财产权通过买卖、互易、遗赠等方式转让给受让方的法律行为。

（2）知识产权转让模式的现状

如图 1-17 所示，根据中国科技部数据，我国技术转让合同成交数量从 2013 年的 11797 项增长至 2017 年的 16698 项，年复合增长率为 9.1%，整体呈平稳发展态势。

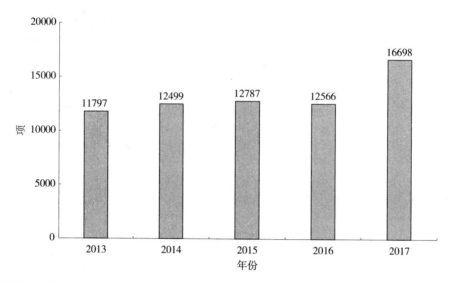

数据来源：中国科技部

图 1-17　我国技术转让合同成交数（2013—2017 年）

近年来，技术转让合同数类别构成逐渐发生改变。如图 1-18 所示，专利实施许可转让合同数量从 2013 年的 2301 项增长至 2017 年的 4176 项，年复合增长率为 16.1%，在技术转让合同数中占比增加 5.5 个百分点；专利权转让合同数量呈逐年增长趋势，由 2013 年的 1143 项增长至 2017 年的 4013 项，年复合增长率为 36.9%，在技术转让合同数中占比增加 14.3 个百分点；计算机软件著作权转让合同数量从 2013 年的 381 项发展至 2017 年的 819 项，年复合增长率为 21.1%。

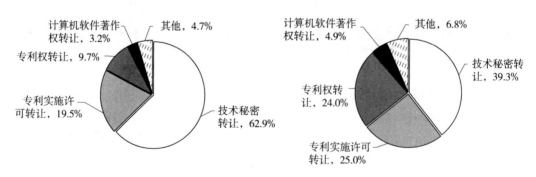

数据来源：中国科技部

图 1-18　技术转让合同数构成（2013 年对比 2017 年）

如图 1-19 所示，我国技术转让合同交易金额从 2013 年的 1083.8 亿元增长至 2017 年的 1400.3 亿元，整体呈平稳增长发展态势。

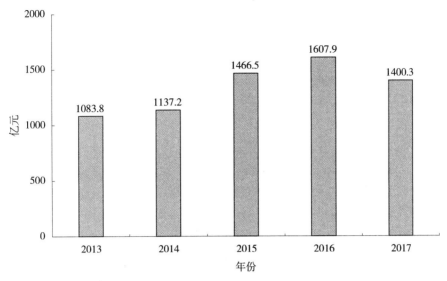

数据来源：中国科技部

图 1-19　我国技术转让合同交易额（2013—2017 年）

如图 1-20 所示，专利实施许可转让合同交易额从 2013 年的 239.6 亿元增长至 2017 年的 292.2 亿元，年复合增长率为 5.1%；专利权转让合同交易额呈大幅增长趋势，从 2013 年的 31.6 亿元增长至 2017 年的 138.3 亿元，年复合增长率达 44.6%，在技术转让合同交易额中占比从 2013 年的 2.9% 增长至 2017 年的 9.9%；计算机软件著作权转让合同交易额从 2013 年的 21.1 亿元增长至 2017 年的 36.6 亿元，年复合增长率为 14.8%。

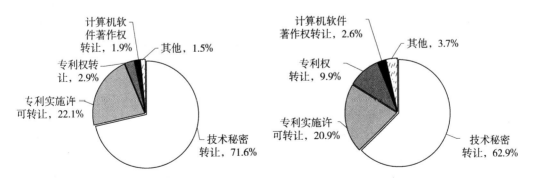

数据来源：中国科技部

图 1-20　技术转让合同交易额构成（2013 年对比 2017 年）

（3）知识产权转让模式的类型

我国知识产权转让模式包括知识产权转让基本模式、企业并购转让模式和知识产权拍卖模式等：

①知识产权转让基本模式。权利人将其知识产权所有权转让给受让方从而获得收益，而受让方可在短时间内获得所需知识产权以改善自身知识产权缺乏的困境。以小米为例，为开拓海外市场发展国际化业务，2018年小米从荷兰飞利浦公司购买约350项全球专利，截至2018年3月底，小米已在海外注册超3500项专利。

②企业并购转让模式。企业通过并购目标企业从而获得该企业的相关知识产权与核心技术，同时接收目标企业研发、销售、售后等渠道，可迅速进入相关市场。以中国化工集团收购瑞士先正达为例，2017年6月中国化工集团以430亿美元收购全球第一大农药、第三大种子农化高科技公司瑞士先正达，从而获得先正达的研发、渠道、产品及其所拥有的大量高端市场用户。通过完成此次收购，中国化工集团迅速跻身成为和巴斯夫、陶氏—杜邦、拜耳组成的世界四大农业化学品和农药巨头之一。

③知识产权拍卖模式。权利人将其知识产权通过市场竞价交易的方式实现知识产权所有权的转移，知识产权拍卖模式具有覆盖面广、公开透明等特点。2018年12月13日，广州文化产业交易会·粤港澳大湾区版权产业创新发展峰会中，以获得第十五届中国动漫金龙奖最佳剧情漫画奖铜奖的漫画《寂寞口笛手》为代表的多项知识产权授权项目参与竞拍，促成成交额超600万元。

3. 知识产权许可模式

（1）知识产权许可模式的含义

知识产权许可是权利人将其知识产权中的全部或部分使用权授予被许可人的法律行为，知识产权许可包括专利许可、商标许可、著作许可等形式。①专利许可，即专利许可证贸易，是专利权人以许可合同的形式授权他人在固定期限及范围内以固定方式使用专利权人所拥有的专利，被许可人支付相应使用费用；②商标许可是商标权人通过签订商标使用许可合同，许可他人使用其注册商标的法律行为；③著作权许可是著作权人许可他人在固定期限及范围内以协商的方式行使著作权利的行为。

（2）知识产权许可模式的现状

知识产权许可是我国知识产权运营模式中应用范围最广泛的方式之一，其应用率超过30%。根据中国科技部数据，如图1-21所示，2017年我国技术市场知识产权各类技术合同中专利实施许可转让合同数达4176项，交易额达292.2亿元。知识产权许可模式既可增强企业市场竞争力，亦可促进资源有效运用，从而提高知识产权的使用率。

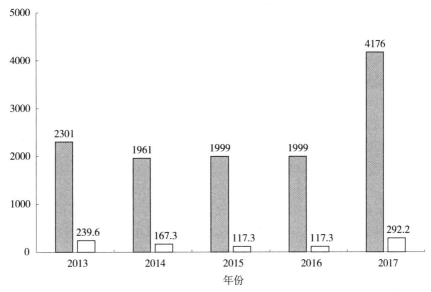

数据来源：中国科技部

图 1-21 我国专利实施许可转让合同数及交易额（2013—2017 年）

（3）知识产权许可模式的类型

知识产权许可是知识产权权利人与被许可人依法签订书面许可合同，由权利人授予被许可人知识产权使用权的法律行为。知识产权许可模式包括普通许可、排他许可、独占许可及专利组合许可等。

①普通许可。权利人允许被许可人在合同规定的期限及地域内行使知识产权使用权，同时保留权利人自身使用该项知识产权及就该项知识产权与第三方签订许可合同的权利。因此在同一地域范围内，存在多个被许可人使用同一知识产权的情形。以肯德基为例，百胜餐饮集团提供肯德基商标使用权，授权加盟商在特定地域加盟经营肯德基门店。

②排他许可。权利人允许被许可人在合同规定的地域范围内独家行使知识产权使用权，并不再就该项知识产权与第三方签订许可合同，但仍保留权利人自身使用其知识产权的权利。2010 年 4 月，新加坡纳米材料科技公司（以下简称"NMT"）与北京万生药业有限责任公司（以下简称"万生药业"）签订排他许可协议。根据协议条款，万生药业支付关于使用 NMT 专有的超重力可控沉淀技术在我国国内进行药品生产及销售的费用，NMT 负责向万生药业提供药品配方且其自身拥有该配方的使用权。

③独占许可。权利人允许被许可人在合同规定的地域范围内，可独占该项知识产权的使用权，包括权利人自身在内均无权使用该项知识产权。2015 年，北京华素制药股份有限公司（以下简称"华素制药"）与中国人民解放军军事医学科学院放射与辐

射医学研究所（以下简称"军科院二所"）签订独占许可合同，华素制药以 6000 万元购买军科院二所拥有的国家一类新药知母皂苷 BII 原料药、胶囊、国家一类新药知母皂苷 BII 注射用原料药、注射液及相关保健品智参颗粒相关专利的独占许可使用权。

4. 知识产权质押模式

（1）知识产权质押模式的含义

知识产权质押是知识产权权利人以其合法拥有的专利权、注册商标专用权、著作权等知识产权中的财产权为质押标的物出质，知识产权经评估作价后向银行等融资机构贷款，并按期偿还资金本息的融资行为。

我国知识产权质押模式多为专利、商标及著作权三种。1995 年 6 月，第八届全国人民代表大会常务委员会第十四次会议通过《中华人民共和国担保法》，其中第 75 条规定依法可转让的商标专用权、专利权、著作权中的财产权可进行质押。2007 年 3 月，第十届全国人民代表大会第五次会议通过《中华人民共和国物权法》，其中第 223 条规定可以转让的注册商标专用权、专利权、著作权等知识产权中的财产权可进行质押。

（2）知识产权质押模式的类型

知识产权质押模式可按融资方式分为知识产权直接质押模式和知识产权间接质押模式，见表 1-3。

表 1-3　知识产权质押模式简介

知识产权质押模式	定　义
知识产权直接质押模式	·向银行机构进行知识产权质押 ·出质人将知识产权质押给银行并获得贷款的直接质押模式
知识产权间接质押模式	·向非银行机构进行知识产权质押 ·出质人将知识产权作为反担保质押给非银行机构 ·该非银行机构向银行机构提供信用担保 ·银行机构放款给出质人的间接质押模式

（3）知识产权质押模式的现状

我国知识产权质押模式多应用于中小型企业，大型企业多具有固定资产多、信用良好、自有资产雄厚等特点，融资容易。随着我国创新驱动发展战略的实施，中小企业逐渐发展成为我国国民经济增长的基础性力量，在推进高新技术进步及推动国民经济发展等方面具有重要作用。但中小企业多处于起步阶段，企业规模小，缺乏固定资产及流动资金，致使中小企业难以通过传统的资产抵押获得贷款，存在融资困难的问题。大力推进知识产权质押模式的发展，可激励企业积极研发创新，进而推动国家经济增长，为中小企业融资提供新的解决途径，保障中小企业的蓬勃发展。2019 年，《中国银保监会、国家知识产权局、国家版权局关于进一步加强知识产权质押融资工作的通知》印发，鼓励开展知识产权质押融资，解决中小企业融资难的问题。2019 年，全国专利、商标质押融资总额超过 1500 亿元，创历史新高，知识产权质押融资未来可期。

知识产权质押模式可改善我国金融抵押结构、拓宽企业融资渠道，提高企业抗风险能力。我国企业融资多利用不动产进行抵押贷款，企业融资渠道单一，同时我国金融行业与不动产行业间关联度大，风险集中度高。知识产权质押模式拓宽了企业融资渠道，有利于加强企业自主研发创新，促进企业有效实现科技创新成果的转化，增强我国企业知识产权核心竞争力。

5. 知识产权信托模式

知识产权信托模式中，知识产权权利人作为委托人与受托人信托机构签订知识产权信托协议，委托人将其合法拥有的知识产权转移给信托机构，知识产权作为信托财产由信托机构代为管理及运用，以实现知识产权产业化、资本化及增值的目的❶。信托机构通过单独和集合资金信托向投资者发售收益凭证以筹集知识产权信托计划的运作资金，知识产权实现转化后再将其收益分配给投资者，知识产权信托与资金信托有效结合，促进知识产权价值的实现。随着我国货币紧缩政策成为宏观调控的有力武器，中小企业出现了融资难的问题。知识产权信托为中小企业融资提供新的解决方案及途径。

2002 年，武汉国际信托投资公司（以下简称"武汉国投"）在我国率先推出专利权信托业务，武汉国投将专利权人委托的专利"无逆变器不间断电源"的技术特征进行挖掘和评估后，将专利预期收益分割为若干信托单位向风险投资人出售，专利转化后所得收益由专利权人、信托公司及风险投资人按约定的比例分成。

2018 年 10 月，安徽省率先开展知识产权信托交易试点，其中安徽中科大国祯信息科技有限公司（以下简称"国祯信息"）和高新担保及国元信托签订知识产权信托合作协议，共抵押 4 项发明专利，获得 1000 万元融资。在不改变知识产权权属的情况下，国祯信息将知识产权有偿委托给国元信托，由国元信托为其募集社会资金，信托协议到期后，再由国祯信息将知识产权回购。

6. 知识产权战略联盟

（1）知识产权战略联盟的含义

知识产权战略联盟是由多个利益高度关联的市场主体，以知识产权为基础，为维护自身及产业利益、增强产业自主创新能力而结盟形成的组织。知识产权战略联盟基于知识产权资源的整合与战略运用而组建，主要包括品牌联盟、版权联盟、专利联盟等形式，其中专利联盟是我国知识产权战略联盟的主要形式。联盟成员间以知识产权

---

❶ 李琴. 知识产权交易机制创新探析［J］. 经济与社会发展，2008（1）：123-126.

协同运用为基础，相互交叉许可彼此的知识产权，对外则由联盟共同进行使用许可。通过联盟内部的知识产权集体保护机制，联盟成员可提高自身知识产权保护水平，并逐步实现相关技术标准化发展。

（2）知识产权战略联盟的特点

知识产权战略联盟具有领域集中等特点，知识产权作为知识产权战略联盟形成的基础，吸引相同领域的企业建立联盟协同发展。单项知识产权技术可应用领域具有局限性，且知识产权实现市场化及二次研发对于企业的专业性要求高，非该领域企业难以实现在该领域知识产权的有效运用。联盟内部的知识产权通常具有互补性及相似性的特点，同一领域不同企业的技术优势加以组合创造单一企业无法提供的竞争优势，因此知识产权战略联盟内部企业多来源于同一领域。国家知识产权局数据显示，截至2018年1月底，我国备案在册的产业知识产权联盟数达105个（表1-4中仅列出部分数据），其中广东省以拥有24个知识产权联盟位居第一，北京市以拥有21个知识产权联盟位列其次。

表1-4　我国备案在册的产业知识产权联盟数（截至2018年1月底）

推荐单位	联盟数量	联盟代表
广东省知识产权局	24	·LED产业专利联盟 ·电压力锅专利联盟 ·中国彩电知识产权产业联盟 ·深圳市工业机器人专利联盟 ·深圳市黄金珠宝知识产权联盟 ·……
北京市知识产权局	21	·北京市智能卡行业知识产权联盟 ·北京市音视频产业知识产权联盟 ·北京食品安全检测产业知识产权联盟 ·中关村能源电力知识产权联盟 ·北京新型抗生素行业知识产权联盟 ·……
山东省知识产权局	18	·新型健身器材产业技术创新专利联盟 ·山东省石墨烯产业知识产权保护联盟 ·国家化工橡胶专利联盟 ·山东省化工产业知识产权保护联盟 ·济宁市智能矿山知识产权战略联盟 ·……

续表

推荐单位	联盟数量	联盟代表
江苏省知识产权局	12	·新医药技术创新知识产权联盟 ·膜产业知识产权联盟 ·江苏省物联网知识产权联盟 ·泰州市特殊钢产业技术创新与知识产权战略联盟 ·南京光电产业知识产权联盟 ······
浙江省知识产权局	7	·湖州市电梯产业知识产权联盟 ·杭州高新区（滨江）物联网产业知识产权联盟 ·浙江省磁性材料产业知识产权联盟 ·浙江省黄岩电动车塑件产业知识产权联盟 ·中国低压智能电器产业知识产权联盟 ······
四川省知识产权局	6	·四川省高效节能照明及先进光电子材料与器械技术创新和知识产权联盟 ·四川省生猪产业知识产权联盟 ·四川省眉山"东坡泡菜"产业专利联盟 ·四川省自贡市硬质材料产业专利联盟 ·宜宾市香料植物开发利用产业知识产权联盟 ······
海南省知识产权局	6	·海南省热带特色高效农业知识产权联盟 ·海南省南药产业知识产权联盟 ·海南省食品产业知识产权联盟 ·海南省互联网产业知识产权联盟 ·海南省旅游业知识产权联盟 ······

7. 知识产权诉讼模式

（1）知识产权诉讼模式的含义

知识产权诉讼是知识产权权利人通过司法体系维护自身权利的行为，是知识产权权利人用于维护其知识产权市场竞争优势和保持知识产权市场份额的重要手段。知识产权运营主体，可以通过知识产权诉讼，达到其相应的运营目的。例如，通过保护自有知识产权、使对手停止侵权、获取侵权赔偿、否定他人知识产权等，还有严重的知识产权侵权行为涉及犯罪的，通过刑事诉讼予以打击，效果更加明显。

如图 1-22 所示，知识产权诉讼模式包括知识产权民事诉讼、知识产权行政诉讼和知识产权刑事诉讼。①知识产权民事诉讼分为知识产权侵权诉讼、知识产权归属诉讼和知识产权合同诉讼；②知识产权行政诉讼分为由国家行政机关做出的行政裁判引起的诉讼、由国家行政机关做出的详细行政行为引起的诉讼、由地方知识产权治理机关行政执法引起的诉讼；③知识产权刑事诉讼针对假冒注册商标罪、销售假冒注册商标商品罪、非法制造、销售非法制造的注册商标标识罪、假冒他人专利罪、侵犯著作权罪、销售侵权复制品罪及侵犯商业秘密罪 7 种行为构成的知识产权犯罪。

图 1-22　知识产权诉讼分类

（2）知识产权诉讼模式的现状

为推动实施国家创新驱动发展战略，进一步加强知识产权司法保护，切实依法保护知识产权权利人合法权益，2014 年 8 月 31 日，第十二届全国人大常委会第十次会议通过《关于在北京、上海、广州设立知识产权法院的决定》，2014 年 11 月 3 日，最高人民法院发布《最高人民法院关于北京、上海、广州知识产权法院案件管辖的规定》，大幅提升知识产权法院审理案件的专业性及效率。2019 年 1 月 1 日，最高人民法院设立知识产权法庭，统一审理全国范围内专利等专业技术性较强的民事和行政上诉案件，肩负着统一专利等知识产权案件裁判尺度、加快创新驱动发展战略实施的重大使命，通过实现审理专门化、管辖集中化、程序集约化和人员专业化，为知识产权强国和世界科技强国建设提供有力的司法保障和服务。

随着知识产权战略顶层设计的不断发展及知识产权体系改革的实施，知识产权诉讼蓬勃发展。国家知识产权局发布的《2018 年中国知识产权保护状况》数据显示，全国地方人民法院在 2018 年全年共新收知识产权民事一审案件 283414 件，较上年提升41.0%，审结 273945 件，同比上涨 42.0%。其中，新收专利案件 21699 件，同比上涨35.5%；商标案件 51998 件，同比增加 37.0%；著作权案件 195408 件，同比上涨42.4%。最高人民法院新收知识产权民事案件 913 件，同比上涨 81.5%，案件审结 859件，同比上涨 74.2%。执法机关加强知识产权民事诉讼审判工作，严格保护权利人的利益，推动了知识产权运营的发展。

近年来，人民法院加大知识产权行政执法力度，依法行政，促进知识产权的有效运用。2018年，全国地方人民法院共新收知识产权行政一审案件13545件，同比上涨53.6%，审结9786件，同比上涨53.2%。其中，新收专利案件1536件，同比上涨76.2%；商标案件11992件，同比上涨51.2%；著作权案件17件，同比持平。最高人民法院新收知识产权行政案件642件，同比上涨64.2%，案件审结581件，同比上涨41.0%。通过数据表明，执法机关加强知识产权民事诉讼执法力度，积极保护权利人的利益，推动知识产权运营的发展。

执法机关严格审理知识产权刑事诉讼案件，为我国发展知识产权运营产业营造健康的法制环境。2018年，全国地方人民法院共新收侵犯知识产权罪一审案件4319件，同比上涨19.3%，案件审结4064件，同比上涨11.6%。审结案件中，假冒注册商标罪案件1852件，同比上涨9.8%；销售假冒注册商标的商品罪案件1724件，同比上涨15.4%；非法制造、销售非法制造的注册商标标识罪案件305件，同比上涨17.3%；假冒专利罪案件2件；侵犯著作权罪案件136件，同比下降20%；销售侵权复制品罪案件6件，同比上涨50%；侵犯商业秘密罪案件39件，同比上涨50%。

（3）知识产权诉讼模式的类型

知识产权诉讼可分为知识产权侵权诉讼和知识产权不侵权确认之诉。

①知识产权侵权诉讼。权利人因其知识产权受非法侵犯而引发的诉讼，可以是单一知识产权受侵犯引起的知识产权侵权诉讼，如由知识产权转让引起的知识产权侵权诉讼，也可以是由其他原因引起的知识产权侵权诉讼。知识产权权利主体以提起知识产权侵权诉讼作为竞争手段，可控制产品销售价格、压缩竞争对手利润率、迫使竞争对手退出市场、提升自身品牌影响力、扩大企业自身市场份额。同时，知识产权权利主体通过提起知识产权侵权诉讼可获得损害赔偿金、许可费、技术报酬金、资本利得及国际税收利益等收益。2015年9月，法国香奈儿公司（以下简称"香奈儿"）系核定使用于第25类"服装、鞋、帽、围巾、游泳衣"等商品的两个图形商标及"CHANEL"文字商标的权利人。文大香与凯旋酒店公司分公司华美达酒店签订商铺租赁合约，经营服装、皮具等。香奈儿认为文大香销售的鞋、钱包等商品侵犯了香奈儿注册商标专用权，遂以文大香、凯旋酒店公司及华美达酒店为被告，提起知识产权侵权诉讼。广州知识产权法院二审判决，文大香、华美达酒店、凯旋酒店连带赔偿香奈儿经济损失及合理费用5万元。

②知识产权不侵权确认之诉。自身利益受到特定知识产权影响的行为人，以该项知识产权权利人为被告提起的，请求确认行为人不侵犯该项知识产权的诉讼。2008年，上海华明电力设备制造有限公司以确认不侵犯商业秘密为由向上海市第二中级人民法院提起诉讼，请求确认其不侵犯贵州长征电气股份有限公司商业秘密权。

二、知识产权运营新模式

1. 知识产权证券化

(1) 知识产权证券化的含义

知识产权证券化是知识产权权利人作为发起机构将其合法拥有的知识产权或其衍生债券，转移给专门开展资产证券化业务的特殊目的载体（Special Purpose Vehicle，SPV），再由此特殊目的载体以知识产权或其衍生债券等资产作为担保，经过重新包装、信用评估后发行可流通证券，以此为发起机构融资。知识产权可流通证券形式多为债券和股票：①债券是拥有知识产权的企业、高校或者科研机构等向社会借债筹措资金时，向投资人发行，承诺按一定利率支付利息并按约定条件偿还本金的债权债务凭证；②股票是股份公司发行的所有权凭证，是股份公司为筹集资金而发行给各个股东作为持股凭证并借以取得股息和红利的有价证券。表 1-5 列举了部分知识产权证券化产品。

表 1-5 部分知识产权证券化产品简介

名　　称	时间	发起机构	金额（亿元）
兴业圆融—广州开发区专利许可资产支持专项计划	2019-09	广州凯得融资租赁有限公司	3.0
第一创业—文科租赁一期资产支持专项计划	2019-03	北京市文化科技融资租赁股份有限公司	7.3
北京市文化科技融资租赁股份有限公司2019年度第一期资产支持票据	2019-01	北京市文化科技融资租赁股份有限公司	7.7
奇艺世纪知识产权供应链金融资产支持专项计划	2018-12	天津聚量商业保理有限公司	4.7
文科租赁三期资产支持专项计划	2018-03	北京市文化科技融资租赁股份有限公司	8.4

知识产权证券化可促进知识产权实现转化，提高企业自主创新能力，同时可降低企业融资成本：①实现知识产权证券化，企业可获得资金以解决企业当期资金短缺或融资困难的问题；②实现知识产权证券化也为知识产权收益提供保障，大幅降低知识产权权利主体的获利风险。

世界最早的知识产权证券化实践是音乐版权证券化，英国著名摇滚歌星大卫·鲍伊（David Bowie）将其在 1990 年前录制的 25 张唱片的预期版权许可使用费作为担保，于 1997 年发行了鲍伊债券（Bowie Bonds），发行期为 10 年，利率为 7.9%，共为大卫·鲍伊筹集 5500 万美元。鲍伊债券的成功发行推动艺术家、作家等版权所有者逐渐开始进行版权证券化操作，拓宽了资产证券化的操作范围，大幅提高了知识产权的有效运用。

（2）知识产权证券化政策分析

为促进知识产权证券化发展，我国政府相继出台了《国务院关于印发"十三五"国家知识产权保护和运用规划的通知》《国务院关于印发国家技术转移体系建设方案的通知》和《中共中央、国务院关于支持深圳建设中国特色社会主义先行示范区的意见》等多项政策，探索开展知识产权证券化融资试点，依法合规开展知识产权证券化业务，实现知识产权的有效运用。

表1-6列举了我国知识产权证券化相关政策。

表1-6　我国知识产权证券化相关政策

政策名称	颁布日期	颁布主体	主要内容及影响
《中共中央、国务院关于支持深圳建设中国特色社会主义先行示范区的意见》	2019-08	国务院	探索知识产权证券化，规范有序建设知识产权和科技成果产权交易中心，推动知识产权有效运用，实现知识产权的价值
《国务院关于印发国家技术转移体系建设方案的通知》	2017-09	国务院	开展知识产权证券化融资试点，鼓励商业银行开展知识产权质押贷款业务，推动知识产权证券化的发展
《国务院关于印发"十三五"国家知识产权保护和运用规划的通知》	2016-12	国务院	创新知识产权金融服务，开展知识产权证券化和信托业务，支持以知识产权出资入股，在合法的前提下开展互联网知识产权金融服务，加强专利价值分析与应用效果评价工作，加快专利价值分析标准化建设

（3）知识产权证券化的构成

知识产权证券化涉及的机构包括发起机构、特殊目的载体、担保人、承销商或代销商、受托银行及投资人：①发起机构是知识产权原始权利人，将其合法拥有的知识产权或其衍生债券作为担保用于融资；②特殊目的载体是为特定目的而设立的法律实体，其主要作用是作为知识产权受让方并基于知识产权发行可流通证券；③担保人为知识产权证券提供信用增级，降低投资人投资风险，并增强投资人的投资意愿；④承销商或代销商多为证券公司，为发行知识产权证券代理承销，便于投资人购买知识产权证券；⑤受托银行多为信用良好的大型商业银行，受特殊目的载体委托为知识产权证券管理现金流；⑥投资人是购买知识产权证券的人。

（4）知识产权证券化运作流程

①知识产权权利人将其合法拥有的知识产权未来一定期限的许可使用收费权作为基础资产，转让给特殊目的载体，发行资产支撑证券（Asset-Backed Securitization，ABS）；②特殊目的载体委托信用评级机构在知识产权支撑证券发行前对其进行内部信

用评级；③特殊目的载体将内部信用评级的结果与知识产权权利人的融资需求进行比较，若知识产权支撑证券信用等级低而难以实现知识产权权利人的融资需求，则采用添加担保人等信用增级方式，提高知识产权支撑证券的信用等级；④特殊目的载体向投资人发行知识产权支撑证券，将发行收入用于向知识产权权利人支付知识产权未来许可使用收费权的费用；⑤知识产权权利人向知识产权被许可人收取许可使用费，并将收取款项存入特殊目的载体指定的银行收款账户，由托管银行负责管理；⑥托管银行按约定期限对投资人支付本息，并支付信用评级机构等中介机构委托费用。

2. 知识产权保险模式

（1）知识产权保险模式的含义

保险是投保人根据合同约定向保险人支付保险费，保险人按照合同约定承担赔偿保险金责任或给付保险金责任的合同关系，保险具有化解和转嫁风险的功能。知识产权保险是根据投保人和保险人双方的合同约定，将知识产权及知识产权侵权赔偿责任作为保险标的，投保人向保险人支付保险费，保险人对所承担的知识产权在发生合同约定的情形时承担赔偿责任的保险方式。知识产权权利人易遭遇知识产权诉讼风险，为规避风险，知识产权保险主要围绕专利、商标、著作权等知识产权的侵权风险而设计，用于化解由于知识产权的侵权行为而造成的民事责任赔偿和财产损失的风险。

2015 年 11 月，互联网知识产权金融平台知商金融与中国人保（PICC）正式签署战略合作协议，为知商金融平台用户提供专利交易、专利侵权等知识产权保险服务，同时，知识产权保险作为金融理财产品也为知商金融平台用户提供了投资理财选择。知识产权保险为投资者的权益提供保障，有效促进知识产权的产业化及市场化进程。

（2）知识产权保险模式的现状

随着知识经济的不断发展，知识产权拥有的巨大商业利益空间逐渐受到关注，而知识产权侵权问题随之日益严重。权利人选择通过知识产权诉讼维护自身合法利益，但知识产权诉讼程序复杂，耗时长，诉讼费用高昂。知识产权保险可分担企业在知识产权诉讼中的风险，帮助企业减少损失，维护知识产权权利人的合法权益，有效降低企业知识产权侵权的损失。

2012 年 4 月，国家知识产权局正式启动专利保险试点工作，首批选取广东省广州市、四川省成都市、辽宁省大连市、江苏省镇江市、北京市中关村等四市一区作为专利保险试点地区，试点期限为 3 年。随后国家知识产权局发布《国家知识产权局关于确定第二批专利保险试点地区的通知》，提出正式批准 20 个地区，贯穿我国 14 个省份，展开专利保险第二批试点工作。2014 年 6 月，国家知识产权局发布《国家知识产权试点、示范城市（城区）评定和管理办法》，提出新增 6 个地级市、10 个县级市为国家知识产权试点城市，进一步加快我国专利保险制度试点工作的进程。2014 年 12 月，国家知识产权局发布《深入实施国家知识产权战略行动计划（2014—2020 年）》，提出要增加知识产权保险品种，扩大知识产权保险试点范围，加快培育并规范知识产权保险市场,推动我国知识产权保险的发展。同年,国家知识产权局与中国人保财险公司签订关于知识产权保险战略合作的协议❶,此后,中国人保财险公司相继开发了覆盖专利、商标和地理标志,保障知识产权创造、保护、运用的全生命周期风险的 15 款知识产权保险产品。截至 2018 年年底,该公司累计为近 1 万家科技型企业的超过 1.7 万件专利提供了逾 306 亿元风险保障;通过引入保险机制,帮助科技型中小企业以知识产权质押方式获得融资超 4.7 亿元。目前,该公司知识产权质押融资保证保险业务已在四川、广东、江苏、湖北、青岛、厦门等省市落地,助力解决中小微企业融资难、融资贵的问题。2019 年,该协议成功续签。2015 年 8 月,人保财险昆山分公司与昆山奥仕达电动科技有限公司签订专利执行保险合同,承保奥仕达公司 4 项授权专利,收取保费 8000 元。

(3)知识产权保险模式的类型

知识产权保险模式可分为知识产权执行保险和知识产权侵权责任保险。

①知识产权执行保险。保险人为投保人知识产权遭受他人非法侵犯主动提起诉讼时所需诉讼费用进行补偿,包括投保人针对他人知识产权侵权行为提起诉讼的费用、他人主张知识产权不侵权提起反诉的费用、重新审查投保人知识产权效力的费用等。

知识产权执行保险仅对诉讼费用进行赔偿,并不包括权利人因知识产权权利受到侵害所遭受的损失。知识产权具有专业性强、鉴别难度高、风险范围大等特点,致使保险对知识产权风险的控制难度加大,保险人无法有效预估及控制知识产权风险,因此知识产权执行保险只对诉讼费用予以承保。

②知识产权侵权责任保险。知识产权侵权责任保险针对知识产权潜在侵权人不适当地使用了他人的知识产权而遭受的诉讼风险进行保护,其保险标的为投保人因侵犯他人知识产权被判定侵权后的损害赔偿费用。

3. 知识产权运营基金

(1)知识产权运营基金的含义

知识产权运营基金是对知识产权本身进行投资的基金❷。我国的知识产权运营基金主要为由政府资金引导、社会资本参与的市场化运营基金,政府主导的知识产权运营基金可推动知识产权运营机构及基金迅速发展,为知识产权运营产业营造积极的氛围。

(2)知识产权运营基金的现状

我国创新型企业拥有大量创新科学技术,但缺乏资金投入,又由于缺乏不动产等固定资产,创新型企业难以通过资产抵押筹集到资金,致使知识产权和技术转化应用受阻。2014 年,国家知识产权局结合财政部开展以市场化方式促进知识产权运营服务

---

❶ 国家知识产权局. 知识产权保险战略合作签约仪式在京举行 [EB/OL]. (2019-5-5). http://www.sipo.gov.cn/zscqgz/1138886.htm.

❷ 陈博勋,王涛. 从专利角度探析知识产权基金运作模式 [J]. 电子知识产权,2016(2):83-87.

试点工作，大力培育知识产权运营机构，并在各省区市设立重点产业知识产权运营基金。2016 年 7 月，国务院办公厅发布《国务院关于新形势下加快知识产权强国建设的若干意见》，提出运用股权投资基金等市场化方式，引导社会资金投入知识产权密集型产业，推动知识产权基金的发展。

国家宏观政策的引导与扶持环境下，各类知识产权运营基金不断涌现。2014 年，我国第一支专利运营基金——睿创专利运营基金（以下简称"睿创基金"）在中关村正式成立。睿创基金重点围绕智能终端、移动互联网等核心技术领域，通过市场化收购和投资创新项目集聚专利资产，为我国知识产权运营产业开创了全新的商业模式。2015 年 10 月，财政部和国家知识产权局在全国范围内确定 10 支知识产权运营基金，四川、广东等地的知识产权运营基金陆续成立。2019 年 9 月，深圳市市场监管局发布《深圳市知识产权运营基金管理办法（试行）》（征求意见稿），提出以深圳市市场监督管理局受托管理的中央服务业专项引导资金 7000 万元为委托资金的基础，定向吸引社会资金的投入和参与，争取首期基金规模达 2.1 亿元，推动深圳市知识产权运营的发展。2019 年 12 月，由苏州市市场监管局（知识产权局）牵头，与市财政局、市金融监管局联合设立苏州市知识产权运营引导基金，基金首期规模 2 亿元，取得中央财政资金支持 1 亿元，已投资 2 支子基金共 5000 万元，间接投资金额达到 20 亿元，放大财政资金 40 余倍。

第二章

知识产权价值评估

本章首先介绍了知识产权价值评估的应用场景，重点介绍了知识产权交易、作价入股、侵权赔偿和投融资等典型的应用场景；其次详细介绍了知识产权价值评估的三种基本方法——成本法、市场法、收益法；最后结合应用场景和基本方法，选择典型案例进行阐释与说明。

第一节　评估的应用场景

在知识经济时代，知识产权这种无形资产对企业发展和国家竞争力提升具有重要意义。在知识产权的运用过程中，一个重点难点问题就是知识产权价值评估。如果不能合理地评估知识产权价值，知识产权运用就难以顺利地开展。在对知识产权价值评估的专业挑战做出系统的考察之前，首先需要对知识产权价值评估的应用场景，即在什么情况下需要进行知识产权价值评估有所了解。中国资产评估协会根据《资产评估基本准则》制定的《知识产权资产评估指南》，提出了知识产权价值评估的五大应用场景：转让或者许可使用（知识产权交易）、出资（作价入股）、诉讼（侵权赔偿）、质押（投融资）、财务报告。考虑到知识产权价值评估都要出具相应的财务报告和评估报告，故不再做系统介绍。

一、交易

传统的知识产权交易指的是知识产权以一种有偿的方式在不同经济主体间的转移。知识产权交易从内容和方式来说十分广泛，包括转让、出售、授权、许可等诸多方式，其中实际应用比较广泛的有两种：知识产权转让和知识产权许可。知识产权转让是指专利权人将知识产权的所有权转让给受让方，受让方支付相应的价款给转让方的法律行为；知识产权许可是指知识产权所有人作为许可方将涉及的知识产权授予被许可人按照约定的情况实施专利的法律行为。在知识产权的转让或者许可过程中必须确定相应的价格，从而也就必须进行知识产权价值的判断和评估。以专利权转让为例，首先，要对专利的市场经济价值进行测算，这样可以防止花费巨资购买一项"不值钱"的专利技术；其次，还需要对专利的法律状况进行全面盘查，明确专利权的保护期限、地域、权属、剩余有效期，以防止购买一项有法律缺陷的专利。

国家相关法律法规确定了相关的费用要求和具体操作细节，而相关费用的处置情况与知识产权价值密切相关。《专利法》规定"任何单位或者个人实施他人专利的，应当与专利权人订立实施许可合同，向专利权人支付专利使用费。"《关于加强知识产权资产评估管理工作若干问题的通知》规定，国有企业以知识产权许可外国公司、企业、其他经济组织或个人使用的要进行知识产权价值评估。《专利实施许可合同备案办法》规定，"经备案的专利实施许可合同的种类、期限、许可使用费计算方法或者数额等，可以作为管理专利工作的部门对侵权赔偿数额进行调解的参照"。

从某种意义上说，知识产权价值评估是知识产权交易的前提和基础。一项研究显示，当前超过40%的许可合同对于许可费的测算是不准确的，导致许可费的损失高达12%～20%❶。我国进行知识产权交易的早期阶段，由于缺乏足够的经验，使得在知识产权许可或者转让过程中，高估、低估或者不估知识产权价值的现象时有发生。比如金嗓子配方技术转让时，由于没有进行科学合理的知识产权价值评估，仅通过交易双方协商将其定价为5万元，但实际上后期金嗓子喉宝的年销售额超过了亿元，给知识产权持有人带来了较大的经济损失。广东某厂在转让"岭南"商标时，以及杭州某企业在转让"西湖"商标时，都没有进行相应的商标评估，持有者也没有从中获取任何收益。但是，随着我国知识产权交易市场的日益完善，知识产权交易份额的不断提升，在知识产权交易前进行知识产权价值评估已逐步成为业界的共识。

二、作价入股

知识产权作价入股指的是知识产权所有人依据相关法律法规的规定，以转让或者许可的方式作为资本向公司出资，经评估其价值后确定知识产权出资人的地位和权利。知识产权作价入股由于具有可以节省资金、风险共担、效益共享等诸多优势，受到大部分高校、科研机构和企业的青睐。国家相关法律法规明确了知识产权作价入股必须进行知识产权价值评估。知识产权作价入股比例的高低对企业资本虚实、运营能力、创新能力等有着显著的影响，甚至关系到股东股权结构、收益分配、风险分担等重大问题。因此，知识产权作价入股时必须进行知识产权价值评估。

新修订的《公司法》明确指出，"股东可以用货币出资，也可以用实物、知识产权、土地使用权等可以用货币估价并可以依法转让的非货币财产作价出资"。同时进一

---

❶ 史密斯. 知识产权价值评估、开发与侵权赔偿 [M]. 夏玮，周叔敏，杨蓬，等译. 北京：电子工业出版社，2012.

步明确指出："对作为出资的非货币财产应当评估作价，核实财产，不得高估或者低估作价。"《最高人民法院关于适用〈中华人民共和国公司法〉若干问题的规定（三）》进一步规定："出资人以非货币财产出资，未依法评估作价，公司、其他股东或者公司债权人请求认定出资人未履行义务的，人民法院应当委托具有合法资格的评估机构对该财产评估作价。"这里的"非货币财产"包括知识产权。《促进科技成果转化法》进一步明确了国家设立的研究开发机构、高等院校的科技成果处置办法，"可以自主决定转让、许可或者作价投资，但应当通过协议定价、在技术交易市场挂牌交易、拍卖等方式确定价格"。

清末《公司律调查案理由书》的相关规定给出了知识产权作价入股必须进行价值评估的原因："一切放任自然，只凭创办人与出资者估定其价格时，则有些狡黠之商人，往往勾串通同，高抬虚价，冀以少数之出资而得过多之股份。是则与其各股份之以金钱缴纳股本者，相形之下，即失其平，且公司资本之总额，亦与其财产之价额，参差多少，名实不符，殊背资本充实之原则。"从这个意义上而言，知识产权作价入股时价值评估的意义在于：第一，保障知识产权出资价值的真实情况，满足知识产权出资适合性要求；第二，防止知识产权作价入股时的"掺水"现象；第三，有效地保障公司债权人的利益❶。

北京亿维德电气技术有限公司注册资本为 400 万元❷。此后，陈明洋向公司投入一项"基于互联网工业电气产品的供应链技术服务网络"专利技术，经评价其价值高达 2611 万元，完全注入总股本后，公司注册资本达到 3000 万元。高校和研究机构逐步成为知识产权作价入股的主力军，并且未来发展可期。以江苏省产业技术研究院为例，机器人与智能装备研究所以高智能型可穿戴型外骨骼助残机器人相关专利作价入股，与南京伟思医疗科技股份有限公司成立新公司，该所相关专利经评估后作价 900 万元。

三、侵权赔偿

随着国家知识产权战略的深入实施，全民知识产权意识得到了显著提高，我国当前提起诉讼的知识产权侵权纠纷案件，尤其是专利侵权、商标侵权等也越来越多。但是与国外企业知识产权侵权赔偿额动辄上百万元、千万元不同，我国高达 95% 的侵权赔偿都是由法官酌情确定的，基于权利人实际损失、侵权人所获利益、专利许可使用费确定的占比不到 5%，赔偿数额常常远低于专利权人的实际损失额。统计显示，1995—2001 年，美国专利侵权赔偿的平均值为 500 万美元；2001—2009 年，平均侵权赔偿额达到了 800 万美元。而自 2008 年起，我国的法定侵权赔偿平均额度只有 8 万元。

---

❶ 张炳生. 知识产权出资制度研究［D］. 北京：对外经济贸易大学，2007.
❷ 案例来源：百度百科，知识产权价值评估。

如何有效、科学地测算知识产权侵权赔偿额也成为知识产权侵权纠纷案件中存在的一个核心问题。

《关于审理专利纠纷案件若干问题的解答》中给出了专利侵权赔偿额的计算方式：①以专利权人受到的实际经济损失作为赔偿额；②以侵权人因侵权行为获得的全部利润作为损害赔偿额；③以不低于专利许可使用费的合理数额作为赔偿额。人民法院可以根据案情的不同情况选择适用上述三种计算方法，双方当事人还可以商定其他合理的计算方法。十三届全国人大常委会第七次会议审议的专利法修正案草案提出，对故意侵犯专利权，情节严重的，可以在按照权利人受到的损失、侵权人获得的利益或者专利许可使用费倍数计算的数额 1～5 倍内确定赔偿数额。难以计算赔偿数额的情况下，将法院可以酌情确定的赔偿额从现行专利法规定的 1 万～100 万元，提高为 10 万～500 万元。

当前我国普遍采用四种方式来计算知识产权侵权赔偿额：被侵权人因侵权受到的损失、侵权人因侵权获得的收益、按照专利许可费的倍数确定、法定赔偿额。然而，这四种方式并不能充分体现被侵权知识产权的价值[1]。事实上，早在 2006 年，财政部和国家知识产权局就联合发布了《关于加强知识产权评估管理工作若干问题的通知》，并明确指出：确定涉及知识产权诉讼价值，人民法院、仲裁机构或当事人要求评估的应当进行资产评估。目前学术界也提出了一些用于知识产权侵权损害赔偿价值的评估方法，如损失获利法、许可倍数法、惩罚法等[2]。

近年来，知识产权尤其是专利侵权赔偿额得到了提高。比如 2017 年，金溢科技向北京知识产权法院提起诉讼，称聚利科技侵犯其"电子自动收费车载单元的太阳能供电电路"专利，要求聚利科技赔偿经济损失 1 亿元，创下中国发明专利史上索赔金额之最；2019 年，通领科技诉公牛集团专利侵权案在江苏省南京市中级人民法院开庭。据了解，通领科技称公牛集团未经其许可使用两项与安全插座有关的专利，要求赔偿金额高达近 10 亿元；2018 年最高人民法院发布的"北京某源公司与某某汇源公司侵害商标权及不正当竞争纠纷案"案例显示，一审判决被告赔偿原告 300 万元，二审在综合考虑被告恶意明显等情节后将赔偿额提高到了 1000 万元。尽管有些案件尚未审结完毕，但是知识产权侵权案中赔偿额的额度越来越高。随着知识产权意识的不断提升，知识产权侵权赔偿也势必成为知识产权价值评估的主要阵地之一。

四、投融资

知识产权已经发展成为重要的投融资工具。当前大力发展起来的知识产权质押拓展了融资渠道，一定程度上缓解了融资难的问题。区别于以往的以不动产作为抵押物

---

❶ 马天旗，等. 高价值专利培育与评估 [M]. 北京：知识产权出版社，2018.
❷ 陈洪，赵英爽. 知识产权损害赔偿评估 [J]. 科技与法律，2013（6）：62-72.

进行融资，知识产权质押融资是指，企业或个人以合法拥有的专利权、商标权、著作权中的财产权经评估后作为质押物，向金融机构申请融资。知识产权质押融资的关键点就在于质押物知识产权未来价值收益的评估[1]，因为其评估结果是出质人和质权人双方客观认识和准确衡量质押标的物价值的基本依据，势必会对知识产权资产价值的实现和融资金额的大小产生重要影响。从银行的角度来说，如果评估准确，即使出现企业违约情况，银行贷款也可以通过质押物的变现得以收回，降低了银行的贷款风险。反之，质押物变现金额很少甚至为零，贷款金额有可能无法收回。因此，在知识产权投融资尤其是质押融资时要进行知识产权价值评估。

国家相关法律法规明确了知识产权质押融资时的价值评估要求。《专利权质押登记办法》规定，专利权经过资产评估的，还需要提供资产评估报告。《关于商业银行知识产权质押贷款业务的指导意见》更是明确了知识产权价值质押融资的条件：商业银行在选择用作知识产权质押贷款的质物时，要从该项知识产权的合法性、有效性、完整性、权属清晰性、经济价值、市场交易可行性等方面做出综合评估。同时还明确，商业银行要根据出质知识产权的经济价值等，审慎确定知识产权的最高质押率。《国家知识产权局关于进一步推动知识产权金融服务工作的意见》指出，开展对出资知识产权的评估评价服务，对于出资比例高、金额大的知识产权项目加强跟踪和保护。国家知识产权局、中国银保监会、国家版权局三部门联合印发《关于进一步加强知识产权质押融资工作的通知》规定，推动建立知识产权资产评估机构库、专家库和知识产权融资项目数据库，推进知识产权作价评估标准化，为商业银行开展知识产权质押融资创造良好条件。可见，知识产权投融资时需要进行知识产权价值评估。

在推进知识产权投融资的实践中，一些机构也积累了一些价值评估以及具有特色的金融服务产品。比如交通银行的知识产权贷款规定，发明专利权的授信额不超过评估值的25%，实用新型专利权的授信额不超过评估值的15%，商标专用权的授信额不超过评估值的50%，最高贷款金额为1000万元，最长期限可达3年。连城评估提出的以"银行+评估+保险"质押融资模式，经过长期实践检验，得到了业内广泛认可。作为北京市成立最早的国有政策性担保公司，首创担保在提供知识产权投融资服务时，除了考虑知识产权本身的价值之外，还考虑了知识产权的载体情况，包括持有人的资质、持有人的经营情况、相关知识产权的运营状况等，并且在实际操作过程中，还引入了动态评估机制来进行知识产权价值评估。《"十三五"国家知识产权保护与运用规划》中提出，到2020年，我国的年度知识产权质押融资额度预计将达到1800亿元。因此，知识产权投融资将成为知识产权价值评估的另一大应用场景。

---

[1]　苏任刚，王炜，余莎莎. 知识产权质押融资价值评估新模式［J］. 哈尔滨学院学报，2015（6）：30-35.

第二节　评估的基本方法

当前知识产权价值评估基本的方法有三种：成本法、市场法和收益法。其中，成本法是通过量化开发成本来预估未来经济效益，运用成本法的前提是能够合理计算被评估知识产权的重置成本以及需计算相关贬值成本；市场法旨在通过适当调整可比交易标的物的价格来预估当前的公允价值，运用市场法的两个基本前提是：一个公开活跃的交易市场以及与估值日期相近的类似知识产权资产的交易；收益法旨在将资产未来经济效益折算成现值来确定知识产权资产价值，采用收益法的前提条件是：一是被评估知识产权的未来收益可通过货币衡量，二是知识产权资产拥有者获取效益所承担的风险可通过货币衡量，三是被评估知识产权预期获益时间是可确定的。

一、成本法

早期的知识产权价值评估大多是由会计事务所采用成本法进行评价。运用成本法时首先需要估测被评估知识产权的重置成本，然后需要测算被评估知识产权已存在的各种贬损因素，将重置成本扣除各种贬值成本后而得到被评估知识产权的价值❶。成本法的基本假设是取得该项资产的成本与其在使用年限内所能够创造的经济服务价值是相称的，并且该项资产必须能够产生一定的经济效益，否则不能应用成本法来评估该项资产。同时，在条件允许的情况下，任何理性的投资者对购置一项资产时愿意支付的最高价格不会超过完成该项资产所需要的建设成本。

成本法是进行知识产权价值评估时最直接和最简单的方法，因为它并不需要直接考虑可实现经济效益的金额以及该效益持续的时间周期❷，只需要查询被评估知识产权在创造过程中的财务开支数据并结合市场情况进行调整即可❸。但是使用成本法时需要重点考虑贬值成本或贬值率，因为被评估知识产权可能并不是全新的，也可能存在功能和技术落后以及面临市场困难的情况，或者受到外力的影响。

成本法的基本测算公式如下：

$$知识产权资产评估价值 = 知识产权重置成本 - 贬值额$$
$$= 知识产权重置成本 \times （1 - 贬值率）$$

使用成本法时所涉及的贬值并不完全等同于会计上的贬值，它不仅包括物理性贬

---

❶ 刘璘琳. 企业知识产权评估方法与实践［M］. 北京：中国经济出版社，2018.
❷ 史密斯. 知识产权价值评估、开发与侵权赔偿［M］. 夏玮，周叔敏，杨蓬，等译. 北京：电子工业出版社，2012.
❸ 孔军民. 中国知识产权交易机制研究［M］. 北京：科学出版社，2018.

值，还包括功能性贬值和经济性贬值❶。因此，上述公式可以进一步细化：

$$知识产权资产评估价值＝知识产权重置成本－物理性贬值额－$$
$$功能性贬值额－经济性贬值额$$

在实际的知识产权价值评估中，绝大多数知识产权资产并不存在物理性贬值。因此，关键在于对功能性贬值和经济性贬值额度的预测。比如新的效用更高的知识产权资产的出现，使得原有的知识产权资产价值显著降低；比如政府的采购政策变化使得某些知识产权资产的价值快速贬值。因此，使用成本法来评估知识产权资产价值时，关键是要明确被评估知识产权资产的重置成本以及各种损耗，尤其是功能性贬值额和经济性贬值额。尽管知识产权资产的重置成本以及各种损耗的测算看似割裂，实质上两者是融合在一起的。

（1）重置成本的测算

对重置成本的测算通常有两种具体的方式：

一是历史成本趋势法。如果某公司在创造某种知识产权资产所发生的所有费用方面有着完善的记录，那么将这些历史成本运用物价指数换算成现值，就能得到现在创造该项知识产权资产的总成本。这里需要的信息包括项目研发所支出的直接费用成本、间接费用成本、该项资产的市场交易成本以及相应的专利费用开支等❷。采用历史成本趋势法来测算重置成本时，应结合评估的目的有针对性地选择相应的成本内容。比如运用历史成本趋势法来测算某一项商标的重置成本时，不仅要考虑开始着手开发的起点以及后续维持的开始日期，还需要重点考虑的费用包括创意开发费用、咨询费用、初步消费试验费、包装设计费、广告策划费以及媒体广告费等。

二是直接估算法。直接估算法是通过测算与待评估资产类似的知识产权资产的成本的方式来估算该项知识产权资产重置成本的方法。简单来说，是通过对标对比类似知识产权资产价值的方式来实现。直接估算法特别适用于缺乏完整财务数据记录的知识产权资产。比如对于某项专业软件（A），只要获取相似软件（B）开发的程序员的工资与待遇总额、软件开发时间、软件开发中所发生的场地、设备使用等全部间接费用以及软件安装和调试等的费用，就能大致测算出该项专业软件（A）的重置成本。❸

（2）贬值率的测算

知识产权资产的贬值率由知识产权资产损耗决定，但知识产权资产价值损耗与有形资产价值损耗的最大不同之处在于：前者不存在所谓的物理性损耗。因此，知识产权资产的贬值率仅涉及功能性贬值和经济性贬值。在对知识产权资产贬值率的实际测

❶❸　俞兴保. 知识产权及其价值评估［M］. 北京：中国审计出版社，1995.

❷　马天旗，等. 高价值专利培育与评估［M］. 北京：知识产权出版社，2018.

算中，专家鉴定法和剩余寿命预测法是两种常见的方式❶。

一是专家鉴定法。统计方法中的"德尔菲法"在无形资产评估中具有重要地位，也是获取知识产权资产贬值率最简便、最直接的方法。具体方式是邀请知识产权资产及评估相关领域的专家，对待评估知识产权资产的先进性、适用性等做出判断，直至形成共识结论，从而来确定该项知识产权资产的贬值率。

二是剩余寿命预测法。该方法是由专业的、经验丰富的评估人员对知识产权资产的可能剩余经济寿命给出经验性的预测与判断，从而直接估算出该项资产的贬值率。该方法的基本计算公式为贬值率＝已使用年限/（已使用年限+剩余使用年限）。这里的剩余使用年限并不是指该项知识产权的法定保护年限，而是指能为产权主体所带来经济效益的年限，通常可以采用专家经验法和技术更新周期法来获得。

尽管成本法计算较为方便简易，但是许多影响知识产权资产价值的因素没有直接考虑在内。比如该方法没有直接考虑与某项知识产权资产相关的市场需求及经济收益等信息；对某项知识产权资产的经济收益变化趋势缺乏足够的重视；对某项知识产权资产取得预期效益的风险程度缺乏直接的考虑；对反映折旧影响的调整系数的确定一般来说主观性过强，难以量化；一项科研项目可能衍生出多项知识产权资产，分离单个知识产权资产的成本支付相对比较困难；知识产权资产的创造一般需要复杂的智力活动，具有较高的创造性和探索性，这使得该种成本的适用性有限。从这个意义上说，使用成本法进行知识产权价值评估出现误差的可能性很大，计算出来的结果很可能让各方均不满意。

二、市场法

市场法也称为市场比较法，是根据当前公开市场上与被评估知识产权资产相似的或可比的参照物的价值，并且在必要时经过适当的价格调整来确定被评估知识产权价值的方法。该方法使用的前提是只有存在与被评估知识产权资产类似的交易时才是适用的。与成本法类似，市场法同样是基于替代原则或假设，即任何理性的决策者都不会为一项资产支付比其他购买类似替代资产多的价格❷。采用市场法评估知识产权价值的关键在于要准确选择合适的参照物，重点需要注意如下事项：一是要选择与待评估资产相同或相似的资产；二是参照物与待评估对象具有内在可比性；三是参照物的交易时间和地区相近；四是参照物的选择原则上要超过 3 个❸。比如，在美国，技术交易经纪人往往向客户推荐介绍以往大致类似的专利要价和成交价格的分布区间，以此促

❶　王翊民. 知识产权价值评估研究 [D]. 苏州：苏州大学，2010.

❷　AKERLOF G A. The market for "lemons"：Quality uncertainty and the market mechanism [M]. New York：Academic Press，1978：235-251.

❸　RICHARD. Valuation and dealmaking of technology-based intellectual property：Principles，methods and tools [M]. New Jersey：John Wiley & Sons，2009.

进客户对拟评估知识产权资产的报价做出更为合理的安排❶。

市场法可以进一步细分为直接市场法和相似类比法。前者是指在公开的交易市场上找到类似于待评估知识产权资产的市场交易后，不经过价格的调整，以类似的知识产权资产的成交价格作为待评估知识产权价值。后者是指在公开交易市场上找到与待评估知识产权资产相似资产的交易实例，针对影响价格的关键要素进行逐项比较，以类似交易的全新价格减去按照现行市价计算的已经使用的累积折旧额作为基础进行必要的差异调整，确定待评估知识产权资产的现行市场价格。基本测算公式为待评估知识产权价值＝［全新参照资产市场价格－（全新参照资产市场价格／预计使用年限）×资产使用年限］×调整系数。

知识产权资产区别于有形资产，其可比性因素除了要考虑知识产权资产的法律属性、技术特点、功能作用等，还需要考虑诸如该项资产所运用的行业、获利能力、利润、新技术、进入障碍、增长前景、剩余生命周期等诸多因素❷。运用市场法的难点在于调整系数的确定。调整系数的确定通常只能采用经验法等主观评估的方式进行，需要考虑的因素大致包括：参照物的交易时间与待评估知识产权资产的评估时间差异、待评估知识产权资产与参照物交易的地域差异、知识产权在生产经营中作用效用的差异等❸。如果没有结合相应的知识产权特征进行系数调整，可能会导致评估价值出现较大的误差、严重偏离待评估知识产权资产的实际价值。

运用市场法进行知识产权价值评估具有一定的优势和合理性。所选择的参照知识产权资产是市场上各交易主体竞价所得到的均衡价格，容易被各方所接受。同时，市场法并不需要完整详细的财务记录数据，也不需要特别复杂的数学模型。对于知识产权交易市场比较成熟的行业，也可以直接运用知识产权交易的标准费率或业界标准的方式进行。以美国为例，小说和商业性图书的作者可获得零售价格10%或15%的使用费；更为专业的、小众的书籍作者则通常获取15%～20%的使用费❹。一些国外的组织机构如 Intellectual Property Research Associates 制定了电子行业的专利使用费标准，最低获取0.5%、最高获取15.0%的运营销售许可费率。

然而，在实践中运用市场法来对知识产权资产进行估值的案例则相对较少。第一，运用市场法需要一个非常成熟的知识产权交易市场，但我国的各类知识产权交易市场则相对并不完善和成熟。第二，多数市场上已经成交的知识产权资产涉及诸多商业秘密，获取完整的信息相对比较困难，即便得到了相应的价格信息，也很有可能包括诸

---

❶ IP Watchdog 2016 patent market report：patent prices and key diligence data.

❷ 陈静. 知识产权资本化的条件与价值评估 ［J］. 学术界，2015（8）：96-105，331.

❸ 周正柱，朱可超. 知识产权价值评估研究最新进展与述评 ［J］. 现代情报，2015，35（10）：176-179.

❹ 王翊民. 知识产权价值评估研究 ［D］. 苏州：苏州大学，2010.

多其他利益方面的考虑。第三，由于知识产权尤其是专利的新颖性和创造性特征❶，使得很难在市场上找到可比对的、类似的知识产权资产。第四，知识产权资产的交易可能与其他类型资产的交易连带发生，很难做到准确评估每项无形资产的价值。正是源于此，市场法在实践中应用的概率并不高。

三、收益法

收益法又被称为现金流折现法，是当前国内外企业进行知识产权价值评估最常采用的方法❷。它具体是指在未来有效期内，通过测算待评估资产的收益预期，并将未来收益预测折算成现值，以此来确定待评估资产价值的方法。该方法的基本假设是：一个理智的投资者在购置或投资于某一资产时，他所愿意支付或投资的货币数额不会高于他所购置或投资的资产在未来能给他带来的回报。

在运用收益法对知识产权价值进行评估时，需要重点关注：一，需要依据以往的盈利能力来预测未来的现金流收益；二，能够预测被评估资产取得预期收益的持续时间；三，确定每一个周期内现金流所对应的折现率。简单来说，收益额、折现率、收益期限是运用收益法评估知识产权价值的核心三要素。

收益法的基本测算公式如下：

$$IP = \sum_{t=1}^{n} \frac{R_t}{(1+r)^t}$$

式中，IP 为被评估知识产权资产的价值；R_t 为第 t 个周期内的预期收益额；r 为对应年份的折现率；t 为具体年限；n 为收益年限。

（1）收益额的测算

这里所说的收益额并不是知识产权资产的历史收益额，而是知识产权资产产生的未来预期收益额。由于单独的知识产权资产所带来的效益贡献通常无法单独测算，替代的方式是测算企业经营运作的总体收益后对其进行分成。当前主要采用四种方法来确定收益额：

一是直接估算法。对知识产权主体而言，其预期收益可分为溢价型和节约成本两种类型。对于前者，其计算方式是使用一项知识产权资产前后的价格差，乘以当期的销售量；对于后者，其计算方式是使用某项知识产权资产前后的成本差，乘以产品销售量（此时假定前后价格没发生变化）。

二是差额估算法。该种方法是指将采用某项知识产权资产之后的经营利润与行业

❶ DIAMOND P A, HAUSMAN J A. Contingent Valuation: Is Some Number Better than No Number? [J]. Journal of Economic Perspectives, 1994, 8 (4): 45-64.

❷ 董晓峰，李小英. 对我国知识产权评估方法的调查分析 [J]. 经济问题探索, 2005 (5): 120-126.

平均水平进行比较，从而得到相应的超额收益。其计算公式是超额收益=经营利润-知识产权总额×行业平均利润率。

三是分成率法。此种方法是目前国内外比较常用的一种实用方式。通常来说，分成率包括销售收入分成率和销售利润分成率。其基本计算公式是收益额=销售收入×销售收入分成率或者销售利润分成率。这里分成率的计算准确与否直接决定了该种方法的准确性。在具体实践中，对于分成率计算通常采用：边际分析法，计算知识产权受让方运用知识产权前后的利润差额除以使用知识产权后的利润总额计算得出；三分法，资金、技术和经营能力各占利润或者销售总额的三分之一；四分法，资金、劳动、技术和管理各占利润或者销售总额的四分之一。

四是行业惯例。联合国工业发展组织经过大量的论证考察之后认为，技术的销售收入分成率的范围区间为 0.5%～10%；进一步分析发现，销售收入分成率具有显著的行业差异特征：石油化工行业销售收入分成率为 0.5%～2%；制药行业销售收入分成率为 2.5%～4%；汽车行业销售收入分成率为 4.5%～6%❶。在实际的评估中，一般结合具体情况对行业标准分成率进行效应的参数调整得到。

（2）折现率的测算

折现率从本质上来看就是期望投资回报率，它是比较难以测算并且敏感性较强的参数。包括通货膨胀、变现能力、实际利率、风险报酬等在内的诸多因素都会影响折现率。在实践中常常采用的折现率测算方法包括：

一是风险累加法。该方法要求对每个风险因素确定相应的补偿报酬率，然后加总作为折现率的刻画指标。比如在实践中，折现率通常包括享用延迟、非流动性调整、机会成本、在未来时段的通胀率、不确定性或风险五个部分❷，对应的影响比率分别为 1%、2%、2%、4% 和 18%，那么折现率将会是 27%。

二是加权平均资本成本模型。该方法将加权平均资本成本作为折现率的刻画指标。加权平均资本成本=股权成本×（股权市场价值/总资产市场价值）+债务成本×（1-税率）×（债务市场价值/总资产市场价值）❸。

（3）收益期限的测算

收益期限指的是知识产权获取收益的持续时间。与有形资产不同，知识产权资产的收益期限是由无形损耗来决定的，与法律或契约规定的期限也有所不同。此外，随着知识产权经济时代的到来，知识产权的收益期限在快速缩短。对收益期限的测算通常需要同时采用法定保护期限法、更新周期法和剩余寿命预测法三种方法，进而比较不同方法所测算的期限，以期限最短者作为收益期限的最终值。

---

❶ 刘璘琳. 企业知识产权评估方法与实践［M］. 北京：中国经济出版社，2018.
❷ WILLIAM J MURPHY. 专利估值：通过分析改进决策［M］. 张秉斋，等译. 北京：知识产权出版社，2017.
❸ 孔军民. 中国知识产权交易机制研究［M］. 北京：科学出版社，2018.

法定保护期限，通常指专利的保护年限或者合同约定的期限，也是最长的收益期限。这里需要注意的一个关键问题是在法定保护期内是否还有价值。比如各国法律都规定了著作权享有很长的法律保护期，但是它所能带来的经济收益的时间远低于法定期限。

更新周期法是指采用知识产权资产的更新周期来加以评估。要使用该方法来评估知识产权收益期限，要特别关注与之相关联的产品或技术处于生命周期的哪个阶段。比如电子计算机的更新周期较短，也从根本上决定了相应的无形资产的更新速度快。采用更新周期法时，通常的做法是依据同类知识产权资产的经验材料进行判断。

剩余寿命预测法是直接评估某项知识产权资产还可以使用的年限。要使用该方法来评估知识产权收益期限，要特别关注当前产品的市场竞争情况、所处的生命周期阶段、可替代技术的发展状态、技术更新的情况等因素。由于影响因素繁多，很难采用精确的测量方式，通常的做法是由技术专家、评估专家和市场营销专家等组成评估团队来加以综合性测算。

收益法来评估知识产权价值的优势在于综合考虑了影响收益的诸多因素，尤其是将货币时间价值的影响纳入模型，结合知识产权未来收益和折现率折合成现值来加以评价，使得价值评估更科学、合理、符合客观现实的实际需求。理论研究显示，收益法是已批准的专利、商标与商誉、版权等的首选价值评估方法。同样在实践中采用这种方法也容易获得供求双方的认可。

尽管收益法具有诸多优势，但在实际运用中也存在着一些局限性。第一，由于单一知识产权的功效很难进行评估以及知识产权未来收益的测算受到诸多影响等，对知识产权超额收益的测算比较困难。第二，折现率同样比较难以测算。无论采用何种方法来测算折现率，前提假设是折现率每年是固定不变的，这一点与实际不符；另外，折现率的各种测评方法都是以主观评价为主，各种方法所预测的折现率可能显著不同，然而折现率的稍微变化都会对其价值有显著影响。第三，知识产权的预期收益期限与市场状态、产品或技术生命周期等密切相关，使得收益期限的确认比较困难。

通过对成本法、市场法、收益法三种常用的知识产权价值评估方法的介绍与分析，可以看出三种方法各有优缺点。同时也提示我们要规避一些关于知识产权价值评估的错误观念：一是知识产权价值评估只能由专家来评估。尽管外部评估专家有益于价值评估，但完全将其交给专家并不合理，因为很多需要输入的信息要依赖于知识产权的创造者和决策者。二是估值结果远远重于估值过程。知识产权价值评估实质上是一个投入—转换—产出的过程，估值结果的准确性取决于测评方法的选择、各种信息数据的质量以及具体操作解读的能力。三是方法越定量化，估值结果越准确。如果仅仅是为了数据而输入数据，输入的数据质量不合理、不完善甚至不正确，其结果反而误差较大，甚至完全不能体现知识产权的价值。四是知识产权价值评估的结果一定是精确的值。由于知识产权的特性以及整个过程的复杂性，难以绝对精确地给出某项知识产权的价值；但并不意味着知识产权价值评估是无用的，这就要求供求各方学会使用和解读估值结果。五是存在一种确定的最优的知识产权价值评估方法。事实上，知识产权价值评估是科学与艺术的结合，每种方法都有其优点和缺陷。

第三节　评估的案例分析

一、收益法评估知识产权价值的案例

随着市场进入销售旺季❶，企业亟需较多的运营资金。结合当时的政策，A 公司高层决定拟以"一种小型海水淡化装置"实用新型专利向银行进行质押贷款，为此，该公司经深入了解后委托某资深专利评估机构进行专利资产价值评估，为专利权质押贷款这一经济行为提供价值参考依据。

此次的评估对象是 A 公司"一种小型海水淡化装置"实用新型专利。根据其《实用新型专利证书》，主要内容如下：

实用新型名称：一种小型海水淡化装置；专利号：ZL200820103336.0；授权公告日：2009 年 9 月 6 日；授权公告号：CN203109871Y；申请日：2008 年 8 月 5 日。

经过清查分析之后发现，这 18 项发明专利的专利权人均为 A 公司，也按时缴纳了专利年费；也未进行对外转让或许可使用及法律诉讼，无历史质押记录，均符合银行的质押条件。结合银行相关尽职调查以及公司情况，该项目专利评估基准日确定为2009 年 9 月 30 日。

资产评估的常用方法有成本法、市场法和收益法三种。由于该公司评估专利的投入与产出效益之间的弱对应性，很难采用成本法来加以测算；同样，很难在市场上找到类似的专利交易案例，也不宜采用市场法。同时，由于能用货币衡量其未来期望收益的单项或整体资产，承担的风险也必须是能用货币来衡量的，因此选用收益法。具体的方式是通过利润分成的方式来得到这些专利资产的预期收益，再结合适当的折现率加以计算，从而得出评估值。

收益法的计算公式：

$$IP = \sum_{t=1}^{n} \frac{F_t}{(1+i)^t}$$

式中，P 为评估值；F_t 为未来第 t 个收益期的被评估专利技术利润分成；n 为剩余经济

---

❶ 案例来源：百度文库，技术价值评估经典案例。

寿命期；t 为未来第 t 年；i 为折现率。

$$专利技术的技术收益＝专利产品的未来收益×利润分成率$$

具体参数的选择与测算结果如下：

（1）专利经济寿命的测算

对于专利而言，其经济寿命由权利寿命及经济收益寿命两个方面测算的最小值来确定。本项目涉及的是一项实用新型专利，其有效保护期为 10 年。另外，由于没有按时缴纳年费等原因导致专利权的终止期就是法定保护收益期限的上限。由于待评估专利涉及的研究领域技术更新换代比较快，使得该领域专利的经济寿命逐步缩短。经过系统分析待评估专利的特点以及同行业领域内一般技术的实际经济寿命后，确定其技术寿命为 10 年，截至评估基准日已经过了 1 年，因此，该项专利的剩余收益期限为 9 年。

（2）未来收益额的测算

测算评估基准日起 6 年内的主营业务收入、主营业务成本、营业税金及附加、营业费用、管理费用、财务费用及企业所得税等，进而测算出未来 6 年的净利润，对于 6～9 年，企业进入相对稳定的经营状态，将其收益保持与第 5 年的等额水平。

①主营业务收入的预测。首先要进行销售价格的预测。在未来的 6 年内，考虑主要原料价格下降、竞争降价及国家相关政策的影响，企业产品销售单价将由于市场竞争等因素平均每年下降3%，销售价格预测见表 2-1。

表 2-1　产品销售价格预测

单位：元/台

规格型号	第 1 年	第 2 年	第 3 年	第 4 年	第 5 年	第 6～9 年每年
2 吨设备	32000	31040	30109	29206	28329	27479
5 吨设备	80000	77600	75272	73014	70823	68699
20 吨海水淡化工程	340000	329800	319906	310309	301000	291970
50 吨海水淡化工程	880000	853600	827992	803152	779058	755686
500 吨海水淡化工程	3400000	3298000	3199060	3103088	3009996	2919696

其次要进行销售数量的预测。根据已签订的销售合同及意向书等，结合市场情况，第 1 年的产销量依据合同与意向书加以确定，由于项目还正在建设当中，第 2 年的销量按第 3 年的 1/3 执行，第 3 年建成达到预期产品，第 4～6 年预计分别比前一年增长5%。销售数量预测见表 2-2。

表2-2　销售数量预测

单位：台

规格型号	第1年	第2年	第3年	第4年	第5年	第6~9年每年
2吨设备	500	1667	5000	5250	5513	5788
5吨设备	100	100	300	315	331	347
20吨海水淡化工程	30	33	100	105	110	116
50吨海水淡化工程	2	10	30	32	33	35
500吨海水淡化工程	1	10	30	32	33	35

依据对于销售单价和销售数量的预测，从而可以计算出未来6年的主营业务收入，结果见表2-3。

表2-3　主营业务收入预测

单位：万元

规格型号	第1年	第2年	第3年	第4年	第5年	第6~9年每年
2吨设备	1600.00	5174.37	15054.40	15332.91	15616.57	15905.47
5吨设备	800.00	776.00	2258.16	2299.94	2342.48	2385.82
20吨海水淡化工程	1020.00	1088.34	3199.06	3258.24	3318.52	3379.91
50吨海水淡化工程	176.00	853.60	2483.98	2529.93	2576.73	2624.40
500吨海水淡化工程	340.00	3298.00	9597.18	9774.73	9955.56	10139.74
合计	3936.00	11190.31	32592.78	33195.74	33809.86	34435.35

②主营业务成本的测算。首先计算材料成本，随着材料科学的进步，膜材料和膜组件将呈现加速下降的趋势。结合评估对象实际情况，对海水取水系统、微电解系统、辅助系统价格每年按3%下降；反渗透系统价格每年按6%下降。根据各种产品材料成本及产品销售数量的测算，可以得出未来的材料成本，见表2-4。

表2-4　原材料成本预测

单位：万元

产品名称	第1年	第2年	第3年	第4年	第5年	第6~9年每年
2吨设备	879.50	2787.17	7948.03	7936.14	7926.10	7917.91
5吨设备	473.50	449.89	1282.66	1280.21	1278.06	1276.20
20吨海水淡化工程	471.30	493.40	1423.32	1423.01	1423.05	1423.43
50吨海水淡化工程	70.22	333.50	950.57	948.49	946.63	944.98
500吨海水淡化工程	155.89	1485.69	4248.78	4253.77	4259.82	4266.92
合计	2050.41	5549.66	15853.35	15841.63	15833.65	15829.44

其次是主营业务成本的测算。企业主营业务成本主要包括原材料、燃料动力、职工工资、职工福利费、社保及住房公积金等、其他直接支出、折旧费以及其他制造费

用等。参考海水淡化主营业务成本水平，在原材料价格上涨对材料成本的影响基础上，通过不断国产化原材料采购，以及规模化的生产管理，控制原材料、燃料动力占收入的比例。职工工资、职工福利费、社保及住房公积金等的预测，根据企业提供的员工编制及工资计划，结合现行有关规定及企业实际情况进行预测。折旧费系根据企业的固定资产投资计划，对生产用房及设备计提折旧，其中生产用房按 20 年，生产设备按 10 年计提折旧，不计残值，第 2 年开始计提折旧。对于其他直接支出及其他制造费用，考虑到在成本中所占比重较小，系按照原材料的一定比例预测。对主营业务成本的测算结果见表 2-5。

表 2-5　主营业务成本测算结果　　　　　　　　　　单位：万元

序号	项　目	第 1 年	第 2 年	第 3 年	第 4 年	第 5 年	第 6~9 年每年
1	原材料	2050.41	5549.66	15853.35	15841.63	15833.65	15829.44
2	燃料动力	82.02	221.99	634.13	633.67	633.35	633.18
3	职工工资	253.24	1029.80	2021.80	2226.00	2449.00	2449.00
4	职工福利费	17.73	72.09	141.53	155.82	171.43	171.43
5	工会经费	5.06	20.60	40.44	44.52	48.98	48.98
6	职工教育经费	3.80	15.45	30.33	33.39	36.74	36.74
7	社保及住房公积金等	45.58	185.36	363.92	400.68	440.82	440.82
8	其他直接支出	41.01	110.99	317.07	316.83	316.67	316.59
9	折旧费	0.00	177.00	401.00	401.00	401.00	401.00
10	其他制造费用	20.50	55.50	158.53	158.42	158.34	158.29
	合计	2519.35	7438.43	19962.10	20211.95	20489.97	20485.47

再者是要进行税金及附加的测算。企业应交的增值税率为 17%；需缴纳的附加税有城市维护建设税，税率为应缴增值税的 7%；教育费附加，税率为应缴增值税的 3%；地方教育费附加，税率为应缴增值税的 1%，合计为 11%。税金及附加的测算结果见表 2-6。

表 2-6　税金及附加测算结果　　　　　　　　　　单位：万元

项　目	第 1 年	第 2 年	第 3 年	第 4 年	第 5 年	第 6~9 年每年
主营业务收入	3936.00	11190.31	32592.78	33195.74	33809.86	34435.35
产品材料成本	2050.41	5549.66	15853.35	15841.63	15833.65	15829.44
销项税	669.12	1902.35	5540.77	5643.28	5747.68	5854.01
进项税	348.57	943.44	2695.07	2693.08	2691.72	2691.00
应交增值税	320.55	958.91	2845.70	2950.20	3055.96	3163.00
税金及附加	35.26	105.48	313.03	324.52	336.16	347.93

③相关费用的测算，包括营销费用、管理费用、财务费用。营业费用主要包括销售人员工资福利、社保及住房公积金等，宣传广告费及差旅费等。参照同行业类似企业的经营数据，结合本公司实际情况，营业费用占主营收入的比重在8%左右；管理费用主要包括管理人员工资福利、社保及住房公积金等，差旅费，技术开发费及无形资产摊销等。其中技术开发费参照高新技术企业标准，取6%；无形资产按10年摊销，从第1年开始计算。参照同行业类似企业的经营数据，结合本公司实际情况，管理费用占主营收入的比重在11%左右；财务费用主要为借款利息支出。

④还需要测算企业追加投资、固定资产折旧与摊销。根据企业的投资计划，第1~2年完成固定资产投资7000万元，铺底流动资金3000万元，此后在评估收益期内无追加投资计划；固定资产折旧系根据企业的固定资产投资计划，对生产用房及设备计提折旧，其中生产用房按20年，生产设备按10年计提折旧，不计残值，第2年开始计提折旧；无形资产按10年摊销，从第1年开始计算。

⑤净利润的测算。根据以上对评估基准日后第1~6年主营业务收入、主营业务成本、营业税金及附加、营业费用、管理费用及企业所得税等的预测，测算出未来6年净利润，对于第6~9年，企业进入稳定的经营期，因此其收益保持与第6年等额水平。净利润的测算结果见表2-7。

表2-7　净利润测算结果　　　　　　　　　　　　　　单位：万元

项目	第1年	第2年	第3年	第4年	第5年	第6~9年
一、主营业务收入	3936.00	11190.31	32592.78	33195.74	33809.86	34435.35
减：主营业务成本	2519.35	7438.43	19962.10	20211.95	20489.97	20485.47
税金及附加	35.26	105.48	313.03	324.52	336.16	347.93
二、主营业务利润	1381.39	3646.40	12317.65	12659.27	12983.74	13601.95
减：营业费用	252.09	960.31	2483.88	2509.50	2535.60	2562.19
管理费用	753.46	1794.29	3743.07	3791.97	3841.77	3892.50
财务费用	29.70	29.70	29.70	29.70	29.70	29.70
三、营业利润	346.14	862.10	6061.00	6328.10	6576.66	7117.56
四、利润总额	346.14	862.10	6061.00	6328.10	6576.66	7117.56
减：所得税	—	—	—	—	—	—
五、净利润	346.14	862.10	6061.00	6328.10	6576.66	7117.56

（3）利润分成率的测算

在任何一个企业盈利要素中，管理、技术、人力、物力、财力以及无形资产将共同作用，对企业的收益做出贡献，知识产权作为特定的生产要素，参与企业收益的分配。通过对被评估技术进行切合实际的分析，综合考虑到企业拥有各项技术的技术特点、产品的创新性、技术水平、竞争能力及市场前景，企业拥有各项技术的利润分成率取值为 25%；进一步通过德尔菲法，征求专家意见，确定了待评估专利在全部技术中的权重，即 47.95%。从而可得出利润分成率 = 47.95%×25% = 11.99%。

（4）折现率的测算

结合实际需要，此次评估采用累加法计算折现率。基本计算公式如下：

$$折现率 = 无风险报酬率 + 风险报酬率$$

其中，风险报酬率 = 行业风险报酬率 + 委估对象特有风险报酬率。

①无风险报酬率。无风险报酬率为评估基准日的中长期国债利率换算为一年期一次付息利率。我国 2008 年五年期国债利率为 5.53%，考虑复利因素，五年期国债的一年付息利率为 $(1+5×5.53\%)^{1/5}-1 = 5.00\%$。

②风险报酬率。行业风险报酬率可以参考行业净资产收益率确定，上市公司的年报是判断行业净资产收益率的重要资料。通过对 8 家公司的平均净资产收益率进行系统分析后，取其平均值 9.69%，再扣除无风险报酬率 5.00%，从而得到风险报酬率为 4.69%。此外，综合考虑待评估专利特有的技术风险、市场风险、资金风险及管理风险等主要因素，待评估专利的特有风险报酬率 = 技术风险系数 + 市场风险系数 + 资金风险系数 + 管理风险系数 = 3.00% + 3.02% + 4.00% + 4.00% = 14.02%。

综上，折现率 = 5.00% +（4.69% + 14.02%）= 23.71%。

结合收益法测算公式，最终得到委托评估的专利价值结果。截止于评估基准日 2009 年 9 月 30 日，纳入本次评估范围的 B 公司的"一种小型海水淡化装置"实用新型专利评估价值为 1792 万元。

二、成本法评估知识产权价值的案例

B 研究所❶在实施一项重大科研项目过程中，完成了一种生物胶原材料及其在子宫内膜修复中的应用的创造性成果，围绕该项成果申请了 3 项发明专利，成功获得授权。当前该研究所决定对这 3 项发明专利进行作价投资，并选择 Z 评估公司进行相应的专利价值评估。

本次评估涉及的标的是该研究所在生物胶原材料及其在子宫内膜修复中的应用的 3 项相关发明专利。此 3 项的专利申请日为 2014 年 12 月 15 日，授权日均在 2016 年 12 月。

依据研究所的作价投资的具体需求，Z 评估公司决定将市场价值作为价值评估的价值类型；为了便于进行相关的资料收集、核实以及作价投资之后的会计处理工作，将评估基准日确定为 2017 年 4 月 30 日。

由于该研究所已经建立了相对比较完善的科研经费申报和统计机制，关于此项

---

❶ 案例来源：马天旗，等. 高价值专利培育与评估［M］. 北京：知识产权出版社，2018.

成果研发过程有着较为详细的研发支出记录，并且科研计划的制订与实施有着良好的效果，大致具备了使用成本法的条件。故而 Z 评估公司决定选用成本法来进行价值评估。

Z 评估公司选择的成本法计算公式如下：

$$专利评估值 = 重置成本 \times （1-贬值率）$$

具体指标的选取与预测如下：

（1）重置成本的测算

涉及的 3 项专利均为 B 研究所自主研发所得，重置成本的计算方式是：修正后的专利原始成本加上合理的利润。这里首先需要计算的是专利原始成本。通常来说，专利原始成本由研制成本和交易成本两个部分构成。其中研制成本又包括直接成本和间接成本。

直接成本泛指研发过程中直接投入的费用，具体包括材料费、专用设备费、资料费、外协费、咨询费、培训费、差旅费、管理费、折旧费、分摊费，还包括保险费、专利申请费等其他直接投入的经费。间接成本指的是与研发相关的费用，主要包括不同类型技术人员（高级、中级、初级、普通技术人员等）的劳动报酬。

交易成本指的是市场交易过程中产生的费用支出，主要包括技术服务费，指的是卖方为买方提供的相关技术服务的支出；差旅费和管理费，指的是参加交易谈判的差旅费、食宿费等；有关手续费，指的是交易相关的公证费、咨询费等；交易税金，指的是知识产权交易中应该缴纳的税费；广告、宣传费及其他费用。

Z 评估公司在与 B 研究所沟通和调研的基础上，绘制了 3 项发明专利的原始成本，见表 2-8。

表 2-8　三项专利原始成本　　　　　　　　　　　　　　单位：万元

项　目	投入年份			合　计
	2012 年	2013 年	2014 年	
研制成本	216.60	258.70	288.30	763.60
直接成本	60.60	89.70	113.30	263.60
材料费	46.00	68.00	92.00	206.00
专用设备费	6.00	10.00	4.00	20.00
资料费	0.30	0.20	0.20	0.70
外协费	—	—	—	—
咨询费	0.20	1.00	5.00	6.20
培训费	0.50	0.50	0.70	1.70

续表

项 目	投入年份			合 计
	2012 年	2013 年	2014 年	
差旅费	1.00	1.20	1.30	3.50
管理费	2.00	2.50	3.50	8.00
折旧费	3.50	4.70	5.00	13.20
分摊费	1.10	1.20	1.60	3.90
其他直接费用	—	0.40	—	0.40
间接成本	156.00	169.00	175.00	500.00
技术人员薪酬	156.00	169.00	175.00	500.00
交易成本	16.50	14.50	16.40	47.40
技术服务费	15.00	13.00	12.00	40.00
差旅费和管理费	0.60	0.80	1.40	2.80
有关手续费	—	—	3.00	3.00
交易税金	—	—	—	—
广告、宣传费	—	—	—	—
其他费用	0.90	0.70	—	1.60
合计	233.10	273.20	304.70	811.00

在获取原始成本相关数据明细的基础上，Z 评估公司又进一步依据现行价格标准进行修正，得到修正后的专利成本，具体结果见表 2-9。

表 2-9　三项专利修正后的原始成本　　　　　　　　　　单位：万元

项 目	投入年份			合 计
	2012 年	2013 年	2014 年	
研制成本	290.20	318.60	338.00	946.80
直接成本	75.20	103.60	123.00	301.80
材料费	59.80	81.60	101.20	242.60
专用设备费	6.30	10.00	4.00	20.30
资料费	0.30	0.20	0.20	0.70
外协费	—	—	—	—
咨询费	0.20	1.00	5.00	6.20
培训费	0.50	0.50	0.70	1.70
差旅费	1.00	1.20	1.30	3.50
管理费	2.00	2.50	3.50	8.00

续表

项　目	投入年份			合　计
	2012 年	2013 年	2014 年	
折旧费	4.00	5.00	5.50	14.50
分摊费	1.10	1.20	1.60	3.90
其他直接费用	—	0.40	—	0.40
间接成本	215.00	215.00	215.00	645.00
技术人员薪酬	215.00	215.00	215.00	645.00
交易成本	16.50	14.50	16.40	47.40
技术服务费	15.00	13.00	12.00	40.00
差旅费和管理费	0.60	0.80	1.40	2.80
有关手续费	—	—	3.00	3.00
交易税金	—	—	—	—
广告、宣传费	—	—	—	—
其他费用	0.90	0.70	—	1.60
合计	306.70	333.10	354.40	994.20

此外，Z 评估公司结合 B 研究所的平均资本收益率测算出期望获取的合理利润值，最终得到三项专利的重置成本＝修正后原始成本×（1＋合理利润率）＝994.20×（1＋9.6%）＝1090 万元。

（2）贬值率的测算

三项专利贬值率的测算按照如下方式进行：

贬值率＝专利已存在年限/（专利已存在年限＋尚可使用年限）

三项专利从申请之日起到专利评估基准日，已经存在了 2.4 年。Z 评估公司又结合该行业技术的发展趋势、产品生命周期、法定保护期进行了综合判断，确定三项待评估专利的尚可使用年限为 8 年。从而得出贬值率＝2.4÷（2.4+8）＝0.23。

结合重置成本以及贬值率，可计算得出三项专利资产在评估基准日的市场价值＝1090×（1－0.23）＝839 万元。

三、市场法评估知识产权价值的案例分析

2008 年 11 月 20 日，艾曲波帕片作为短期治疗慢性特发性血小板减少性紫癜（ITP）药物在美国首次上市，之后又于 2010 年 5 月 27 日在英国上市，目前在加拿大、智利、俄罗斯、科威特和委内瑞拉等 90 多个国家已获准上市，批准适应症为慢

性 ITP 治疗❶。

小分子血小板生成素受体激动剂艾曲波帕片（商品名：Promacta）在主要用于慢性丙型肝炎患者的血小板减少症治疗。该类患者由于体内血小板数量偏低，无法接受丙型肝炎常用手段干扰素的治疗，艾曲波帕片是首个获批用于该类患者的支持性治疗药物。新药研发公司北京蓝贝望生物医药科技股份有限公司开发了艾曲波帕原料及片剂，2014 年 9 月提交北京市药监局获受理临床注册申请。沈阳三生制药有限责任公司希望北京蓝贝望生物医药科技股份有限公司能够转让艾曲波帕原料及片剂临床批件。

市场法通行的做法就是参考在市场上已经发生的转让行为中对类似项目的评估值，作为评估待分析无形资产的价值的基础。该种方法在新药行业有着不错的应用空间。通过对申报同品种的五家企业中三家研发型企业进行电话咨询，因为另外两家企业的产品已经进行了实质转让；通过与行业内专业人员的沟通，发现转让的价格分别为 500 万元和 550 万元；通过对上市公司的相关公告以及新闻媒体报道的收集与分析，得到多个 3 类化药品种的转让信息和价格，具体见表 2-10。

表 2-10　化药 3 类新药转让价格参考

新药品种	转让单位	受让单位	时间	信息来源	转让价格
吡啡尼酮	陕西合成	北京凯因	2011	电话咨询	410 万元
阿伐那非	未知	昆明制药	2013	公司公告	538 万元
阿伐那非	山东药研	未知	2014	电话咨询	550 万元
莫达非尼	军科院	桂林三金	2011	公司公告	800 万元
艾曲泊帕	南京华威	未知	2014	电话咨询	550 万元

通过对行业信息的调研，收集到的多个新药品种转让信息表明，类化药的临床前转让价格大多在 400 万~800 万元。同品种项目转让价格为 550 万元。因此，可以大致预测该项知识产权资产的价格为 550 万元。

四、权利人因被侵权遭致的实际价值评估案例

J 公司专注于某专利产品的生产与销售❷，当前一些产品已经在某平台网络上进行了试水销售，并且自 2011 年到 2015 年，这些产品的销售情况相对比较稳定。但在 2016 年 1 月，产品销售所在的网络平台接到了另外一家公司 Y 的投诉。Y 公司投诉称 J 公司在其网络平台上所销售的一些专利产品侵犯了他们的商标权，强烈要求网络平台撤下相关产品。平台公司在接到投诉之后便对相关产品进行了立即下架的处

---

❶　案例来源：单磊，戴莉萍. 创新药物知识产权转让价值评估方法及案例分析［J］. 广东知识产权，2017 (40).
❷　案例来源：马天旗，等. 高价值专利培育与评估［M］. 北京：知识产权出版社，2018.

置。与此同时，Y公司在网络平台上立即销售与J公司专利产品同类型的产品。J公司随后了解到这些情况后，发现自己公司销售的产品并没有侵犯Y公司的商标权，反而Y公司销售的产品侵犯了自己的专利权。因此，J公司便将Y公司和网络平台公司同时起诉到了法院。法院在经过调查取证以及审理之后认定，J公司在网络平台上所销售的产品并不构成侵犯Y公司的商标权，而Y公司在网络平台上销售的产品则侵犯了J公司的专利权；并且要求网络平台公司立即恢复上架J公司的相关产品，并正式发出公告说明情况以消除对J公司的消极负面影响，Y公司要对J公司进行专利权侵权赔偿。2017年2月，网络平台公司将J公司的专利产品上架，并专门发布了相关报告，随后销售情况也逐步恢复正常。

法院委托F评估公司对专利权侵权损害进行价值评估。F评估公司在经过系统分析之后，将评估基准日选定在2017年2月28日。从实际情况可以看出，Y公司的专利权侵权行为对J公司的不利影响时间节点为2016年1月至2017年2月。在2016年1月前，J公司在网络平台上的销售情况稳定。在2017年2月，网络平台公司在发布相关公告后，J公司的相关专利产品也逐步恢复到正常水平。2016年1月和2017年2月J公司的相关专利产品在网络平台有一定的收入，但与稳定阶段相比有显著的下降；商品下架之后与上架之前这段时期内，J公司的专利产品在网络平台上没有获取任何收入。因此，在很大程度上J公司在该网络平台上因侵权所造成的损失是可以进行量化的，F评估公司选取权利人因被侵权所受到的实际损失价值作为侵权损害赔偿判断依据。

依据J公司所提供的材料，F评估公司对2011—2015年的涉案专利产品在网络平台的销售情况进行了汇总，见表2-11。

表2-11 专利产品销售情况

年 份	2011年	2012年	2013年	2014年	2015年
专利产品销量（件）	2450	2673	2758	2826	2837
专利产品销售收入（万元）	263	294	315	327	328
平均销售单价（元/件）	1073	1100	1142	1157	1156
销量年增长率		9.10%	3.18%	2.47%	0.39%
销售收入年增长率		11.79%	7.14%	3.81%	0.31%

从表2-11可以看出，2011—2015年的销售量逐步趋于稳定，增长率逐渐下降，产品的价格也相对比较稳定。从分月度的统计数据来看，该专利产品受季节的影响并不大，每月的销售量也相对比较稳定。因此，可以以2015年的销售数据来有效预测2016年1月到2017年2月在该专利产品没有被侵权的情况下的销售收入情况，即平均每月销售收入为27万元，平均每月的销量为236件，从而可以计算出在没有被侵权的情况

下，2016年1月到2017年2月的专利产品销售收入＝27×13＝351（万元），而2016年1月和2017年2月专利产品实际销售收入分别为11万元和9万元。

依据J公司2011—2015年的财务报表计算发现，专利产品的平均营业利润率约为11.5%。由此，可以计算出权利人因为被侵权而导致的实际损失价值＝专利产品销售收入减少额×专利产品平均利润率＝（351－11－9）×11.5%＝38（万元）。J公司因被侵权导致专利产品的收入减少了，但是公司日常生产经营的固定费用并未因此得到减少，实际损失应该大于39万元。因此，在固定支出并未减少的情况下，采用下述公司对权利人因被侵权所受到的实际损失价值来测算应该更为准确：

权利人因被侵权所受到的实际损失价值＝（专利产品销售收入减少额－专利产品对应可变成本减少额）×（1－企业所得税率）＝专利产品销量减少额×（专利产品平均售价－专利产品单位可变成本）×（1－企业所得税率）

专利产品销售量的减少额是3073件，2015年专利产品的平均售价是1156元/件，依据J公司提供的数据，专利产品的平均单位可变成本为625元/件，那么实际损失价值＝3073×（1156－625）×（1－25%）＝122（万元）。依据填平原则，应将122万元确定为权利人因侵权而遭受的实际损失价值。

专利资产分类分级管理

第一节　概述

一、分类分级管理与维护的必要性

专利资产管理是专利工作的基础，随着专利数量的增多和专利工作的深入，专利分类分级管理逐渐受到重视，这项工作是专利申请、维护等基础管理工作的升级，也是主动开展运用和保护工作的要求。

在国家标准《企业知识产权管理规范》（GB/T 29490—2013）的基础管理章节的第二小节"维护"中，也明确规定了应建立知识产权分类管理档案，进行日常维护；有条件的企业可对知识产权进行分级管理。原文如下：应编制形成文件的程序，以规定以下方面所需的控制：①建立知识产权分类管理档案，进行日常维护；②知识产权评估；③知识产权权属变更；④知识产权权属放弃；⑤有条件的企业可对知识产权进行分级管理。标准制定者认为分类管理相对简单，适用于全部企业，分级管理更为复杂，可以在企业具备一定条件后开展。

所有类型的创新主体均应该开展专利分类管理，尤其是初步的专利分类，管理成本较低，工作效率明显提升。专利资产的分类管理，可以最先按照不同申请国家、不同专利类型进行。还可以按照专利的技术领域、对应产品、产出部门等各种属性特征进行更精细的分类，采用不同的管理方式，如规定不同的责任主体、设定不同的工作目标、采用不同的工作流程等。精细的分类管理不仅限于资料、文档的管理，而且是对专利全生命周期中各环节的差异化管理，一部分工作会与分级管理相互交叉❶，或者说将分类在一定程度上作为分级的一种方式和一个步骤。

---

❶ 企业专利分类分级管理漫谈［EB/OL］. http://www.360doc.com/content/19/0411/11/22751255_827897303.shtml.

专利资产属于无形资产，看不见摸不着，其价值和重要性如何区分和判断，进而利用专利资产来创造价值，让专利部门不再只是一个成本部门，对于专利管理人员来说这是个难题。专利资产的分级管理相对分类管理更为复杂和精细，通常是根据专利的价值或重要性对专利进行分级，一般包括 3~5 个等级，进而决定资源投入等级、管理流程、运营模式等。分级管理的目的在于进一步提高专利管理的效率，降低专利管理的成本，优化企业的专利资产，核心在于专利价值的评价和分级标准的制定。

对于精细化的分类和分级管理，受到分类体系和分级标准的科学性、专利价值评价的质量、不同级别管理模式和内容的设置是否合理、运营保护中市场环境和竞争对手的影响等诸多因素的影响，工作难度较大、成本较高，而且对于单件专利而言工作效率和效果的提升存在很多的不确定性。因此，无论是企业还是高校与科研院所，当其知识产权发展到一定阶段、达到一定水平时，就有必要开展分级管理与维护。一般来说，包含以下必要条件：

第一，专利资产量达到一定数量级，导致专利费用成为不可忽视的成本。例如，专利数量达到一定规模时，企业都会严格记录专利费用的预算和支出，管理者希望知晓专利资产给企业带来的价值到底如何，专利费用花得值不值，将来该如何管理专利费用。管理部门就可借助分级管理的方式，提高专利管理效率和质量，向管理者证明专利资产的价值和用处。另外，此时还可以通过规模效应降低分级管理对单件专利效果不确定性的影响。

第二，创新主体的发展对专利资产价值的要求提高，同时更要避免专利风险。为了促进发展，管理者需要专利资产的增值，这也代表着专利竞争力的提高，分级管理与维护能够帮助创新主体实现专利资产增值，节约成本，增加收益。不可避免地，自身发展壮大，也会面临更大的外部专利风险。管理者开始愿意为专利分级管理投入成本，也愿意承担获得收益的时间成本，以便降低来自市场的专利纠纷的风险成本。

第三，知识产权管理工作具备一定基础。分级管理不是目的，而是一种手段，专利资产需要通过作用于创造、运用和保护环节才能真正发挥作用，转化为市场竞争力。因此需要企业的知识产权管理工作具备一定的基础，知识产权管理团队达到一定的地位，内部对专利资产的分级管理与维护的意识提高，认识到专利资产的作用不是表面上的一纸证书。专利权原本就是无形资产，价值就会有高有低。高价值专利或专利组合的作用是可以匹敌"千军万马"的。

二、分类分级管理的实施方式

分类分级的具体实施方式需要根据行业特点、管理基础、经营发展目标等各方面情况进行个性化规划。

1. 分类管理

专利资产的资料、文档的分类管理较为基础和简单。要建立一套完整的专利申请程序和专利档案管理方案，在此基础上，建立专利分类管理档案❶，进行日常维护。

由于专利文件种类繁多，进程复杂且周期长，专利档案的管理问题显得非常突出，因此需要建立系统的专利档案管理制度以充分发挥这些文件的作用，并且防止过程中的疏忽而导致权利丧失或者利益受损。专利档案包括：将要申请专利的技术文件档案、处于审查过程中的专利申请文件档案、已授权专利文件档案、专利许可转让文件档案、专利质押融资文件档案、专利评估文件档案、专利诉讼无效文件档案、专利侵权纠纷文件档案等。

对于专利数量不多的，可采取建立不同的分类表格分类保存文档的方式进行管理。文档可按每条专利或者处于不同阶段的专利分类。分类表格中的统计内容应体现专利的专利号（申请号或公开号）、专利名称、申请日、公开日、授权日、申请人或专利权人、发明人、法律状态、待办事项、年费缴纳日期、相关联的企业产品、实施情况、专利等级等内容。需要强调的是，发生过著录项目变更的专利数据，需要重点记录其著录项目变更情况。如专利的权属有过变更或放弃，一定要记录清楚。例如集团将自身的专利变更到其子公司名下，无论是申请过程中的还是已授权的专利，都要做好交接管理，集团和子公司的管理人员分别要进行记录，约定好上述专利的管理职责，尤其是费用缴纳情况的交接，以确保专利费用正常缴纳。对于专利数量较多的创新主体，建议引进专业数据库和信息化系统，对专利进行科学规范的管理。

专利管理人员可以利用这些维护档案，对历年的专利申请与授权情况、实施情况、年费缴纳情况、专利奖酬情况、专利技术评估情况、专利纠纷情况、被侵权情况等企业自身专利的整体情况定期进行分析，针对专利的管理及实施运用等方面，向管理层提供准确的数据和合理的建议。

精细化的分类管理是进一步挖掘专利的自身特征，对其进行分类。一般地，根据专利对应的产品、技术进行分类比较有代表性，对后续开展不同方式的管理意义也较为明显。这种方式需要先建立产品和技术的多层次分类体系，根据行业特点的不同，分类体系可以按照产品和技术分别建立，也可以合并建立。分类体系既要覆盖企业当前的产品和技术现状，也要从产业链、技术链的上下游关系、技术发展的前瞻性等角度进行一定的拓展。

【案例 3-1】专利分类体系与产品类型紧密相关

专利分类体系的选择应与企业技术和产品紧密相关。一般来说，产品型企业大多选择按照产品的大类来进行专利的一级分类。例如某交通运输类的专利分类，技术大类为其单轨交通主要方式，可包括跨座式、悬挂式以及磁浮式。技术中类为交通结构的组成部件。技术小类为部件的具体改进点。

---

❶ 中规（北京）认证有限公司.《企业知识产权管理规范》审核实务与案例汇编［M］. 北京：知识产权出版社，2019.

2. 分级管理

分级管理首先需要设定不同的专利级别，参考所采取的专利价值评价方法确定定级标准，再根据专利价值评价的结果划分专利的等级。以三至五级为宜，级别过多会增加管理的复杂性，降低效率，级别过少则不能有效显示出不同级别管理方式、内容的差异化❶。IBM 公司将其资产主要分为四级，包括零级（又称钻石专利）、一级、二级、三级，各等级下的专利资产价值依次降低。

定级标准的表述方式和选择的评价方法息息相关，整体上可以从各级别的占比进行把控，如核心/战略级别在 10% 左右。评价方法大体可以分为定性评价和定量评价两种，定性评价一般针对单个指标进行，定量评价一般会建立指标体系，通过赋予权重获得综合评价分数。针对定性评价的定级标准首先确定考察哪些指标，其次确定各指标间的逻辑关系，如全部符合、单个否定或按一定逻辑顺序筛选。针对定量评价的定级标准一般体现为分数，更为科学地，可以针对指标体系的不同维度设定分数，即某个维度达到或低于某个分数时，专利应划入哪个等级。

在实践中，还可以采取动态跟踪管理的方式，即从专利提案开始，通过在审查、授权、无效和诉讼等不同节点的多次评价和定级，通过发明人、技术专家、专利工程师的多方参与，使一件专利的评价结果更准确，定级更具科学性。

三、分类分级管理后的资产维护

1. 差异化管理

分类分级不是目的而是手段，在分类分级之后就是对不同类型、不同级别的专利进行差异化管理。这种差异化管理应当贯穿于专利的全生命周期中，即从提案/申请提交阶段、审查阶段至授权后的维护，当然也包括无效诉讼、许可转让类运营活动等特殊节点。

由提案/申请提交至授权后的维护是一件专利的法定程序（有可能提前终止），可以对不同级别的专利在操作流程和质量要求两方面采取不同的管理方式。操作流程方面，不同级别的专利可以设定不同的工作流程，如高级别专利应更加强调专利检索环节，低级别专利可以减少质量审核次数或降低审核人员的级别。质量要求方面，不同级别的专利可以对具体工作设定不同的内容和标准，如高级别专利在选择代理机构时应考虑机构的整体水平、代理人的专业匹配性，需要由技术专家对撰写文本进行质量审核，低级别专利交底书的内容可以适当简化，权利要求的数量要求可以适当降低，选择代理机构也可以相对灵活。

---

❶ 企业专利分类分级管理漫谈 ［EB/OL］. http://www.360doc.com/content/19/0411/11/22751255_8278 97303.shtml.

不同级别的专利案件的代理费是可以根据创新主体的自身情况主动区分的，例如高级别专利的代理费中务必涵盖一定的检索费，确保专利申请的新颖性和创新性，而低级别专利的检索可以由内部知识产权管理人员进行，以便节约专利成本。尤其是高级别专利中的基本专利，将来可能会引发无效和侵权诉讼程序，务必确保法律价值经得住考验，权利稳定性、权利要求范围、侵权可判定性都要在撰写质量的考核标准中明确要求，选择专业领域方向适合的优质代理人或律师，代理费用标准不可过低。

【案例3-2】不同等级专利的代理费差异化管理

　　某集团近几年的专利年申请量达上千件，每年的专利代理费用花费不少。同时也培养了一支岗位配备完整的知识产权团队，制定了相对完善的专利分级管理办法，在集团研发中心范围内正式推广。每年新申请的专利都会从交底书阶段开始评级，确保整个研发过程的专利分级管理。与代理机构进行合同签订时，高中低三种等级的专利代理费由高到低，进行价格区分。向代理机构委托案件时，专利工程师会根据专利分级管理办法的规定，在委托时就会标注专利案件的等级，以便代理机构区分高中低三种级别的案件。在立案委托时，由于高等级的案件规定会给专门的检索费，所以流程人员会将高等级案件首先分配给检索人员，检索完成后，再流转给熟悉集团专业技术的优质代理人，确保专业领域更加匹配，代理人撰写完稿件后，首先由审校老师对权利要求的质量进行校对，然后再发给专利工程师审核，在修改过程结束后，审校老师会对代理人的全文修改稿进行最终定稿，之后再反馈给专利工程师，专利工程师完成最后定稿。高等级专利案件在代理所的审稿周期最长，中等级次之，低等级最短。

专利无效时常和侵权诉讼相伴而来，其中既有主动发起，也有被动应战。对于主动发起来讲，必须做到准确筛选哪些专利可能遭到了竞争对手的侵犯，识别哪些专利经得起无效程序的考验。可以通过分类分级管理为专利添加标签，如对核心专利开展初步识别专利侵权对象的检索，对可能被侵犯的专利进行稳定性评价。当专利被提起无效，需要被动应战时，可以针对涉案专利的不同级别采取不同的响应措施，进行不同程度的资源投入。

在开展主动的运营活动时，如许可、转让、质押等，应当设定哪些类别和级别的专利可以许可或者转让，并进一步细分许可的类型，包括独占、排他或普通许可。一般地，核心等级的专利不考虑转让，能否许可也应根据市场竞争情况慎重考虑，其他等级的应用型专利则可以考虑通过普通许可的方式扩大市场整体规模。

专利权属变更、放弃，是指权利人的名称或其他信息的变更。企业因转让或受让专利、合并、重组或自身需要而需要变更权利人名称等信息时，为维持权利的一致性和有效性，应及时到知识产权行政管理部门做变更手续。由于专利权维持需要一定的成本，即使该专利权仍在法定的保护期限内，但若对于企业的发展已没有太大价值，企业也可以选择主动放弃该专利权。在放弃专利权时，需要慎重考虑，全面衡量，需要考虑的因素通常包括技术发展状况和相关产品的市场情况等。一般报企业管理层研究审批后执行。企业的知识产权管理部门应慎重处理放弃、变更知识产权的行为，以免对企业知识产权造成损失。

2. 维持专利权的判断标准

分级分类后，一般来说，专利等级越高的专利，维持的期限越长。专利等级越低的专利，可视具体情况处置和维持。企业在专利维护时，首先应做出专利价值评估。好的专利，应具有足够宽的保护范围、很强的法律稳定性和较高的市场价值。这不仅要求专利技术具有较强创新力度，而且要求专利文件应有较好的撰写质量。

（1）市场价值

专利价值应体现在市场经济上。市场需求和经济价值也应是激发企业申请专利的正确导向。有些专利正在现有产品上实施，应重点维护。要确认这些专利实施的具体产品型号或产品系列编号，以备下次专利价值评估时给予发明/设计人专利实施奖励时参考。有些专利，申请时仅为储备，并未具体实施。若干年后，如果这些专利还没有实施且没有再储备的必要性，应优先放弃。有些专利曾经实施在具体产品上，但产品由于升级、换代或市场不好已经停产。如果这些专利没有再实施或进行储备的必要性，应优先放弃。

（2）保护范围

专利保护范围过窄，根本起不到保护专利产品或专利方法的作用。他人实施了专利技术，而仅对技术特征略微变通或省略某些非必要的技术特征就能轻易规避专利侵权。独立权利要求细节烦琐、占据版面的整页甚至数页的专利，大多属于这种情况。独立权利要求中技术特征过多或仅保护某具体实施例，即专利保护范围过窄。在进行专利价值评估时，应由更资深的专利管理人员对专利本身进行重新评价，并优先挑出这些专利予以放弃。

（3）法律稳定性

"问题专利"，是指在授予专利权后，保护范围过宽或权利本身仍不符合《专利法》有关规定的专利。在进行"问题专利"维权时，专利权被他人无效的可能性很大。因此，"问题专利"法律稳定性较差，起不到真正保护专利产品或专利方法的目的。"问题专利"主要包括如下情形：缺乏创造性和实用性；说明书未做到清楚、完整，不能达到所属技术领域的技术人员实现的程度；权利要求书未做到清楚、简要，不能得到说明书支持；修改超范围；缺少必要技术特征等。专利代理师对技术方案理解偏差、对背景技术不熟悉以及个人经验和能力不足等都容易导致上述情形产生。因此，为避免"问题专利"的产生，企业应尽量委托专业对口、经验丰富的专利代理师。在进行专利价值评估时，应由更资深的专利管理人员对专利本身进行重新评价，并优先挑出这些"问题专利"予以放弃。

开展专利分类分级管理，是从粗放式向精细化的转型，是从简单的流程和文档管理向以价值为基础的科学管理升级的必经之路。建立自身的分类分级标准和管理体系，才能对逐渐增多的专利进行更高效的管理，才能通过专利管理为应对潜在的专利风险提前做好准备，才能通过专利管理挖掘、发现高价值的专利，从整体上提升专利竞争力，提升专利工作对发展经营的助推作用。

第二节　专利资产分级的保障措施

一、专利资产分级管理体系

专利资产分级管理工作是复杂并且系统性的工作，需要建立科学合理的管理系统或模型。分级体系可以简单分为模型体系、指标体系。模型体系多为定性，指标体系的用途是定量。有时二者可以相结合，例如模型体系中的判断流程可以采用指标来实现。具体工作中，建议参照专利价值评价体系来制定合适的分级管理体系。对于一些对分级工作标准要求不高，同时人手也不充裕但想尽快开展分级管理工作的创新主体来说，例如中小型企业，可以尝试建立简易的定性模型体系，把数量不多的专利资产尽快进行分级管理。对于大型企业以及高校等专利数量庞大的创新主体，则建议采用指标体系等定量方式来实现专利价值的分级管理。

专利资产分级模型体系或分级指标体系应当结合行业特点及创新主体自身发展现状来构建，不能照搬官方或其他成熟的指标体系及评价方法，应在满足评价要求的前提下重新进行指标筛选及模型组合。模型体系强调定性判断的结果有参考性，一般要明确判断节点的依据合理，判断流程具有科学性并且逻辑严密，以便最终的分级评价结果有说服力。指标体系一般也分解为多个专利价值评价维度，再将各个维度分解为多个专家评价指标，即一般包括三层架构，即分级体系、分级维度和分级指标。分级指标体系是逻辑严密、可执行的方法系统，包括多个分级维度。分级维度就是某一体系内部不同的专利价值评价角度，例如经济价值、法律价值、技术价值等。分级指标是各个分级维度下的基本元素，例如法律价值的权利稳定性、技术价值的先进性等。

（1）经济价值的分级指标：获益情况（专利质押、专利转让、专利许可、作价入股、专利诉讼侵权赔偿）、标准相关度等。

（2）法律价值的分级指标：权利稳定性、不可规避性、侵权可判定性、权利要求保护范围、专利维持年限、全球同族专利布局情况等。

（3）技术价值的分级指标：技术的先进程度、应用前景、应用广度、成熟度、可替代性、独立性等。

（4）市场价值的分级指标：市场当前应用情况（自实施情况、市场规模、市场占有率）、市场未来预期情况、竞争情况等。

（5）战略价值的分级指标：可用于进攻、用于防守、用于提升影响力、作为谈判筹码等。

专利价值分级管理工作专业性较强，知识产权部门无法独立完成，一旦涉及非知识产权专业人员，就必须保障评价指标的可读性较强、独立性较强，才有可能保障评价结果的可靠和准确。在确定好分级体系和维度后，对于分级指标的注意事项是指标参数的定义要清晰。指标需要能够量化，至少打分者应该在头脑中具备量化的能力，在进行分级打分时可使用数字进行等级划分。打分者最好为给出的评分做注解。整体操作越简单越理想。

企业专利价值评价工作任务繁重，因此评价指标应当适当简化，删除存在关联/交叉关系的指标、非必要性指标，以关键指标的评价来实现分级。

二、专利资产分级管理人员及职责

专利价值分级管理工作专业性较强，知识产权部门无法独立完成，需要组建专利分级管理人员团队，明确各部门的分工和职责。以下是较为完整的分工和职责。

（1）研发工程师以及技术专家负责对专利的技术价值进行分级。发明人一般是一项专利技术的"最知情人"，应当由专利的主要发明人，一般来说是研发工程师首先进行自评，技术评价专家以发明人自评结果为依据展开综合判断，更加准确高效地获得最终评价意见。其中，发明人自评得分应该参与专利最终评价得分的计算，应根据自评情况调整比例。

（2）专利律师或专利代理师负责对专利的法律价值进行分级。专利的法律价值最容易找到专业人士来负责分级，专利律师最为适合，比较专业的专利代理师或者内部专利律师也能胜任。需要注意的是，律师或代理师自身对于专利技术的理解将会影响其对法律价值的判断，因此要寻找专业领域匹配度高的专业人员。围绕竞争对手的产品与自身专利清单进行对应，提升专利（组合）的法律价值等。

（3）市场销售人员负责对专利的市场价值进行分级。市场销售人员对于产品的市场价值最为敏感，但对专利尤其是专利与产品的对应性可能不够了解，需要专利工程师或研发工程师首先根据技术分类以及产品分类，将专利与产品以及技术的对应关系理清。市场销售人员根据产品的上市情况，给予正在现有产品上实施的专利最高的评价分值，虽没有实施在现有产品但在有上市前景的产品上实施的可能性，也会给予较高的评分价值，对于产品由于升级、换代或市场不好已经停产专利又没有再实施或进行储备的必要性，评分最低。

（4）专利运营经理（专利销售）负责对专利的经济价值进行分级。如果专利本身没有发生过交易转化，则没有合适的专业人士对专利的经济价值进行直接判断，需要考虑专利资产评估师的介入。

（5）执行管理者负责专利资产的运营、投入和产出，负责对专利的战略价值进行分级。一般来说，对于一些大型企业，专利资产的数量和金额都达到一定水平时，专利资产分级工作的战略价值应该得到重视，需要执行管理者负责分级。

（6）专利布局工程师负责执行专利战略，制定布局策略，对专利的战略价值提出分级意见。

（7）其他人员，如负责专利维持的财务人员、具体执行层面的人员等。

（8）专利年费管理员，能够知道该专利是否需要续费或放弃缴费。

企业专利资产分级管理工作一般由技术专家和法律专家共同评价。在缺少市场销售人员参与时，可以通过市场信息共享的方式由专利管理人员代替评价。有时也会在企业进行专利分级时，由上述各类人员在专利分级中各司其职，分工合作，综合判定。专利价值评价模型包含多个维度，为了降低评价成本和周期，有时会选择具备两个或以上维度评价能力的复合型专家来进行评价，可以同时开展多个维度的评价，但评价维度分散、专利技术方案分散等因素也可能导致其评价难度增加、准确性降低。

组建由以上人员构成的专家团队时，应当包含法律专家、技术专家、经济专家，至少也应包含法律专家和技术专家。具体选择哪些专家应依据技术分类体系来进行筛选，可按照评价内容进行分组，每一组应当包含两三位评价专家，评价得分由专家组组长统筹，通过权重计算得出最终得分。

三、专利资产分级管理与维护流程

1. 整体流程

专利资产分级管理与维护的流程步骤如图 3-1 所示。

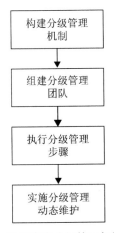

构建分级管理
机制

↓

组建分级管理
团队

↓

执行分级管理
步骤

↓

实施分级管理
动态维护

图 3-1　专利资产分级管理与维护流程

第一，构建分级管理机制：提出适用于本单位的专利分级流程、专利分级体系，要有较强的可执行性和科学性，不可盲目照搬或复制。要配合公司的知识产权管理规范和管理体系来制定分级体系。明确管理和参与人员、分级思路，制定专利分级管理办法。分级管理办法在适当的公司范围内实施。

第二，组建分级管理团队：根据分级管理机制，组建分级管理团队，确定创新主体内部的分级管理者，最好达到一定职位级别和影响力，能够指挥分级管理团队将分级管理制度实施到位，并能够及时将专利资产分级后的成果以及专利风险预判及时汇报给创新主体的管理层，提高管理效率。

第三，执行分级管理步骤：对专利资产执行分级管理步骤，在分级管理者的指导下，参与人员严格执行专利分级管理办法，将专利划分等级，并记录。具体的分级步骤可以包括申请前的技术方案分级、申请中的法律价值评价、授权后的综合价值评估。另外，如采用专利价值定性评价体系，则可以执行专利价值的分级流程（详见案例3-3）。

第四，实施分级管理动态维护：按照专利等级对专利资产实施分级管理维护，必要时放弃部分低价值专利的权利，放弃权利时务必要慎之又慎，尤其要有战略眼光，重视长远利益。维护专利资产时要按照判断标准，选择继续维护的不同等级的专利。

【案例3-3】一种专利价值的分级管理流程❶

一种专利价值的定性评价分级流程如图3-2所示，包括以下判定路径。判定基本专利和核心专利是否为高价值专利。

专利根据其价值的高低可分为高价值专利、一般价值专利和低价值专利，专利价值的具体分级方法如下（见图3-2）：

判定路径一：

根据提供的专利包或专利，行业专家首先判定该专利是否具备较高的经济价值，具体评价方式可依据专利经济价值度的算法，如果该专利的经济价值超过预先设定的阈值（视行业情况而定，比如可设定专利经济价值≥100万元为高经济价值，10万元≤专利经济价值<100万元为一般经济价值，<10万元为低经济价值），则认定该专利为高经济价值的专利，也即高价值专利，否则继续进行判定路径二。

判定路径二：

步骤一：如果该专利经济价值不突出或者无法获知相关数据，进一步判定其是否存在法律价值上的重大缺陷，专利的法律稳定性需提供专利权稳定性尽职调查报告。如果存在比如专利权无效、权利稳定性较差、保护范围过小等重大法律意义上的缺陷，则视为非高价值专利，并根据需要进一步判定其是一般价值专利还是低价值专利。

步骤二：如果法律价值上不存在重大缺陷，则继续判定该专利是否达到一定的技术价值门槛，具体评价方式可依据专利技术价值度的算法，综合考虑技术价值维度所有的一级分析指标。按照技术价值度值的区间来判定其技术价值是否过

---

❶ 马天旗. 高价值专利筛选［M］. 北京：知识产权出版社，2018.

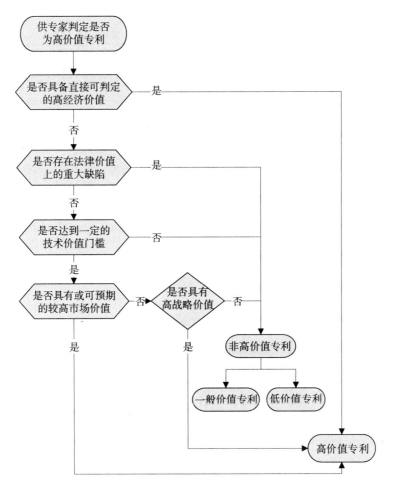

图 3-2　专利价值的分级流程

关（视具体情况而定，比如可设定专利技术价值度≥0.5时，即认定技术价值过
关）。如果技术价值度没有达到设定的阈值，则视为非高价值专利，并根据需要
进一步判定其是一般价值专利还是低价值专利。

步骤三：如果技术价值过关，则继续判定该专利是否具有或可预期的高市场
价值，具体评价方式可依据专利市场价值度的算法，充分考虑实施情况、市场规
模和占有率，以及竞争情况和政策环境的影响。如果认定其市场价值高，则直接
认定其为高价值专利，否则继续进行判定路径三。

判定路径三：

如果该专利的市场价值为一般或较低，则继续根据专利战略价值度进一步判
定其是否具有高战略价值，充分考虑专利进攻价值、专利防御价值和专利影响力
价值，以及专利的实际用途和专利组合的构建等因素。如果认定其战略价值高，
则直接认定其为高价值专利；如果为否，可以根据需要进一步判定其是一般价值
专利还是低价值专利。

2. 维护流程

根据专利的等级实施专利动态维护流程时，可以细分为以下步骤。定期监控不同等级的专利费用、根据重要专利事件定期更新专利等级、根据专利等级和用途实施不同的维护手段，三个步骤形成闭环。

专利发生过以下事件一般可判断其专利等级为最高级别，并且推断其专利价值高：①专利多次被无效，仍然保持有效；②专利胜诉后，赔偿数额高；③专利许可费数额高；④专利已成为标准必要专利；⑤专利被引证次数多。另外，对于同族国家多的专利，一般专利等级也会较高。要格外重视以上所述专利的维护措施，才能确保核心专利资产利益不受损失。

根据专利的企业战略匹配度以及专利保护质量的高低不同，得到的专利用途矩阵示意图❶，如图 3-3 所示。根据专利等级和用途实施不同的维护手段时，可以参考此图中所示的原则。

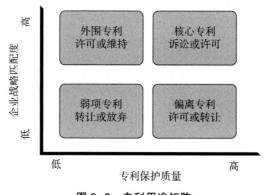

图 3-3 专利用途矩阵

（1）核心专利（企业战略匹配度高、专利保护质量高）：诉讼或许可。

（2）外围专利（企业战略匹配度高、专利保护质量低）：许可或维持。

（3）偏离专利（企业战略匹配度低、专利保护质量高）：许可或转让。

（4）弱项专利（企业战略匹配度低、专利保护质量低）：转让或放弃。

维护专利时还可能考虑如下情形：

第一，发明人/设计人离职。

发明人/设计人离职尤其是到同行业从业，更容易将专利技术带走并实施，因此，涉及部分或全部发明人/设计人离职的专利，应优先维护。但也有一些企业，对发明人/设计人离职的专利优先放弃，主要在于减少职务发明的奖励费用等。

---

❶ 马天旗. 高价值专利筛选 [M]. 北京：知识产权出版社，2018.

第二，专利所处专利年度。

由于专利年费是逐阶段递增的，对于同样价值的专利，企业应优先放弃所处专利年度较高的专利，以减少维护费用。另外，有些企业享受国家或当地政府对专利费用的减缓政策，授权后部分年费可以减缴或全额报销。

第三，知识产权战略。

会综合考虑主要竞争对手专利布局、行业特点、政府对知识产权的保护力度和奖励措施等，对拥有的有效专利数量设定战略指标。继而，根据目前的专利申请或授权状况决定每次放弃和维护的专利数量比例。

第三节　典型创新主体的案例

一、大型企业

1. 技术或产品视角的精细化分级管理

专利的分级管理是分类管理的升级，对于企业专利管理人员具有更大的挑战，原因在于，专利的分级管理涉及企业专利价值的分析、评价、评估等专业化工作，而一件企业专利的整体价值，可能需要从技术、法律、市场、战略、经济等多个维度来进行综合评定。因此，对于人型企业以及那些拥有大量专利的技术密集型企业而言，专利分级管理需求迫切，建立一套系统、精细化的专利价值分析模型或专利分级管理模型尤为重要。专利资产的数量级已达到千件及万件以上的企业，更加需要完善的管理体系来实现分级管理。

基于企业专利管理需求的技术与产品对应法❶是较为常用的，企业在管理专利时，往往是从技术或者产品的对应关系入手管理。从技术视角进行分级管理是根据企业自身的研发情况，包括企业自身的技术路线、动向，以及针对竞争对手的技术路线、动向等因素对技术进行分类分级。每个技术大类下，相应地还可以设置多级的技术分支。从技术视角分级较好理解，应用也较普遍。

从产品维度进行分级管理也较多见。企业根据在研项目、市场上的在销产品对企业的产品线进行分类，每个产品下根据产品结构或模块再细分成不同的产品子类。企业可以根据以上分类与专利的对应关系对专利进行分级。在上述两个维度划分完成后，构建一个技术产品和专利对应的二维分析矩阵，建立技术—产品分级表。企业将其专利资产在技术和产品两个维度进行分析，经过筛选后可获得一系列价值较为明确的专利资产。

---

❶　马天旗. 高价值专利筛选［M］. 北京：知识产权出版社，2018.

【案例3-4】根据技术价值指标来建立分级指标体系

某上市企业从专利与技术的对应关系入手制定专利分类分级管理办法。研发中心已经按照企业的技术路线划分为不同的技术板块和相应的技术课题组，在专利分级管理时，以技术课题组为基本单元，首先根据技术交底书的技术先进性以及应用前景来进行评分进而分级。分级指标见表3-1，对技术先进性、3年内本公司的应用前景、3年内其他公司的应用前景进行评分，根据评分分类结果将技术交底书分为核心专利、一般专利、外围专利三个类别。

表3-1 分级指标

评估项目	权重	发明人	技术课题组组长	分管研发负责人	知识产权专员	知识产权负责人
技术先进性	25%					
3年内本公司的应用前景	50%					
3年内其他公司的应用前景	25%					
三项评估总分	100%	0.00	0.00	0.00	0.00	0.00

同时，交底书后续还会进行申请中的法律价值评价，对专利等级将会有所调整。重点关注技术可专利性和专利文本质量。技术主题可否通过专利保护，技术方案是否属于商业秘密，可否申请专利？如果确定可以申请专利，技术方案"三性"如何由专利管理部门评价，根据公司申请文本的预审标准对专利申请文本评分，评价指标为权利要求的创造性、清楚性、保护范围、布局合理以及说明书的清楚性、完整性和可实现性。根据交底书的等级，等级为核心专利的申请文本质量的评分需达到90分以上，一般专利的评分不低于80分，外围专利的评分至少为70分。如果核心专利申请文本质量达不到90分以上，首先判断原因，看看是代理人的撰写问题还是技术方案本身有瑕疵。若判断代理人的撰写质量待提高，需要向代理所管理层反馈，要求提高核心专利的代理人撰写水平。若存在技术方案问题，要反馈给发明人，告知其专利申请文本的实质问题，请其协助挖掘发明点。在专利申请文本质量满足后，正式提交申请。每个等级中20%的专利可以申请特殊处理，如自愿降低等级，或延缓申请。申请提交时，新申请的专利等级经过两步评价后最终确定。核心专利的奖励分为两个阶段：申请阶段和授权阶段。其余专利的奖励均在授权阶段执行。

2. 专利权的合理处置

对于拥有专利数量较多的企业，专利管理部门就专利费用每年都应做出财务预算；根据财务预算或企业知识产权战略，决定每次专利维护时放弃专利的数量；然后根据分级分类和专利价值评估情况等确定要放弃的专利。专利管理部门可以对发明人／设计人、专利申请/实施部门等进行专利维护信息调查，根据反馈信息和自己对专利撰写质量、保护范围和法律稳定性的分析进行综合判断、确定需要放弃的专利。除了放弃外，大型企业还会有相当数量的专利会进入转让、许可或质押融资等步骤，同样需要根据企业管理方式合理地进行挑选，一般由市场、法律、研发以及专利部门协同讨论最终确定。

【案例3-5】企业放弃专利权的实际案例

下面给一个企业放弃专利权的典型案例，专门设计了《专利维护信息调查表》，详细给出了具体操作流程❶，可供参考。

第一步，专利管理部门提出。

专利管理部门每三个月把年费到期的有效专利进行一次整理，按照专利所属的申请/实施部门进行划分，将专利号填写在《专利维护信息调查表》中的"专利号"栏中；把公告的专利文献的电子版本进行整理，在上述表格里的专利号上加入超级链接；将上述《专利维护信息调查表》及专利文献打包发给专利申请/实施部门的专利联络员，并规定反馈时间。

第二步，专利申请/实施部门做出专利维护信息反馈。

专利联络员首先核对发明/设计人的离职情况；发明/设计人没有离职或部分离职的，由全体或在职发明/设计人在"发明/设计人意见"栏给出"是否维护"的建议；发明/设计人若全部离职的，"是否维护"不予填写。然后，专利联络员应认真调查并听取部门领导意见，对"维护"和"放弃"给出建议，并对具体理由做出判断，完成"专利申请/实施部门意见"栏的填写。其中常见"维护理由"已经列出，包括"正在实施""备用""有无样机"等，属于"正在实施"的专利还应填写"实施的产品/系列型号"。常见的"放弃理由"也已经列出，包括"产品淘汰""技术更新""未实施""提前公开""保护不到""公知技术"等。属于维护和放弃的"其他理由"的，应进行具体文字描述。专利联络员将填好的表格发回专利管理部门。

第三步，专利管理部门做出评估。

专利管理部门组织资深专家，对专利的"撰写质量""保护范围""稳定性"进行判断，并给出"是否维护"的建议，完成"专利管理部门意见"栏的填写。

第四步，综合判断。

由主管专利的公司领导确定本次专利权维护和放弃的比例。由各部门专利联络员、专利管理部门代表、主管专利的公司领导组成合议组，共同讨论、做出每件专利维护或放弃的决定，"是否维护"的决定明确填写在《专利维护信息调查表》的"结果"项中。

---

❶ 刘杰. 企业对专利权的维护和放弃 [J]. 家电科技, 2011 (3)：48-49.

专利管理部门根据《专利维护信息调查表》中的"结果",对需要维护的专利缴纳年费,不需要维护的专利不再缴费。上述《专利维护信息调查表》填写简单,除"实施的产品/系列型号""其他理由"项须进行具体文字描述外,其余项只需做出选择,符合的打"√"。

二、高校及科研院所

高校是科技创新的重要主体,知识产权管理是高校创新管理的基础性工作,也是高等学校科技成果转化的关键环节。与企业相比,高校及科研院所专利资产商业价值小,但数量庞大,同时管理粗放,因此需要精细化管理。建议先从分类做起,再根据实际情况做好分级工作。

高校与科研院所的专利分级管理是一项系统工程,需要多方协调完成。在国家标准《高校知识产权管理规范》(GB/T 33251—2016)的知识产权运用章节强调要加强知识产权分级管理,包括:①基于知识产权价值分析,建立分级管理机制;②结合项目组建议,从法律、技术、市场维度对知识产权进行价值分析,形成知识产权分级清单;③根据分级清单,确定不同级别知识产权的处置方式与状态控制措施。加强知识产权策划推广,基于分级清单,对于有转化前景的知识产权,评估其应用前景,包括潜在用户、市场价值、投资规模等;评估转化过程中的风险,包括权利稳定性、市场风险等。

在国家标准《科研组织知识产权管理规范》(GB/T 33250—2016)的知识产权运用章节强调要重视评估与分级管理,满足以下要求:①构建知识产权价值评估体系和分级管理机制,建立知识产权权属放弃程序;②建立国家科研项目知识产权处置流程,使其符合国家相关法律法规的要求;③组成评估专家组,定期从法律、技术、市场维度对知识产权进行价值评估和分级;④对于有产业化前景的知识产权,建立转化策略,适时启动转化程序,需要二次开发的,应保护二次开发的技术成果,适时形成知识产权;⑤评估知识产权转移转化过程中的风险,综合考虑投资主体、共同权利人的利益;⑥建立知识产权转化后发明人、知识产权管理和转化人员的激励方案;⑦科研组织在对科研项目知识产权进行后续管理时,可邀请项目组选派代表参与。

近年来,以中科院计算所、中科院大连化物所为代表的科研院所,在适用于科研院所的专利分级管理模式上尝试了一系列探索。中科院计算所早在 2014 年就提出了基于专利价值分析体系的专利分级分类管理办法。2019 年,中科院大连化物所成为我国首家通过《科研组织知识产权管理规范》认证的科研院所。

【案例3-6】中国科学院某研究所的专利分级管理方法

中国科学院 A 研究所的分级分类管理办法是利用专利价值分析体系❶，主要从技术、法律和经济三个维度对专利价值进行分析，根据分析结果确定专利的级别，并根据不同的级别采取不同的管理和处置措施，以达到资源的优化配置，使专利的管理更规范，并从根本上促进专利的转移转化❷。分级指标包括基于法律价值的分级指标表、基于技术价值的分级指标表、基于经济价值的分级指标表。评审表格包括授权专利集中评审表、发明人自评表、审核记录表以及专家评审表。由于所属信息技术领域，该研究所对专利价值分析指标体系进行了优化。以下结合实际应用中的案例进行分析。

第一步，对于已授权专利，按照技术方向集中进行分级。参与人员包括技术专家和知识产权管理人员。

第二步，对于新的申请，将专利价值分析体系运用贯穿于专利申请的全过程，按照申请前、申请中、授权后三个阶段评审进行动态分级。在申请前，通过对技术方案的分析确定技术价值中的先进性以及法律价值中的授权可判定性。根据得分将其分为 A 级钻石专利、B 级优质专利、C 级普通专利。

第三步，根据专利质量和专利交易数据来反观指标设置的合理性，适当调整指标设置，使得分级依据更具有说服力。

另外，被国家知识产权局评为"专利价值分析试点单位"的中科院 B 研究所，也应用了上述专利价值分析体系。该所成立了研究所专利分类分级管理工作组，建立了专利价值分析专家数据库，希望通过对研究所存量专利进行分析和梳理，结合专利全过程管理，探索建立专利分类分级管理标准化体系；参照国家知识产权局出台的专利价值分析指标体系，探索建立符合中科院院情和适合该所学科特点的专利价值分析方法，试图探索建立具有纳米产业特色的专利价值分析指标体系❸。技术转移中心项目执行团队结合研究所专利全过程管理及专利运营理念等实际情况，对现有专利价值分析指标进行了优化调整，并对存量专利进行了分析和梳理，这为实现后期的专利运营与转化打下了坚实的基础。在分类分级的管理工作中，工作组主要对法律价值的指标和指标权重提出了调整意见，见表 3-2。

---

❶ 中国技术交易所. 专利价值分析指标体系操作手册 [M]. 北京：知识产权出版社，2012.

❷ 李小娟，等. 基于专利价值分析体系的专利分级分类管理方法 [J]. 高科技与产业化，2014，10 (11)：92-95.

❸ 仲崇明，黄春梅. 浅析科研院所专利分级分类管理 [J]. 职工法律天地 (下)，2018 (12)：258-259.

表 3-2　法律价值的指标和指标权重调整意见

指标	问题描述	指标修改方案
多国申请	对于已经进行多国申请的专利，本身该技术对于课题组来讲非常重要，因此可以直接划分到 A 类级别进行重点管制，从而没有必要再进行评估，节约成本和人力	删除该指标
专利许可情况	对于已经进行许可的专利，由于无论其评估结果如何，不能在许可期限内放弃其专利权，因此该类别专利也没有必要进行评估，可以直接划分到 A 类级别进行重点管制	删除该指标
不可规避性	该指标直接体现了专利撰写质量，因此从法律角度应该适当提高其比重	比重由30%提高至45%
专利侵权可判定性	由于不具备专利侵权可判定性的专利无权主张权利，也就是说该专利技术应该采用技术秘密方式进行保护，而本不该申请专利，因此也需要提高该指标的比重	比重由20%提高至35%
调整后指标		
法律价值度（LVD）= 稳定性×（不可规避性×45%+依赖性×20%+专利侵权可判定性×35%）		

【案例3-7】基于运营视角的专利分级与维护

华南理工大学创新性地对专利成果进行分级分类❶，采用专利池打包、转让、实施许可、作价入股创办企业等多种模式盘活专利资产。除此之外，学校还针对目标企业，强化技术交流，有针对性地开展重点企业知识产权服务，解决企业技术难题，形成长期合作关系，甚至共建成果转化企业。在上述的"芳纶纸专利成果"案例中，学校将所得股权的80%，约5347.2万元奖励给科研团队，由团队直接持股。该负责人表示，通过较为全面的细化措施，学校的科研团队真正尝到了创新的甜头。科学的市场属性评估是专利分级管理的关键。同时，华南理工大学围绕国家及地方有关促进科技成果转化的政策和实施细则，及时调整学校相关管理办法，修订出台了《华南理工大学知识产权管理办法》等文件，规定专利转让与实施许可90%以上收益奖励给发明人，极大调动了发明人实施运用专利的积极性。

高校和科研院所的专利资产大多围绕学术研究和科研项目产生，容易与市场需求相脱节。如果高校和科研院所储备了大量的专利资产，准备将专利视为资产进行分类分级管理，就需要以专利的市场价值为核心进行分级。对于能直接带来效益的专利资产，比如正在许可他人实施、已作价入股等的专利资产，高校和科研院所应

---

❶　如何玩转高校专利转化？华南理工大学的做法或值得借鉴［EB/OL］. http://ip.people.com.cn/n1/2018/0612/c179663-30051925.html.

当重点维护，必要时进行进一步研究并加强保护；对于未来很可能带来效益的专利资产，应该进行专利技术路线的梳理，找准前沿技术发展的主路径，进一步进行针对性研发和卡位式的专利布局；对于间接效益的专利资产，应当挑选技术先进性较好的专利进行重点维护，对于技术先进性一般的专利可以逐步进行低价变现或放弃处理；对于既不能带来直接效益又不能带来间接效益的专利资产，可直接进行低价变现或放弃处理❶。

【案例3-8】某高校专利分类分级管理平台的建立❷

某国内高校的专利申请量和保有量大增，但运用效果不明显，大量的专利资产闲置，每年需要额外支出大额维护费用，同时大部分专利对应项目均已经结题，课题经费已经结清，高校需要额外从其他经费中划拨这部分费用。特别需要分清楚哪些专利有价值，对于那些价值低或没有价值的专利，必要时候可以转让甚至放弃。需要引入一个科学的分级分类体系来加强科技成果的管理和转化利用。因此，该高校开发建立了专利分级分类管理平台。

专利分类管理：根据国民经济分类方法对本校所有有效专利进行提取划分，实现分类结果查询和查看。分类标准参考高校的优势专业领域，并与国民经济分类内容融合，可分为新一代信息技术、生物医药、新能源及节能环保等大类别。专利分级管理，通过专利价值分析的结果，可系统地实现专利评估筛选和分级归类，从法律、技术和经济等角度评价某一件专利的实际价值，实现单篇专利的自动评估，最终提供切实有效的评估结果及翔实的评估细节报告。将系统打分结果按照不同的分数进行分级，包括重点推广、推广、推荐、关注、储备5个级别。系统可根据评分自动排序，支持升序和降序列表查看。通过支持级别进行筛选查询，并对查询结果进行详情查看。

指标权重分配及指标取舍是指标体系设计的关键，行业不同，指标的关注点也就不同，相应地，指标的权重分配也就不同。指标设计思路，该指标体系设计兼顾定量、定性两个方面的特点，通过精心设置多级指标，避免指标之间的重复表征，同时考虑到专利转让的实际情况，通过系统打分方式对各类指标赋值，使得专利评价结果具有较强可比性，能够用于分析特定专利在专利群中的地位及其经济价值。该指标体系在一些指标设计上考虑了技术进步、市场发展对专利价值带来的影响，使得专利评价结果具有一定的时效性，能够适应现今瞬息万变的市场环境。通过该指标体系推演评价结果，能够侧面指导技术研究与专利创造，合理规划专利申请，进而从源头上推进专利价值的提升。

基于上述的设计原则，体系可以划分为三层指标：

---

❶　马天旗. 高价值专利筛选［M］. 北京：知识产权出版社，2018.
❷　案例来源：国家知识产权运营公共服务平台。

第一层指标：从专利自身属性的角度，分为法律、技术、经济、战略和市场五个指标。

第二层指标：从专利功能的角度，将第一层的指标分解为专利保护范围、专利稳定性等支撑指标。

第三层指标：从专利自身属性量化的角度，将第二层指标分解为授权专利独立权利要求数量、从属权利要求数量等，作为评判二级指标的标准。这些指标综合了静态评价与动态评估，充分体现了稳定和变动的要素。

专利价值分析方法，根据专利自身属性数据内容，由系统为第三层指标逐个打分，这些分数经加权汇总之后，形成对专利进行衡量的一种标准化统一度量。

专利价值度$=a×$法律价值度$+b×$技术价值度$+c×$经济价值度$+d×$市场价值度$+e×$战略价值度，专利价值度满分 100 分，$a+b+c+d+e=1$。

三、中小企业

无论是从企业总量、GDP 总贡献还是从专利申请总量来看，国内的中小企业仍旧是创新的主力军。对于大多数专利数量并不多的中小企业而言，建立一套复杂且精细化的专利分级管理模型并不现实，也无太大必要。能够在有限的人力和财力条件的分配下，建立一套简易并且实用的分级管理定性模型，将会有更大的实际价值。

【案例 3-9】 一种适用于部分中小企业的专利分级管理定性评价模型

凌赵华提出一种适用于部分中小企业的专利分级管理简易模型[1]。他提出的专利分级管理的简易模型，摒弃了传统模型中较复杂的数学模型和高难度的专家打分机制，由企业研发部门和市场部门配合企业 IP 部门或 IP 管理人员，通过简单流程化操作，即可完成本企业专利的分级工作，方便后续管理。

在该简易模型中，将企业的专利按价值分为以下 5 个等级：S 级、A 级、B 级、C 级和 F 级。其中，S 级和 A 级专利均属于高价值专利，B 级属于中价值专利，C 级和 F 级都属于低价值专利。具体划分规则如下：

（1）S 级专利：a. 有国外同族申请或 PCT 国际申请的授权专利；b. 有过运营（许可、诉讼、无效、质押、保险、外购等）或获奖历史的授权专利；c. 公司重要产品/技术关联的重要专利（基础专利、核心专利、关键专利等）；d. 针对竞争对手/产品布局的重要专利；

（2）A 级专利：a. 公司重要产品/技术关联的普通专利（外围专利、应用专利等）；b. 针对竞争对手/产品布局的普通专利；

（3）B 级专利：公司普通产品/技术关联的授权专利；

---

[1] 凌赵华. 一种中小企业的专利分级管理简易模型 [EB/OL]. https://mp.weixin.qq.com/s/wBrm8BISst-dyRG4wSt1W9g.

（4）C 级专利：为追求数量而编写的无对应产品的授权专利；

（5）F 级专利：无效专利（未授权或已失效的专利等）。

以上规则中提到了几个关键名词：重要产品、重要技术和重要专利。其中，公司重要产品的认定工作由市场部门负责，可参考的标准包括出口与否、年均销量、总销售额、市占率、市场容量、预期收益、产品定位等；公司重要技术的认定工作则由研发部门负责，可参考的标准包括技术先进性、技术适用范围、技术可替代性等；而重要专利的认定工作由知识产权部门负责，可参考的标准包括专利与产品/技术的关联程度、专利对产品/技术的重要程度、专利的可应用范围、可规避性、保护范围大小等。

另外，在以上规则中，当某专利只关联一个特定产品时，仅需判定该产品是否为公司重要产品，不必判定该专利关联的技术是否为公司重要技术；当某专利关联多个产品或可应用于多个产品时，仅需判定该专利关联的技术是否为公司重要技术，不必判定该专利关联的产品是否为公司重要产品。

在实际操作中，如何对一件待分级专利进行定级，专利分级具体流程如下：

（1）确定专利的法律状态，如专利未授权或已失效，则直接判定为 F 级专利；

（2）针对授权维持状态的专利，确定其是否已申请 PCT 或国外同族专利，如是，则直接判定为 S 级专利；

（3）针对无国外同族的专利，确定其是否有过专利运营或专利获奖经历，如是，则直接判定为 S 级专利；

（4）针对无运营及获奖经历的专利，确定其是否关联公司的具体产品或技术，如否，则继续确定其是否关联竞争对手的具体产品或技术；如否，则直接判定为 C 级专利；

（5）针对关联竞争对手具体产品或技术的专利，确定其是否为重要专利，如是，则直接判定为 S 级专利，如否，则直接判定为 A 级专利；

（6）针对关联公司具体产品或技术的专利，确定其是否仅关联单个特定产品，如是，则继续确定该产品是否为公司重要产品；

（7）如果该产品为公司普通产品，则直接判定为 B 级专利；

（8）针对关联公司重要产品的专利，确定其是否为该产品的重要专利，如是，则直接判定为 S 级专利，如否，则直接判定为 A 级专利；

（9）针对关联多个产品或可应用于多个产品的专利，确定其是否为公司重要技术，如否，则直接判定为 B 级专利；

（10）针对关联公司重要技术的专利，确定其是否为该技术的重要专利，如是，则直接判定为 S 级专利，如否，则直接判定为 A 级专利。

图 3-4 所示为上述流程经过重新整理的流程图，可分为"专利评级主线""专利评级内部支线""专利评级外部支线""申评线"。图 3-5 所示为完善后的

待分级的专利申请评级流程，对"申评线"详细展开，添加了"申请专利评级主线"，在图3-4专利分级管理简易模型上，修改成为中小企业专利申请中的专利分级管理简易模型❶。

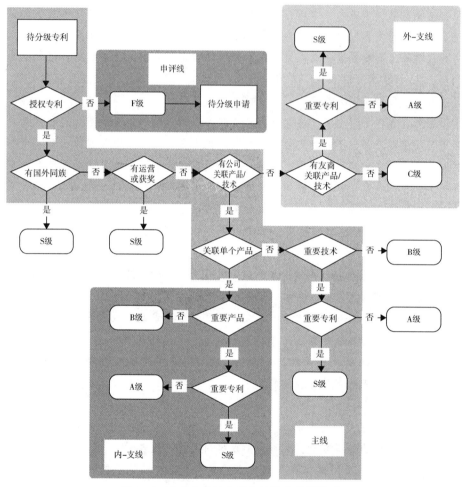

图3-4　中小企业的专利分级管理简易模型

从图3-4中可知，在专利申请阶段，研发人员、专利管理人员和专利代理师还在紧密地配合着完成申请工作。同样，在公司资源有限的前提下，对于F级别下的不同子等级的明确，有利于这个阶段工作的专业人员做出"轻、重、缓、急"的判断，进而配合输出。

---

❶　也谈高质量专利和高价值专利——企业 IP 管理者视角［EB/OL］. https://bbs.mysipo.com/thread-978488-1-1.html.

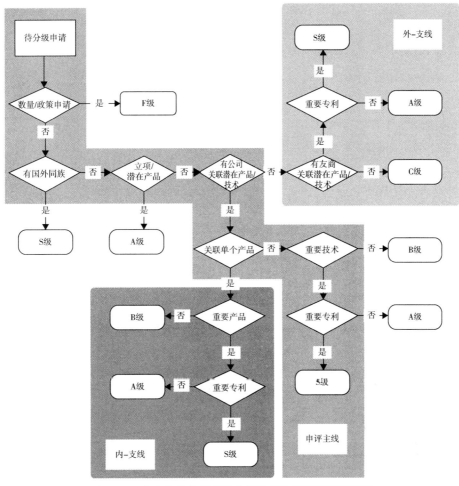

图3-5 中小企业专利申请中的专利分级管理简易模型

以上案例提供一种简易化的企业专利管理新思路，供特定的企业群体参考，企业应当根据自身适用情况进行参照和调整。最后，每一件专利的价值都是动态变化的，因此，随着专利生命周期、产品市场情况、专利运用运营情况、公司战略等因素的变化，企业专利管理人员应当及时重新评估并调整相关专利的价值等级。

传统篇

第四章 CHAPTER 4
专利产品化

第一节 专利产品化概述

一、专利产品化的定义

党的十九大报告鲜明提出：中国特色社会主义进入新时代。毫无疑问地，中国经济也由农业经济、工业经济逐渐迈向知识经济时代。在知识经济时代，企业的经营方向已不再单纯地将有形的物质资产作为唯一重点研究保护方向，无形的知识产权资产已逐渐被各类企业所重视。企业是市场最具竞争力的市场主体，是最具创新能力的创新主体，也是最具备实施能力的实施主体。在当今知识经济促进企业发展的时代下，创新则是一家企业最重要的灵魂体现，企业没有了创新，就失去了企业最核心的竞争力。李克强总理曾说过，保护知识产权，就是保护创新火种；而专利法则作为保护企业创新火种的重要依据，为各类创新主体保驾护航。那么企业在专利的保护下，如何能够借助专利制度，以及企业自身技术优势、结合专利信息情报分析数据，制定一套适合本企业的专利运营战略，实现专利运营呢？

首先，我们先来区分专利运营和专利产品化的定义，以及二者之间的关系。在实践中，专利运营、专利产品化、专利商用化、专利运用等相关概念经常混为一谈，但事实上，专利运营的概念是近些年来才被广泛提及的。专利运营是运用价值、经营权利的一种体现，其可以定义为"为了实现最大专利价值而进行的资产配置和经营运作的市场活动"。具体而言，专利运营既是市场经济条件下通过资本运作有效配置专利资产的商业模式，也是运用专利制度实现专利价值最大化的微观市场行为。专利运营的概念包含三层含义❶：第一，"专利权"是专利运营的客体；第二，市场主体是专利运营的主体；第三，专利权价值最大化是专利运营的根本目的❷。专利运营模式可分为专利权利的运营、专利技术的运营、专利信息的运营及专利的周边经营。具体模式详见表4-1。

表 4-1　专利运营模式的分类、概念及呈现形式

专利运营模式	概　念	具体呈现形式
专利权利的运营	指对专利申请权和专利权的运营	专利转让、专利质押、专利拍卖、专利诉讼、NPEs 等
专利技术的运营	指从技术层面，对所涉及的技术属性的运营	专利许可、专利产品化、专利标准化、联盟、专利池等
专利信息的运营	指基于围绕某技术/专利的专利文献、期刊、政策、报告、商业信息、数据分析等检索分析及综合分析的利用	策略分析、专利分析、专利布局、专利预警等
专利的资产性运营	指将专利权等无形资产作为资产运营，并带来经济收益	专利作价入股、专利证券化、专利信托等
专利的周边经营	指基于所获得专利权，利用政策条款获得税收减免等优惠性政策，或利用在产品包装上注明"专利产品""中国驰名商标"等标识，或在广告中宣传专利产品，又或企业进行贯标等方式，提升公众对企业的好感度，增加产品的公信力，进而扩大销售规模	参加中国好专利评选，参加中国专利金奖评选等奖项类评比，申请中国驰名商标、省市著名商标、企业贯标等

基于表4-1可知，专利产品化是专利技术运营的其中一个具体呈现形式，是专利运营的一个重要分支。根据《专利法》第2条第1款的规定，发明是指对产品、方法或者其改进所提出的新的技术方案。发明专利是专利技术的其中一个最重要的表现形式，其通过将原有的产品、方法进行改进，或创造出一种新的产品或方案，以得到意想不到的效果，进而在使用该专利技术后产生相应的价值，而这种价值的体现，就是专利产品化。可以将专利的产品化概括为在对专利技术进行试验、开发的基础上，将其应用于产品或产品生产工艺上从而生产出产品❸。

---

❶　毛金生，陈燕，李胜军，等. 专利运营实务［M］. 北京：知识产权出版社，2013：31.

❷　李昶. 中国专利运营体系构建［M］. 北京：知识产权出版社，2018：15.

❸　刘海波，吕旭宁，张亚峰. 专利运营论［M］. 北京：知识产权出版社，2017：20.

二、专利产品化的意义

1. 专利申请是一种投资，而专利产品化则是最直接的价值体现

《专利法》为个人、企业、科研院所等各类创新主体提供了法律保障。在某种程度上，专利以公开换保护的行为不仅仅可以看作对专利技术的一种保护手段，而且还可以将其看作一种投资。然而，任何一种投资都有可能带来一定的收益，同时也伴随着一定的风险。专利也一样，优质的专利，在给企业提供法律保障的同时，还可能带来丰厚的收益，而低质量的专利一旦流入市场，不仅不能得到有效的技术保护，还有可能引起官司。所以，专利权的获取，是为各类创新主体提供一种投资渠道。各类创新主体在获得专利申请权或专利权后，可以通过专利商品化、专利产品化、专利产业化、专利资本化、构建专利池、专利作价入股等多种专利运营方式，获取其投资的技术的价值回报，增加企业营收和市场竞争力，实现专利技术的价值。众所周知，企业的生存之本在于资金，而资金的最直接来源则是企业主营业务的收益来源，而专利产品化，即将专利技术转化或应用于产品并投入市场，也同样可以为企业带来丰厚的收益。先进的技术，帮助企业提升产品质量，增加销售规模，进而增加企业的经济来源。但如果先进的技术没有得到有效的保护，那么企业将会被大量行业竞争对手抄袭，进而失去其核心竞争力。从表层来看，专利的本质不仅仅是以公开换保护，而其背后则是企业的一种投资行为，通过缴纳少量的专利申请费用，尽早获得未来市场的主动权，供企业尽可能获得高额的收益回报和市场竞争力。所以，专利申请是一种投资，专利运营是体现该投资价值的实现方式，而专利产品化则是企业专利运营获取收益报酬的最直接途径，是专利价值回报的最直接来源。

2. 专利产品化有助于企业将技术优势转化为市场竞争优势，帮助企业站稳脚跟

对于企业来说，尤其是科技型企业，其最具核心的竞争力就是技术和创新。科技型企业是企业中最具活力，也最具潜力的创新群体，是推重大众创业、万众创新的主要源泉。目前，我国中小型科技企业产品同质化严重，其根本问题就是创新能力不强。若要想在市场站稳脚跟，企业就必须拥有一套自己的核心技术，企业通过将核心技术进行专利布局，以获取保护，有效地防止产品在进入市场后被大量抄袭的情况出现，这便在很大程度上淘汰了一批"坐享其成"的企业。如何将核心技术转化为市场竞争优势，则是企业站稳市场的关键环节，而专利产品化则是关键环节的核心。先进的技术手段、完善的专利布局、适用的营销模式、完备的大数据分析利用，是专利产品化的关键所在，是帮助企业快速高效站稳市场的先决条件。只有将技术优势转化为市场竞争优势，才能够使企业在行业中屹立不倒。

3. 专利产品化有助于企业验证市场，帮助企业持续成长

专利产品化是验证壁垒的最佳途径。无论是技术壁垒还是模式壁垒，壁垒越高，则企业的产品越不容易被复制。产品经过在市场一段时间的验证后,其产品的优劣势也将逐渐显现。毋庸置疑,产品的迭代是产品全生命周期中重要的环节。优秀的产品,必定是通过无数次与市场、时代、技术结合,根据用户需求优化,多次更新迭代产生的,而这一过程中永远也离不开技术的创新与更新。好的技术,一定是经得起市场考验的,永远躺在实验室里、落在纸面上的技术,不仅不能够为企业带来收益回报,还会在一定程度上增加企业的支出。只有将专利技术真正地产品化,面向不同用户,面向市场,才能够发现技术的缺陷,并加以改进,逐渐完善,形成闭环,为企业持续助力。

三、我国专利产品化的现状

专利产品化作为专利运营的重要分支,是将专利技术转化成产品的根本。企业无论是通过内部提出创意进行研发立项和产品开发,还是公司通过被转让/被许可等方式获得专利权/专利使用权,将所获得的技术进行开发,使该技术应用于产品自身,或应用于产品生产工艺的改进,都是将专利技术进行产品化的过程。近年来,我国专利申请量持续位居全球第一,2017 年,我国 PCT 专利申请量首次排名全球第二❶,但 2018 年我国有效专利实施率仅达到 52.6%❷,可以看出,我国有近一半的专利并没有转化为实际的生产力。国家知识产权局发布的《2018 年中国专利调查报告》显示,2018 年企业有效发明专利实施率为 62.3%,有效实用新型专利实施率为 62.8%。专利实施率是反映专利技术应用转化为生产力状况的一个重要参数,也是衡量专利制度对社会经济发展促进的一项重要指标❸。这里的专利实施率是指授权的专利实际应用到生产中,转化为实际产品的比率(可看作专利产品化程度)。下面将以 2018 年各类企业的专利实施率及近 10 年有效发明专利及有效专利实施情况列举说明中国各类型企业专利产品化现状(以下数据均出自《2018 年中国专利调查报告》)。

1. 2018 年各类企业专利实施情况

(1)2018 年不同登记注册类型企业的各类专利实施率

从不同企业登记注册类型看,外商投资企业专利实施率略高于内资企业和港澳台资企业,达到 69.7%,见表 4-2。有效外观设计的实施率普遍高于有效发明和有效实用新型的专利实施率。

❶ 国家知识产权局. 去年我国 PCT 国际专利申请量排名跃居世界第二 [EB/OL]. (2018-03-23) [2019-09-30]. http://www.sipo.gov.cn/zscqgz/1120861.htm.

❷ 国家知识产权局. 2018 年中国专利调查报告 [EB/OL]. [2019-09-30]. http://www.cnipa.gov.cn/docs/20190819144147879142.pdf.

❸ 魏玮. 从实施到运营:企业专利价值实现的发展趋势 [J]. 学术交流, 2015 (1):110-115.

表4-2 不同登记注册类型企业的各类专利实施率 单位:%

专利类型	内资企业	港澳台商投资企业	外商投资企业	总体
有效发明	62.2	61.6	64.4	62.3
有效实用新型	62.1	67.5	71.3	62.8
有效外观设计	65.6	66.4	72.0	66.0
合计	62.7	65.9	69.7	63.2

注:有效数据量总体为9792,三类专利类型数据量相同。本表因小数取舍而产生的误差均未做配平处理。

(2)2018年不同规模企业的各类专利实施率

不同规模企业的专利实施率有显著差异,企业规模越大,有效实用新型和有效外观设计的专利实施率越高,见表4-3。对于有效发明专利的实施率,大、中型企业比较接近,略高于小型企业,明显高于微型企业。

表4-3 不同规模企业的各类专利实施率 单位:%

专利类型	大型企业	中型企业	小型企业	微型企业	规模不明	总体
有效发明	64.4	65.3	61.8	42.9	54.6	62.3
有效实用新型	68.2	66.2	60.8	49.4	56.0	62.8
有效外观设计	74.4	71.5	61.8	46.8	60.8	66.0
合计	67.9	66.9	61.1	48.0	56.5	63.2

注:有效数据量总体为9792,三类专利类型数据量相同。本表因小数取舍而产生的误差均未做配平处理。

不同规模企业的专利研发经费来源都是以"企业资金"为主。总体来说,企业规模越大,能获得"政府资金"的比例越大,其专利产品化的困难越低,专利产品化越容易实现。

2. 近10年有效发明专利及有效专利实施情况

(1)2007—2018年发明专利实施率状况

如图4-1所示,2007—2018年,有效发明专利实施率在48.6%~60.6%范围内波动。2009年有效发明专利已经开始实施的比例为60.6%,为历年最高水平。有效发明专利实施率在2014年回落至50.5%,2014—2017年数据相对稳定,2018年有效发明专利实施率为48.6%。

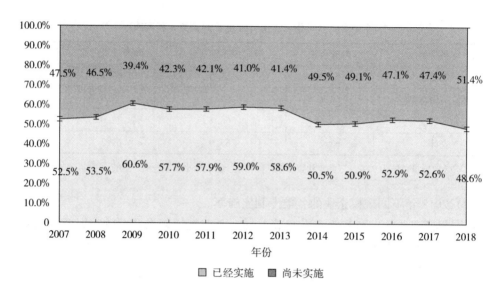

图 4-1　2007—2018 年发明专利实施率状况

（2）2007—2018 年有效专利实施率历年状况

如图 4-2 所示，2007—2018 年，有效专利实施率在 50.3% ~ 74.1% 范围内波动。2013 年有效专利已经开始实施的比例为 74.1%，为历年最高水平。有效专利实施率在 2014 年回落至 69.2%，2018 年有效专利实施率则下滑至 52.6%。

图 4-2　2007—2018 年有效专利实施率历年状况

第二节 运作模式

一、专利产品化模式

1. 专利权人自实施

专利权人自实施其专利技术是专利产品化模式中最为常见的一种。专利权人所实施的专利来源可大致分为两种：

一是企业自行提出创意并进行研发立项，或在企业日常生产过程中，发明创造的新技术或新改进。这种情况下又可分为两种情况。第一是专利技术是对企业既定市场产品的改进技术，这种专利技术的实施或者能够明显改善已有产品的性能，或者有效降低已有产品的生产成本，又或者有助于企业向特定的市场提供差异化的产品等，这类专利技术一般都能很通顺地得到实施，并取得显著的成功。众多企业的专利战略也主要集中于这类专利技术的研发。第二是专利技术与企业既定的市场产品无关。这类专利技术在本企业的实施多数具有偶然性，但却有可能为企业创造全新的利润增长点。美国 3M 的研究人员曾经在开发强性胶的过程中无意间获得了弱性胶专利技术，但因为这一技术与公司的既定产品的技术性能相反，因此这一专利技术的实施始终没有进入公司决策的议程中。1974 年，3M 公司的费拉伊对该专利提出了一种产品构想，发明一种既能粘在纸上又能不留痕迹地揭下的活动书签。在公司提供的各类创新政策的激励下，他很快就设计出一种不干胶便签并制造了简单的加工机器。他首先将样品在公司内部分发使用，同时编写了一本小册子，用图示和举例说明这种不干胶便签的许多用途。几年之后，这种名为 Post-it 的便签就在美国等地风行起来，并为 3M 公司创下了年销售额 3 亿美元的可观记录，成为 3M 公司重要的利润增长点之一[1]。所以，企业在注重常规技术产品化的同时，也要对日常生产过程中获得的非常规性技术加以考虑，根据市场实时变化情况、技术发展水平，将其加以利用，发现市场需求，抢占先机。

二是拿来主义的专利技术。这种企业往往具有明确的需求，但却因技术开发能力不足，或考虑科研投入产出成本等因素，放弃企业内部研发，而是将目光投向市场，找到与之相匹配的专利技术，或通过与第三方（通常会选择有着强大科研能力的高校）共同研发该项技术，并最终通过转化/许可，或合同中约定的某种方式，获得该专利的使用权或专利权，并将其进行生产或二次研发后生产，最终应用于企业产品，实现对其所获得的专利技术进行商业化生产并获利。

专利权人自实施的优点在于其实施流程便于管理和控制，核心技术可作为技术秘

---

[1] 王玉民，马维野. 专利商用化的策略与运用 [M]. 北京：科学出版社，2007：119-120.

密保护起来，不易被抄袭，但这种方式对企业的设备要求、研发人员能力、企业综合素质、资金投入都有较高要求。

2. 专利权人与第三方合作实施

好的专利技术，往往由于企业自身发展规模、政策环境、资质限制、设备投入等因素，导致其不能自行实施。若要想将该技术应用于市场，除了专利技术的转让许可等专利权的运营方式以外，与第三方合作实施也是较为常见的一种运作模式。比如在医疗领域中，由于药物的生产过程较为复杂，需要经过药物发现、初始定性、临床前试验、管理机构批准进入人体试验、临床试验（Ⅰ期、Ⅱ期、Ⅲ期）、向管理机构提交销售/生产许可申请、管理机构审查资料授予销售/生产许可证、产品进入市场、上市后监督等多个环节。此外，一款药品的生产，不仅要求药品本身的性能，而且还对药品生产企业的资质具有严格要求。这就在根本上限制了医院对药品的生产。在现实情况下，许多医院的医生在诊治或课题研究中，会产生某些研究成果，如医疗器械、药品等，但因为医院资质等条件制约，可能会导致这些研究成果无法进行转化，且医院同时也尚不具备大批量生产药品或医疗器械的设备。另外，一款药品的问世，有可能要经历几年甚至十几年，且耗资巨大，这对医院来说也是巨大的考验。所以，医院自研成果多为与药厂合作，医院为药厂提供技术支持，药厂提供设备、人力、财力及药品上市的相关手续等，二者共同研发，最终将相关技术产品化。

专利权人与第三方合作的优点在于能够与第三方企业取长补短，利用第三方的资源、技术、财力优势，共同研发产品，风险共担，利益共享。但这种模式下的问题则在于其技术易扩散，不能够掌握在自己手中，且多方合作势必导致组织协调难度加强，增加沟通成本，易造成知识产权流失、竞争风险增加、质量不可控、按期完成时间不可控等问题。此外，合作方与企业自身的契合度也是决定专利产品化成败的关键因素之一，契合度越高，最终的产品与最初创意想法的吻合度才会越高，而这就要求企业在选择第三方时，要尽量选择与企业契合度较高的一方合作。

3. 专利权人创办公司进行专利实施

此模式多为高校、科研院所的研究人员利用其科研能力，由高校或科研院所作为申请人将该专利技术作价入股，共同创办科技创新型企业。一些大型企业也会利用其所持专利，创办子公司，用于将某项专利技术进行商业化、产业化，并最终获利。

专利权人创办公司进行专利实施的优点在于技术人员能够全身心投入相关产品研究工作，企业也能够避免知识产权流失，但此种模式同样需要大量资金，且对专利技术的要求较高。通常情况下，企业可以针对非常规技术，且具有一定市场前景的专利技术，选择此种模式，拓宽一项新的业务渠道，进而将专利技术产品化，获得收益。如网红产品——维E乳，是北京医院自己研发的产品，但其生产销售的企业为北京鹰华技术开发有限公司。根据企查查查询到的信息，该公司是北京医院旗下全资子公司，成立于1993年，注册资本300万元。

结合上述分析，得出企业在选择专利产品化模式时采用的具体决策流程，如图4-3所示。

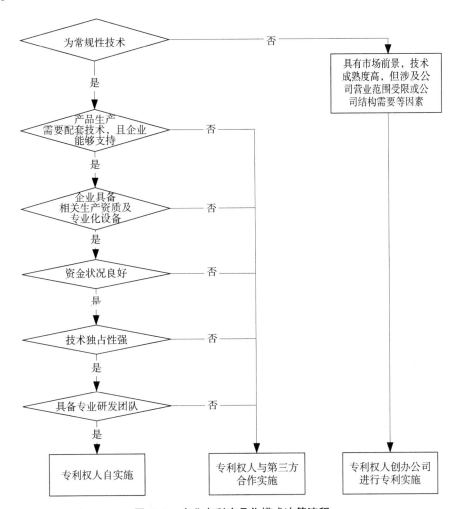

图4-3　企业专利产品化模式决策流程

二、专利产品化流程

如前所述，专利产品化是专利运营的基础，无论是通过许可转让等商品化方式获得的技术，还是企业自身研发获得的专利，其最终环节均归于将专利形成产品。以下将以企业自实施为例，重点介绍专利如何从一个创意最终演变成为产品并问世的重点流程，其流程如图4-4所示。

图 4-4　专利产品化流程

1. 技术构思阶段

创意是技术研发的雏形，而创意是否能够进入市场，并被市场接纳，是一个漫长的验证过程。一个创意的产生，到其创意实现的过程，实质上是将该创意具体化、逻辑化、功能化、模块化的过程。而这一过程中最主要的环节则是如何解决技术壁垒。在实际操作中，技术人员通常会通过以下两种方式，解决其所遇到的技术壁垒。

（1）组织研发团队，重点突破研发

企业通过其研发团队，针对技术壁垒进行针对性的研发，突破关键技术难点，进而取得关键性突破。这种研发模式对于企业来说，其研发投入大、风险高、耗时长。尤其面对高技术难点问题时，往往有可能投入了较大研发经费，却最终未能有任何技术突破。而一旦突破技术难点，多数情况下企业便从此掌握了核心技术，在行业中领跑，获得巨大利益收入。

（2）整合现有技术，通过转让/许可等方式，获得技术，并适应性改进

整合现有技术，根据创意的具体需求，进行适应性改进，同样也是企业选择解决技术壁垒的方式之一。该种方式的关键在于技术信息的整合，研发人员根据特定的技术需求，将其细分成多个技术分支，并逐一突破。通过选取适合的技术手段，并将这些现有技术手段加以整合，通过转让/许可等方式，并进行适应性改进，最终解决技术壁垒。而在这一过程中，技术手段的发现非常考验技术研发人员对技术的理解程度以及对专利、文献等技术资料的查阅能力。该种研发模式对于企业来说，研发投入相对较小，技术实现的风险也相对较低，能够快速将获得的技术投入市场，但这种方式却十分考验团队（如企业管理层、技术人员、专利管理人员）对专利的综合判断能力，进而避免"投资失败"的情况出现。对企业的贡献度相对较低。

以下是 2018 年我国企业研发模式统计，数据及分析均出自《2018 年中国专利调查报告》。

①2018 年不同登记注册类型企业的专利研发模式。对于专利研发模式，不同登记注册类型企业的研发模式和整体专利权人情况类似，"自行提出创意进行研发立项，融资投资，产品开发，进行销售"为各类企业的主要研发模式，占比超过 80%，见表 4-4。

表4-4　2018年不同登记注册类型企业的专利研发模式　　　　　　　单位:%

研发模式	内资企业	港澳台商投资企业	外商投资企业	总体
自行提出创意进行研发立项，融资投资，产品开发，进行销售	85.3	87.1	88.0	85.4
公司研发部门提出创意，委托专门研究机构（设计院、高校等）进行产品设计	26.7	22.2	20.1	26.4
进行模块化设计，将研发、产品设计、开发与销售分别外包	9.6	6.3	6.5	9.4
其他	3.8	4.9	7.3	4.0
合计	125.4	120.5	121.9	125.1

注:有效数据量为:内资企业、港澳台商投资企业和外商投资企业分别为8209、554、580，总体为9343。本表因小数取舍而产生的误差均未做配平处理。

②2018年不同规模企业的专利研发模式。不同规模企业的专利研发模式和整体专利权人情况类似。其中，大型企业选择"公司研发部门提出创意，委托专门研究机构（设计院、高校等）进行产品设计"的研发模式占比达到38.2%，高于其他规模企业，见表4-5。

表4-5　2018年不同规模企业的专利研发模式　　　　　　　单位:%

研发模式	大型企业	中型企业	小型企业	微型企业	规模不明	总体
自行提出创意进行研发立项，融资投资，产品开发，进行销售	85.3	87.10	86.0	83.3	83.8	85.4
公司研发部门提出创意，委托专门研究机构（设计院、高校等）进行产品设计	38.2	34.6	25.3	20.5	24.2	26.4
进行模块化设计，将研发、产品设计、开发与销售分别外包	11.0	7.9	8.7	11.7	11.1	9.4
其他	6.8	3.4	3.9	3.9	5.5	4.0
合计	139.6	132.9	123.9	119.4	124.6	125.2

注:有效数据量为:大型企业、中型企业、小型企业、微型企业和规模不明类型分别为1930、2499、3749、1328、285，总计为9791。本表因小数取舍而产生的误差均未做配平处理。

2. 可行性论证阶段

一项技术要想真正应用于产品，不仅需要解决技术壁垒，还要考虑技术研发方向、了解需求和供给、知晓产品进入市场的可能性、了解技术开发的活跃度、企业产品情况、技术体系、研发成本、技术成熟度、生产要求、进入市场时间等环节。了解竞争对手的技术布局情况，做到知己知彼，为进入市场做好充足准备。要想成功进入市场，其途径之一就是确定竞争对手，检索竞争对手或相关领域的专利布局情况，分析技术的先进程度，判断企业进入市场后的市场占有率等。此外，技术保护与专利侵权行为也是企业重点关注的内容。如何使企业辅具创新力的研究成果不会在问世后被抄袭，则需要做好专利布局。同时，对于"整合现有技术，通过转让/许可等方式，获得技术，并适应性改进"的技术，是否涉嫌抄袭行为，也需要企业加以衡量，避免上市后出现侵权纠纷问题，损坏企业名誉。此外，在此阶段中，企业还需要根据自身情况（如企业资金状况、市场渠道、研发团队力量）以及技术情况（如该专利技术是否为常规性技术、技术独占性程度、技术实施过程中是否需要配套技术及设备），选择专利技术在产品化过程中的产品化模式，如专利权人自实施、专利权人与第三方合作实施或专利权人创办公司进行专利实施等。

3. 专利技术试验阶段

专利技术仅仅是站在理论层面，一项专利技术是否能够成功应用于产品，是需要多次验证的。这就需要企业对专利技术进行如小试、中试等多轮试验。在每一轮的试验中，由于每一轮试验所处环节不同，面向对象不同，要求也不同，所以研发人员都会在过程中发现种种问题，并加以改进。具体来说，包括相关专利产品的系统层设计、详细设计、测试和改进、生产试车。其中，系统层设计涉及新产品结构的定义及其具体部件或者子系统的确定，以及通常情况下对生产这种产品的最终装配方案的定义；详细设计包括最终确认产品的所有独特部件的材料和尺寸、选定其他标准部件的供应商和建立一个流程计划，为生产系统中的每个部件设计加工工艺；测试和改进包括生产和评价产品的多个预生产版本或产品原型。产品的早期原型通常使用生产部件制造，这些部件与那些用于装配生产版本的产品的部件具有相同的属性。可将产品原型分为两类：用来测试产品的功能与设计是否符合的原型；使用准备用于生产流程制造的零部件装配的，但装配过程或许并不在最终的生产流水线上，且由用户在其使用环境进行测试的原型。公司开始使用既定的生产系统制造产品的生产试车、培训劳动力、查找和解决生产流程可能存在的问题。从生产试车到正式生产的转变是一个持续渐变的过程。在这个转变过程中的某个点上，公司正式发布新产品，开始大量分销产品❶。

4. 专利技术产品化、产业化阶段

专利技术产品化、产业化过程不仅是企业内部自研自造的过程，而且还需要多方投入，例如在形成某产品时，第三方企业的外围产品、零部件或加工工艺等环节的技术支持；企业制造过程中，部分零部件第三方制造商加工支持等。但在这个过程中，除了要保证整个专利技术产品化过程中技术的可行性和可操作性以外，还要考虑如何能够确保

---

❶ 王玉民，马维野. 专利商用化的策略与运用 [M]. 北京：科学出版社，2007：127-128.

自身核心专利技术不被泄露或抄袭，在生产过程中一旦遇到在先专利的使用问题，则需要考虑与在先权利人的沟通与谈判内容。在专利技术实施生产后，一旦占据了一定市场，则市场上相关企业势必会争相模仿，那么，核心专利技术的不可替代性和独特性则显得尤为重要。所以，在专利技术产品化、产业化的阶段以前，研发出不可替代或难以突破的关键技术、做好专利布局、分析竞争对手的专利布局情况、充分了解市场行情等环节是专利技术到专利产品化、产业化成败的关键。

5. 专利产品的迭代更新阶段

专利产品面向市场后，销售和市场营销正如火如荼地开展。此时，用户反馈机制建设则显得尤为重要。在专利产品面向市场之初，通常企业会根据其目标用户范围、市场环境、政策环境、产品特性等因素，首先进行小范围测试，此时，专利产品将真正迎来首批用户体验，而首批用户的体验感受，在专利产品最终能否在市场占有一席之地将起到关键性作用。用户体验好，那么哪里还可以进行进一步优化，产品是否可以做得更好？用户体验差，那么是哪个环节出现了问题，是质量？是便捷度？是定价？还是前期需求定位不准，市场需求量很小？这都需要企业根据实际情况进行进一步调研并调整。但无论用户体验如何，多数企业都会在产品正式全面投入市场前，对产品进行改进，提高用户体验。而在这一过程中，产品的研发将又回归至第一阶段，即发现问题、寻找问题的解决方案，对解决方案中的技术进行评估，做好专利布局、申请专利、对专利技术进行多轮试验，并最终将该专利技术使用到产品上。同样地，在产品全面推广之后，不仅专利产品会受到更多用户的检验，而且围绕该产品的专利权也进入真正受到市场考验的阶段，在受到竞争对手的严格审视的同时，还会被同行竞争者以各种各样的形式/技术抄袭。所以，专利产品的创新、技术的迭代更新、如何降低成本、培育品牌则是企业在该阶段的重点关注内容。

第三节 企业实施专利产品化的策略与条件

一、企业实施专利产品化的策略

企业专利战略是指企业为充分维护自身合法权益，获取专利价值和保持市场竞争优势，遏制竞争对手，谋求最佳经济效益而采取的以专利权获取为核心的全面而长期的规划和一系列战略手段。

1. 创意产生阶段

（1）新产品开发调研

创意是新产品开发的源头所在，一个好的创意，是否适用于市场规则，是需要考虑多方因素的，比如是否对市场需求有深刻的了解；目标用户群体有哪些；该创新需要哪

些技术，这些技术是否有企业已经实现；本企业是否具备相关生产要求；竞争对手有
谁等。

（2）专利情报信息收集及分析

在专利制度促进下，专利文献不仅记载了新的技术，而且还能从中分析出企业的
重要战略资源信息。一个好的创意背后的技术是否已经解决，有哪些企业已经意识到
了这块"蛋糕"，其核心技术是否已经解决，这一系列的问题通过专利情报信息分析便
可基本摸清。专利信息蕴含大量的技术、法律、经济信息，因此专利分析的目的不同，
采用的分析手段和方法也有区别。从技术角度讲，专利文献中所蕴含的技术信息可以
分为微观和宏观两个层面。宏观层面是指国家通过对专利信息的分析可以掌握各行业
的发展态势以及技术总体水平。微观层面是指企业通过专利分析可以了解自己在技术
方面所处的位置，并了解竞争对手的专利布局和技术现状。从法律角度讲，专利文献
中的法律信息包括专利权人、专利是否授权、权利要求范围等，法律信息分析为处理
相关法律事务提供了依据。从经济角度讲，经济信息能够较为直观地反映专利技术的
潜在经济市场范围以及其技术价值。通常情况下，企业专利信息分析包括定性分析和
定量分析两大类。专利的定性分析着重于对专利技术内容的分析。企业需要对技术研
发相关的专利技术进行定性分析以借鉴或者防止侵权。定量分析主要是对检索后的专
利信息加以提炼和整理，得出一定的分析数据来说明某种态势或者现状。定量分析直
观性好，在数据充分的情况下对企业的技术决策有非常大的参考价值。定性分析与定
量分析对于企业的专利战略而言是不可分割的，企业既需要进行专利的定性分析，也
需要进行专利的定量分析❶。同时也为后续专利申请做好充足准备。

2. 技术研发及产品试验阶段

（1）适时引入成熟/新兴技术，实现 1+1>2 的效果

一件产品其背后往往拥有几十项、上百千项的专利技术，在研发过程中，不可避免
地会用到其他单位或个人已经申请的专利技术。若在合理的价格区间内，适时引入该专
利技术，不仅可以缩减开发成本，节约研发周期，而且还能避免未来的专利纠纷。通过
从外部引入获取专利或专利申请权的途径主要包括受让、受赠和购买。受让是指通过合
同或者继承而依法取得专利权或者专利申请权；受赠即无偿接受他人赠予的专利权或者
专利申请权；在实际经济活动中，发生较多的还是通过专利购买引入专利。专利收购又
可以区分为直接购买专利，以购买专利为目的的企业并购和附带购买专利的企业并购❷。

（2）做好专利布局，把控专利撰写质量，守护核心专利，站稳市场

企业专利布局包括专利创造布局、专利保护布局、专利资产布局、专利应用布局
等。其中，专利创造布局是开展其他专利工作的基础，是结合产品开发而形成的产物。

❶ 何敏. 企业专利战略［M］. 北京：知识产权出版社，2011：48-49.
❷ 刘海波，卢旭宁，张亚峰. 专利运营论［M］. 北京：知识产权出版社，2017：55-56.

专利创造布局要以原始思路为基础，摸清竞争对手的情况，确定核心技术，制作多层次产品的技术路线图，其具体专利布局流程如图4-5所示。

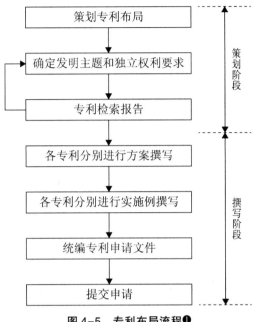

图4-5　专利布局流程❶

专利保护布局，是根据目标市场活动的专利信息情况与当前竞争策略需求而确定的企业专利保护策略。主要包括分析专利侵权预警情况、制定行之有效的专利组合、制定冲突解决的策略。

专利资产布局，是通过对专利创造活动及专利进行价值评估，并将其与其他技术资产相组合，以使其最终利益最大化。

专利应用布局，是通过专利组合，实现专利许可、专利资本化、专利联盟等专利运营模式，扩大收益，消除专利壁垒。

（3）技术跟随策略

唐·道奇曾说过，成功的模仿者，他们所做的并不仅仅是模仿，他们的确使用了和前人相同的概念，但他们坚持不断创新，使自己的产品远远超出了创新者的原始概念或功能集，并且持续保持市场领先地位。技术跟随策略大致可分为以下几个阶段：一是引进吸收阶段，通过引进吸收优秀技术、反推技术实现；二是学习阶段，要基于反推的技术实现手段进行模仿；三是改良阶段，在学习的过程中，发现引进的技术的缺点，或者结合当地实际情况，将现有技术进行改良，使其最终消化吸收成为本企业的核心技术。实时关注市场动态，对产生的新技术加以研究并改进，才

---

❶　王加莹. 专利布局和标准运营［M］. 北京：知识产权出版社，2014.

能在市场站稳脚跟。

（4）企业加大研究开发投入，建立专利实施基金，建设实验室和中试基地，提高专利实施能力

研究开发投入与专利实施的关系体现在足够的研究开发投入可以保障申请与获得专利权的技术更为成熟，提高专利本身的质量，为专利实施打下牢固的基础。企业专利实施基金一方面可以通过企业内部解决，另一方面可以利用政策性规定申请政府设立的经费，这是促进企业专利实施的物质保障❶。

3. 产品问世阶段

（1）以技术成专利，以专利护产品，以产品强技术，形成一个技术、专利、产品相互促进、相互保护的优化圈

专利技术产品化的初期，企业可以根据自身产品特点、目标用户群体特性，选择合适的地区进行产品初体验，做好用户反馈机制，收集并整理用户的反馈意见，确定有效意见，并针对性地进行改进。通过以点带面的方式，收集不同区域、不同用户群体等多维反馈意见，并通过多种营销模式加以配合，最终实现产品的稳定化运行。

（2）利用拿来主义的企业并购策略，助力产品持续生长

通过对某些专利技术的分析跟踪，在适合的时候将某些科技型企业实施兼并不仅是年轻企业快速成长的一种方式，也是行业巨头持续保持其领军地位的一种手段。例如联想公司在 2004 年 12 月就以 17.5 亿美元收购了 IBM 的个人电脑（PC）业务，同时收购了其名下的 2500 余项专利，以弥补其在该技术方向的缺陷。又如由 Intellectual Ventures 和 RPX Corporation 两家专利授权机构共同完成，组织包括苹果、黑莓、谷歌、三星、Adobe、HTC、Facebook、富士胶片、华为、亚马逊、Shutterfly 和微软在内的 12 家企业对柯达的 1100 项专利进行组团收购，以弥补其在图像处理方向的缺陷。这种方式不仅能快速地获取专利技术，而且也能帮助企业快速弥补其缺失的专利布局领域，使企业减少被攻击的可能。

二、企业实施专利产品化的条件

1. 企业要做到真正重视知识产权工作

"保护技术，申请专利、运营专利"不是一句空口号，许多企业打着年申请量超百件的旗号，去申请各类资质，但其实企业并未真正意识到申请专利的目的何在，也没有形成明确的企业专利运营策略。小黄车初期因为未重视专利，而导致创意被抄袭，最终走向落败。所以，企业若想全面发展，必须要真正重视知识产权工作，从专利创造到专利保护，再到专利管理、专利运用，任何一个出现纰漏，都有可能导致企业走向失败。

---

❶ 冯晓青. 我国企业知识产权运营战略及其实施研究 [J]. 河北法学，2014，32（10）：10-21.

2. 具有强大的人力资源

企业要想全面运营，不可或缺的就是人才。对于一家科技型企业来说，富有创新精神的科研人员或领域专家一定是企业的人才核心，但要想将企业运营得好，光有技术人才是远远不够的，还需要有专业的专利信息检索分析师与之配合，检索现有技术，帮助科研人员获取技术情报，并加以分析，确定企业核心技术方向，进行专利合理布局，并由专利代理师完成相应的专利申请工作。与此同时，企业还应配备法律相关的专业人士，当企业遇到侵权或维权等法律问题时，能够及时想出应对策略，帮助企业渡过难关。此外，专利是无形资产，对无形资产的合理利用，也是企业回报收益的关键一环，专业的金融投资人员，会利用其专业本领，将无形资产变现，帮助企业获利。

3. 明晰的市场目标及企业专利战略

企业专利战略是企业赢得主动权的关键因素之一，只有明晰的市场目标和明确的企业专利战略，才是企业走向成功的法宝。企业专利战略大致可分为技术创新的专利战略、专利情报战略、技术开发中的专利战略、专利申请战略、专利运用战略、技术引入和输出战略、专利标准化战略、专利联盟战略等。企业根据自身特点，结合市场目标，制定一系列相关战略，以帮助企业实现自身的长远利益和未来发展。

4. 健全的企业专利管理制度

企业专利管理制度不仅体现在企业对其所持专利的申请、维持等方面的管理，还体现在通过专利实现对企业员工的管理，企业通过运用专利制度调动企业员工积极性，使员工积极贡献自己的好创意、好想法。专利技术的价值体现于市场，企业可以将专利申请量、专利技术贡献度高的科研人员，在职级评定、业绩考核、利益分配等方面实行必要的倾斜。同时，在对科研人员进行奖励时还可以以其专利转化成果作为考核标准，加以奖励。

第四节　案例分析

【案例 4-1】联想集团

1. 项目介绍

联想集团成立于 1984 年，由中科院计算所投资 20 万元人民币，携 11 名科研人员共同创办，携手将其科研成果成功转化成产品。30 余年的时间，联想已成功从一家初创型企业发展成为一家在信息产业内多元化发展的大型企业集团和富有创新性的国际化的科技公司，其业务涵盖了 IT、房地产、金融、移动业务、风投等多个领域。

目前，联想的总部设在美国罗利，在全球 66 个国家拥有分支机构，业务遍布180 多个国家和地区，并在中国北京、日本东京和美国罗利建立了三大研发基地为支点的全球研发架构。联想下分智能设备集团（IDG）、数据中心业务集团（DCG）、联想创投集团（LCIG）、数据智能业务集团（DIBG）四大业务集团，全球约有 5.7 万名员工。2018/2019 财年，联想的整体营业额达到 510 亿美元（约 3400 亿元人民币）❶。2018 年《财富》杂志发布的世界 500 强排行榜中，联想集团排名 212 位，比 2017 年提升 28 名。其发展历程如下：

第一阶段：自研发阶段。

2001 年以前，联想的专利与现在多数科创型企业一样，对专利的保护意识较弱。当时一些专利意识较强的科研人员会对其科研成果申请专利，但是专利意识不强的科研人员，则并没有对其科研成果进行保护，这便使得联想初期一些很好的技术并没有得到很好的保护。而且，当时的专利申请质量参差不齐，这同样也对联想造成了一定的损失。

第二阶段：多管齐下，快速积累，搭建体系，制定策略。

2001 年，联想成立了专门负责专利业务的专利中心。从内部专利管理制度的建立、专利奖励的设定，到员工的知识产权培训，使得联想员工快速加强了专利意识。仅 2001 年成立专利中心之后的一年间，其专利申请量快速增长，2002 年的专利申请量是 2001 年全年专利申请量的 3 倍。而后的几年，联想仍保持高速申请状态，2002 年和 2003 年的专利申请量排名均在我国前 10 位，实现了专利数量的快速积累。截至 2019 年 10 月，联想公司的专利持有量已达到 18000 余件（该数据为进行简单同族合并处理后的数据），中国专利发明专利授权量连续两年居全国前 10 位。具体专利申请情况如图 4-6 所示。

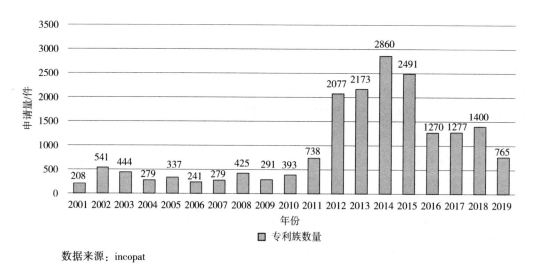

数据来源：incopat

图 4-6　联想专利申请情况

❶ 联想官网. 企业介绍［EB/OL］.（2019-11-1）. https://brand.lenovo.com.cn/about/indroduction.html?_ga=2.67144850.2065649927.1572693680-1650271961.1572693680.

　　2004 年年底，联想发布了一个重磅消息，其以 17.5 亿美元收购美国 IBM 个人电脑事业部，还包括个人电脑领域相关的专利，这一举动让联想在个人电脑领域的实力快速得到补充，而且，这也意味着，联想开始由之前的量的累积，跨越到了质的突破。此外，联想还专门设有技术专家组成的知识产权评审委员会，评审会和自身的知识产权团队一起对全球提出来的创意做出评审。委员会由 2005 年起的 30 余人，发展壮大成至今百余人的规模。在评审的过程中，专家不仅判断创意是否值得去投资、去做专利申请，更重要的是专家会对有潜力的创意提出完善建议，或者在可深入再挖掘的技术方面提出建议。此外，评审委员会还会定期梳理已授权专利资产，以确保专利质量以及发挥其价值。

　　值得一提的是，联想的专利战略也是紧跟公司战略发展，因为联想始终认为知识产权的最终价值是推动公司的业务发展，所以在公司不同的发展阶段，知识产权战略有所不同。在不同时期，运用不同的专利战略，为公司的快速发展保驾护航。

　　第三阶段：攻防结合，追求价值。

　　如果说 2005—2010 年联想的专利战略是聚焦提升质量、服务 PC 业务安全出海，那么 2010 年以后，联想的知识产权战略则是以终为始，价值驱动。2009 年，联想的业务逐渐转型，由原来的 PC 转向 PC+。然而，联想当时的专利拥有量并不能让联想在 PC+ 市场大显身手。于是，联想在其主营业务，即 PC 业务领域加强进攻以外，还在其他业务领域里加强防守，通过自研发、收购等方式，保证联想业务的顺利开展。

　　2. 亮点点评

　　（1）将技术真正投入产品，使每件专利都拥有价值

　　作为将创新视为根本的一家科技型企业，联想一直以创新推动发展，并在发展的同时努力保护创新成果。联想认为，一个企业研发的真正价值即为将其研发的技术真正投入产品中去，且一直不断地在创造新的产品。

　　（2）围绕产品，做好专利布局

　　高质量的专利资产配合行之有效的专利运营模式，能为企业带来经济价值，而完备的专利布局则是建立高质量专利资产基石。截至目前，联想在全球拥有专利及专利申请 26000 余件，在中国、美国和日本均建立起较为完善的专利管理体系，并在互联互通、多模电脑、智能手机、IoT 等多个技术或产品领域形成了有效的专利组合，构筑起保护创新产品的"护城河"❶。例如，在 2012 年联想率先推出一款名为 Yoga 的 360° 翻转的笔记本电脑后，市场上就有众多类似产品出现。为了保证产品的竞争优势，联想专利中心特意梳理了其专利资产，发现早在 2005

---

　　❶　中国日报网. 联想集团副总裁孟纯才：切莫忽视专利布局［EB/OL］.（2019-02-14）［2019-11-01］. https://baijiahao.baidu.com/s?id=1625403164467335354&wfr=spider&for=pc.

年还是概念产品时，联想就已经从基础专利到外围专利做了详细的布局。在前期打下良好基础的情况下，联想开始了与国际竞争对手的交涉，最终巩固了其竞争优势。

随着企业的发展，其企业策略也是会随之改变的。作为企业发展的关键之一，知识产权策略也是要随之改变的，而这一点，在联想身上体现得淋漓尽致。

（3）专利战略与企业战略共进退

2001—2005 年，企业快速发展，联想的专利业务主要在于体系建设和积累数量，为此，联想在此期间大量申请专利，以追赶企业发展的脚步。而 2005—2010 年，企业努力打进个人电脑领域，为此，联想的专利战略也随之改变，从专利数量向专利质量上发展，并购 IBM 个人电脑部及其专利，迅速弥补空缺。2011 年，联想以第 450 名的排名重新回归《财富》榜，其企业战略也逐渐发生改变，其业务涉及的范围也越来越广泛，为此，联想的专利战略也随即改变，在其专利较强的领域继续维持的前提下，对薄弱领域加强防守，引进新专利，使其堡垒越来越坚固。

（4）着眼于未来，二级研发体系成就联想技术

在联想的研发过程中，其运行的二级研发体系，成就了联想技术，是联想技术背后的基石。在二级研发体系中，联想研究院、软件设计中心、工业设计中心、板卡设计中心作为联想的四个创新级平台，着眼关注未来科技发展趋势，寻求并突破关键技术，为联想的未来发展持续助力，为企业带来持续有价值的技术。而事业部则是四个创新级平台背后的推手，负责完成其科研成果的应用、产品化工作，着力研究近一年来的技术。二者的战略结合，实现了联想近期和远期的共同发展，为联想持续注入新鲜血液。而在研发的过程中，配合着专利中心的专利布局、申请、维护等一系列工作，使联想在保证科技创新的同时，实现其智力成果的保护，形成了一个创新、发展、保护、再创新的良性循环。

【案例4-2】摩拜单车

1. 项目介绍

2014 年，胡玮炜回到杭州虎跑，想要骑行，希望能租一辆公共单车，但办卡小岗亭关门了，最后这次希望中的骑行没有成功，而且她在瑞典哥德堡也遭遇了租赁公共单车失败的经历，于是胡玮炜从汽车朋友圈里拉了一支团队，成立摩拜单车项目。

然而，要想让共享单车真正问世，光有创意是不够的，需要背后强大的技术支持，最关键的就是智能解锁技术的突破，只有突破了智能解锁这一技术难题，才有可能将摩拜推向市场。当然，从实际用户需求角度考虑，自行车使用过程中常常遇到的其他问题，如自行车车链易脱落、车胎在使用一段时间后需要打气、自行车管理等问题接踵而来。根据国家知识产权运营公共服务平台的检索数据，仅 2015 年，北京摩拜科技有限公司共申请专利 37 件，其专利技术构成如图 4-7 所示。

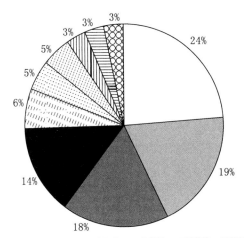

□B62M　■B62K　■B62H　■E05B　□G07F　□B60B　▨B60R　⊞G06Q　▥G07C　⊠H04L

图4-7　北京摩拜科技有限公司专利技术构成

　　这些专利技术主要涉及自行车传动装置、自行车车架、自行车车锁、自行车车轮、数字信息传输等方面。这些专利构成了当今摩拜单车的雏形。

　　在有了技术支持、专利护航的基础上，摩拜将技术、专利产品化。

　　第一阶段：探索期（2016年4月22日—2016年8月8日）

　　北京摩拜科技有限公司将上海作为首个运营城市，以点带面，站稳细分市场，沉淀种子用户，在上海这个沿海城市，为忙碌的上班族增添另一种出行方式。摩拜在此期间简化计费规则，完善信用机制，培养用户良好的用车行为及习惯，切入更多用户群体，优化产品体验，增强产品的价值强度。通过用户数据调研，不仅验证了其运营模式，而且还在时刻探索其技术缺陷，进一步攻克技术难关，提供更优的用户体验。根据检索分析得出，摩拜科技2016年全年共申请专利40件，其中国内布局专利24件。自上海运营以来，摩拜布局中国专利申请21项，同年8月试运营后共申请专利19项，占全年专利申请总量的近五成，主要涉及自行车转向装置、自行车传动装置、自行车车锁、无线定向、车轮、自行车制动及自行车助力等技术内容。与2015年所申请专利的技术构成相比我们不难发现，摩拜科技新增包括无线定向、自行车制动及自行车助力等技术内容，且多数专利申请日在试运营开始之后，那么我们不难推断出，摩拜科技在推出共享单车后，根据用户体验效果，进一步更新迭代产品功能，以技术成专利，以专利护产品，以产品强技术，形成一个技术、专利、产品相互促进、相互保护的优化圈。

　　第二阶段：增长期（2016年8月9日—2016年8月30日）

　　在此阶段，摩拜科技改善问题反馈机制，让用户对车辆问题的反馈更加高效。引导用户规范使用，对不文明使用现象加强约束。在提升用户体验的同时，担负起社会责任，做到技术、管理两把抓。在此期间，摩拜科技完成了由熊猫资本、愉悦资本、创新工场的B轮数千万美元融资。同月，又完成了由祥峰投资、创新工场的 B+轮数千万美元融资。

第三阶段：拓展期（2016 年 8 月 31 日—2018 年 4 月）

2016 年 9 月 1 日，摩拜正式进京运营。这个阶段摩拜的用户体验量激增，短短一个半月，Android 端的下载量提升了 4 倍❶。9 月 19 日，摩拜在北京已投放超过一万辆单车，而摩拜在上海花了近四个月才达到一万辆的投放规模。用户规模的增长，订单量的不断攀升，单车设备的加大投放，运营成本的加重，给摩拜团队带来了不小的挑战。摩拜科技在重重困难面前，专注技术和产品本身，及时修复问题，为用户提供稳定可靠的服务。此外，摩拜还曾多次进行单车硬件端的迭代更新，提供更轻巧骑行更省力的单车，提供高效品质的用车体验（帮助用户快速找到车，加装车篮，实现非扫码形式解锁等便捷用车体验，解决解锁超时、扫码无效等技术问题）。根据相关统计，摩拜单车已提交 70 余份车型方面的专利申请，而这些专利主要涉及自行车的车架主体结构、把立、座椅、调节装置、车轮等各个方面。

截至 2017 年 10 月，摩拜单车已进入全球 9 个国家的超过 180 个城市，运营着超过 700 万辆智能共享单车，全球用户超过 2 亿，每天提供超过 3000 万次骑行，是全球第一大互联网出行服务，被海内外媒体评价为"新四大发明"之一。

在提高技术、改善用户体验的同时，摩拜科技还分别在 2016 年、2017 年完成了 C 轮、C+轮、D 轮融资，并将产品投向海外，在海外开展专利布局及运营。

第四阶段：前行期（2018 年 4 月至今）

2018 年 4 月 3 日早间，有媒体报道称美团和摩拜已于近日达成收购协议：摩拜将以 37 亿美元的总价出售给美团，包括 27 亿美元的实际作价（12 亿美元现金及 15 亿美元股权）和 10 亿美元的债务。2019 年 1 月 23 日，美团联合创始人、高级副总裁王慧文发布内部信，宣布摩拜已全面接入美团 App，摩拜单车将成为美团 LBS 平台单车事业部。在摩拜、ofo 问世后，哈啰单车、青桔等各类共享单车随之涌现。然而，不仅仅是市场类似产品的涌现让摩拜科技倍感压力，与此同时还有一件件侵权诉讼案压得摩拜科技透不过气。如何维权、是否侵权成了摩拜科技在发展过程中必须要走的路，在这个紧要关头，前期的专利布局、专利撰写的质量便成了救命稻草。

2. 亮点点评

（1）知识产权先行

在当今快速发展的时代，一件新兴事物的兴起，将引来多方的争相效仿。由于我国知识产权行业仍处于发展阶段，很多的法律条文仍不健全，这便导致我国创意抄袭的情况大量存在。酒香不怕巷子深，好产品也一样，用户的痛点需求、

---

❶ 搜狐网. 浅析摩拜单车的发展历程，思考产品的未来 ［EB/OL］.（2016-10-29）［2019-11-04］. http://www.sohu.com/a/117562654_114819.

便捷的用户体验、产品的营销策略、售后服务态度、产品的技术支撑等都决定着企业对竞争对手所构成的威胁。那么，如何能够尽量在创意产生之初，就能尽量地保护好自己的创意不被侵犯，将企业未来可能会面对的损失降到最低呢？摩拜科技给出了我们答案。北京摩拜科技有限公司成立于 2015 年 1 月，仅在半年后，摩拜科技便申请了该公司的第一批专利，共 7 件，包含了自行车车架、自行车管理系统两大块内容，相继地，在摩拜科技 2016 年 4 月上海试运行前，摩拜科技已申请关于自行车车轮、自行车车架、自行车传动装置、自行车车锁、数据处理、数据传输、计时器等专利 40 件。并在产品推广运行后，持续开展专利布局工作。根据国家知识产权运营公共服务平台的检索数据，北京摩拜科技有限公司共申请专利 517 项，其各年份分布如图 4-8 所示。

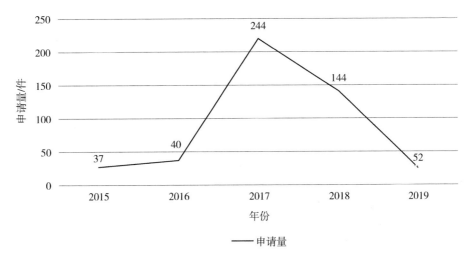

图 4-8 北京摩拜科技有限公司专利申请趋势

可以看到，2015—2017 年，摩拜科技的专利申请情况呈阶梯式上升，尤其在 2017 年达到了顶峰，是 2015 年全年专利申请量的近十倍。而与之形成鲜明对比的就是 ofo 小黄车了，小黄车的创始人戴威早在 2014 年就与 4 名合伙人创立 ofo，提出了"以共享经济+智能硬件，解决最后一公里出行问题"的理念，创立了国内首家以平台共享方式运营校园自行车业务的新型互联网科技公司。然而，优秀的创意并未能让 ofo 一路前行，除了营销策略、产品质量等其他因素以外，导致 ofo 面临此般困境的原因，就是其创始团队知识产权意识不强。经检索，ofo 的国内运营主体东峡大通（北京）管理咨询有限公司截至 2019 年 10 月，其专利申请共计 429 件，其最早一件专利申请于 2016 年 11 月 3 日，知识产权意识不强，导致其创意被复制，错失了进入市场的绝佳时机。而此时的摩拜，已经拥有专利 50 余项。与此同时，哈啰单车、小蓝单车等其他品牌的共享单车相继出现在人们的生活中，它们的出现，无疑给 ofo、摩拜等前辈级的共享单车品牌带来不小的影响。但对于同时面临相同困境的摩拜和小黄车来说，多一件专利申请、多一套合理的专利布局方案，就如同手中多了一件武器，在关键时刻，可以防御外敌的侵害。摩拜科技较为成熟的知识产权意识，为其赢得这场战役的胜利打下了良好的基础。

（2）以点带面，开展初运营

在初步形成专利产品之后，摩拜科技并未将产品大量投放于市场，而是先明确用户群体，制定周全的运营策略，合理选择运营城市，开展产品的试运营。通过一个阶段的试运营体验后，及时根据用户的反馈内容，加强技术改进，为用户提供更为舒适的用户体验，并将"绿色出行作为当下年轻人最炫酷的出行方式"这一观念深入人心，使越来越多的年轻人接受绿色出行，爱上绿色出行。

（3）以专利护产品，以产品强技术，形成一个技术、专利、产品相互促进、相互保护的优化圈

用户群体日益增加，相类似的产品也相继问世，这就要求摩拜科技在产品推广后，不仅要注重市场运营，还要充分做好回馈机制，要根据用户反馈的情况，在核实后，针对主要问题、共性问题加以解决。同时，产品经理还要对产品主动发起优化，开创脑力，将创意持续蓄力到产品上。而企业IPR则需要持续关注技术产品的迭代更新，并做好专利布局，把控专利撰写质量。随时关注竞争对手的专利申请、专利布局情况，一旦出现侵权嫌疑，则在第一时间进行起诉，或通过其他方式保护好自身产品不受侵犯。

（4）承担社会责任，与政府部门合作

共享单车的出现，以及最终挤进中国现代四大发明之一，是有原因的。一件专利形成一个产品，并最终实现产业化，投入市场，这个过程将会面临许多困境。但如果政府能够参与其中，则将会在一定程度上消除共享单车面临的困难。现在空气污染严重，政府部门大力宣传绿色出行，然而，在共享单车出现之前，让全民参与的绿色出行方式更多的是一种口号，出行方式的不便，出行的最后一公里的难题让许多人还是选择开私家车出行。而共享单车的出现，则解决了这一难题。同时，摩拜科技也正是抓住了用户的这个痛点需求，与各地政府加强合作，不仅与政府部门共同向市民推行绿色出行方式，增加用户量，还积极与政府部门合作，以其强大的用户数据为支撑，参与各类项目的研制工作，发布《共享单车与城市发展白皮书》等。

（5）识时务者为俊杰

企业要发展，不仅要靠技术发展，企业管理者还要在关键时刻做出迅速响应，为企业谋求最合理的选择。2018年4月，王兴正式宣布美团全资收购摩拜。在共享单车目前所处的现状和困难面前，好似并购并不是唯一的选择，但摩拜科技却选择了并购，根据业内人士分析，当时摩拜的部分股东，甚至部分创始团队成员，对于被收购的看法与态度存在不同争议，显示出不同人对公司未来发展这个长期

利益的问题已经不在同一条线上了❶。对于摩拜而言，这个时候有人能够去"接棒"，推动这件事往前继续走是一个更好的选择。通过被整体收购，摩拜可以将内部意见不统一的股东和团队清除出去，留下来的统一的方向才能帮助摩拜长期发展。故此，在必要时，做出更加合理、周全的选择，才是企业保证其产品在市场上经久不衰的秘诀之一。

---

❶　虎嗅. 我们应该如何理解美团收购摩拜［EB/OL］.（2018-04-04）［2019-11-04］. https://www.huxiu.com/article/238707.html.

第五章 · CHAPTER 5

专利交易

专利交易，是指将专利以有偿的方式通过货币作为载体，在不同的经济主体间进行转移，实质上是将专利权利视为可以交易的商品，通过对专利进行市场交易获取经济效益。根据交易方式不同，专利交易的主体可以是专利转让人与专利受让人、专利许可人与专利被许可人等多种权利主体。专利交易的客体是专利的使用权或所有权。通常的传统专利交易模式包括专利转让和专利许可两种。

对于生产型企业来说，采用自主研发的方式进行技术创新是最为基本和传统的模式，但是这种方法对于中小企业和初创企业来说略微费时费力，且对于创新成果的应用前景和市场前景难以预估，很有可能投入大量人力、物力、财力及时间而白白打了水漂，甚至面临专利诉讼的风险。随着专利运营模式的丰富，通过专利交易获取创新技术，成为企业的重要策略之一。企业一方面有目的性地充实自身专利资源，即可投入研发进程，将其作为自己保持技术领先优势的资本；另一方面，能够在一定程度上防止诉讼纠纷。

从掌握着专利技术的经济主体角度来说，通过专利交易，能够盘活闲置知识产权让其获得更大价值，提高专利运营及技术转化工作，不但可以助其回收研发成本，且往往能够收获超额利润，对于其资本和研发经费的积累都起到正向作用。因此，可以说，专利交易对于交易双方是一项"双赢"的运营模式。

第一节　专利转让

一、概述

1. 专利转让的含义

根据《专利法》第 10 条第 1 款规定："专利申请权和专利权可以转让。"

专利转让是指专利权属由专利权人进行的转让行为，除非是赠与的形式，专利转让通常是通过商业购买方式进行的。专利转让后，转让人（即原专利权人，卖方）失去了对于该专利的全部权利，受让人（即新权利人，买方）成为受合同法保护的专利权享有者。在专利转让行为中，转让的客体包括专利的申请权和专利权，专利申请权的转让涉及已经提交的专利申请、尚未获得授权的专利，而专利权的转让涉及已经获得授权的专利。

在专利转让行为中，受让人不必进行专利开发投资及承担开发风险，直接获取专利权利，不但充实了企业的专利资源，实现企业研发自由，利用该专利更好地占据市场优势，还能够将其作为商业合作的谈判筹码，抵御专利诉讼。对于转让方来说，通过转让专利可以获取大量资金，收回研发成本，以更好地投入自身其他方面运营中。表 5-1 给出了在专利转让行为中专利权的变化情况、转让人及受让人动机。

表 5-1　专利转让的权属变化及转让动机❶

专利权变化	转让人动机	受让人动机
专利申请权和专利权： ①专利申请权的转让客体：已经提交的专利申请、尚未获得授权的专利； ②专利权的转让客体：已经获得授权的专利	收回研发成本，获取研发利润，积累研发资本	获取专利技术，充实企业专利资源，实现研发自由； 获取合作谈判筹码； 抵御专利诉讼

2. 中国专利转让现状

近十几年来，我国专利转让情况的活跃程度整体呈现上升趋势，以下从专利转让数量、专利转让人、专利转让涉及的专利类型、高校和科研机构专利转出情况列举说明中国专利转让现状❷。

（1）专利转让数量

如图 5-1 和表 5-2 所示，自 2002 年以来，中国专利转让次数不断攀升，专利转让数量整体呈逐年增长的趋势。2007 年专利转让数量急剧增长，转让量为 19504 次，增长率达到 56.81%。2018 年专利转让数量有所下滑，同比减少 4.78%。

---

❶ 商凤敏. 专利交易与专利诉讼相互作用研究［D］. 大连：大连理工大学，2018：21.
❷ 国家知识产权运营公共服务平台. 中国专利运营分析报告：转让、许可、质押［EB/OL］.（2019-07-08）［2019-09-30］. https://baijiahao.baidu.com/s?id=1638479511943511312&wfr=spider&for=pc.

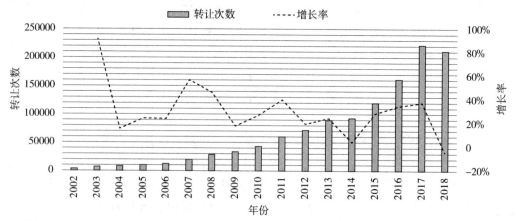

数据来源：国家知识产权运营公共服务平台

图 5-1　专利转让趋势

表 5-2　专利转让情况趋势

年　份	转让次数/次	增长率
2002	3631	
2003	6961	91.71%
2004	8047	15.60%
2005	10024	24.57%
2006	12438	24.08%
2007	19504	56.81%
2008	28540	46.33%
2009	33703	18.09%
2010	42830	27.08%
2011	60003	40.10%
2012	71826	19.70%
2013	89434	24.51%
2014	93051	4.04%
2015	119610	28.54%
2016	161152	34.73%
2017	221765	37.61%
2018	211170	-4.78%

数据来源：国家知识产权运营公共服务平台

（2）专利转让人排名

如图 5-2 所示，全球专利转让次数排名前 10 位的转让人都是企业，有 6 席是国外的企业。由此可见，国外企业在中国的专利转让活动中占据着重要的地位。例如三星集团、松下电器、微软公司等知名企业，专利转让次数都相对较多。其中三星集团位居榜首。

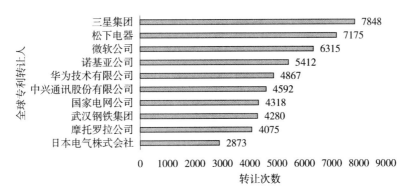

图 5-2　专利转让次数排名前 10 位转让人情况

（3）专利转让涉及的专利类型占比情况

如图 5-3 所示，在专利转让活动中，从专利类型来看，发明专利件数最多，占总数的 45.45%，实用新型专利次之，占总数的 34.97%。外观设计专利和 PCT 专利占比相对较少。

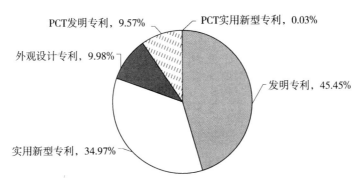

图 5-3　专利转让涉及的专利类型占比情况

（4）高校和科研机构转出专利排名

如图 5-4 所示，对高校和科研机构的专利转出活动进行分析可知，中国电力科学研究院占专利转让人排名的榜首。此外，通过对中国地域分析可以发现，高校和科研机构专利转让活跃地区主要集中在北京和江浙沪地区，贵州由于贵阳铝镁设计研究院的大量转让，居全国第 4 名。

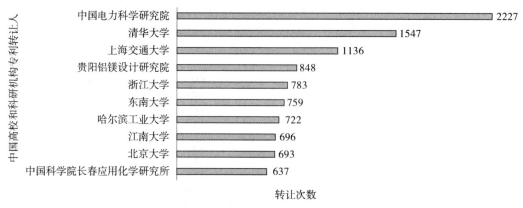

数据来源：国家知识产权运营公共服务平台

图 5-4　高校和科研机构转出专利数量排名前 10 位转让人情况

二、运作模式

1. 专利转让流程

《专利法》第 10 条第 3 款规定："转让专利申请权或者专利权的，当事人应当订立书面合同，并向国务院专利行政部门登记，由国务院专利行政部门予以公告。专利申请权或者专利权的转让自登记之日起生效。"也就是说，按照国家规定的专利转让流程包括"订立合同"以及"办理登记"两步关键程序。但是在实际的专利转让行为中，还需要在前期做好一系列调查研究及文件材料上的准备工作。专利转让流程如图 5-5 所示。

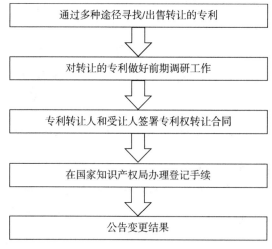

图 5-5　专利转让流程

（1）通过多种途径寻找/出售转让的专利

这是专利转让流程中最基本的一个环节，可以通过多种途径实现，例如可以通过传统的专利交易市场、参加相关的行业展会和高新技术专利成果转化交易会等，也可以委托中介机构，或者通过互联网专利交易或运营平台等方式实现，甚至如果企业自身具有较强的知识产权团队，在寻找专利交易对象时可以自己根据需求进行专利文献检索，锁定具体的目标专利（组合）或专利权人，直接对接相关的企业或个人。具体的专利转让途径可参考本节"2. 专利转让途径"。

（2）对转让的专利做好前期调研工作

受让人在购买专利之前，应对从各类渠道获取的潜在引进专利做好调研工作。调研内容包括法律状态、技术成熟程度、专利与本企业契合度、研发前景分析、经济投入及预期市场收入分析等，另外还需要对即将购买的专利进行基于技术高度和市场行情的价值评估，如果是针对企业并购进行的专利收购，还涉及对企业的尽职调查。引进专利前进行的综合研究，可以避免受让人投入过多成本，也能够避免购买到不利于企业运营战略的低价值专利。具体的前期调研内容可参考本节"3. 适合进行专利转让交易的专利"，其中列举了在专利转让中处于核心位置的专利应当具备的特质。

（3）专利转让人和受让人签署专利权转让合同

这是专利转让流程的关键步骤，专利转让人与受让人之间需要经谈判后对该次转让达成的共识订立《专利权转让合同》，合同一般包括合同名称、发明创造名称、发明创造种类、发明人或者设计人、技术情报和资料清单、专利申请被驳回的责任（针对专利申请权的转让）、专利权被撤销和被宣告无效的处理方式（针对专利权的转让）、价款及其支付方式、违约金或损失赔偿额的计算方法、争议的解决办法等，同时也应以文字内容的形式在合同中明确转让方与受让方双方的利益。对于一件专利存在多个专利权人的情况，专利权的转让需要全体专利权人的签字或盖章。

另外，需要注意的是，在专利转让合同生效前，原专利权人授权他人实施该专利的（如在前与他人签署了专利实施许可合同），在专利转让合同生效后不影响原专利实施许可合同的效力，现专利权人替代原专利权人成为专利许可人，按照约定的权利和义务，继续履行原专利实施许可合同。

（4）在国家知识产权局办理登记手续

当事人应当向国家知识产权局专利局办理专利转让登记相关手续，可以通过电子形式办理、邮寄，或直接送交至国家知识产权局专利局受理处办理。专利转让人和受让人需要提前准备好专利转让需要的相关材料，包括《著录项目变更申报书》（在国家知识产权局官方网站首页进入"表格下载"页面找到"100016 著录项目变更申报书"进入下载）、著录项目变更证明材料以及《专利权转让合同》，将以上材料一并递交给专利局办理著录项目变更手续，并在提出请求之日起一个月内缴纳著录项目变更费。

需要注意的是，采用电子申请的专利，变更时也应该采用电子形式办理，如果是采用离线申请的专利，也应采用离线方式提交变更，两者区别比较大。另外，变更后的联系人，必须能收到信件，因为专利证书及相关通知，都是以挂号信的方式邮寄到这个地址，因此，这个地址应该详细，方便邮局寄送。❶

专利费用可以到国家知识产权局面缴，也可以通过网上缴费、邮局或银行汇款方式进行缴纳。网上缴费：电子申请注册用户可登录 http://cponline.cnipa.gov.cn，并按照相关要求使用网上缴费系统缴纳。邮局或银行汇款方式缴费：按照《著录项目变更申报书》的相关要求进行汇款，注意汇款时应当准确写明申请号、费用名称（或简称）及分项金额（如著录项目变更费 200 元）。

若企业或个人对于办理著录项目变更手续流程不熟悉或者材料准备方面有困难，这一步工作可以委托专业的专利代理机构完成，这样不仅省去了烦琐的流程事务，而且对于转让合同中的具体条款也可以获取较为专业和有利的意见和建议。

（5）公告变更结果

国家知识产权局专利局对提交的材料审查合格后，以发出《变更手续合格通知书》的日期为登记日，也就是专利权转让的生效日。国家知识产权局专利局将在专利公报上对专利著录项目变更予以公告，公众可以通过专利公告或在国家知识产权局专利数据库中查询到相关的变更结果。

2. 专利转让途径

（1）传统交易市场模式

各类经济主体可以自行在技术交易市场、专利技术交易机构或利用中介机构寻找或转让专利技术。近年来，全国各地纷纷建立了地方性的知识产权交易中心，知识产权交易市场没有地域之分，全国各地的企业、高校、科研院所和个人都可以在交易市场进行专利交易，还可以参加相关的行业展会、高新技术专利成果转化交易会、投融资领域洽谈会等。另外，在寻找转让专利时，还可以考虑从拥有大量专利但缺乏市场化运作能力或需求的高校、研究机构、个人发明人手里购买专利。这些方式属于比较传统的以市场贸易为基础的专利交易模式，专利的买方和卖方可以对专利项目有直观的了解。表 5-3 对传统专利技术交易机构或专利成果转化交易会进行了示例说明。

---

❶ 一丰龚先生. 专利转让变更手续办理的 20 个策略，更新版 [EB/OL]. (2018-10-24) [2019-10-27]. ht-tps://mp.weixin.qq.com/s/4rhtl7C3TVlW8Asgqp6R0w.

表 5-3　专利技术交易机构、专利成果转化交易会举例

类　别	名　称	介　绍
知识产权交易机构	中国技术交易所	成立于 2009 年，为技术交易提供价值评估、交易对接、公开竞价、项目孵化、科技金融、政策研究等专业化服务 官网：https://us.ctex.cn/
	天津滨海国际知识产权交易所	2011 年成立，全国首家知识产权交易所，为知识产权提供交易场所、设施、技术支持及相关配套服务
	上海知识产权交易中心	2017 年成立，为知识产权提供交易场所及其配套服务，以及知识产权服务集成功能 官网：http://www.shsipe.com/
专利成果交易会	中国国际高新技术成果交易会	创办于 1999 年，每年在深圳市举办，由多家政府部门、科研单位和深圳市人民政府共同主办 官网：http://www.chtf.com/
	中国国际专利技术与产品交易会	创办于 2002 年，每两年在大连市举办，由国家知识产权局、辽宁省人民政府共同主办 官网：http://www.cipf.cn/
行业展会	世界人工智能大会	创办于 2018 年，每年在上海举办，由国家发展和改革委员会、科技部、工业和信息化部、国家网信办、中国科学院、中国工程院和上海市人民政府共同主办 官网：http://www.worldaic.com.cn/
	世界智能制造大会	创办于 2016 年，每年在南京举办，由工业和信息化部、江苏省人民政府共同主办 官网：http://www.wimsite.org/

（2）知识产权网络交易/运营平台模式

传统的交易市场模式进行专利转让通常是线下撮合最终达成交易，从一对一寻找合作者到最终成交，各个分散的环节可能花费双方大量的时间和精力，且专利具有时间期限，尤其是对于快速迭代技术领域的专利很有可能因为前期时间的浪费导致"技术过时"了。随着"互联网+"与各行业的紧密融合，专利转让也可以在网络平台进行，交易双方可以打破交易时间、空间限制，交易周期短、频率高，降低了交易成本，提高了技术转化的进程❶。

知识产权运营服务平台模式已经成为国家提倡的一种新商业模式。自 2014 年起，

---

❶　杨霄飞. 专利运营商业模式比较研究［D］. 重庆：重庆理工大学，2017：34.

财政部会同国家知识产权局启动了以市场化方式促进知识产权运营服务工作，推动构建"平台+机构+资本+产业"四位一体的知识产权运营服务体系。2016 年 3 月 17 日发布的《中华人民共和国国民经济和社会发展第十三个五年规划纲要》中指出："实施严格的知识产权保护制度，完善有利于激励创新的知识产权归属制度，建设知识产权运营交易和服务平台，建设知识产权强国。"2016 年 12 月 30 日发布的《"十三五"国家知识产权保护和运用规划》中指出："构建知识产权运营公共服务平台体系，建成便民利民的知识产权信息公共服务平台。"国家对知识产权运营平台的重视，使得专利交易有了更加活跃的环境，越来越多的专利线上运营平台也纷纷出现，表 5-4 列举了几种线上专利运营平台。

表 5-4　线上专利运营平台举例

名　称	介　绍
国家知识产权运营公共服务平台（以下简称"国家平台"）	依据"十三五"规划中关于知识产权运营平台建设的要求，国家平台以"数据为基、信用为根、服务为本"为宗旨，围绕企业、高校、科研院所等市场主体及各级政府需求，汇集知识产权大数据释放、运营项目供需展示、IP 服务电商以及创客空间和创意工作室等功能模块，国家平台以数据为基，实现了业务流、信息流、资金流的互联互通，面向重点产业领域提供资源有效对接、信息顺畅交互、服务集中供给的全方位综合性服务 官网：http://www.sipop.cn/
技 E 网	中国技术交易所有限公司于 2014 年年底上线技术交易的互联网平台，旨在为技术交易参与各方提供全流程的市场化支撑服务 官网：https://www.ctex.cn/
知呱呱	一站式知识产权服务平台，依托互联网、大数据、人工智能等技术手段，为用户精准、高效地提供知识产权管理、检索查询、研发导航、预警分析以及知识产权的布局、挖掘、保护到商业化一站式全链条的服务 官网：https://www.zgg.com/
高航网	以"互联网+知识产权运营"模式构建的知识产权运营服务平台，通过线上互联网平台和线下合伙制结合的方式，以一对一经纪人服务模式，为客户提供专业、流程化、标准化的知识产权运营解决方案：专利商标版权免费查询、注册申请、交易运营等便捷服务，以及专业的技术分析、价值评估、市场预测等增值服务 官网：http://www.gaohangip.com/

（3）企业并购中的专利收购模式

企业并购是指企业通过兼并和收购，获取被并购企业的专利资产。企业并购是企业快速扩张的主要方式，目标公司拥有的所有资产将自动转移给买方，专利等其他知识产权也包含其中❶。在企业并购过程中，专利可能是发起并购的重要动因之一，并且成为并购中的谈判重点。不同于直接收购专利，在企业并购中的专利收购过程复杂性更高，需要全面考虑企业的内部环境和现实影响因素❷，要对目标企业进行知识产权尽职调查以及目标企业专利的综合评估。

首先，需要从知识产权资产调查、知识产权保护和有效利用的调查、知识产权相关的法律诉讼调查三个方面来对企业并购过程中目标企业知识产权的调查进行详细分析。其中，知识产权资产调查包括专利、商标、版权作品、工业品外观设计、地理标志等其他形式知识产权的总汇，是企业提升产品价值、提高利润的关键，是人力资本的组成部分，其中受法律保护的无形资产，比如专利、商标具有关键性作用；企业并购过程中进行知识产权保护和有效利用的调查主要是为了确定其权利的时间权限和所属权限，所以要对其有效期限、发明人、风险度、权利所属人等进行详细的调查，确定各项内容是否存在瑕疵，所以主要调查有：①某项专利属于该企业的时间权限长短；②发明人是公司员工还是其他人员；③该权限的技术特征，并将其与市场竞争者进行对比，判断其未来是否存在较大风险；④知识产权相关的法律诉讼调查主要是确定目标公司在知识产权和专利方面是否存在法律诉讼案件，如果不存在，则还要确定是否存在潜在的知识产权诉讼风险，必要时还应进行相关调查❸。

接下来需要对目标企业专利进行综合评估，这在企业并购中的专利收购前是非常重要的步骤，通过评估鉴别具备价值的专利，避免落后技术或无用专利造成并购和后期维护费用的增加，主要从两个方面进行，分别是专利价值法律评估和专利价值技术评估。其中，专利价值法律评估主要对专利的寿命和所处的法律状态来进行评估，其中值得注意的是不同的专利在《专利法》中有不同的期限规定，然而在有效的期限内某项专利的稳定性、侵权的判定等都会影响该专利的寿命；而专利所处的法律状态主要是确定其是否具有瑕疵、申请的成功率高低、专利许可状况好坏以及是否具有潜在的诉讼风险。专利价值技术评估主要是确定该专利的技术质量、成熟度、覆盖的广度与宽度，如果某一专利的技术强度越高，说明该目标企业竞争优势越明显、专利价值越大，如果专利的技术成熟度越高，说明其完整度和可实施度越强，在某一技术领域越能属于顶尖位置。

3. 适合进行专利转让交易的专利

企业在寻找专利进行引进时，需要选择适当的专利。对于大型企业来说，大量的专利积累是"做乘法"，那么对于创新方式灵活但同时专利储备和资金都有限的中小企

---

❶ 商凤敏. 专利交易与专利诉讼相互作用研究［D］. 大连：大连理工大学，2018：39.

❷ GONIADIS I, GONIADIS Y. Patent as a Motivation of Starting a New Entrepreneurial Activity of High Potential［J］. International Journal of Economic Sciences & Applied Research，2010，3（1）：97-108.

❸ 杨会娟. 企业并购中尽职调查及知识产权风险的规避：以专利为视角［J］. 法制博览，2018（10）：216.

业来说，选择适合企业发展的、少而精的专利，利用其撬动市场，可以称为"做指数"❶。那么对企业来说，什么样的专利可以称为适合引进的呢？以下就列举几点在专利转让中处于核心位置的专利应当具备的特质。

（1）专利稳定性强

首先，选择已经授权的专利时，需要选择稳定性强的专利。能够经受得住可专利性质疑，不仅仅要具有能够保护这个技术方案的高质量、高水平的专利申请文件，也需要在严格审查的情况下获得授权的稳定的专利，这样才能够经受得住专利无效宣告请求的考验，这也在一定程度上体现了这件专利的法律价值，是专利在专利运营、专利诉讼等市场化运作手段以最大化实现专利价值的保障❷。

（2）具有高技术含量和创造性价值

企业引进专利的原因之一是自身专利储备量不足，需要依托外部专利充实自身的专利资源以快速投入研发进程，甚至有的企业自身几乎没有专利，完全依靠购买少数几件核心技术专利支撑全部的前期创新工作，而技术含量和创造性价值来自专利技术本身，体现了专利的技术价值。

（3）具有市场价值

专利转让是一种对专利以市场需求为导向的市场化运作，只有满足市场需求的专利进行转让，其在市场中才能实现市场价值，也就是转让的专利应当具有可市场化能力。专利的可市场化能力主要指通过专利的产业化到最终在市场中销售时，被受众的认可度和专利的潜在使用价值转变为现实价值的能力。简而言之，具有市场价值的专利在市场化中具有实现企业盈利的能力。因此，在进行专利转让前，需要对专利的市场价值进行研判，包括市场上是否已经应用该专利，如果没有应用，那么该专利的市场化应用前景如何，等等❸。

具有市场价值的专利包括但不限于：①标准必要专利（Standard Essential Patent，SEP），这类专利表现为其所要求保护的技术方案被某项强制性标准（如 ETSI）所采纳。强制性标准具有市场准入和普遍适用的属性，因此标准必要专利与生俱来就被强制市场化，是市场化程度最高、范围最广且最具有市场价值的专利，这类专利往往是专利交易、专利许可、专利诉讼等专利运营实践中最受青睐的一类资产。②已被产品商用化专利，这类专利体现为其所保护的技术方案被市场化的产品所采纳，即其技术方案被市场化实施。这类专利虽然市场化范围和强度不及标准必要专利，但由于其被市场化的产品所采纳，仍具有一定的市场价值。③具有市场化前景的专利，这类专利既非标准必要专利，又没有被实际商用化，不具有现实的使用价值，但是其将来有可

---

❶ 王宇，孙迪. 高价值专利：激活创新源动力的"上海密码"［N］. 中国知识产权报，2017-06-07（4）.
❷ 徐棣枫，于海东. 专利何以运营：创新、市场和法律［J］. 重庆大学学报（社会科学版），2016（6）：141.
❸ 杨会娟. 企业并购中尽职调查及知识产权风险的规避：以专利为视角［J］. 法制博览，2018（10）：216.

能会被市场选中，从而具有可期待的市场价值。

（4）专利组合

专利组合指具有一定相关性和差异性的若干专利，形成一个比较完整、保护范围更大、竞争优势更强的专利集合体，其整体价值大于单件专利的价值之和，具有一定的规模优势和多样化优势，通过组合专利形成的专利组合体系可以为企业构筑竞争优势。在专利转让中，企业选择引进专利组合，能够增加在其关注的技术领域中形成必要的专利壁垒的可能性；对于拥有专利组合的经济主体来说，专利组合的规模化和多样化可以增加其市场运营资本和商业谈判筹码，容易对潜在的转让对象形成吸引力❶。

（5）具有战略价值

企业在引进专利时，需赋予该专利独特的战略价值，也就是说，引进专利的目的各不相同。通常专利的战略价值包括用于进攻的专利、用于防守的专利以及用于提升影响力或作为谈判筹码的专利。因此，企业在引进专利前，需根据自身实际情况对其战略价值做好规划，将其可能发挥的作用与企业自身发展进行有机融合，以最大化实现其专利价值，助企业创新发展。

三、案例分析

【案例 5-1】小米的专利战略

小米科技有限责任公司（以下简称"小米"）是一家以生产智能手机起家的科技型企业，小米在自身专利储备不够充足以及在国际上屡受专利诉讼之痛的状况下，采取了迅速加大自身专利储备同时大量收购国际专利的战略，弥补专利短板，打开国际市场，是国内企业"走出去"的优秀案例❷。

小米创建于 2010 年，在初创的前几年，专利储备总量尚未形成较大规模，且仅有少部分专利进行了海外布局。2014 年，爱立信指控小米专利因涉嫌侵犯其所拥有的 ARM、EDGE、3G 等 8 项专利，并且要求印度德里高等法院禁止小米在印度销售手机。这一诉讼使得小米面临法院"临时禁令"，无法在印度市场推出非高通处理器的手机。

对企业而言，由于发展时间、发展阶段、规模不同，采取的专利战略也会有所区别，而这也决定了企业发展的命运。面临国际专利诉讼，小米采取了大规模的自身专利积累和外部专利收购扩容的战略。小米从自身角度加大研发力度，及时申请大量专利，建立庞大的专利体系，拿出有竞争力的产品。从小米成立以来到 2018 年的专利申请趋势（见图 5-6）可以看出，小米在近

---

❶ 徐棣枫，于海东. 专利何以运营：创新、市场和法律 [J]. 重庆大学学报（社会科学版），2016（6）：141.

❷ 商凤敏. 专利交易与专利诉讼相互作用研究 [D]. 大连：大连理工大学，2018：18-28.

五年来的专利申请数量有了突飞猛进的增长，尤其在2015年达到了专利申请量的峰值。

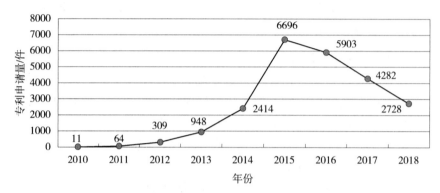

专利申请量/件
8000
7000
6000
5000
4000
3000
2000
1000
0
11
64
309
948
2414
6696
5903
4282
2728
2010
2011
2012
2013
2014
2015
2016
2017
2018
年份

数据来源：国家知识产权运营公共服务平台

图5-6 2010—2018年小米专利申请量趋势

另外，为了进军国际市场，小米大量收购国际专利。2014年12月，小米购入大唐电信的2项美国专利；2015年10月，又购买了美国芯片公司博通公司（Broadcom）关于通信技术的31项美国专利；2016年2月，从英特尔（Intel）收购关于通信技术和半导体芯片技术领域的332件美国专利；2016年5月，从微软收购1500件专利。图5-7给出了小米收购的332件英特尔专利的技术领域分布。

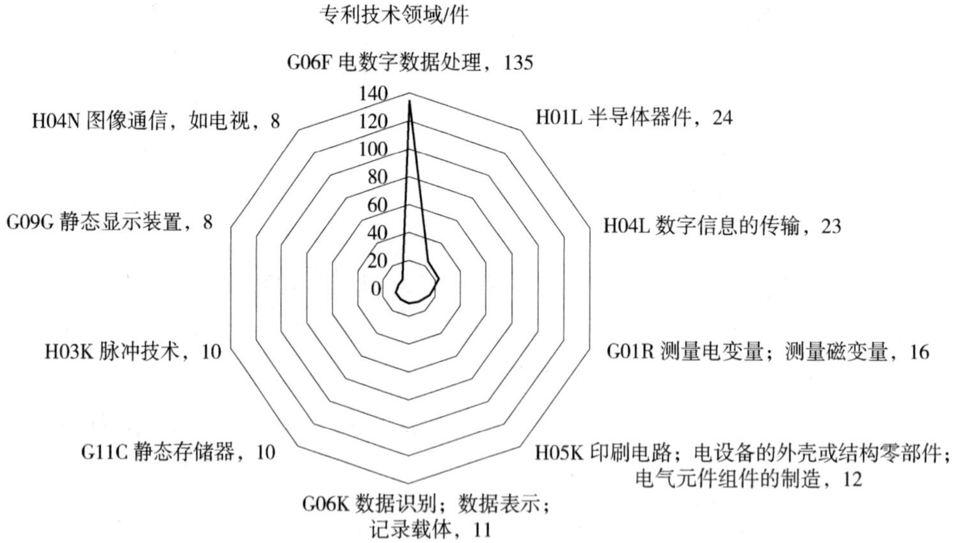

专利技术领域/件
G06F 电数字数据处理，135
H01L 半导体器件，24
H04L 数字信息的传输，23
G01R 测量电变量；测量磁变量，16
H05K 印刷电路；电设备的外壳或结构零部件；电气元件组件的制造，12
G06K 数据识别；数据表示；记录载体，11
G11C 静态存储器，10
H03K 脉冲技术，10
G09G 静态显示装置，8
H04N 图像通信，如电视，8
140
120
100
80
60
40
20
0

数据来源：国家知识产权运营公共服务平台

图5-7 小米收购英特尔专利技术分布

对于生产型企业而言，科技是企业存活和成长的基础保证，企业的科技水平主要体现在其拥有的专利上。初创企业由于成立时间短，专利数量不可能一蹴而就，小米正是意识到了专利上的短板，加上不断出现的海外专利诉讼，才推动其形成了积极的专利战略，最终成就其强大的市场竞争力。因此，小米采取的加大自身专利储备同时大量收购国际专利的战略值得已经或即将"走出去"的企业进行参考。

【案例5-2】滴滴收购导航技术服务商神达集团（MiTAC）多项导航技术专利

滴滴出行是国内主流的互联网约车服务商之一。2016年，继收购优步（中国）之后，滴滴出行与我国台湾电子行业巨头神达集团（MiTAC）达成一笔涉及多个国家和地区的大宗专利包交易。据美国专利经纪机构IP Offerings发布的2015年前三季度美国专利交易价格数据估算，本次专利交易的总价在千万美元水平。滴滴此次巨资进行海外专利收购，不仅能够对其"走出去"的步伐打好坚实基础，还预见性地在国际诉讼频发的移动打车领域提前做好布局防范，是其主动出击对自身筑起坚固堡垒以防专利诉讼的良策。❶

美国专利商标局公布的信息显示，该批专利包括29件美国专利，以及其同族的35件欧洲专利（涉及英、德、法三国）和1件中国台湾专利。相关专利技术分布如图5-8所示，其IPC分类按照小类主要集中在G01C（导航，测量距离）、G06F（电数字数据处理）、G06G（模拟计算机）以及G08G（交通控制系统）等领域。

专利技术领域/件

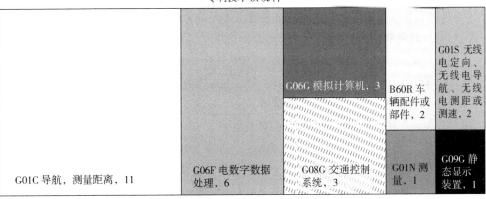

数据来源：国家知识产权运营公共服务平台

图5-8 滴滴收购神达集团专利的专利技术分布

向滴滴转让专利的神达集团是我国台湾最大的电脑集团，在导航技术领域深耕多年，实力雄厚，是世界顶级的导航技术服务商之一。2007年2月，神达集团从美国BNT公司手中收购其著名的GPS企业Navman；2008年12月，神达集团再度对外宣布以9600万美元的价格收购美国商业导航领域元老级企业麦哲伦导航

---

❶ 滴滴被曝斥资千万美元豪购60余件导航技术基础专利［EB/OL］.（2016-11-02）［2019-09-30］. http://www.wotao.com/display.asp?id=3591.

（Magellan Navigation，Inc.）消费类导航产品品牌及其相关资产。这两笔交易曾轰动当时的 GPS 导航领域，也使得神达集团成为世界顶级的导航技术服务商之一。此次与滴滴交易的专利包主要来自此前麦哲伦的收购，且有部分专利是导航领域的基础专利，本次收购能够很大程度地扩充其高质量的专利储备，弥补自身在导航技术领域的短板。

截至与神达集团发生专利收购行为之时，滴滴在成立 4 年来自身专利储备数量在 130 件左右，其中包括一定量的 PCT 国际专利申请，但其专利总量和布局情况仍难以匹配自身的发展势头。因此，可以猜测，滴滴以重金收购导航技术的多国专利，在高质量专利储备方面加速国际化布局的意图十分明显。

另外，近年来国际上移动打车领域出现的专利诉讼越来越多，美国重要的移动打车软件公司如 Uber、Lyft、Sidecar、RideCharge、Hailo、Flywheel 等均曾成为被告。值得关注的是，这些专利诉讼几乎全部由 NPE（非专利实施主体）发起，其中涉案专利也几乎全部来自于专利收购。这表明近年来飞速发展的移动出行行业不仅成为专利诉讼的高发区，而且已经被 NPE 盯上，而领域内处于出让状态的相关专利也很可能成为 NPE 的收购目标，作为其在未来发起诉讼的专利储备。滴滴此次收购神达集团导航技术专利包，可能就是因为关注到了上述情况，这也使得滴滴的此次收购有着浓厚的防御性收购意味。

【案例 5-3】国家知识产权运营公共服务平台专利转让案例

在互联网经济的大趋势下，国家对知识产权运营平台的重视，使专利交易有了更加活跃的环境，创新主体也面临创新发展的更多知识产权新机遇。

依据国家"十三五"规划中关于知识产权运营平台建设的要求，国家平台秉承公共服务与市场运作相结合的建设思路，以"数据为基、信用为根、服务为本"为宗旨，围绕企业、高校院所等市场主体及各级政府需求，立足服务于"大众创业、万众创新"，已搭建并上线运行了汇集知识产权大数据释放、运营项目供需展示、知识产权服务电商以及创客空间和创意工作室等功能模块统一的知识产权运营平台，国家平台以数据为基，实现了业务流、信息流、资金流的互联互通，面向重点产业领域，提供资源有效对接、信息顺畅交互、服务集中供给的全方位综合性服务。通过提供全链条的知识产权运营公共服务，促进知识产权保护运用，包括知识产权转移转化、收购托管、交易流转、质押融资、导航评议等。

2018 年 12 月，哈尔滨工业大学（转让方）委托北京隆源智信知识产权咨询有限责任公司（代理方）在国家平台开展专利运营工作。首批待转让 200 件专利涉及新材料、电池、通信、控制等机器人相关领域，经分级、分包和评估后，该批专利形成三个独立的专利组合包，以专利组合包的形式转让出售。上述专利在国家平台上经过议价、公示等程序，于 2019 年 1 月顺利完成交易，从该项目正式登录平台到最后成交不到 1 个月的时间。

第二节 专利许可

一、概述

1. 专利许可的含义

专利许可，也称"专利实施许可"，指专利权人许可他人在限定的时间、地域内，以一定的方式实施其拥有的专利，在许可实施过程中，被许可人（即专利实施人）通常需要向许可人（通常是专利权人）支付专利使用费用。专利许可与专利转让的区别是，专利许可过程中交易的仅仅是专利的使用权，专利许可的客体涉及已经获得授权且许可限定时间维持有效的专利的使用权，而所有权仍归属于专利权人；而专利转让是专利所有权的转移。

在专利许可行为中，被许可人获得专利技术许可，直接实施该专利技术，还能够将其作为商业合作谈判的筹码。对于专利许可人来说，可以获得许可费用，通过交叉许可还可以获得技术共享资源。表 5-5 给出了在专利许可中专利权的变化情况、许可人动机及被许可人动机。

表 5-5 专利许可的权利变化及许可动机[1]

专利权变化	许可人动机	被许可人动机
专利使用权在限定时间、地域内的转让	获得许可收入，通过交叉许可获得技术共享，面临专利诉讼，商业合作	获取专利技术许可，获取合作谈判的筹码

2. 中国专利许可现状

以下从我国专利许可数量、专利许可数排名、高校和科研机构许可人排名、专利许可地域分析列举说明[2]。

（1）专利许可数量

如图 5-9 和表 5-6 所示，2009—2015 年，中国专利许可次数相对较高，在 2014 年，专利许可数量达到巅峰，专利许可数量将近 2.4 万次。但近两年，专利许可数量出现了明显的下滑，2016 年专利许可次数下降到 7291 次，跌破 10000 次，同比下降 56.79%，创 2009 年以来历史新低。

---

[1] 商凤敏. 专利交易与专利诉讼相互作用研究［D］. 大连：大连理工大学，2018：21.
[2] 国家知识产权运营公共服务平台. 中国专利运营分析报告——转让、许可、质押［EB/OL］.（2019-07-08）［2019-09-30］. https://baijiahao.baidu.com/s?id=1638479511943511312&wfr=spider&for=pc.

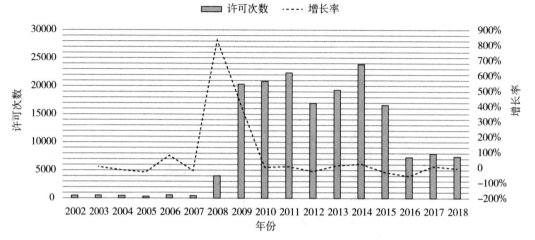

数据来源：国家知识产权运营公共服务平台

图 5-9　专利许可趋势

表 5-6　专利许可情况趋势

年　份	许可次数	增长率
2002	481	
2003	509	5.82%
2004	424	−16.70%
2005	299	−29.48%
2006	535	78.93%
2007	430	−19.63%
2008	4010	832.56%
2009	20340	407.23%
2010	20836	2.44%
2011	22363	7.33%
2012	16924	−24.32%
2013	19307	14.08%
2014	23838	23.47%
2015	16631	−30.23%
2016	7291	−56.16%
2017	7929	8.75%
2018	7424	−6.37

数据来源：国家知识产权运营公共服务平台

（2）专利许可次数排名

在专利许可活动中，我们统计出专利许可次数排名前 10 位的 16 件专利，见表5-7，其中，专利号为 CN95190979.7 的专利，许可次数高达 208 次，居第 1 位。在排名前 10 位的专利中，信息存储、地板行业相关的专利占大多数，许可次数都较高，且在上述专利许可次数排名前 10 位的 16 件专利中，有 7 件来自皇家飞利浦电子有限公司，8 件来自尤尼林管理私营公司。

表 5-7 专利许可次数排名

专利号	专利名称	申请人	许可次数
CN95190979.7	多层信息存储系统	皇家飞利浦电子有限公司	208
CN02123006.4	由硬地板块构成的地板以及制造这种地板块的方法	尤尼林管理私营公司	152
CN200410057586.1	由硬地板块构成的地板以及制造这种地板块的方法	尤尼林管理私营公司	146
CN95190776.X	信号调制方法、信号调制装置、信号解调方法和信号解调装置	索尼公司	135
CN200610090323.X	地板块	尤尼林管理私营公司	129
CN200610090321.0	地板块	尤尼林管理私营公司	128
CN200610090477.9	硬的地板块及地板	尤尼林管理私营公司	128
CN200610099924.7	用于设置地板的地板块	尤尼林管理私营公司	128
CN200610090318.9	用于构成地板的地板块	尤尼林管理私营公司	127
CN95192103.7	多层记录载体和扫描该载体的装置	皇家飞利浦电子有限公司	127
CN02160474.6	记录载体	皇家飞利浦电子有限公司	127
CN200610101665.7	记录载体	皇家飞利浦电子有限公司	126
CN02122058.1	记录载体	皇家飞利浦电子有限公司	122
CN200610090478.3	地板块	尤尼林管理私营公司	122
CN200310102653.2	转换信息字为被调制信号的方法、编码设备、记录载体、译码设备	皇家飞利浦电子有限公司	121
CN95190261.X	记录载体及其阅读装置	皇家飞利浦电子有限公司	121

数据来源：国家知识产权运营公共服务平台

（3）高校和科研机构许可人排名

我国高校和科研机构研发出了大量创新成果，这里对高校和科研机构的专利许可情况进行了统计，如图 5-10 所示，根据对专利许可人情况的分析可以看出，南京邮电大学许可专利数量最多，达到 835 次；其次是南京林业大学、浙江大学，许可次数都在 600 次以上；然后是华南理工大学、江苏大学、江南大学和安徽理工大学，许可次数都在 300 次以上。综合分析，在南京、浙江和广东等地区，高校和科研机构的专利许可活动较为活跃。其中南京邮电大学的专利许可中，绝大多数专利许可给江苏南邮物联网科技园有限公司，后者为南京邮电大学国家大学科技园运营主体，而南京邮电大学国家大学科技园由南京邮电大学与鼓楼区人民政府联合共建；南京林业大学的专利许可给北京华美万橡科技有限公司、安徽瓦尔科电子有限公司、合肥双道润公路工程有限公司等 280 家企业；浙江大学的专利许可给宁波澳普管业科技有限公司、威海威高生命科技有限公司、恒生电子股份有限公司等 349 家企业。

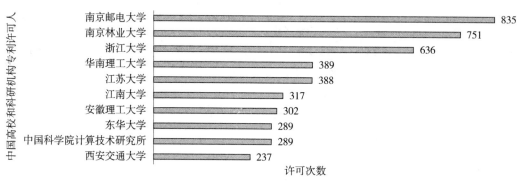

数据来源：国家知识产权运营公共服务平台

图 5-10　高校和科研机构许可人专利许可数量排名前 10 位情况

（4）专利许可地域分析

如图 5-11 所示，对本国专利申请人进行分析发现，广东省有 1.3 万件专利进行了专利许可，位居榜首，其次是浙江省、江苏省、北京市和山东省，这五个地区在国内专利许可均较为活跃。

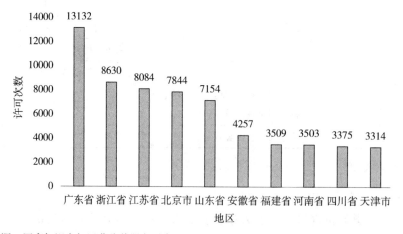

数据来源：国家知识产权运营公共服务平台

图 5-11　专利许可主要来源地区排名前 10 位情况

二、运作模式

1. 专利许可方式

目前的专利许可包括多种方式，根据许可权利的大小和范围等实施条件，专利许可分为普通许可、独占许可、排他许可、交叉许可和分许可等方式。表5-8给出了不同许可方式下的被许可人权利、许可人权利及授权第三方权利[1]。专利许可行为受合同法保护，可以通过在国家知识产权局备案、登记形成更好的法律保障，但专利许可备案在我国法律上并不是必需的，可以通过双方订立专利实施许可合同达成许可协议。

表5-8　专利许可方式及权利

专利许可方式	被许可人权利	许可人权利	授权第三方权利
普通许可	可以使用	可以使用	可授权使用
独占许可	可以使用	不可以使用	不可授权使用
排他许可	可以使用	可以使用	不可授权使用
交叉许可	可以使用双方专利	可以使用双方专利	不可授权使用
分许可	可以使用	不可以使用	可授权使用

（1）普通许可

普通许可是最常见的专利许可方式，指在一定时间和地域范围内，专利权人许可他人按照合同约定的使用方式实施该专利。与此同时，许可人不仅可以自己实施该专利，而且可以再授权第三方实施，也就是说，被许可人可能同时存在若干个。普通许可是许可人授权被许可人权利范围最小的一种许可方式，其许可费用也比独占许可、排他许可的费用低。

由于在一定时间和地域范围内，可能有多个被许可人同时被授权实施该专利技术，且专利许可是不强制备案登记的，所以可能出现在普通许可之后，该专利被转让或被独占许可，这时在后的专利受让人或获取独占许可权的实施人与在先的获得普通许可权的实施人将形成权利的冲突，普通许可的被许可人在同一市场上则需要面对较多的竞争。

（2）独占许可

独占许可指在一定时间和地域范围内，专利权人只许可一个被许可人实施该专利，且许可人自己也不得实施该专利，即被许可人享有该专利的独占性实施权，任何第三方不得授权以同样的方式实施该专利。独占许可授权的权利范围广，其许可费用相比其他许可方式高。

---

[1]　陈璐璐. 专利许可视角下的技术扩散研究［D］. 大连：大连理工大学，2015：13.

2008 年发布的《高新技术企业认定管理办法》（国科发火〔2008〕172 号）中规定，参评高新技术企业的条件之一是，拥有 5 年以上的独占许可的权利，视作当事人拥有自主知识产权，专利实施许可的合同备案将作为该自主知识产权的依据。但 2016 年发布的《高新技术企业认定管理办法》（国科发火〔2016〕32 号）修订了相关内容，独占许可将不作为高新技术企业认定的条件，其原因主要是原管理办法要求的独占许可涉及境外知识产权在中国境内的独占许可协议，目前国家知识产权局不予受理备案登记，主管机关核查困难，在此背景下，新规予以取消。2016 年我国专利实施许可备案数量大幅降低，一定程度上与该年度发布的《高新技术企业认定管理办法》中取消了专利独占许可作为高新技术企业认定条件有关。

（3）排他许可

排他许可又称"独家许可"，指在一定时间和地域范围内，专利权人只许可一个被许可人实施该专利，与独占许可不同的是，排他许可允许许可人自己实施该专利。从权利范围上讲，排他许可是仅次于独占许可的许可方式。与独占许可相比，排他许可的被许可人的竞争优势不如独占被许可人，其与许可人之间可能存在竞争关系❶。

在我国，专利的被许可人除了获得实施专利的权利外，也有相关法律提及了专利许可中涉及的专利权侵权行为。根据《最高人民法院关于对诉前停止侵犯专利权行为适用法律问题的若干规定》，被许可人可以向人民法院提出诉前责令被申请人停止侵犯专利权行为的申请。独占实施许可合同的被许可人可以单独向人民法院提出申请；排他实施许可合同的被许可人在专利权人不申请的情况下，可以提出申请。

（4）交叉许可

交叉许可又称"互换实施许可""互惠许可""相互许可"，指两个或两个以上的专利权人在一定条件下互相许可对方实施自己的专利，双方互为许可人和被许可人。如果双方的专利价值大致相等，那么这样的交叉许可通常是互免许可费用的，如果双方的技术评估价值相差太大，可以约定有一方给予另一方适当的许可费用。

交叉许可行为在电子、通信行业发生较多。电子、通信行业产品更迭迅速，且高新技术产品生产周期短、技术含量高，但是专利技术的研发需要前期大量人力、物力的铺垫，且并不是每一个研发而出的技术都能够投入量产，也不是所有投入量产的专利技术都能够保障盈利。因此，高新技术产业实际面临着商品生产周期短暂与专利研发过程漫长的矛盾。为了分担企业承受的研发风险，部分企业倾向以交叉许可的方式用自己的专利实施权交换取得其他企业的专利实施权，提高企业的产品生产效率，占领市场份额。❷

从竞争角度来讲，交叉许可的优势互补可以为许可人和被许可人带来若干益处，

❶ 徐丽娜. 知识产权许可使用权的效力研究［D］. 湘潭：湘潭大学，2017：5-6.
❷ 张盈. 专利交叉许可的反垄断规制研究［D］. 武汉：武汉工程大学，2018：15.

企业与企业之间并没有必要在竞争中两败俱伤，实行交叉许可能够将相互的技术组合起来并清除相互阻斥地位，营造和谐的良性竞争环境，实现双赢，这不但有利于企业自身发展，也有利于推动科学技术的进步。另外，交叉许可可以通过与其他许可方式结合使用，降低交易成本。但同时由于交易双方的双重身份，需要对合同签订前的专利实施相关规定做好双方同意的规定，以免实施中引发纠纷导致双方意见分歧。

（5）分许可

分许可又称"从属许可"，指被许可人依照与专利权人的合同约定，专利权人允许被许可人在约定的时间和地域范围内再许可第三方实施该专利。未经专利权人事先同意，被许可人无权与任何第三方订立分许可合同❶，也就是说，需要许可方同意在合同上明确规定被许可方在约定的时间和地域范围内实施该专利的同时，被许可方可以以自己的名义，再许可第三方使用该专利。

2. 专利许可备案流程

在我国，专利许可备案流程以国家知识产权局专利局或者专利代办处对专利实施许可合同进行审查式的备案登记为主，之后对专利实施许可合同引起的权利变更加以登记备案，并对外公示。虽然我国不强制要求专利实施许可合同备案，但备案是对专利许可交易进行更强的法律保障。首先，进行备案具有对抗善意第三人的效用，具备证据效力；其次，经备案的专利实施许可合同的种类、期限、许可使用费计算方法或者数额等，可以作为管理专利工作的部门对侵权赔偿数额进行调解的参照❷。专利许可备案流程如图 5-12 所示。

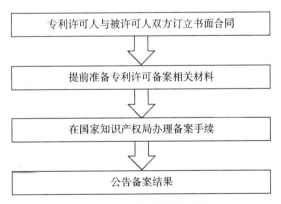

图 5-12 专利许可备案流程

（1）专利许可人与被许可人双方订立书面合同

专利实施许可合同的意义在于签订了合同就有了法律依靠。在履行合同期间，双

---

❶ 陈璐璐. 专利许可视角下的技术扩散研究［D］. 大连：大连理工大学，2015：14.

❷ 国家知识产权局. 许可备案和质押登记咨询培训［EB/OL］.（2016-03-08）［2019-09-30］. http://www.sipo.gov.cn/zhfwpt/zlsclcggfw/zlzydjyxkba/xxzl/1068134.htm.

方的书面承诺，有法可依，有据可循，使交易双方都能规范承诺和履行合作。申请备案的专利实施许可合同应当以书面形式订立，专利实施许可合同可以使用国家知识产权局统一制定的合同范本（在国家知识产权局官方网站首页进入"表格下载"页面，找到"与专利实施许可合同项目"标签页面，单击"专利实施许可合同文本"进入下载）；采用其他合同文本的，应当符合《中华人民共和国合同法》的规定。

专利实施许可合同中需要明确许可人和被许可人的姓名或名称、地址，以及进行许可的专利权项数以及每项专利权的名称、专利号、申请日、授权公告日，同时需要约定被许可人向许可人支付的专利实施费用及交付方式、专利许可的方式与范围、技术资料的交付、专利权被撤销和被宣告无效的处理等。

需要注意的是，专利实施许可合同的生效日不一定是合同的签订日，以合同中明确约定的生效日为准。当事人应当自专利实施许可合同生效之日起3个月内办理备案手续。备案并不影响合同效力，备案只是国家对专利许可行为的一种管理方式。

（2）提前准备专利许可备案相关材料

申请专利实施许可合同备案的，应当提前准备好以下文件：①许可人或者其委托的专利代理机构签字或者盖章的专利实施许可合同备案申请表（在国家知识产权局官方网站首页进入"表格下载"页面，找到"与专利实施许可合同项目"标签页面，单击"专利实施许可合同备案申请表"进入下载）；②专利实施许可合同原件或经公证机构公证的复印件；③许可人、被许可人的身份证明（个人需提交身份证复印件，企业需提交加盖公章的营业执照复印件、组织机构代码证复印件，事业单位需提交加盖公章的事业单位法人证书复印件、组织机构代码证复印件）；④许可人、被许可人共同委托代理人办理相关手续的委托书；⑤代理人身份证复印件；⑥其他需要提供的材料（如以上文件是外文文本的，应当附中文译本一份，以中文译本为准）等。

（3）在国家知识产权局办理备案手续

国家知识产权局免费为当事人办理专利实施许可合同备案手续。当事人可以通过邮寄、直接送交至国家知识产权局专利局或者专利局代办处办理专利实施许可合同备案相关手续，也可以委托依法设立的专利代理机构办理。依照国家知识产权局颁发的《专利实施许可合同备案办法》，我国专利实施许可合同备案过程中，审查的主要内容包括专利许可资格、专利有效性、手续文件形式三方面❶。

第一，专利许可资格审查。审查的内容包括：许可方是否是当前专利权人；审查专利权人是否有权进行许可，许可是否受到限制，与已经存在的许可实施权是否存在冲突的情形；专利权人与其他共有权人的约定，按照《专利法》第15条的规定，实施专利独占许可或排他许可，需要得到其他共有人的同意；是否属于分许可合同，对于分许可合同，尤其需要关注专利权人对分许可权人的授权。

---

❶ 杨玲. 专利实施许可备案效力研究［J］. 知识产权，2016（11）：78-79.

第二，专利有效性审查。专利实施许可合同中的专利应当处于有效状态。实践中常见的情形是，专利技术因未按期缴纳年费导致专利权进入年费滞纳期，或被宣告专利权无效，或超过保护期限而失效。对以上情形，专利局将做出不予备案的决定，并指明缺陷。

第三，手续文件形式审查。在满足前述两方面实质性要求之后，专利实施许可合同备案还要依照《专利实施许可合同备案办法》的要求进行手续文件形式上的审查，主要包括手续文件齐全、签章审查等。此外，合同约定事项应当满足《专利实施许可合同备案办法》第9条的最低要求。

通过以上三方面的审查，备案部门实现了对专利许可活动法律行为合法性的初步审核，维护了当事双方的基本利益以及专利技术许可交易的基本公平。

（4）公告备案结果

专利实施许可备案申请经审查合格的，国家知识产权局在收到符合规定的备案材料之日起7个工作日内发出备案证明。国家知识产权局向当事人出具《专利实施许可合同备案证明》，专利实施许可合同备案的有关内容由国家知识产权局在专利登记簿上记载，并在专利公报上公告以下内容：许可人、被许可人、主分类号、专利号、申请日、授权公告日、实施许可的种类和期限、备案日期。

三、案例分析

【案例5-4】尤尼林集团的专利许可战略

在前文介绍我国专利许可活动中，我们统计出专利许可次数排名前10位的16件专利，其中有8件来自尤尼林管理私营公司，均为地板行业相关的专利。据了解，尤尼林管理私营公司原是比利时一家木业公司，被美国莫霍克（Mohawk）公司收购后现更名为尤尼林集团。通过对尤尼林集团专利许可数据的分析，我们发现尤尼林集团在中国一共发生了4000多次专利许可，在专利许可企业排行中占据首位。为此，我们对其在中国进行活跃的专利许可战略进行研究，挖掘企业成功背后的原因和方法，希望可以为中国企业提供一定的参考。❶

2007年1月，美国国际贸易委员会（ITC）对全球38家木地板企业的"337调查"做出仲裁，裁定这些企业在美国销售的地板侵犯了尤尼林集团、爱尔兰地板工业公司和美国尤尼林北卡罗来纳地板公司（后两者是尤尼林集团的关联公司）的地板锁扣专利，其中有18家中国木地板企业涉案。随后，尤尼林集团开始通过签署《专利实施许可合同》的方式，向中国地板生产出口企业收取不菲的费用。2007年开始，中国3000多家地板企业，尤尼林集团已经许可了200多家，2017年地板总销量4亿平方米；专利许可费用约1.196亿美元/年；专利费用占到

---

❶ 国家知识产权运营公共服务平台. 尤尼林集团的专利许可案例分析研究报告［EB/OL］.（2016-03-08）［2019-09-30］. https://mp.weixin.qq.com/s/OnQB3XR-n-X_4OgVPUX7jw.

了企业总成本的 10%~15%，几乎半数的企业利润都为他人"做了嫁衣"。

尤尼林集团在全球申请了 1000 多件专利。如图 5-13 所示，从申请国家和地区来看，申请量最多的是美国（294 件），第 2 位是欧洲专利局（164 件），第 3 位是世界知识产权组织（71 件），第 4 位是中国（67 件）。可见北美、欧洲和中国是其专利布局的重点。

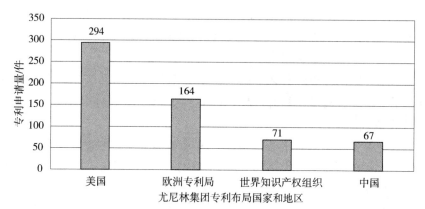

数据来源：国家知识产权运营公共服务平台

图 5-13　尤尼林集团专利全球分布图

尤尼林集团在中国一共许可了 200 多家企业，针对这 200 多家企业进行分析，我们发现中国的地板企业在保护知识产权的意识萌芽较晚，从 1999 年起，这些企业才开始逐步申请专利。图 5-14 给出了近 20 年来在中国进行布局的地板领域专利中，分别来自中国企业的专利数量和尤尼林集团的专利数量。

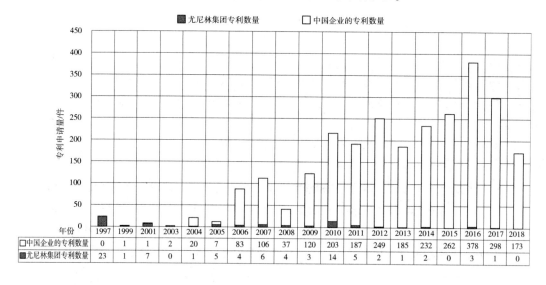

年份	1997	1999	2001	2003	2004	2005	2006	2007	2008	2009	2010	2011	2012	2013	2014	2015	2016	2017	2018
□中国企业的专利数量	0	1	1	2	20	7	83	106	37	120	203	187	249	185	232	262	378	298	173
■尤尼林集团专利数量	23	1	7	0	1	5	4	6	4	3	14	5	2	1	2	0	3	1	0

数据来源：国家知识产权运营公共服务平台

图 5-14　中国企业和尤尼林集团专利申请趋势对比情况

目前，被许可的 200 多家企业中有 100 多家企业都是拥有专利的，且专利数量高达 2500 多件，发明专利有 800 多件，仅有一件专利进行了 PCT 申请，可见中国地板企业在技术上有一定的潜力，但是在专利海外布局方面还是意识不足。

尤尼林在中国一共申请了 82 件专利，其中有 62 件专利发生了专利许可，许可率高达 75.6%，专利许可次数累计达到 4482 次。图 5-15 列举了尤尼林集团在中国的专利申请中许可次数排名前 10 位的专利，可以看到许可次数最多的专利 CN02123006.4，专利名称为"由硬地板块构成的地板以及制造这种地板块的方法"，目前许可次数高达 154 次，此外，许可次数达到 100 次以上的有 13 件专利。

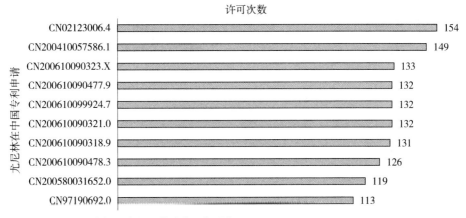

数据来源：国家知识产权运营公共服务平台

图 5-15　尤尼林集团在中国的专利许可次数排行榜

经过进一步分析，专利 CN02123006.4 许可给了中国 140 多家企业，该专利于 2017 年 7 月 25 日专利权终止，但是在 2017 年 6 月 23 日尤尼林集团还将该专利分别许可给了三家中国企业。同样，专利 CN200410057586.1、CN200610090323.X 等也是在专利权仅剩 1 个月期限时，还在进行专利许可，由此可见，尤尼林集团将该专利的价值发挥到了极致。

通过尤尼林集团的专利许可案例可以看出，虽然中国地板企业拥有了一定的技术积累，但在海外市场进行专利布局的意识淡薄，对企业产品的出口不利，且海外应诉方面经验不足，缺乏应诉机制，因此，不得不"被动"采用签署专利实施许可合同的方式实施尤尼林集团的地板专利。中国企业应当借鉴国内外在专利运营方面做得较好的企业，重点培育高价值专利，把专利部署到主要竞争对手的产品链中，加强海外专利布局和专利运营。

【案例 5-5】浙江大学的专利许可

高校是我国科技研发的重要阵地，而专利许可是高校实现专利转化运用的重要方式。目前，我国高校专利转化运用活跃度并不十分理想。我们将通过浙江大学专利许可的情况分析高校的专利运营方向，希望为我国高校和科研机构提供参考。

浙江大学的专利许可数量在全国高校中名列前茅，636 件专利许可给了 349 家企业。许可专利涉及的领域覆盖了物联网、机器人、新材料等前沿领域。表 5-9 列举了与浙江大学进行专利许可行为最为活跃的 10 个对象，图 5-16 给出了浙江大学专利许可的主要技术领域。

表 5-9　浙江大学专利许可对象

被许可人	专利数量/件
宁波澳普管业科技有限公司	18
威海威高生命科技有限公司	17
恒生电子股份有限公司	13
杭州浙大三色仪器有限公司	11
杭州南江机器人股份有限公司	10
浙江国自机器人技术有限公司	10
上海利正卫星应用技术有限公司	8
浙江双元科技开发有限公司	7
永康威力科技股份有限公司	6
浙江大学建筑设计研究院有限公司	6

数据来源：国家知识产权运营公共服务平台

专利技术领域/件

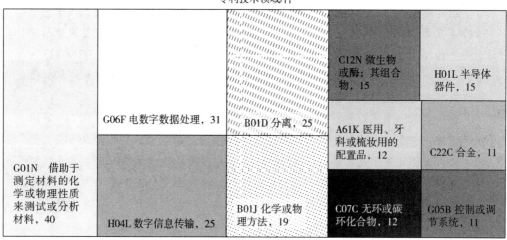

数据来源：国家知识产权运营公共服务平台

图 5-16　浙江大学专利许可主要技术领域

对浙江大学进行专利许可交易的专利进行具体分析，浙江大学校长、吴朝晖院士，带领计算机科学与技术学院的尹建伟、吴健、李莹、邓水光等研发团队致力于物联网及云计算研究，吴朝晖院士团队的 42 件专利许可给了恒生电子股份有限公司、银江股份有限公司等在内的 8 家企业。2001 年，在吴朝晖任浙江大学软件与网络学院副院长时，以吴朝晖为首的平台软件研究团队，联合恒生电子、信雅达等浙江省多家龙头软件企业，通过将日常使用的各种软件中具有同样功能的代码进行整合，研制出了钱塘软件平台。如今，该项目已应用于电子商务、金融证券、电信服务、公共服务等七大行业，成为我国现代服务业应用软件建设中的重要可选平台，取得了显著经济效益。❶

浙江大学医学部的李兰娟院士团队的 18 件关于人工肝脏相关技术的专利许可给了威海威高生命科技有限公司和浙江同创越诚健康科技有限公司，其中威海威高生命科技有限公司实施李兰娟团队的专利技术，成功制成"李氏人工肝支持系统"，该系统用于医院急性、亚急性重型肝炎治疗，病死率由 88.1% 降至 21.8%，慢性重型肝炎病死率由 84.6% 降至 56.6%，开辟了重型肝炎肝衰竭治疗新途径，并获 2015 年国家科学技术进步奖一等奖。❷

市场化的运作，浇灌了浙江大学的技术转化之花。目前，我国高校研发出了大量创新成果，浙江大学的专利技术转化运用的经验值得学习和借鉴。

---

❶ 吴朝晖：新任浙大校长，百分百浙大制造 [EB/OL].（2015-03-26）[2019-09-30]. http://news.cnnb.com.cn/system/2015/03/26/008287964.shtml.

❷ 专利许可：期待从"花开数枝"到"春色满园" [EB/OL].（2017-11-23）[2019-09-30]. http://www.sohu.com/a/206248126_100019625.

第六章 ·
CHAPTER 6

专利经营

第一节 专利标准化

一、专利标准化概述

1. 标准的概念及其种类

标准（Standard）是指为在一定的范围内获得最佳秩序，经协商一致制定并由公认机构批准，共同使用的和重复使用的一种规范性文件。而技术标准（Technical standards）则是指一种或一系列具有一定强制性要求或指导性功能，内容含有细节性技术要求和有关技术方案的文件。本质上是一种统一的技术规范，其目的是协调统一某领域的特定技术事项。技术标准能够保证特定技术领域内的主体重复性使用该技术，从而保障该技术所生产的产品或服务能够兼容、通用和互换，有利于增进效率，消除国际贸易障碍，减少消费者的适应成本，避免浪费社会资源。由此可知，标准背后代表的是公众利益。通过标准化，促进技术成果转化，提升产品和服务质量，从而促进社会创新发展。

根据标准制定主体和程序的不同，标准可以分为法定标准和事实标准：法定标准是指由政府标准化或政府授权的标准化组织制定的标准；事实标准是指没有官方或准官方标准设定机构批准的情况下，企业自身通过市场进程成功地使业界接受某种技术而形成的标准。❶ 根据标准适用范围的不同，标准可以分为国际标准、国家标准、行业标准、团体标准和企业标准，其中企业标准又可分为企业自行制定的标准和企业联盟制定的标准。根据标准效力的强行性的区别，标准分为强制性标准和推荐性标准。以上分类方法从不同角度对标准进行了分类，一项标准可能同时从属于不同分类，比如

---

❶ 张平，马晓. 标准化与知识产权战略 [M]. 北京：知识产权出版社，2005：24.

既有强制性国家标准，也有推荐性国家标准。❶

2. 专利与标准的异同

通过前文所述的设立标准所欲实现之社会公益，可以知道标准需要具有公益性、基础性和可发展性等特征。与之形成对比，专利权重要的特征在于其独占性、排他性和创新性。专利权赋予发明人一定期限内的独占权，独占性使得企业通过将技术转化为专利从而获得市场核心竞争力。专利还具有排他性，企业可以通过及时地将自主创新成果申请专利，占据市场，获得垄断性利益。此外，标准是一定领域内已有技术的总结和提炼，具有基础性，而为实现专利权促进社会科学技术进步的目的，专利所体现的技术必须具有创新性。

专利的私益性与标准的公益性表面上似乎背道而驰，但究其根本，从技术层面，标准可以通过引导市场来指引技术研发方向，专利技术的进步也可以带动标准的发展；从市场层面，二者都是企业占据市场、获得市场核心竞争力的手段。所以，探索技术标准与知识产权的有效协同之路，是产业转型升级发展中不容回避的问题。

3. 专利标准化的作用

随着国家知识产权保护力度和企业保护意识的增强，各类技术呈现专利泛化趋势，专利标准化活动应运而生。在各类技术被普遍专利化后，有关产品或技术制定标准时难以避免地将某些专利所包含的技术纳入其范畴，专利标准化就是指某些专利中的技术被标准所采纳，成为标准的一部分。其实质是技术标准化和技术专利化结合的产物。

从社会的角度而言，促进专利标准化，一方面有利于标准维持其自身活力，保持较高技术水平，促进产业整体发展；另一方面有利于技术所生产产品的兼容互通，增进社会效率，避免资源浪费。从企业的角度而言，一项核心技术如果能被标准所吸纳，企业就此搭上标准的"便车"，借助标准的实施进行专利许可，获得经济利益。虽然专利标准化有利于企业占领市场，但对企业而言并非有百利而无一害。如前所述，标准分为法定标准和事实标准，一旦专利被纳入法定标准之中，专利必须按"公平、合理、无歧视"（Fair Reasonable and Non-Discriminatory，FRAND）原则进行许可，而这种许可费率有可能远低于普通专利，❷ 从而对企业造成经济利益的减损。是搭乘标准专利便车，还是选择作为普通专利许可运营，最终仍需要权衡企业自身实际情况，结合专利经营策略进行综合考量。

二、专利标准化运作模式

在发达国家和我国像华为、中兴等高技术公司中，早已形成了"技术专利化—专

❶ 参见《中华人民共和国标准化法》。
❷ 田金涛，孙琨. 浅谈专利标准化及其策略［J］. 中国发明与专利，2015（5）：64.

利标准化—标准许可化"的专利标准化战略思想。通过梳理企业内部开展专利标准化的方式，根据路径导向的不同，本书总结出两种企业专利标准化运作的模式：技术导向模式和市场导向模式。从企业外部来看，为完成专利标准化，可以采取技术联盟或专利联盟模式。

1. 技术导向模式

技术导向模式是指以企业具有市场前景的优势技术为导向开展专利标准化的模式。如图 6-1 所示，首先企业需从自身出发，了解本企业具有市场前景的优势技术并加大其研发力度，形成核心技术，进而获取核心专利。然后通过各种市场化策略促进专利产品销售，获取市场份额。最后通过市场反馈改进技术研发路径，并在循环递进中不断强化这一路径，最终达到占据领先市场份额的目的，促进自身专利技术逐步形成本行业领域的事实标准。在形成事实标准后，企业仍可以通过专利许可、产品经营进一步扩大市场份额，并积极参与本行业领域的新标准创设，争取将核心专利技术纳入法定标准范畴。继而通过法定标准的推行实施，扩大技术应用，形成市场规模，实现产业兴起。

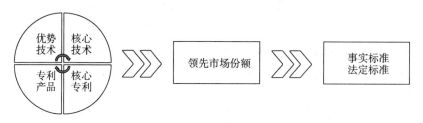

图 6-1　技术导向模式

不难看出，此种专利标准化路径对企业的技术研发能力和市场经营能力均有较高要求，需要将企业技术研发策略、知识产权管理运营策略和市场化经营策略有机统一起来，最终实现占领市场、促进发展的目的。

2. 市场导向模式

市场导向模式是指以现有市场发展需求为导向的专利标准化路径。如图 6-2 所示，市场导向模式需要企业从现有标准出发，通过充分调研市场、技术发展情况和现行标准实施现状，对专利技术进行对比分析，从而准确把握现有标准升级、延伸的技术方向，率先在未来标准升级和延伸的技术方向上进行专利挖掘与布局，积极把握参与标准竞争时机，将前期挖掘和布局的专利技术纳入标准更新范畴。

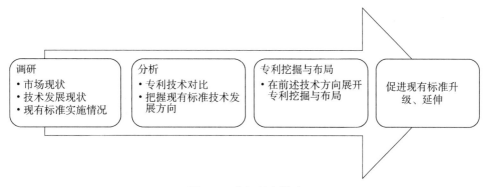

图 6-2　市场导向模式

与技术导向模式不同，此专利标准化路径虽然对企业市场化策略要求降低，但需要通过调研和专利分析以准确把握未来趋势，并提前开展专利挖掘与布局，实际上对企业的知识产权运营管理策略提出了更高的要求。

需要说明的是，以上两种专利标准化路径并无孰优孰劣之分，企业需考虑自身实际情况和定位，采取适合本企业发展的专利标准化之路。比如对于市场先发企业而言，由于已经掌握一定市场份额和重要专利技术，可以按照技术导向的专利标准化路径推进；对于市场后发企业而言，在缺乏市场优势的情况下，可以通过市场导向的专利标准化模式，预先开展专利挖掘和布局，为后续标准更新竞争之战做好铺垫。

3. 联盟模式

前述两种模式是对企业内部进行专利标准化运作模式的划分，但实际上一项标准的形成，往往需要由制定机构牵头，联合多家企业进行研究，纳入标准的技术还需要获得同行认可，所以标准化的过程不可能是孤军奋战的过程。除前述两种从企业内部探索专利标准化的路径模式外，就外部而言，企业专利标准化路径可以采用如图 6-3 所示的联盟模式，沿袭联合研发、联合制定到联合推广发展之路。

图 6-3　联盟模式

具体而言，在开始的研发阶段，企业就可能需要获得高校、科研院所研发力量的支持，开展产学研协同合作；在标准制定阶段，企业需要与其他企业共同研究标准制定细节，其技术水平还需要获得同行企业支持和认可；在联合推广发展阶段，企业还可以充分利用联盟的力量，促进改进标准技术、助推标准实施和发展。综上，组建技术联盟或者专利联盟，是企业借助外部资源进行专利标准化的有效途径。

三、案例分析

1. 标准的威力

【案例6-1】被小小"安全锁"锁住的打火机市场

2002年4月30日，在欧盟标准化委员会主持的表决中打火机CR法规终被通过，并决定于2005年执行。由此，温州打火机出口到欧盟的路口亮起了"红灯"。这也是中国加入世贸组织（WTO）后，第一次在国际贸易方面遭遇来自WTO成员方的技术壁垒。

CR法规，实质上是一种技术法规，其核心内容包括两点：其一，全面禁止玩具型打火机进入欧洲市场；其二，出口价格在2欧元以下的打火机必须安装防止儿童开启的"安全锁"，否则不允许进入欧洲市场。这一规定表面看似与专利相距甚远，但实质上"安装防止儿童开启的'安全锁'"是功能要求的体现，实现该功能就必须使用到有关"安全锁"装置的专利技术。

据悉，当时欧洲市面上80%的打火机来自于我国温州市。温州年生产金属打火机近5亿只，其中80%以上出口国外市场，占国际金属打火机市场份额的70%。打火机甚至成为当地经济的支柱产业，也带动了相应的配套辅助加工工业、零配件专业制造企业的发展。[1] 而温州打火机产业竞争优势恰恰在于其廉价劳动力和成熟生产工艺带来的低成本——其产品出口价格基本都在2欧元以下。虽然CR法规中所要求的配备打火机儿童"安全锁"工艺并不复杂，但相关技术已经被国外企业抢先申请了专利。如果温州打火机想要继续在欧洲市场上售卖，就不得不向专利权人支付专利许可费。许可费的发生直接导致温州打火机生产成本大幅提升，从而丧失价格优势。由此，CR法规中一把儿童"安全锁"把温州打火机锁在了欧洲市场门外。

本案例中，饱受争议的CR法规是否有违WTO公平和非歧视原则，本书暂且不论。值得我们注意的是，CR法规并不是温州打火机企业第一次遭遇来自国外标准的阻击。早在1994年，美国曾出台一项内容与CR法规如出一辙的法规。该法规规定2美元以下打火机由于使用普遍、容易被孩子玩耍必须加装保险锁。这一法规的出台及实施，使温州打火机8年来在美国市场节节败退。8年时间过去了，历史又在欧洲市场重演。CR法规通过后，国内组成的涉外交涉团队前往欧洲进行了漫长而又艰辛的交涉，但结果收效甚微。

与本案类似的还有"2007年美国ATSC标准成为中国彩色电视进入美国市场的绊脚石"的案例。2006年美国联邦通信委员会发布，在2007年3月后美国国内销售的所有电视机都必须是数字电视，而且都必须符合ATSC（先进电视制式

---

[1] 欧盟抛出CR法规 [EB/OL]. [2019-10-15]. http://business.sohu.com/84/61/article200556184.shtml.

委员会）标准的技术规范。该标准背后隐藏着大量专利，这意味着当时我国出口美国的数字电视面临缴纳巨额专利费的困境。有分析表明，如果按照 ATSC 对韩国（电视）的收费标准计算，当时中国彩电企业因专利授权，每年将不得不支出大约 10 亿美元的费用。

通过这些案例我们不难看出，一项看似无足轻重的微小专利，一旦其专利技术成为行业领域内的标准，那么将对产业产生举足轻重的影响。这些相似案例也时刻警醒着企业，如果不重视专利标准化工作，未来极有可能面临受制于人的局面。反之，如果能利用好专利标准化这一经营策略，将会产生巨大的市场价值。在遭遇技术壁垒时，企业可以考虑通过前文所述的两种运作模式，加大技术创新，调整产品结构，力争将自身专利标准化，突破技术壁垒，转逆为顺，不再重蹈覆辙。

2. 企业的专利标准化之路

【案例 6-2】技术导向模式——中兴通讯从标准的"跟跑者"到"领跑者"

世界知识产权组织（WIPO）公布的 2018 年通过 PCT（专利合作条约）提交的国际专利申请统计排名中，中兴通讯以 2080 件 PCT 国际专利申请量排名全球第五，这是中兴通讯连续第九年 PCT 国际专利申请量位居全球前五。截至 2018 年 12 月 31 日，中兴通讯已申请过的全球专利资产累计超过 7.3 万件，其中，全球授权专利累计超过 3.5 万件。❶ 中兴通讯向 3GPP 等组织提交 5G NR/NexGenCore 国际标准提案 7000 余篇，5G 专利申请超 3000 件，向 ETSI（欧洲电信标准化协会）披露首批 3GPP 5G SEP（标准必要专利）超过 1200 族。❷

中兴通讯可谓将"技术专利化、专利标准化、标准许可化"的战略思想贯彻到底。在通信领域，中兴通讯拥有雄厚的研发实力和市场领导者地位，在已经掌握本领域内核心技术的基础上，其专利标准化之路正是选择的前文所述的技术导向模式。

● 产品未动，专利先行

作为一家领军型高科技企业，专利战略在中兴通讯的整体发展战略中占有举足轻重的地位。中兴通讯从初期研发开始，就力争进行详尽严谨的知识产权分析，坚持技术研发与专利保护相结合，践行专利导航技术开发、专利护航产品销售的产业发展之路。

● 从标准"跟跑者"向"领跑者"转化

当市场份额和专利布局已经达到行业领先水平后，中兴通讯的专利运营战略

---

❶❷ 中兴通讯 2018 年 PCT 国际专利申请 2080 件　申请量连续九年居全球前五［EB/OL］．［2019-10-16］．http://stock.xinhua08.com/a/20190325/1806166.shtml.

并未止步于此，除了在技术研发、专利布局和产品销售投入大量精力外，中兴通讯积极地探索专利与标准协同发展之路，积极参与行业领域内国际标准、国家标准和行业标准的研究与制定。作为中国通信标准化协会的全权会员，中兴通讯牵头、参与起草的标准有 350 多项，加入了 ITU、3GPP、CDG、OMA、OIF、RPRA 等 30 多个国际标准化组织。❶

对国内许多企业而言，发展过程中难免遇到这样的问题：本行业领域内大多数标准由国外知名企业提出，它们的技术成熟、市场领先，在劣势的竞争环境下，如果不能攻克其标准技术所构筑的壁垒，发展道路上难免掣肘。此外，科学技术发展日新月异，标准受其公益性所限，总是稍滞后于现阶段技术水平，促进专利标准化有利于产业协同发展。中兴通讯的经验告诉我们，国内企业想要"走出去"，需要积累一定销售规模和专利储备，以应对海外复杂的知识产权环境。在建立好销售基础和专利基础之后，应积极参与国际标准组织活动，争取获得在国际市场的发声机会，获得国际竞争力。

【案例 6-3】 内部市场导向，外部技术联盟——浙大中控技术股份有限公司与 EPA 技术标准❷

浙大中控技术股份有限公司（以下简称"浙大中控"）是中控科技集团的核心成员企业，致力于工厂自动化领域的现场总线与控制系统的研究开发、生产制造、市场营销及工程服务。浙大中控创建于 20 世纪 90 年代初，经过近 30 年的发展，浙大中控就从一家校办小工厂成长为如今的国家级高科技企业。从打破国外垄断、填补国内空白到成长为领先的自动化供应商，浙大中控走过了不平凡的征程。浙大中控牵头制定了中国第一个工业化领域国际标准——EPA（Ethernet for Plant Automation）。

EPA 是由浙大中控公司牵头制定，正式被国际电工委员会（International Electro Technical Commission，IEC）批准的国际标准，也是我国第一个拥有自主知识产权的现场总线国际标准。在 2000 年以前，传统现场总线领域的核心技术被国外跨国公司所垄断。为打破技术壁垒，浙大中控开始研究新一代的总线技术和标准，率先提出 EPA 概念。最终，EPA 标准于 2005 年正式被 IEC 接纳为国际标准。EPA 技术标准不仅实现了我国在自动化控制领域国际标准零的突破，也改变了我国在现场总线领域跟踪研究和在技术上受制于人的状况。EPA 标准确立了浙大中控在国内自动控制领域的领军地位。从专利到标准，浙大中控为我国科技型企业在专利技术标准化方面做出了榜样。浙大中控可以说采取的正是内部以市场为导

---

❶ 从"跟跑者"到"领跑者"中兴通讯专利战略透视 [EB/OL]. [2019-10-16]. https://tech.huanqiu.com/article/9CaKrnJEU0p.

❷ 杨幽红，陈凯. 企业知识产权与技术标准化结合案例研究 [J]. 中国标准化，2014 (1)：62-64.

向、外部组建技术联盟相结合的专利标准化路径。

- 技术创新，曲线救国

在 EPA 相关技术发展前，传统现场总线领域的核心技术被 PROFIBUS 总线等国外跨国公司垄断。作为后发企业，中国企业在本领域只能在前人基础上，跟随原有的技术路线进行研发，无法突破国外企业在技术和专利方面的壁垒。为掌握现场总线领域发展的主动权，在深入现有技术和专利研究分析后，浙大中控公司决心绕开传统现场总线技术，开辟新一代总线技术和专利的挖掘与布局——EPA。

- 技术专利化、技术标准化同步推进

浙大中控在新技术研发过程中，十分重视专利布局。在技术攻关时期共申请 20 多项发明专利，在 EPA 技术标准成为国家标准和国际标准后又取得了 12 项发明专利。至此，EPA 的系列标准中融合了浙大中控及其合作者的 30 多项专利。❶自此，工业自动化国际标准一直被欧美发达国家垄断的局面被打破，浙大中控走上了主导国家和国际标准制定的道路。

- 联合发展

除了内部贯彻企业专利标准化之路外，浙大中控还积极联合外部力量，为 EPA 标准工作的推进提供强大支持。在前期研发阶段，依托浙江大学的科研实力，浙大中控联合浙江大学对新技术路线进行研发；后来，浙大中控还先后与中国科学院沈阳自动化研究所、清华大学、重庆邮电大学、大连理工大学等著名科研院所和高等院校开展基础研究合作。在标准化阶段，EPA 标准工作组成员，除了浙大中控和许多高校科研院所外，还有仪器仪表、自动化系统和网络设备制造等领域的其他企业，EPA 标准的制定离不开所有成员的精诚合作。在获得国际标准和国家标准之后，浙大中控并未浅尝辄止，积极通过联盟的方式进一步提升标准质量并扩大标准的影响力和应用范围。浙大中控联合行业内其他领军企业，开发和改进相关技术，进一步将原来标准的应用范围从单纯的流程工业领域，拓展到数控机床、机器人等更为广阔的工业制造加工领域。

浙大中控将企业知识产权与标准结合协同发展的案例，对目前在海外市场受到国外企业专利技术限制的国内企业有重大借鉴意义。其一，在遇到技术壁垒时，敢于创新。受发展进程影响，与发达国家相比，我国不论是专利制度还是技术发展均起步较晚，在国际竞争中往往容易受到前人用专利或标准构建起来的技术壁垒制约。在陷入发展困境时，企业可以借鉴浙大中控经验，大胆创新，开辟新的技术领域，成为开拓者而不是跟随者。但开疆拓土并不是盲目的，应当以市场需求为导向，在详尽的技术和专利分析的指导下进行。其二，重视专利布局。技术领先是产业发展的基石，专利布局则是产业发展的"保护罩"。只有将核心技术在目标市场国家申请专利，才能构筑真正的产业堡垒。其三，

---

❶ 杨幽红，陈凯. 企业知识产权与技术标准化结合案例研究［J］. 中国标准化，2014（1）：63.

促进专利标准化。在获取领先技术之后，通过自身或者联盟的努力，逐步促使专利技术被行业标准、国家标准甚至是国际标准所吸纳，构建起我国产业整体的国际竞争力。其四，组建技术联盟。本案例中技术联盟对浙大中控从研发、标准化到标准后续发展的全流程都给予了莫大的支持和帮助。在竞争日益激烈的大环境下，企业不能成为孤岛，只有不断与外界沟通合作，构建一张网，才能获得良好发展。

四、小结

科技企业圈中常流传一句话："三流企业搞技术；二流企业搞专利；一流企业搞标准。"诚然，专利标准化是企业扩大专利许可实施范围、获得垄断性市场利益的有效途径。具有行业优势技术和市场领先地位的企业可以选择技术导向的专利标准化模式；尚未形成市场优势，但技术创新能力强的企业可以考虑市场导向的专利标准化路径；技术联盟更能够为企业的专利标准化之路添砖加瓦。但需要注意的是，专利标准化并非企业专利经营的不二法门，企业首先应该做好专利标准化可行性及利益平衡的研判，结合企业发展战略和定位，制定适合自身发展的专利经营战略。

第二节　专利诉讼

一、专利诉讼的概念和种类

专利诉讼是指有关专利纠纷的诉讼。关于专利诉讼的理解有狭义和广义的区分，狭义的专利诉讼仅指对专利机关有关专利权的决定不服，而向法院提起的行政诉讼，不包括专利侵权纠纷和专利权的合同纠纷所引起的诉讼；广义的专利诉讼指所有关于专利权争议的诉讼。本书所探讨的专利诉讼主要为专利侵权诉讼以及专利权有关合同纠纷引起的民事诉讼，因为此类专利相关的民事诉讼正是企业主体常常采取的专利经营策略之一。

二、专利诉讼的策略及技巧

随着专利与市场竞争的关联度日益提升，专利诉讼从企业保障权利的最后一道防线逐渐发展成企业常态专利经营策略。一方面，企业可以通过积极地向他人发起专利侵权诉讼维护自身权益，阻止潜在竞争者进入市场，保持市场竞争力。同时，随着我国专利侵权赔偿额度逐步提升，高额的侵权赔偿额还可以给竞争对手以打击，获取经济利益。另一方面，企业在面对竞争对手发起的专利诉讼时，也可以灵活准备应诉策略，以化解危机，走出困境。比如提起主张专利无效抗辩，打破对手先发优势，突破市场壁垒，进军新领域。

1. 专利诉讼发起策略

目前，想要在激烈的市场竞争中赢得胜利，企业之间的竞争层次逐渐从技术战、产品战扩大到专利战。发起专利诉讼是各大企业在市场竞争过程中的有力武器。如图6-4所示，根据企业采取专利诉讼的目的和作用不同，可以将专利诉讼分为以下五种类型。

打击对手型
通过发起专利诉讼，达到稀释竞争的目的

保障权利型
通过发起专利诉讼，保障合法权益

攫取利润型
通过发起专利诉讼，实现盈利

专利诉讼

促进沟通型
通过发起专利诉讼，促进沟通谈判

广告宣传型
通过发起专利诉讼，扩大知名度

图 6-4 专利诉讼发起策略

（1）打击对手型诉讼

专利权是法律赋予权利人的一种排他性权利。为获取垄断性利益，巩固市场地位，现有市场主体会主动向竞争对手或潜在竞争者提起专利侵权诉讼，以达到稀释竞争的目的。一方面通过专利诉讼打击潜在竞争对手的进入信心，提高市场准入门槛；另一方面可以使得竞争对手疲于应诉，扰乱其发展布局，主动掌握企业发展时机。如果诉讼成功，还可能达到贬损对手商业信誉，甚至驱逐竞争对手，加强市场控制力的目的。采取此种专利诉讼策略的一般是具有一定市场地位的主体。

（2）保障权利型诉讼

虽然我国知识产权保护制度不断进步，不断提出加大知识产权保护力度，构建"严保护、大保护、快保护、同保护"的知识产权保护格局，但与知识产权制度完善的发达国家相比，社会知识产权保护意识还有待提高，专利侵权现象仍屡见不鲜。企业为保护自身合法权益，诉讼是其打击专利侵权现象的有效方式。同时，此类诉讼如果获得成功，可以对市场上的其他侵权者产生震慑效应和连锁反应，起到"杀一儆百"的效果。

（3）促进沟通型诉讼

促进沟通型专利诉讼发起的目的不在于获得侵权赔偿或击败竞争对手，而是出于达成专利许可的目的，与对方建立长期合作关系。在正常商业合作谈判失败后，企业可以通过发起专利诉讼迫使对方再次坐在谈判桌上，就专利许可甚至交叉许可等事宜进行谈判。这一诉讼策略常常发生在市场地位较高的龙头企业，互相都需要使用对方专利技术的情境中。

（4）广告宣传型诉讼

为迅速打开市场，扩大知名度，部分知名度较低的企业会选择对相关市场的著名企业发起专利诉讼。在国内外知识产权保护话题热度居高不下的环境下，具有一定影响力的企业一旦陷入知识产权纠纷，会引来媒体争相报道和社会广泛关注。此时，对于知名企业，陷入知识产权纠纷可能会引起商誉贬损，而对于知名度较低的企业而言，可以趁势加大宣传力度，提高社会知名度。这时的专利诉讼成为节约企业广告成本的宣传策略。不过需要说明的是，广告宣传型专利诉讼是把双刃剑，企业通过此举获得的知名度不一定全是正面评价，有时还会被冠以"碰瓷""炒作"的恶名，所以企业应当根据实际情况审慎选择。

（5）攫取利润型诉讼

在国外专利运营市场上，有一类企业购买大量专利，但并不将专利技术投入生产，而是四处起诉生产企业以索取高额侵权赔偿或专利许可费获得盈利。这一类企业通过发起专利诉讼，榨取远远高于其专利价值的利润，被生产企业深恶痛绝，常被称作"专利蟑螂""专利流氓"（Patent Troll）等。本书将在本章"第三节　非专利实施主体（NPE）"对其定义及商业模式进行详细介绍，本节不再赘述。

2. 专利诉讼防御策略

在国内外知识产权保护问题都受到热切关注的大环境下，无论是国内市场的企业，还是走向海外市场的企业，随时随地都有被发起专利诉讼的可能。在掌握主动发起专利诉讼策略后，企业也应当灵活掌握专利诉讼应诉策略，化解危机。

首先，企业应当做好专利预警分析。在企业开展重大战略决策时，应当预先了解其知识产权风险，通过专利检索分析等方法做好专利预警工作，尽可能避免专利诉讼风险。

其次，积极应诉，寻求合作。在企业被诉专利侵权时，应当充分了解对方起诉目的，积极应诉，在海外市场更是如此。如果对方发起专利诉讼是为了促进双方谈判，在诉讼过程中，企业可以主动与专利权人沟通，争取达成相关专利的授权许可获得和解双赢局面。如果没有谈判空间或者谈判破裂，企业则应当积极举证，争取赢得诉讼。

再次，企业应当熟悉专利诉讼的法律程序，"走出去"的企业也应对目标海外市场的专利法律制度有所了解，注重知识产权风险防范，从容面对专利诉讼。比如，在收到专利权人专利诉讼警告但还未进入侵权诉讼程序阶段时，可以分析对方专利是否有法律状态瑕疵，主动发起专利确权诉讼以明确专利实然状态。在我国，遭遇专利侵权诉讼，还可以考虑请求专利复审委员会宣告专利无效。一方面，专利如果被宣告无效，那么专利侵权诉讼将成为无源之水。此外，即使专利无效宣告未获得成功，也可以迫使专利权人在无效程序中对其专利进行解释修改，为后续诉讼过程中使用"禁止反悔原则"抗辩进行铺垫。❶ 在答辩期内请求宣告专利无效的，还可能触发中止诉讼，以获得更充足的时间进行应诉准备。进入侵权诉讼实质审理阶段后，企业应当对诉争专利认真检索分析，积极主张诉讼时效、现有技术、权利穷竭和禁止反悔原则等抗辩事由。

最后，寻求专业法律团队的帮助。国内大型企业有可能具备专业资深的知识产权法律事务团队以应对专利诉讼，但对于多如繁星的中小型企业而言，可能并未设置专门应对知识产权诉讼的法律事务部门，如果遇到专利诉讼，应当及时寻求专业律师团队的帮助，避免因为自身应对知识产权诉讼经验的欠缺而引发败诉的风险。

3. 专利诉讼技巧

（1）诉讼时机

诉讼时机的选择对于企业发动打击对手型专利诉讼至关重要。向竞争对手发起专利诉讼，可以起到打乱其阵脚、贬损其商誉的效果。如果选择恰当的时机发起进攻，还可能有事半功倍的效果。比如在对手试图开拓业务领域、进军新市场时，专利诉讼可以起到阻碍其发展、提高市场准入的作用；在对手收购或上市等扩大版图的关键时期发起专利诉讼，可以降低被诉企业社会评价，拖延其商业发展进程，为企业下一阶段竞争布局赢得时间。何时诉讼要根据企业需求、竞争局势合理选择。

（2）诉讼地点

律师圈流行着这样一句话，"打官司首先打管辖"，这足以说明诉讼地点选择的重要性。根据我国最高人民法院关于审理专利纠纷的规定，专利侵权诉讼由侵权行为地或者被告住所地人民法院管辖。❷ 企业如果选择被告住所地人民法院进行起诉，案件审理可能会受到地方保护主义干扰。现实生活中，大量专利侵权案件都选择在侵权行为地进行起诉，因为随着互联网等新一代技术的发展，使用专利技术产品的流通领域不断扩大，使得侵权行为地的选择可能十分广泛，可以减少地域因素对案件审判的干扰。

（3）诉讼对象

随着信息时代的到来，互联网渗透到日常生活，网络世界成为知识产权侵权现象屡禁不止的高发地带。同时，网络专利侵权还具有隐蔽性高、取证难和再次侵权可能性大等特征。在纷繁复杂的网络环境中，不可能将所有侵权者全部告上法庭，那么如何选取专利诉讼对象就成为企业保障合法权益必须考虑的问题。选择大型企业进行诉

---

❶ 邢素军. 刍议企业专利诉讼策略［J］. 合作经济与科技，2013（476）：127.
❷ 《最高人民法院关于审理专利纠纷案件适用法律问题的若干规定》第5条："因侵犯专利权行为提起的诉讼，由侵权行为地或者被告住所地人民法院管辖。侵权行为地包括：被诉侵犯发明、实用新型专利权的产品的制造、使用、许诺销售、销售、进口等行为的实施地；专利方法使用行为的实施地，依照该专利方法直接获得的产品的使用、许诺销售、销售、进口等行为的实施地；外观设计专利产品的制造、许诺销售、销售、进口等行为的实施地；假冒他人专利的行为实施地。上述侵权行为的侵权结果发生地。"

讼，可以引发社会关注，成功维权后能起到"杀一儆百"的效果。但大公司法律制度完善、法律诉讼应对经验丰富，企业可能存在无法与其抗衡的风险。选择小型企业进行诉讼，诉讼成功率较高，但往往容易陷入"打地鼠"困境，不能有效遏制侵权行为，无法对市场其他侵权者起到震慑作用。在诉讼对象的选择上，也需要企业注重策略，多方权衡。

（4）诉争专利

对竞争对手核心技术领域发起专利诉讼，一旦成功的确能够给予对手沉重打击，改变竞争局面。但核心技术领域向来是"兵家必争之地"，各竞争方在该领域都会有周全的专利布局以规避知识产权风险。所以有时可能选择不起眼的微小专利起诉也能够有意外收获。此外，在我国，与发明专利相比，实用新型和外观设计专利在许多诉讼程序上更为便捷，如果想"短平快"地挫败对手，可以考虑选择从实用新型或外观设计入手。所以，在诉争专利的选择上，企业应当进行详尽的专利信息分析，根据诉讼目的，从取证难易度、诉讼程序繁简度、专利稳定性等多方面进行综合考量。

三、案例分析

【案例6-4】市场竞争攻防之战——公牛集团IPO关键之际遭遇专利诉讼伏击

2019年3月，江苏通领科技有限公司（以下简称"通领科技"）一纸诉状将国内插座行业知名企业公牛集团股份有限公司（以下简称"公牛集团"）告上法庭，称公牛集团侵犯其两项专利权，索赔近10亿元。而就在2018年10月证监会刚刚披露了公牛集团提交的IPO招股书申报稿。

● 通领科技——成功"走出去"的民营企业，专利诉讼经验丰富

本案被告公牛集团是插头行业巨头，为公众所熟知。但原告通领科技实力也不容小觑。通领科技早期业务面向海外市场。目前公司拥有已授权的美国发明专利21项，加拿大发明专利4项，国内专利86项。其核心技术专利荣获"中国专利优秀奖"。[1] 在2004年，通领科技刚刚走出国门进军美国市场时，就遭遇了美国莱伏顿等多家竞争对手的伏击。三个月的时间内，莱伏顿等公司在美国各州联邦法院对通领科技发起了多场专利诉讼。直到2006年，通领科技在新墨西哥州联邦法院获得胜诉。随后，莱伏顿的同行美国帕西&西姆公司随后以侵犯专利权为由，向美国国际贸易委员会（United States International Trade Commission，ITC）提交337调查请求。不久后，ITC做出调查终裁决定，下达了海关有限排除令。但通领科技并未被此举吓退，而是在联邦巡回上诉法院（The United States Court of Appeals for the Federal Circuit，CAFC）对ITC提起上诉，要求撤销ITC判决，历时一年后，CAFC做出判决，撤销ITC 337调查指控通领科技侵权的裁决，解除其海

---

[1] 江苏通领科技有限公司官网［EB/OL］.［2019-10-31］. http://www.gpgtec.com/zh/aboutdetail.aspx?id=1.

关有限排除令。至此,一家中国民营企业不仅战胜了海外竞争对手的阻击,还经受住了美国政府机构的"刁难"。

● 专利标准化红利

本案例中,两项诉争专利涉及通领科技安全门的相关技术。根据国家标准化管理委员会发布的 2015 年修订的标准,安全门作为强制标准于 2017 年正式实施。插线板和转换器插孔必须设置安全门,否则不能获得 3C 认证,不准上市销售。而通领科技早在 2010 年就申请了安全门相关专利。正因相关标准将通领科技专利纳入范畴,通领科技认为如果没有使用其相关专利,公牛集团产品根本无法上市销售,所以据此向公牛集团提出近 10 亿元的巨额索赔。

● 公牛集团积极应对,取得阶段性胜利

在通领科技起诉之后,公牛集团聘请专业法律团队积极应对。2019 年 1 月,公牛集团就涉及的两项专利向国家知识产权局提出了专利无效宣告申请,国家知识产权局分别在 2019 年 4 月 23 日和 5 月 24 日对上述两项专利的无效宣告申请案进行了审理。根据南京市中级人民法院 2019 年 7 月做出的裁定来看,本案以国家知识产权局已宣告两项诉争专利无效,通领科技撤诉暂告一段落。❶ 虽然目前公牛集团取得了阶段性的胜利,但这并不意味着案件终结,通领科技仍然有可能对国家知识产权局做出的无效宣告提起行政诉讼。

这一家掌握行业技术、专利诉讼经验丰富的企业选择在公牛集团 IPO 上市之际将其告上法庭。这一诉讼时机的选择很难说不是通领科技有意阻碍竞争对手上市进程的专利诉讼策略。通过发起专利诉讼对竞争对手造成阻碍,为自身发展赢得布局时间。虽然目前通领科技撤销了起诉,但如果其继续坚持走完行政诉讼程序,以寻求专利有效,再继续展开专利侵权诉讼,根据过去同类的诉讼经验,走完相关程序做出明确的判决,恐怕要等待 2 年以上的时间。❷

通过本案例我们可以发现,专利诉讼是市场竞争的一把利剑,企业在适当的时机运用得当,能够达到出其不意的效果,为自己争取竞争优势。同时,专利经营战略并不是只有某种单一策略,而应当是根据企业实际情况,全面布局企业发展战略。在本案中,如果通领科技没有前期的专利标准化基础和海外诉讼背景,可能无法在关键时刻做出发起专利诉讼的竞争决策。从防御角度而言,企业应当注重专利侵权风险防范,提前做好专利侵权风险预警,可以避免陷入许多不必要的困境。如果公牛集团在上市前夕,进行全面专利检索,注重专利侵权风险预警工作,或许有希望在 IPO 的重要时机避免这一争诉。但企业应明白专利风险预警并不能帮助企业规避一切风险,专利诉讼随时有可能发生。本案中丧失先机的公

---

❶ 江苏省南京市中级人民法院:民事裁定书(2018)苏 01 民初 3441 号。

❷ 公牛集团 IPO 敏感时刻撞上专利官司"插座一哥"被诉遭索赔 10 亿 [EB/OL].[2019-10-31]. http://finance.ifeng.com/c/7lM1XWEkY64.

牛集团通过积极应对，及时采取专利无效宣告请求策略，成功为自己扳回一城。当专利诉讼实际发生时，企业应当及时、认真应对，尽可能减少诉讼的不利影响，实现企业利益最大化。

【案例6-5】专利诉讼促进商业谈判——苹果诉爱立信❶

2015年国际手机品牌爱立信与苹果爆发专利大战。当时苹果向加州北部地方法院提交诉状，指控爱立信在4G技术专利上收取了过高的专利费，成为首家就LTE专利问题向爱立信发起诉讼的手机公司。随后，爱立信反诉苹果侵权，申请禁售令。最终在2015年年底，爱立信对外称已与苹果达成和解，双方签订了全球范围内的专利授权协议，协议包含了涵盖两家公司标准必要专利和其他专利的交叉授权，同时双方终止针对对方的全部专利侵权诉讼。

在此次历经专利起诉、反诉又和解的专利大战中，两家公司争议的焦点在于LTE这一标准必要专利（Standard Essential Patent，SEP）许可费的收取标准。苹果认为爱立信以整机价格来收取专利使用费的模式不正确，并认为应该以基于整合LTE技术的零部件的价值为基准来计算。爱立信则坚持其遵守"公平、合理、无歧视"（Fair Reasonable and Non-Discriminatory，FRAND）原则向苹果报价，苹果在双方合同到期后迟迟不愿签订新合同，在无专利授权的情况下继续使用爱立信专利技术，构成专利侵权。

实际上，爱立信与苹果在专利大战前，双方进行了长达两年的谈判，但并未能就相关SEP专利许可费问题达成一致。苹果此番发起诉讼实际目的在于逼迫爱立信再次走向谈判桌，与其就专利许可费问题进行新一轮谈判。最终，爱立信与苹果双方达成和解，并就两家公司SEP和其他专利的交叉许可等内容签订了长达7年的合作协议。爱立信方面还表示，双方未来会在多个技术领域开展合作，包括统筹研发5G技术、优化现有无线网络技术等。就此苹果与爱立信长达一年的专利大战落下帷幕。

在本案中，苹果使用的专利诉讼策略正是发起促进沟通型专利诉讼。此种专利策略常常发生在行业市场地位相当的企业间未来合作不可避免的情况下。在正常的商业谈判破裂后，苹果不愿退步支付高额的许可费，因此一纸诉状将爱立信以收费标准不合理为由告上法庭，促使双方就许可费收取标准继续谈判，并以专利诉讼为威胁增加其谈判筹码。最终两家当时无线通信领域的巨头达成庭外和解，并且表示未来将在多领域、长时间开展合作。这一结果让我们明白商场没有永远的敌人，专利诉讼虽然使得涉诉双方站在尖锐的对立面，但其也可以作为促进谈判的手段。一方面可以开启新一轮谈判；另一方面也为谈判增加新的筹码。

其实当时，爱立信与我国小米公司也发生了专利纠纷。爱立信一直希望通过

---

❶ 佚名. 苹果爱立信打专利战 警示中国公司 [J]. 中国对外贸易，2015（2）：77.

专利诉讼与小米展开对话，但小米始终拒绝。在双方达成协议前爱立信都没有放弃诉讼。如今，在世界各行各业不断释放威力的背景下，我国企业在海外市场时常受到竞争者的重点关注。我国企业对此种国际竞争中时常采取的专利诉讼策略，应当详细了解并熟练掌握，争取掌握竞争主动地位。

【案例 6-6】侵权还是炒作？——康巴赫与苏泊尔"蜂窝不粘锅"之争[1]

2019 年 10 月，德国锅具品牌康巴赫（KBH）（以下简称"康巴赫"）起诉浙江苏泊尔股份有限公司（以下简称"苏泊尔"）侵犯其"蜂窝不粘锅"专利技术。目前案件正在受理阶段。[2]

本来这件诉讼只是芸芸专利侵权案件中不起眼的一件。但康巴赫在起诉后，首先购买羊城晚报大幅版面刊登一封"感谢信"，写道："苏白尔，感谢你，要不是你的模仿，无人知晓蜂窝不粘锅原创发明者是我。"此举引来各界广泛关注并猜测，信中"苏白尔"是否代指中国最大、全球第二的炊具研发制造商——苏泊尔？随后，10 月 23 日康巴赫举行了一场主题为"巨额索赔 百亿损失 见证原创"的新闻发布会，向苏泊尔提出巨额索赔，并要求其立即停止侵权行为。更为戏剧性的是，在发布会开场之前，康巴赫收到苏泊尔申请诉前行为保全的民事裁定书，要求康巴赫立即停止可能影响苏泊尔公司商誉的不当宣传行为。[3]

在本案例中，康巴赫在专利诉讼后，不仅购买报纸版面发表"感谢信"预热，还召开标题"吸睛"的新闻发布会公布相关法律文书，并广泛接受媒体采访。这一系列行为不难看出康巴赫希望通过此次专利诉讼扩大其知名度并减损竞争对手商誉的目的。至于苏泊尔后续是否反诉不正当竞争或名誉侵权、案件结果如何尚未可知。不过，康巴赫利用大家耳熟能详的"蜂窝不粘锅"对行业龙头苏泊尔发起专利进攻，已达到其迅速进入公众眼帘的目的。但其实广告宣传型专利诉讼副作用开始显现。目前，已经开始有媒体用"碰瓷""炒作"等词对康巴赫进行评论。[4] 随着案件进程的推进，关于康巴赫社会舆论也将沸起。企业如何使用专利诉讼这把双刃剑，还需周全考虑，审慎而行。

四、小结

目前，我国不断加大知识产权保护力度，提高专利侵权案件的判赔额度，建立知

---

[1] 康巴赫诉苏泊尔专利已正式立案 维权大战正式开启［EB/OL］.［2019-10-31］. http://baijiahao.baidu.com/s?id=164864 7812219214367&wfr=spider&for=pc.

[2] 浙江省杭州市中级人民法院：案件受理通知书（2019）浙 01 民初 3842 号。

[3] 浙江省杭州市中级人民法院：民事裁定书（2019）浙 01 行保 3 号。

[4] 苏泊尔遭遇康巴赫碰瓷？专利维权不应成企业炒作工具！［EB/OL］.［2019-10-31］. https://mp.weixin.qq.com/s/tm2z59mFsqv_1aBnms8Ixw.

识产权惩罚性赔偿制度，均对企业拿起法律武器维护自身合法权益起到鼓舞作用。随着知识产权保护意识的不断增强，中国企业传统"厌诉"观念已经被摒弃，逐步发展成为能够正视诉讼、勇于利用专利诉讼打击侵权的现代观念。但达到将专利诉讼融合进企业专利经营战略的目的，还需要企业借鉴前人案例，结合实际情况，灵活运用专利诉讼进攻和防御策略，在实践中不断学习，积累经验。

第三节　非专利实施主体（NPE）

一、NPE 概念

NPE 是 Non-Practicing Entities 的缩写，对应的中文翻译是"非专利实施主体"。美国联邦贸易委员会在 2003 年发布的《促进创新：竞争与专利法律政策的适度平衡》报告中首次提出"NPE"概念，● 其实质就是拥有专利权的主体本身并不实施专利技术，即不将技术转化为用于生产流通的产品。

1. 专利产业化与专利商业化

对于 PE（Practicing Entities，专利实施主体）而言，其研发或购买专利的目的在于保护技术，将专利产业化，获得垄断性利益。NPE 研发或购买专利的目的不在于将专利产业化，而在于将专利通过诉讼、融资、拍卖等手段商业化、市场化，从而获取商业利益。实际上，随着专利布局、经营等理念的进步，现在 PE 也在实施一些非专利产业化实施的运营行为。比如现在 PE 除了在其产业技术领域申请专利之外，也会根据企业发展竞争战略申请或购买一些防御型专利或攻击型专利；也会通过专利进行一系列金融活动，比如专利质押融资、专利证券化等。但总体上来说，专利运营市场主体仍然以 NPE 为主。

2. NPE 与"专利流氓"

在很长一段时间里，理论界在 NPE 与"专利流氓"（Patent Troll）之间画上等号。最早开始使用"专利流氓"一词的是英特尔公司副总裁、首席律师助理彼得·得特肯（Peter Detkin）●。1999 年，一家 NPE 公司凭借其购买而来的专利起诉英特尔公司，索要高额许可费。英特尔公司将这类公司称为"专利流氓"，并将其定义为"那些从他们并不实施、没有意愿实施而且多数情况下从未实施的专利上试图获取大量金钱的人"。

● US Federal Trade Commission. To Promote Innovation：The Proper Balance of Competition and Patent Law and Policy［EB/OL］.［2019-10-24］. https://www.ftc.gov/sites/default/files/documents/reports/promote-innovation-proper-balance-competition-and-patent-law-and-policy/innovationrpt.pdf.

● 专利怪物、专利渔翁、专利地痞？——美国的 Patent troll 应当翻译成什么［EB/OL］.［2019-10-28］. http://victory.itslaw.cn/victory/api/v1/articles/article/b6b14727-9e53-4284-a780-076fcaa76b3e.

实际上，将 NPE 与"专利流氓"等同，并不严谨。"专利流氓"是对各种 NPE 中一种不当经营方式的控诉——一部分 NPE 利用购买的低价专利，通过专利诉讼等方式，对实体生产企业进行专利讹诈，以收取高额不合理的许可费或诉讼赔偿金。而 NPE 实际上应当是一个"中性的"知识产权运营市场主体概念，其包括所有以非产业化方式经营专利的专利运营主体，而不是"专利流氓"的等同概念。

二、NPE 运作模式

在明确了 NPE 含义并梳理了 NPE 与"专利流氓"二者之间的区别后，下面将对各种类型的以非产业化的方式经营专利的专利运营主体进行介绍。根据 NPE 进行非产业化专利经营的目的不同，可以将其分为以下四种类型。

1. 攻击型 NPE

攻击型 NPE 主要通过购买个人或小团体的零散专利，借此对在市场上已经商业化的产品进行专利诉讼，以获取专利许可费或诉讼赔偿金。由于这一类 NPE 并不将专利产业化，一旦被起诉，生产商很难通过交叉许可或者反诉侵权来予以反击，所以技术产品的生产商对于此类 NPE 深恶痛绝，称其为"专利流氓"。但即使是攻击型 NPE 也不完全是专利讹诈，虽然其有可能依靠所持专利榨取了远高于该专利对产品价值所贡献的利润；但这一类 NPE 的存在时刻警醒着企业及时进行专利布局、获取相关专利许可，一定程度上加强了企业的知识产权保护意识，促进社会创新。此外，这一类 NPE 的存在也是市场上小型研发主体与行业巨头抗争、维护其专利权的有效途径。

2. 防御型 NPE

与攻击型 NPE 相对，在攻击型 NPE 利用专利诉讼向大型生产商索要高额侵权赔偿或许可费的行为风靡一时时，防御型 NPE 应运而生。由于生产商往往对于攻击型 NPE 的进攻疲于应对甚至束手无策，且高额的专利许可费使得他们的利益遭受重大损失，所以防御型 NPE 的市场逐渐发展成熟。防御型 NPE 同样购买专利并不进行产业化生产，与利用专利对生产商发起攻击相反，防御型 NPE 选择与生产商合作，将其购买的专利打包许可给生产商，使生产商免受相关专利被攻击型 NPE 购买后被起诉并索要高额许可费的威胁。

3. 研发型 NPE

研发型 NPE 是指自身不具备生产条件，仅仅进行技术研发并申请专利，然后将其专利许可给生产型企业产业化的主体。最常见的如高校和科研院所，它们通常仅进行基础研究，申请专利后再对外许可，不进行产品生产。市场上还有一些商业化公司也会设立自己的研发实验室进行技术研究，申请专利后直接运营。比如美国高智发明公司设立的 IV LAB。

4. 投资型 NPE

投资型 NPE 通过募集基金获得资金来源，从研发的源头对发明人进行资助，旨在购买或者获得该项专利的全球独占许可权，为下一步专利权商业化运作奠定基础。对于此类 NPE 而言，专利及其发明人只是他们投融资的对象，与其他常见的金融运作对象无异，其购买或申请专利的目的在于将专利商业化而非产业化。

需要注意的是，以上对 NPE 运作模式所进行的分类，是根据专利运营市场上 NPE 的具体专利经营行为所做出的，而非对 NPE 本身的性质界定。可能投资型 NPE 也会进行自主研发活动以进行后续专利运营，也会发动专利诉讼进行攻击型专利经营行为，甚至即使是防御型 NPE 也有可能进行专利诉讼等攻击行为。

三、案例分析

【案例 6-7】 "专利流氓" 还是 "正义使者"？——攻击型 NPE：Rembrandt IP Management 公司

2019 年 1 月，美国宾夕法尼亚州的 Rembrandt 无线技术公司（Rembrandt Wireless Technologies）在得克萨斯州东区联邦地方法院起诉了苹果，指控苹果侵犯了其两项与蓝牙技术有关的专利。本案中起诉苹果的伦勃朗无线技术公司隶属于伦勃朗知识产权管理（Rembrandt IP Management，以下简称 "Rembrandt"）公司。该公司的经营模式就是通过大量购买小主体的专利，对可能涉及其专利技术领域的生产商起诉专利侵权，以获得高额侵权赔偿额或许可费。

此次起诉苹果并不是 Rembrandt 公司第一次开展此类 NPE 活动。早在 2011 年，Rembrandt 公司对希捷和西部数据提起专利权诉讼，称这两家公司的硬盘侵犯了该公司持有的相关专利。当时美国硬盘市场总额每年大约为 120 亿美元，而希捷和西部数据占有极大的份额，Rembrandt 公司希望依据两家公司的市场份额获得 "合理的专利许可费"。❶ 甚至在 2018 年，Rembrandt 公司就在得克萨斯州东区联邦地方法院，起诉三星侵犯了其两项与蓝牙技术有关的专利，最终该法院裁定三星因侵犯这两项专利赔偿 Rembrandt 公司 1100 万美元经济损失。❷ 或许正是这一裁判结果，让 Rembrandt 公司 2019 年继续选择在同一法院以同一诉由起诉苹果。

虽然在众多生产商眼里，Rembrandt 公司是臭名昭著的 "专利流氓"，但 Rembrandt 公司却坚持自己是 "正义使者"。Rembrandt 公司认为如果没有他们，许多大公司未经许可使用小发明人的专利，小发明人无从发现，即使发现了也无力与之抗衡。而 Rembrandt 公司正是维护这些小发明人权益的 "正义使者"。

---

❶ 美知识产权公司起诉希捷西数硬盘专利侵权 [EB/OL]. [2019-10-29]. http://www.ipraction.gov.cn/article/xxgk/mtbd/mtgc/201601/20160100077162.shtml.

❷ 美国 Rembrandt 起诉苹果侵犯其蓝牙专利，三星曾赔 1100 万美元 [EB/OL]. [2019-10-29]. https://www.xianjichina.com/special/detail_382997.html.

"Rembrandt 公司提供了必要的专业知识和资本，在发明家和资金充足的侵权者之间创造公平的竞争环境。"❶

【案例 6-8】"专利保护英雄"——防御型 NPE：RPX 公司❷

RPX 公司（RPX Corporation）是在美国纳斯达克上市的专利运营公司，是一家专利风险解决方案供应商。RPX 公司的目标是通过防御型专利收集及面向营业公司的许可权直接交易，提供联合交易、专利交叉许可协议或其他降低风险的解决方案，帮助遍及全球多个国家的客户群实现专利风险管控，避免可能面临的高额诉讼及专利使用费。

RPX 公司的商业模式被称为"防御型专利收购"，即通过收购专利，保护技术企业免受诉讼或威胁。不难发现，RPX 公司的商业运营模式是随着美国"专利流氓"肆意横行发展而来的应对措施。RPX 公司的专利收购方式主要有三种：市场购买方式，即从中介机构和专利权人手中购买专利；诉讼购买方式，即从专利权人处取得许可，但专利权人依然可以行使其专利权；合作购买方式，即从分散的力量较小的公司那里获得专利许可，通过构建专利组合，增强他们的防御能力。

RPX 公司所采取的商业模式是会员制。RPX 公司把可能会给厂商带来麻烦的关键专利纳入其保护型专利收集计划并组成专利池，所有 RPX 公司专利池内的专利会全部授权给其成员，并向成员收取年费和授权费。RPX 公司的会员当中很多都是国际知名公司，比如 IBM、戴尔、英特尔、微软、诺基亚、三星、夏普、松下、索尼和 HTC 等。RPX 公司规定会员可以享有以下权利：与 RPX 公司达成不起诉合约、短期许可合同以及预防专利库等。

【案例 6-9】专利基金运营模式——投资型 NPE：高智发明公司

美国高智发明投资有限责任公司（Intellectual Ventures，LLC，以下简称"高智发明"）成立于 2000 年，由微软前首席技术官（CTO）内森和前首席架构师荣格先生创办。截至目前，其在全球拥有近 9000 件专利，其中在美国拥有 8400 多件专利。❸ 高智发明所拥有的专利技术几乎覆盖了所有工业领域，从计算机硬件到生物医药，从电子消费品到纳米技术等。另外，高智发明公司共运营 1000 多家知名的"空壳"公司，其中近千家"空壳"公司在自己名下拥有专利。❹

---

❶ 苹果又因蓝牙遭诉讼！这家"专利流氓"竟单挑了手机行业三巨头 [EB/OL]. [2019-10-29]. https://t.qianzhan.com/caijing/detail/190126-43dc0119.html.

❷ 刘国维. 国际运营专利新势力 [EB/OL]. [2019-10-27]. https://www.cnblogs.com/liuguowei/archive/2013/05/10/3071041.html.

❸ 截至 2019 年 10 月 29 日，在 INCOPAT 专利数据库，以"高智发明 or Intellectual Ventures"为专利权人进行检索，申请号合并后，专利及申请共计 8984 件，其中美国专利及申请共计 8402 件。

❹ 数据来源：https://baike.baidu.com/item/高智发明/9187207?fr=aladdin.

　　高智发明公司的商业模式十分复杂，最显著的特征是募集基金，对专利运营各项活动进行投资。高智发明募集到的投资基金总额约50亿美元，同时管理着超过3万项的知识产权资产，投资回报已超过10亿美元。❶ 根据高智发明公司官网信息，❷ 目前高智发明主要投资基金包括发明投资基金（Invention Investment Fund）、发明科学基金（Invention Science Fund）和深度科学基金（Deep Science Fund）。其运作模式简化如图6-5所示，高智发明公司所运营的专利主要来源渠道包括购买和研发，研发又包括内部自主研发和与外部合作研发。发明投资基金主要用于购买具有市场潜力的专利；发明科学基金主要用于资助公司发明会议中产生的想法与世界上一些顶尖的发明家进行跨学科的头脑风暴，将其想法和创意进行研发取得研究成果并申请专利；深度科学基金专注于调查发明和创意在前沿领域的应用，从而自主或与技术专家合作将其商业化。最终将各种渠道获得而来的专利组成专利池对外许可、转让，或进行专利诉讼活动获得盈利。

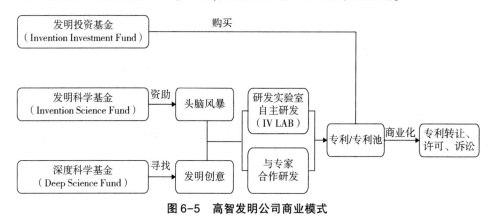

图6-5　高智发明公司商业模式

　　2008年10月，高智发明在北京举办中国区开业典礼，标志着高智发明这个发明投资领域的巨擘正式踏入中国市场，并首次将全球领先的发明投资模式引入中国。进入中国市场后，高智发明首先寻求与高校及科研院所合作，设立基金资助高校已有的发明或研究，展开后续的国内外专利布局，高智发明则收购或获得上述专利的全球独占许可权，进行商业化的专利运营。❸

四、国外NPE实践对我国专利经营的启示

1. 我国"走出去"企业的风险防范

在我国企业不断"走出去"的大背景下，海外知识产权风险值得我们警惕。RPX

---

❶ 刘国维. 国际运营专利新势力［EB/OL］.［2019-10-27］. https://www.cnblogs.com/liuguowei/archive/2013/05/10/3071041.html.

❷ 高智发明公司［EB/OL］.［2019-10-29］. https://www.intellectualventures.com/.

❸ 陈柏兴，许华锋. 高智发明新模式探究及其启示［J］. 科技管理研究，2018（16）：139-143.

防御型的商业模式为我国企业提供了规避海外知识产权风险的新路径。

首先，企业需要明确的一点是，完全避免专利诉讼是不可能的。尤其在进入美国、欧洲等知识产权制度发达的海外市场时，潜在的专利诉讼风险就像悬在企业头上的达摩克利斯之剑，要求企业时刻保持警惕。其次，做好专利布局。虽然在我国专利运营市场上，攻击型 NPE 的活动十分罕见，但我国"走出去"的制造型企业在海外市场也曾屡次遭受攻击型 NPE 的打击。这要求我国企业在进军海外市场时，具有高度的知识产权风险意识。最后，加强对 NPE 商业运作模式的了解。一方面提前做好专利布局防止 NPE 专利攻击；另一方面也可以考虑与"专利镖局"合作以寻求保护，在日后的国际博弈中处于主动的位置。

2. NPE 运营模式在我国的兴起

目前，我国知识产权市场活跃的 NPE 仍然是少数，其主要原因可能在于，与美国、欧洲等国家和地区相比，我国专利质量较低，专利运营市场尚未成熟。2018 年，习近平主席在博鳌亚洲论坛年会开幕式上表示：我国专门将加强知识产权保护作为扩大开放的四个重大举措之一，再一次向世界传递了中国依法严格保护知识产权的坚定立场和鲜明态度。

2019 年 10 月，国务院通过《优化营商环境条例》，提出国家建立知识产权侵权惩罚性赔偿制度。随着我国专利数量和质量不断提升、知识产权保护力度持续加大和知识产权侵权惩罚性赔偿制度的逐步建立和完善，中国市场将吸引众多海外 NPE 进入，同时内生许多 NPE 开始尝试知识产权运营。为应对将来 NPE 可能爆发，首先，从国家层面出发，应当进一步完善我国专利法、反垄断法等相关法律制度，建立相对完善的监管机制；其次，专利丛林现象为进行专利讹诈的"专利流氓"提供藏身之所。在我国专利申请量和授权量不断激增的背景下，前期需要检索的专利文献如汗牛充栋，这无形中增加了企业防范"专利流氓"的难度。一味追求专利数量并不真正有利于企业和国家产业发展，注重提升专利质量才是未来我国企业专利申请和国家专利授权应当努力的方向。最后，在现阶段，我国生产企业应当防患于未然，提升企业知识产权保护意识。加强自身专利申请质量，及时进行专利布局。对于专利持有量较大的企业可以与 NPE 合作展开专利运营，协同开展专利产业化和商业化。此外，还需对攻击型 NPE 保持警惕。我国知识产权侵权惩罚性赔偿制度建立后，趋利性诱使攻击型 NPE 在国内市场展开活动。生产型企业应对此有所了解，保持警惕。最后，我国新兴的 NPE 应在国家政策引导下，有序开展专利运营活动。通过借鉴国外高智发明、RPX 公司等的实践经验，开展知识产权金融、知识产权风险管理等运营活动，促进我国知识产权运营市场有序健康发展。

第七章·

专利拍卖

第一节　专利拍卖理论概述

一、专利拍卖概述

近年来，随着知识产权运营市场的兴起，专利拍卖作为新兴技术成果转化模式逐渐走进人们的视野。专利拍卖是指专利权人或专利申请人将自己拥有的专利权或专利申请权以协议交易、挂牌出售以及公开竞价拍卖等方式与购买方进行买卖的行为。对于国内企业来说，专利拍卖是科技成果转化的新模式，其不仅有利于企业促进科技成果转化，还有利于专利技术流向社会，提升社会福利。

专利拍卖起源于美国，由企业破产程序中发展而来，是一种新兴的技术交易和转移模式。美国著名的知识产权资本化综合性服务集团海洋托莫（Ocean Tomo）公司于2006 年 4 月在旧金山市举办了"世界历史上第一次现场专利拍卖会"，拍卖标的覆盖了通信、医药、半导体、汽车、金融服务等领域。本次专利拍卖最终成交 26 个标的，成交率为 33%，成交金额约为 300 万美元。随后在 2007 年，位于德国汉堡的知识产权拍卖（IP Auctions）有限公司主持进行了欧洲首次知识产权拍卖会，共有 83 件标的参与拍卖，估值超过 500 万欧元。最终 40% 的专利拍卖成功，成交金额为 50 万欧元。❶ 与知识产权发展较快的欧美国家相比，专利拍卖在中国的发展起步相对较晚。2010 年 12 月，中国科学院计算技术研究所与其下属的北京海淀中科计算技术转移中心以及中国技术交易所合作，举办了国内首届真正意义上的现场专利拍卖会。该次拍卖共有 69 个标的、89 件专利参拍，最终成交 28 项，成交率达 41%，成交金额近 300 万元。❷

---

❶　高航网. 专利交易当中的专利拍卖在中国的起源［EB/OL］.（2016-03-10）［2019-11-03］. http://www.gaohangip.com/article/1603.html.

❷　李小娟，隋雪青. 专利拍卖在我国的发展机遇与挑战［J］. 中国科学院院刊，2015，30（3）：354.

二、专利拍卖优势

与传统的专利交易方式——双边谈判相比，专利拍卖具有覆盖面广、公平竞价等特点，能有效降低专利交易成本和风险。专利拍卖可以作为传统专利交易方式的有效补充。

（1）构建公开透明的交易市场

在专利拍卖流程中，标的所有人公开专利信息和报价，竞买人公开竞价，第三方拍卖人则作为中间组织方，提供买卖双方资质、专利权属及状态等信息确认服务。这一引入第三方服务机构的专利交易模式为专利买卖双方构建了公开透明的交易市场。

（2）简化交易流程，节省交易成本

与传统专利交易中由买卖双方进行谈判相比，专利拍卖可以简化交易流程，节省交易成本。在专利拍卖过程中，由第三方拍卖人对拍卖标的信息进行搜集并推介，节省了专利卖方获取潜在买受人的搜寻成本。同时，拍卖公开竞价的报价方式直接省去买卖双方谈判博弈流程，节省了买卖双方的时间成本。

（3）降低交易风险

专利拍卖这一科技成果转化模式有利于降低双方交易风险。专利拍卖过程中，拍卖人一方面需要对出卖人所提供的专利进行专利有效性和权利归属等信息的尽职调查，降低专利拍卖的专利风险；另一方面，在拍卖前，拍卖人收取竞买人的竞买保证金，有利于保障拍卖成功后合同的签订和履行，降低合同风险。

（4）价值发现

知识产权是一种无形财产，其价值评估一直是知识产权交易过程中不可避免的难题。而拍卖所具有的独特的价格发现功能对专利价值的确定有所助益。竞买人根据自身需求和对拍卖标的估值进行竞价，报价充分反映标的专利在竞买人处的主观价值，并且竞价模式可以充分挖掘标的专利的潜在价值。与知识产权市场价值评估相比，竞拍时专利价值的动态发现过程比静态估值更具有准确性。

三、拍卖基础理论

1. 拍卖参与方

专利拍卖参与方主要包括拍卖标的的所有人及其委托人、竞买人及其代理人、拍卖人。其中，标的所有人及其委托人是交易卖方，竞买人及其代理人是交易买方，拍卖人是中立的第三方知识产权服务机构（见图7-1）。

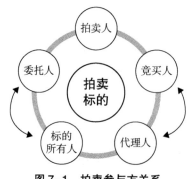

图 7-1　拍卖参与方关系

2. 拍卖流程

一次专利拍卖的具体流程可以分为拍卖前准备、拍卖和拍卖后权利交割三个阶段（见图 7-2）。

图 7-2　专利拍卖流程

（1）拍卖前准备

拍卖前准备主要是从拍卖人的角度阐述拍卖的流程。具体包括项目征集、专利确权、专利分类、价格确认和拍卖公告五个环节（见图 7-3）。

图 7-3　拍卖前准备

项目征集，是指征集本次拍卖的标的——专利。拍卖人作为专利拍卖的组织方负责拍卖标的的征集工作。其一，拍卖人需要进行广泛而详细的市场调查以确定潜在的专利卖方；其二，拍卖人需要通过对专利卖方所持有的专利或专利申请进行细致分析，确定有市场价值的潜在拍卖标的；最后，拍卖人通过网络宣传和实地走访等方式，游说潜在卖方参与专利拍卖，从而完成本次专利拍卖的第一步——项目征集。

专利确权，是指为避免后续环节发生权利争议，需要对将要拍卖项目进行确认。为避免专利拍卖标的出现专利纠纷，拍卖人需要对专利权属、转让许可情况等专利法律信息进行尽职调查，即"专利确权"。专利确权可由委托人、标的所有人提供有关权利证明文件核实，也可由拍卖人自行调研。对于拍卖人而言，其可以自己主动核实专利权属及法律状态等情况，也可以委托中介机构进行审核。专利确权内容包括但不限于专利权属、剩余法律年限、是否共同申请、是否已经失效、是否发生转让、是否许可、是否质押、专利有效期、是否职务发明、被引证、同族专利。

专利分类，是指对将要拍卖的专利进行领域分类，以便于潜在竞买人理解拍卖标的以及对其所要参加的拍卖进行选择。分类标准可按照拍卖标的授权文件中记载的技术领域进行分类，也可以参考现有分类文件，如国民经济技术分类、战略性新兴产业分类、知识产权重点支持产业目录，还可以由拍卖人、标的所有人及其委托人自行设定，只要分类方式便于理解即可。

价格确认，需要确认的价格包括拍卖标的的起拍价和保留价。起拍价是指拍卖师就某一标的开始拍卖时第一次报出的价格；保留价则是指拍卖标的最低的出售价格。对设定保留价的标的，如达不到保留价则不能成交。拍卖标的价格的确认，可由标的所有人及其委托人向拍卖人提出拍卖价格；可由拍卖人以往拍卖标的的成交情况评估拍卖标的价格；也可由双方协商确定拍卖标的的价格；还可以委托中介服务机构评估拍卖标的价格。

拍卖公告，在标的专利权属及状态和价格（起拍价和保留价）确认完成后，拍卖人开始对外发布拍卖公告，招募竞买人。同时，拍卖人还需要对竞买人进行资格审查并向其收取竞买保证金。

（2）拍卖

专利拍卖包括线上拍卖、线下拍卖以及线上线下拍卖相结合三种形式。线下拍卖即传统拍卖模式。与线下拍卖相比，线上拍卖能够更加充分地发挥拍卖的公开性、透明性和覆盖面广的优势，但在精准服务潜在买卖双方、实物展示等方面稍有欠缺。线上线下拍卖相结合模式，即融合线上虚拟服务和线下实体服务，网上浏览拍品，线上线下都可以参与拍卖，既可以发挥并进一步扩大线上拍卖公开透明、受众广的优势，也可以弥补线上拍卖在精准服务和实物展示等方面的不足。

拍卖方式分为增价拍卖（又称作英式拍卖）、降价拍卖（又称作荷兰式拍卖）、一级价格密封拍卖和二级价格密封拍卖。增价拍卖，是指在拍卖过程中，拍卖人宣布拍卖标的的起拍价及加价幅度，竞买人以起拍价为起点，由低至高竞相应价，最后以最高竞价者以三次报价无人应价后，落槌成交。但成交价不得低于保留价。降价拍卖，是指在拍卖过程中，拍卖人宣布拍卖标的的起拍价及降价幅度，拍卖师提槌报价，第一位应价人即落槌成交。但成交价不得低于保留价。一级价格密封拍卖，是指每个竞买者都对拍品单独秘密报价，封在信封里交给拍卖师，互不知底，最后由拍卖师拆开信封，出价最高者获得拍品；二级价格密封拍卖，与一级价格密封拍卖类似，区别在于出价最高的人获得拍品，但他无须付出自己所报价格，只需按照排位第二高的价格付款即可。

专利拍卖活动按照既定的规则流程进行，促成拍卖成交。拍卖标的有保留价的，竞买人的最高应价未达到保留价时，该应价不发生效力，拍卖师应当停止拍卖标的的拍卖。

（3）拍卖后权利交割

在拍卖成交后，原专利权人与买受人应及时签署《技术转让合同》及用于专利权属变更、递交国家知识产权局的变更申请文件。在此过程中，买受人应按照约定时间缴纳相应款项及佣金，原专利权人应配合买受人办理专利权属变更手续，拍卖人应退还竞买保证金并积极协调推进。

第二节　专利拍卖交易案例研究

一、国际拍卖交易案例

【案例7-1】专利拍卖的专利价值发现机制——加拿大北电网络公司估值10亿美元的专利最终以45亿美元成交❶

在传统专利交易和运营过程中，在专利资产的无形性、时间性、权属不确定性以及影响专利资产未来收益因素的多元性等众多因素的作用下，专利资产的价格和价值发生背离，造成专利价值评估的困难。现有的确定专利价值指标的研究，大都是依靠专家利用专利续展等数据对专利价值的估计，或者依靠更多间接的专利价值衡量方法。但国外学者通过利用公司专利拍卖数据对专利拍卖价格体现专利价值模型进行实证研究，表明专利拍卖可以成为专利价值评估的有用机制。❷除实证分析外，动态的专利竞拍有利于发现专利标的的市场价值的功能，这一功能在加拿大北电网络公司专利拍卖案例中也体现得淋漓尽致。

北电网络（Nortel Networks）（以下简称"北电公司"），是加拿大一家著名电讯设备供应商。贝尔刚刚发明电话时，就在加拿大设立了生产电话的机械部门，逐渐发展成为后来的北电公司。2009年，北电公司因为巨额亏损在美国和加拿大申请破产保护，北电公司开始售卖资产，其中包括其6000多项专利及专利申请，由此引发了一场精彩纷呈的专利拍卖。当时，加拿大北电公司拥有的6000多项专利及专利申请，涵盖无线、无线4G、数据网络、光纤、语音、互联网、服务供应商、半导体等技术领域。这种广泛的专利组合几乎覆盖到了通信行业的每一个领域，而且辐射到了其他市场，包括互联网搜索和社交网络等。其重要性被业内称为"核武专利"。但在当时，这一专利组合的申请账面价值却不足2亿美元，摩根士丹利银行分析师对其估值也仅在7.5亿~10亿美元。然而最终，北电公司专

---

❶ 罗明雄. 6000件专利=45亿美元：北电专利拍卖解析［J］. 中国发明与专利，2011（9）：106-107.

❷ TIMO FISCHERA, JAN LEIDINGER. Testing patent value indicators on directly observed patent value—Anempirical analysis of Ocean Tomo patent［J］. Research Policy，2014，43（3）：519-529.

利以 45 亿美元的高价成交。

　　本案例中，专利拍卖竞拍团队十分强大，竞买者主要包括五个阵营：第一阵营：谷歌；第二阵营：苹果；第三阵营：英特尔；第四阵营：爱立信、黑莓（RIM）、微软、索尼和易安信（EMC）组成的联盟——摇滚天团（Rockstar Bidco）；第五阵营：由苹果专利风险解决方案提供商 RPX 公司❶领导的众多企业组成的联盟。最初，谷歌作为本次拍卖的"假马竞标"，宣布以 9 亿美元竞购北电的 6000 件专利。按照"假马竞标"（Stalking-Horse Bid）的一般做法，如果其他人竞标，报价必须高于 9 亿美元。最终售卖价格超过 9 亿美元，北电应该返给谷歌一些费用，相当于补偿谷歌。反之，如果到竞标截止期没有其他人出价更高，那么这批专利就被以 9 亿美元的价格卖给谷歌。

　　此次拍卖经过了近 20 轮报价角逐，最终由苹果领衔的"摇滚天团"胜出。第一轮，英特尔首先出价 15 亿元，最小增价为 500 万美元，RPX 公司领导的联盟在此轮退出竞拍。第二轮最小增价调高至 5000 万美元，到第三轮竞买时，最小增价已经达到了 1 亿美元。到第五轮时，爱立信和黑莓所在的"摇滚天团"联盟停止报价，准备退出竞拍。但此时苹果提出要与其他团队合作竞拍，获得同意后，苹果加入"摇滚天团"联盟继续竞拍，此时竞拍阵营剩下三方——谷歌、英特尔和苹果领导的联盟。到第六轮竞拍后，英特尔公司也意欲退出，但谷歌和"摇滚天团"联盟都极力争取与英特尔合作，最终，英特尔选择与谷歌达成合作，组成"特别行动队"（Ranger）继续与"摇滚天团"竞争。当竞标价格到达 30 亿美元的时候，谷歌联盟孤注一掷，要求进行大幅加价，得到允许后，报出了 40 亿美元的高价。随后，苹果联盟给出了 45 亿美元的报价，最终谷歌联盟决定放弃竞价，苹果联盟成为本次专利拍卖的最终赢家。有趣的是，谷歌在此次拍卖过程中经常给出一些奇特的数字，比如拍卖快到 20 亿美元的时候，谷歌给的出价是一个数学上的 Brun 常量 19.02160540 亿美元（1.902160540 billion）。过了 25 亿美元的时候，谷歌的出价则为另一个常数 Meissel-Mertens 常量 26.14972128 亿美元（2.614972128 billion）；等过了 30 亿美元以后，谷歌再次叫了一个数学常量圆周率"31.4159 亿美元"（3.14159 billion）。

　　在本案例中，谷歌前期的"假马竞拍"行为，和后期报价过程中天马行空的报价都为人津津乐道。但是北电公司专利从最初的账面价值 2 亿美元，业内评估不超过 10 亿美元，到最终成交价一路飙升至 45 亿美元，这无疑体现了专利拍卖在专利资产价值发现方面的独特优势。专利拍卖通过信息公开和市场竞争的动态价值发现机制，有效地弥补了无形资产评估的不准确性。

　　需要注意的是，本案例中的专利拍卖是企业破产清算程序中的资产处置环

---

　　❶　在本书第六章第三节中有 RPX 公司的案例介绍，RPX 公司是一家通过收购专利，保护技术企业免受诉讼或威胁的防御型 NPE。

节，是新兴的现场专利拍卖孕育的起点，但二者之间也存在区别。最明显的差异在于，破产程序中的专利拍卖一般由专利所有权人自行组织，拍卖标的是既定的。而前文所讨论的专利拍卖是由第三方市场机构作为拍卖人发起的，拍卖标的也是由拍卖人征集并进行尽职调查，是受众面更广、更加市场化的专利交易模式。

【案例7-2】世界第一次公开专利拍卖发起人——Ocean Tomo 公司的专利拍卖经营模式❶

海洋托莫（Ocean Tomo）有限责任公司是一家智慧资本商业银行公司，提供知识产权相关金融产品和服务，包括金融专家证言、价值评估、战略咨询、专利分析、投资咨询、创新管理咨询与交易经纪业务。Ocean Tomo 以成功创办全球史上第一个现场专利拍卖而闻名于世。它不仅是专利拍卖的开创者，也是不断推动专利拍卖创新发展的先锋。Ocean Tomo 每年春季和秋季在美国举行两次现场专利拍卖，目前正在寻求将频次增加到每年举办四次。截至目前，Ocean Tomo 已经在北美、欧洲和亚洲成功举办了几十场专利拍卖，完成千万美元级的场均成交金额，其成功创新的商业模式值得我们学习。

目前，Ocean Tomo 所经营的线下专利拍卖活动，除了现场拍卖（Live Auctions）外，还有非公开拍卖（Private Auctions）。非公开拍卖是指汇集一定数量的最终竞拍者（Finalist Bidders）与卖家会面，然后通过循环竞价（Round-Robin Bidding）等行之有效的拍卖方法最终成交。非公开拍卖实践结合了交易的私密性和实时拍卖中固有的竞标，适合针对感兴趣的买家有限、对卖家的尽职调查需要进行大量信息交易（Substantial Knowledge Transfer）的专利拍卖。

如图7-4所示，Ocean Tomo 公司已经通过实践形成一套标准化的交易流程。在卖方一侧，所有提交的专利需要经过严格的审查程序以确保其质量，并聘请外部专家和顾问进行评审，综合分析专利是否适合进行市场化的拍卖。在买方一侧，竞买人需要通过注册获得资格，并对其证明进行审核。在买卖双方审核通过后，将双方信息录入数据库。在拍卖前，Ocean Tomo 公司会通过内部的专业数据库对专利卖家进行尽职调查，必要时也会与专利卖家进行面谈。进入拍卖环节，Ocean Tomo 会保持中立促进拍卖成交，并协助完成交易成功后的权利交割问题。但如果出现标的底价过高而导致流拍的情形，出于促进专利交易的目的，Ocean Tomo 公司会促进买卖双方私下协商。

❶ Ocean Tomo, LLC［EB/OL］.［2019-10-25］. http://www.oceantomo.com/auctions.

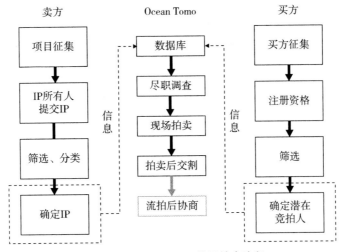

图 7-4　Ocean Tomo 公司拍卖流程

　　除专业严谨的专利拍卖流程外，在拍卖模式方面，Ocean Tomo 公司在现场拍卖的基础上新创了线上线下相结合的拍卖模式。为了扩大专利拍卖的覆盖面，减少买卖双方的交通成本，此外，考虑到许多买家更喜欢处于安全隐秘的办公环境，以便在拍卖过程中更有效地调整报价，Ocean Tomo 公司的现场拍卖会在网络上面向全球观众公开播出，同时提供远程竞标。

　　在出价方式方面，Ocean Tomo 公司在一次与美国宇航局（NASA）的合作中引入新的出价方式——销售提成，确定销售提成率后，对前期付费进行拍卖。与传统专利实施许可交易中普遍采用的入门费加提成的支付方式类似，如此，在专利拍卖中有效形成了买卖双方风险共担机制。这也表明参与专利拍卖的卖家不再局限于将专利脱手的所有权人，也可以吸引试图与买家建立长期有效商业合作关系的专利权人。

　　在拍卖标的方面，Ocean Tomo 公司经常采取捆绑拍卖的方式。比如将类似专利组成专利组合，将商标和域名放入同一资产组合进行拍卖。❶ 这样，如果买家看中组合中的任何一项知识产权，就会对该组合出价。

　　Ocean Tomo 公司自 2006 年组织第一场现场拍卖以来，积累了十多年专利拍卖实践经验，探索发展了许多使专利拍卖这一促进科技成果转化形式保持活力的创新模式。专利拍卖在我国方兴未艾，我国可以结合自身情况，借鉴 Ocean Tomo 公司多年来的发展经验，逐步培养出成熟市场。

---

❶ 刘鹏，方厚政. 美国海洋托莫公司的专利拍卖实践及启示［J］. 科技与管理，2012，14（5）：86.

二、国内拍卖交易案例

【案例7-3】高校科技成果拍卖激活高校科技成果转化——2018首届上海国际技术拍卖会

2018年上海举办了首届上海国际技术拍卖会，采取的是线上线下相结合的拍卖模式。这场拍卖会由国家技术转移东部中心（以下简称"东部中心"）、上海国际商品拍卖有限公司和上海申创中小企业合作交流促进中心联合举办，最终成交总金额达到142.8万元。本次拍卖会的特色在于吸引了在沪众多高校加入，经过充分筹备，主办方从来自高校、院所、企业的86件专利中精心筛选出6件标的，涵盖了影视图像分析、化工、生物医药等热门技术领域。

东部中心首次尝试组织科技成果拍卖会，在实践中创新了如图7-5所示的拍卖会组织服务流程。

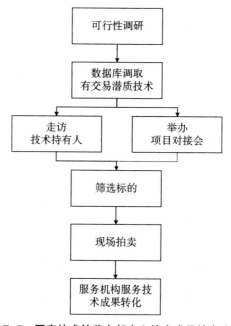

图7-5 国家技术转移东部中心技术成果拍卖流程

作为专利交易新兴领域，科技成果拍卖概念对我国众多高校、研究院所等创新主体而言可能较为陌生。贸然行动前，东部中心谨慎调研了10余家技术转移服务机构，探讨以技术拍卖作为技术转移服务新路径的可行性。在确定可行后，决定以高校作为本次科技成果拍卖的主要服务对象，简化高校科技成果转化流程，探索高校科技成果转化新模式。拍卖会筹备初期，东部中心首先从自建成果库中检索分析出具有交易潜质的技术，走访上述技术持有人，邀请其科研管理负责人、科研团队尝试技术拍卖的交易新方式。为扩大本次科技成果拍卖会的知名度与参与度，东部中心举办了论坛、路演、一对一项目精准对接等多种形式的项目对接会。最后，东部中心从高校、研究院所和企业各方收到的86件专利中，筛选出6件优质专利作为标的进行现场拍卖。最终，6件拍卖标的全部成功成交，总成交金额达到142.8万元。东部活动在专利拍卖举办前的充分调研和走访推介为本次专利拍卖的成功举办提供了有力保障，并在有巨大技术成果转移转化市场的高校主体中宣传了专利拍卖模式，为专利拍卖市场后续发展提供助力。

此外，东部中心作为第三方知识产权服务机构，其服务内容没有止步于专利拍卖活动。事实上，通过专利拍卖完成的技术成果转化并未简单地画上句号。在专利交易完成后，买方企业完成相关专利技术的落地孵化，实现知识产权价值增值还需要相当长一段路程。在拍卖结束后，东部中心充分发挥上海市科技成果转化公共服务平台的功能作用，让科技中介服务机构深入技术转移转化各个环节，结合专家顾问，引导支持有条件的技术转移机构为此次拍卖后的科技成果落地提供技术交易备案、成果熟化、战略规划等专业化服务，探索技术转移转化新模式，促进企业技术创新和产业发展。

东部中心这次技术成果拍卖会的成功组织经验为我国大胆创新尝试专利拍卖模式指引了方向。首先，国家支持技术成果转化，专利拍卖组织方具有良好的公信力。在专利拍卖市场尚未成熟之时，完全市场化的专利拍卖可能并不能达到预期收益。国家技术转移东部中心作为具有政府信用背书的组织方，为各方创新主体参与技术成果拍卖会增强了信心和保障。其次，精准定位服务对象。在我国，高等院校、研究所技术研发实力不俗，但由于其科研性质决定了其缺乏及时将专利技术产业化的条件和途径。虽然近年来高校、科研院所与企业不断展开产学研合作，但现状是高校、科研院所的技术成果转移转化率仍然处于低位，其仍然是亟待科技成果转移转化的创新主体。精准定位高校作为技术成果拍卖会的服务对象，一方面服务了高校需求，另一方面也可以保障拍卖会拍卖标的的质量，确保专利拍卖成功促进技术成果流转。最后，引入服务机构提供拍卖后的专业化服务。与国外完全市场化的专利拍卖不同，专利拍卖标的成交并交割后，东部中心进一步加深服务深度，引入中介服务结构，结合专家顾问为专利买家后续技术成果落地实施提供专业服务，进一步增强技术成果拍卖会的实效。

【案例7-4】高质量、大规模的专利成果转移转化——中科院首场专利拍卖会❶

2018年，中国科学院（以下简称"中科院"）建院以来首场专利拍卖会在

---

❶ 中国经济周刊. 中科院首次拟拍卖932件专利 总估价约2.9亿元［EB/OL］.（2018-04-02）［2019-10-24］. http://finance.sina.com.cn/roll/2018-04-02/doc-ifysvpuq4472743.shtml.

山东济南举行。中科院通过此次拍卖会将高质量、大规模的专利成果通过市场化运营实现科技成果转移转化。本次拍卖会一共 932 项拟拍卖专利成果，来自中科院的 57 家院属机构，涵盖新材料产业、新一代信息技术产业、智能制造产业、健康产业等前沿领域。其中网络浏览量最高的 36 项专利参与现场拍卖。此次拍卖最终成交 28 件专利，成交额 503 万元，单个拍品最高成交价 60 万元。

- 与互联网拍卖服务商创新合作

中科院在山东组织的这场专利拍卖会，创新地与线上拍卖平台——"点拍网"合作，采用在"点拍网"线上竞价和现场拍卖相结合的方式进行。拍卖期间在线上交易平台"点拍网"设立了竞价专场对本次专利的拍卖标的进行集中展示。932 项专利按照九大行业分门别类地进行展示。据悉，在展示期间，专利总浏览量近 214 万次，平均每件专利浏览量 2307 次，有效地扩大了本次专利拍卖的受众范围。

- 专利价值估值模型辅助定价

中科院知识产权运营管理中心在此次专利拍卖筹备期间，推出了"中科院专利估值模型"，从专利先进性、技术支撑度、市场关联度 3 个维度进行评价，生成拟拍卖专利的预估值。本次拍卖会 932 件拟拍卖专利经估值预算，总价值约 2.9 亿元。但从专利拍卖起拍价来看，78.7% 的专利起拍价在 10 万~50 万元，15.81% 的专利起拍价在 50 万~100 万元。起拍价 100 万元以上的专利占比不到 3%。❶

- 山东政府政策积极推动专利拍卖发展

本次专利拍卖会在山东举办，东道主山东政府对专利拍卖活动提供了有力的政策支持。为更好地鼓励和推动企业参加，山东省对参与竞拍的企业提供政策优惠，参加竞价购买专利的企业，技术成果转化实施后，将按比例给予一定奖励和资助。符合相关产业化政策的，可以纳入重点领域关键核心技术项目进行培育，最高可享有 500 万元政府补贴。

本案例中，首先，中科院开创了与线上交易平台合作的先河。网络技术不断发展的今天，线上交易已经成为主流。专利拍卖虽然是新兴的交易模式，但线上交易方式是其未来发展的必然趋势，中科院此次的良好探索为我国专利拍卖事业的创新发展提供了可靠经验。其次，从本案例的拍卖结果我们不难发现，中科院采用的专利价值估值模型对专利价值评估与专利拍卖成交价存在一定程度的背离。国外实践经验和实证数据都表明专利拍卖是专利价值发现的有效机制，随着专利拍卖次数的增加，中科院可以记录每次专利拍卖数据，形成专利拍卖数据库，对其专利估值模型进行验证并改进以提高估值的准确度，或者创设专利估值的新维度。最后，国内专利拍卖市场刚刚起步，发展初期离不开政府指导与支持。国家层面的支持成为专利拍卖这一新兴市场发展的强大助力。山东政府给参与竞拍的

---

❶ 彭文波. 总价 2.9 亿！从专利分析的角度看中科院史上最强专利拍卖［EB/OL］.（2018-02-23）［2019-10-25］. https://mp.weixin.qq.com/s/U6f-MFaVJSHQenskLJKJSg.

企业提供政策优惠，这吸引了众多企业进入专利拍卖领域。一方面，扩大专利拍卖覆盖面，促进了专利拍卖市场的发展；另一方面，也为企业获得重点领域关键技术提供了新途径。

【案例7-5】我国首次跨境专利拍卖——第四届中以科技创新投资大会专利拍卖会❶

专利拍卖作为传统专利交易的有效补充，除了促进国内高校、企业等创新主体科技成果转化外，更是深入海外市场，加强与国际交流，促进专利的跨境转移转化。2018年，在珠海召开的第四届中以科技创新投资大会七弦琴专利专场拍卖会上，来自以色列特拉维夫大学的4件高价值专利参加拍卖。其中，一件名为"检测神经病变的方法和系统"的发明专利以33万元人民币的价格拍出。这是在中国举行的首次以色列高校专利拍卖会，也是国内首个跨境专利拍卖会。

与目前我国市场上的其他专利拍卖活动不同，本次珠海专利拍卖服务对象是以色列高校。此次参加拍卖的"检测神经病变的方法和系统"等4件以色列专利，均来自以色列特拉维夫大学，分别用于检测糖尿病引发的神经病变、老人跌倒监测及报警等，均是为了解决民生领域的现实需要，其相关专利产品未来的市场前景不可限量。

随着创新驱动发展战略不断深入实施，我国知识产权运营市场方兴未艾。其中，专利的跨境转移转化日益成为业界关注的焦点，诸多知识产权服务机构纷纷摩拳擦掌，在运营模式和形式上进行创新和探索。本案例说明在促进我国科技成果转移转化的同时，专利拍卖作为专利交易新模式同样可以服务于境外专利。本次跨境专利拍卖的成功举办不仅有利于我国知识产权运营机构将触角延伸至海外市场，还能够通过完成境外高价值专利在国内的转移转化，解决我国技术瓶颈，发掘国内潜在市场。此次知识产权交易平台在跨境技术转移方面的成功探索说明专利拍卖可以充分发挥两端的服务效益，一端促进国内科技成果转化，另一端通过专利产业化提升我国技术领域产业化进程，实现产业兴起。此外，2013年，我国国家主席习近平在出访中亚和东南亚国家期间，先后提出共建"新丝绸之路经济带"和"21世纪海上丝绸之路"（以下简称"一带一路"）的重大倡议，得到国际社会高度关注。与"一带一路"沿线国家的跨境专利拍卖合作的尝试有利于加快"一带一路"建设，促进沿线各国经济繁荣与区域经济合作，加强不同文明交流互鉴，促进世界和平发展，是体现我国大国担当的有力佐证。

---

❶　国家知识产权战略网. 跨境专利拍卖，成功"跨"出第一步［EB/OL］.（2018-07-19）［2019-11-03］. http://www.nipso.cn/onews.asp?id=42316.

三、国内外专利拍卖实践对比

由于我国专利拍卖起步较晚，在市场发展程度、服务形式、服务标准化程度等方面，与国际市场仍存在一定差距，见表7-1。但随着国内知识产权运营事业蒸蒸日上，专利拍卖这一交易形式将不断活跃在专利交易领域，实践经验的积累将促进专利拍卖市场进一步发展，成为促进科技成果转化的有效补充。

表 7-1　国内外专利拍卖实践对比

地域	市场	经营主体	服务形式	标的价值	服务标准化程度	服务人才
国外	成熟	市场化主体	多样化	高	形成标准化流程	专业化水平高
国内	初级	非市场化主体	单一	低	探索形成标准	缺乏专门人才

（1）知识产权运营市场发展阶段不同

相较于美国、德国等发达国家，我国知识产权制度起步较晚，国外知识产权相关市场规模和发展阶段更为成熟。在国外技术普遍专利化的大背景下，专利拍卖作为专利交易的一种形式，具有更广阔的经营市场。目前，我国知识产权运营事业刚刚起步，专利拍卖更是近年兴起的促进技术成果转化新模式，市场尚未成型。但据国家知识产权局公布的数据，2018 年，我国发明专利申请量为 154.2 万件，共授权发明专利 43.2 万件；发明专利授权平均权利要求项数为 8.3 项，较 2017 年提高 0.3 项；有效发明专利平均维持年限为 6.4 年，较 2017 年增长 0.2 年。❶ 随着我国知识产权保护意识的不断加强，专利数量不断提升，专利质量稳中向好的发展环境下，专利运营市场将是一片蓝海。通过借鉴国际发展经验，结合我国专利拍卖实践，专利拍卖市场在未来会逐步走向成熟。

（2）专利拍卖经营主体不同

在国际市场上活跃的经营专利拍卖主体多为市场化的、成熟的知识产权运营主体。比如美国 Ocean Tomo 公司是一家从事知识产权金融、价值评估等业务知识产权运营主体；德国知识产权拍卖（IP Auctions）有限公司也是市场化主体。而从国内目前的知识产权拍卖实践来看，多为具有国家背景的主体推动专利拍卖发展，如中国科学院、中国科学院计算机技术研究所、国家技术转移东部中心等。这一现象与我国专利拍卖市场尚处于初级起步阶段有关。另外，高校出于自身大量科技成果转移转化的需要，结合专利优势开展专利拍卖等运营活动；在政策支持下，国家中心、平台等主体在知识产权运营领域不断创新探索，随着市场逐渐成熟健全，将不断吸引更多市场化主体进入市场创造活力。

---

❶ 人民网. 2018 年度数据发布 我国知识产权主要指标稳中有进 ［EB/OL］.（2019-01-10）［2019-10-25］. http://scitech.people.com.cn/n1/2019/0110/c1007-30515708.html.

（3）国外专利拍卖服务形式更加多样化

目前，国内外专利拍卖实践采用的大多是线上线下相结合的模式，将现场拍卖通过网络公开接受远程报价。国外专利拍卖线上模式实践已经开始发挥其扩大拍卖覆盖面、降低交易成本的实效。而国内目前线上拍卖尚处于探索阶段，拍卖会上的成交专利基本来自现场竞拍者。这是由于专利拍卖概念在我国尚未普及，线下竞拍者大多从拍卖会前大量的推介活动或精准调研活动了解到专利拍卖，而线上模式无法吸引受众，故难以发挥预期效果。此外，国外专利拍卖实践已经引入了有效分担买卖双方风险的提成报价方式、保护客户竞争策略的匿名报价方式、组成专利组合等捆绑拍卖方式以及流拍后促使买卖双方私下谈判以低于底价成交等多样化的个性化服务，以满足不同客户、不同层次的需求。实际上，我国专利运营市场已经涌现出不同层次的技术成果转移转化需求，为满足多样化的市场需求，我国专利拍卖主体未来可以借鉴国外经验，不断创新服务，开拓市场。

（4）国内专利拍卖高价值专利较少

作为国际市场上运营专利拍卖的典范——美国 Ocean Tomo 公司专利拍卖的场均成交额高达千万美元级，而国内各大专利拍卖的成交额大都在百万元人民币级别，在专利拍卖标的价值方面与国际先进水平存在较大差距。以我国拍卖标的数量、质量均较为优质的中科院山东拍卖会为例，拍卖最终成交 28 件专利，成交额 503 万元，单个拍品最高成交价 60 万元。从所有专利标的起拍价来看，起拍价 100 万元以上的专利占比不到 3%。❶ 一方面，可能由于战略合作、技术秘密等因素的影响，高价值专利交易倾向于传统的双边谈判交易模式；另一方面，我国高价值专利基数较小，专利拍卖这一新兴模式尚未获得高价值专利交易的青睐。

（5）专利拍卖服务标准化程度不同

目前，国外从事专利拍卖的主体已经通过多年实践和市场竞争，形成了标准化的专利拍卖流程。专利拍卖主体作为中立的第三方服务机构，已经形成商业性质的拍卖信息数据库，并构建严格谨慎的专利质量审查、评级程序和尽职调查流程。走在国内专利拍卖实践前列的经营主体，如中国科学院等，已经在实践中逐步形成专利拍卖流程，但尚未形成统一服务标准。随着专利拍卖活动不断践行，各实践主体将不断探索专利拍卖服务标准化，规范新兴市场。

（6）专利拍卖人才专业化程度不同

在国外，由于相关法律制度、市场发展成熟，竞争激烈，专利拍卖运营主体已经形成了一支高度专业化、商业化的专利拍卖服务团队。专利权等无形知识产权资产的商业化运营需要培养一批懂技术、懂法律、懂经营、懂管理、懂外语的高水平、多层

---

❶ 彭文波. 总价 2.9 亿！从专利分析的角度看中科院史上最强专利拍卖 ［EB/OL］. （2018-02-23）［2019-10-25］. https://mp.weixin.qq.com/s/U6f-MFaVJSHQenskLJKJSg.

次、跨学科的综合型人才队伍，我国在这一方面尤显薄弱。在我国，整个专利运营市场刚刚发展起步，专利拍卖领域更是刚刚开始探索。许多从事专利运营的机构都是从传统的知识产权行业领域转型而来的，专利运营机构尚处于"摸着石头过河"阶段，知识产权运营的专业人才匮乏现象严重。高校更尚未建立起与知识产权运营市场契合的人才培养模式，导致我国在人才输送的源头处就已经与时代脱节。

第三节　专利拍卖启示与探索

专利拍卖是技术转移与拍卖交易机制相结合的模式创新，是促进成果转化生态的一次路径创新。国际市场的专利拍卖发展得风生水起，我国自 2006 年首次举办以来，专利拍卖活动也如日方升。通过对我国专利拍卖的法律、市场等环节进行分析，可以发现我国专利拍卖发展目前仍然存在些许问题。通过对比研究国内外优质的专利拍卖案例，结合我国实际，本书对我国专利拍卖发展提出探索性建议。

一、我国专利拍卖发展存在的问题

1. 社会公众对专利拍卖较为陌生

专利拍卖作为新兴的技术成果转化模式，我国社会公众对其概念、运作模式均比较陌生。目前，我国现有的专利拍卖活动信息发布主要通过中国专利拍卖协会、地方拍卖协会以及拍卖组织方的官方网站，其广告宣传主要依靠专利拍卖组织方委托的互联网媒体和报纸等传统媒体。由此可见，我国专利拍卖的广告宣传主要是通过利益相关方推动，并没能吸引社会的主动关注。这样一来，专利拍卖信息始终只能在已经对其熟悉的领域内流通，无法突破界限深入更为广泛的受众领域。如果无法将专利拍卖的概念传递到社会公众，那么将对专利拍卖市场进一步发展壮大形成阻碍。如何突破信息壁垒，让社会公众对专利拍卖有所知悉，是专利拍卖市场发展急需解决的问题。

2. 法律制度尚未完善

我国专利拍卖相关法律存在一定的滞后性。由于专利拍卖在我国刚刚起步，尚未形成专门对知识产权拍卖进行规制的法律，因此我国现阶段的专利拍卖活动只能在我国《拍卖法》的规范下进行。但我国现行《拍卖法》存在诸多问题，不能完全适应专利等无形资产拍卖活动的需要。

首先，我国《拍卖法》已经与时代严重脱节。我国现行《拍卖法》于 1997 年开始实施，当年《拍卖法》的出台为拍卖事业创造了良好的环境，确立了其法律地位，促进了我国拍卖事业的发展并为其规范、健康发展奠定了良好基础。但是，当时我国拍卖事业刚刚起步，拍卖标的种类稀少，程序单一，拍卖纠纷较少。此外，受时代发展所限，当时立法技术相对粗糙。即使 2004 年第十届全国人民代表大会常务委员会第十一次会议通过了《关于修改〈中华人民共和国拍卖法〉的决定》，完成了对《拍卖法》的第一次修订，但修订内容十分有限，且距今已经 15 年之久。所以，现在拍卖市场的蓬勃发展使得 20 多年前的法律已经无法应对新时代所涌现的复杂问题。

其次，《拍卖法》的内容不能与以无形知识产权作为标的物的专利拍卖活动完全契合。我国《拍卖法》沿袭"按现状拍卖"的国际规则，规定了拍卖人对拍卖标的的瑕疵免责条款。《拍卖法》第 61 条第 2 款规定："拍卖人、委托人在拍卖前声明不能保证拍卖标的的真伪或者品质的，不承担瑕疵担保责任。"❶ 首先，这一瑕疵担保责任的声明免除规则与我国《合同法》和《消费者权益保护法》存在一定程度的冲突。更为重要的是，拍卖人对瑕疵担保责任的声明免除规则与专利拍卖活动中拍卖人负责对拍卖标的和专利权人进行尽职调查的流程设置有所冲突。对知识产权交易买方而言，如果适用瑕疵担保声明免除规则，专利拍卖这一专利交易模式将不再具有降低交易风险的优势。这为本就受众面狭小的专利拍卖市场平添了吸引主体进入的障碍。

此外，无论是国际还是国内专利拍卖，线上拍卖都有逐步成为专利拍卖主流形式的趋势。由于线上拍卖和线下拍卖模式具有不同特性，在现行《拍卖法》框架下已经不能调整线上拍卖产生的法律关系，我国有关线上拍卖活动的法律规制尚处于空白状态。

3. 专利拍卖人才短缺

据统计，到 2018 年内地拍卖师总数约为 1.3 万人。现阶段，我国高质量的拍卖业人才本就短缺，更何况专利拍卖领域需要的是一批懂技术、懂法律、懂经营、懂管理、懂外语的复合型专业人才，其数量更为稀少。专利拍卖活动刚开始活跃在我国公众视野，人才培养完全依靠专利拍卖运营机构摸索创建，建立完善的人才培养机制迫在眉睫且任重道远。

二、专利拍卖发展探索

1. 国家支撑专利拍卖市场发展

其一，逐步建立完善相关法律制度。我国《拍卖法》将拍卖标的界定为："拍卖标

❶ 《中华人民共和国拍卖法》第 61 条："拍卖人、委托人违反本法第十八条第二款、第二十七条的规定，未说明拍卖标的的瑕疵，给买受人造成损害的，买受人有权向拍卖人要求赔偿；属于委托人责任的，拍卖人有权向委托人追偿。

拍卖人、委托人在拍卖前声明不能保证拍卖标的的真伪或者品质的，不承担瑕疵担保责任。

因拍卖标的存在瑕疵未声明的，请求赔偿的诉讼时效期间为一年，自当事人知道或者应当知道权利受到损害之日起计算。

因拍卖标的存在缺陷造成人身、财产损害请求赔偿的诉讼时效期间，适用《中华人民共和国产品质量法》和其他法律的有关规定。"

的应当是委托人所有或者依法可以处分的物品或者财产权利。"❶ 这说明知识产权作为无形资产被包含在《拍卖法》规制范围内，我国《拍卖法》有通过修订对知识产权拍卖活动加以规制的改善空间。为促进和规范专利拍卖市场发展，我国应当加紧《拍卖法》的修订进程，尽早明确知识产权这一无形资产在《拍卖法》中的合法地位。此外，《拍卖法》还需要根据知识产权拍卖中第三方知识产权服务机构作为拍卖人的特殊性和线上拍卖兴起的趋势，及早制定和修改相关法律条款，填补法律空白，为知识产权拍卖营造良好的营商环境。

其二，加强国家政策支持力度。专利拍卖是知识产权运营形式之一，我国知识产权运营市场正处于发展初期阶段，持续稳定的发展离不开国家政策的支持。依照我国市场发展路径，政策红利往往是市场发展壮大的强心剂，专利拍卖市场也不例外。国家、省市从政策层面加强专利拍卖活动的宣传，有利于扩大社会公众对专利拍卖的熟悉度，有利于增强社会各界参与专利拍卖市场的信心，促进专利拍卖市场进一步发展。

其三，建立各级政府创投、多方参与的知识产权运营投资体系。在中科院山东专利拍卖会案例中，山东省为鼓励和推动企业参加专利拍卖，对参与竞拍的企业提供政策优惠，对符合条件的竞拍企业提供政府资助奖励和补贴。这一资金支撑对中科院山东专利拍卖活动的成功举办起到了至关重要的作用。目前，国外专利运营市场发展成熟，已经形成有效的市场融资机制。但我国知识产权运营尚且处于起步阶段，一方面，需要国家建立专项资金注入市场增强活力；另一方面，国家需要加强知识产权运营市场融资规范，以政府专项资金和市场融资共同促进知识产权运营的开展。

其四，国家引导培养领先的综合性知识产权运营机构。在市场尚未成熟阶段，国家应积极推动专利拍卖领域中介服务机构发展，大力培养类似于美国 Ocean Tomo 公司这类的领先综合性知识产权运营机构。一方面，综合性知识产权运营机构可以在专利拍卖过程中，将价值评估、知识产权金融化等服务融入其中，促进知识产权运营全领域协同发展；另一方面，培养领先型市场主体，可以发挥市场鲶鱼效应，激励市场内部竞争，吸引市场外部主体加入竞争，促进专利拍卖市场快速发展。

2. 市场主体促进专利拍卖蓬勃发展

其一，经营专利拍卖主体应当结合我国实际，借鉴国家技术转移东部中心专利拍卖案例经验，从高校合作入手，扩大专利拍卖的知名度和辐射面。在我国，高校拥有巨大的专利储备量，并且其中不乏众多优质专利，但高校目前技术成果转化应用效率并不理想，其巨大的知识产权运营市场亟待开发。从与高校合作开始推动专利拍卖市场发展有利于迅速打开市场，初步形成行业规模。

其二，专利拍卖主体应以市场为导向，不断创新服务形式。从国内外专利拍卖

---

❶ 《中华人民共和国拍卖法》第 6 条："拍卖标的应当是委托人所有或者依法可以处分的物品或者财产权利。"

实践经验来看，专利拍卖经营主体均未局限于传统拍卖，不断根据市场需求，创新服务形式。一方面，推广线上线下相结合的拍卖模式。虽然目前线上拍卖尚未发挥威力，但进入信息时代以来，网络经济不断迸发新活力。线上线下相结合乃至全面线上拍卖模式是未来专利拍卖的发展趋势。专利拍卖主体需要在线下推介阶段，加强线上拍卖渠道宣传，并逐步完善线上拍卖网络建设，充分发挥通过网络渠道扩大受众、降低交易成本的实效。另一方面，创新企业个性化服务。一是可以为客户创办专利拍卖专场，对于专利持有量较多、专利转化需求较大的客户，可以针对客户提供个性化的专利拍卖专场，助力客户科技成果转化运用。如 2018 年同济大学与上海知识产权交易中心联合举办了同济大学专场专利拍卖，促进高校科技成果转化。拍卖会上，同济大学科研团队研发的 6 个项目参加竞拍，最终全部成交，成交额合计 502 万元。二是可以借鉴传统专利实施许可常用的交易方式和美国 Ocean Tomo 公司专利拍卖竞价经验，在竞价方式中引入入门费+销售提成。确定入门费后，对销售提成率进行竞拍，有利于形成买卖双方风险共担机制，买卖双方也可借此达成长期商业合作。三是可以将类似专利标的组成专利组合进行拍卖，促进成果转化。专利组合拍卖方式可能会降低竞买者的竞买欲望，因为组合中可能存在不需要的专利。但如果专利组合中存在企业发展所必需的核心专利，专利组合的形式一定程度可以帮助企业隐藏其技术布局，隐藏竞争实力。另外，实践中专利组合的价格往往低于组合中所有专利价值的总和，所以专利组合拍卖形式并非毫无市场。四是可以创新匿名拍卖机制，在专利战略逐渐成为企业重要发展战略的背景下，企业专利布局策略逐步上升为商业机密。专利公开叫卖的形式可能会引发竞买企业泄露发展策略的顾虑，所以可以为有需要的企业组织非公开拍卖或匿名拍卖的个性化服务。五是可以为客户提供促进流拍后私下协商、拍卖成交后后续转化运营服务。专利拍卖旨在提高专利技术成果的流动性，如果拍卖过程中未能达成合作，可以促进意向买方与卖方私下协商。在专利成功转移后，综合性知识产权服务机构可以持续为竞买企业提供后续专利落地产业化运营服务，形成专利运营全链条协同发展。

其三，专利拍卖市场先行者探索建立知识产权拍卖服务标准，规范市场发展。由于起步较晚，我国尚未形成完善统一的知识产权拍卖标准。知识产权拍卖标准化，通过有限行政干预和市场化运作相结合的方式，促进科技成果转化，畅通知识产权转让途径，是对建立"归属清晰、权责明确、保护严格、流转顺畅"的现代产权体系的积极探索，标准的形成可以促进知识产权以市场为导向的成果转移转化机制的建立，普惠科技创新型企业，也能规范新兴市场，促进行业有序健康发展。

其四，专利拍卖是发现专利价值的有效机制。从国内外专利拍卖实践可知，专利拍卖的动态报价过程是发现专利市场价值的有效机制。国外专利拍卖数据实证研究也表明专利拍卖可以成为专利估值的有用指标。随着我国专利拍卖活动的不断深入，专利拍卖经营主体可以进一步挖掘专利拍卖的商业价值，将历次专利拍卖报价数据和成交数据记录在册，形成商业化专利拍卖数据库，以构建专利价值评估的检验模型，或者通过研究论证创设专利价值评估新维度，促进专利等无形资产的价值评估和知识产权拍卖协同发展。

其五，培养专门的专利拍卖人才。人才是专利拍卖市场发展的原动力。一方面，高校需要以市场人才需求为导向更新完善现有的知识产权人才培养机制和模式，为社会输送高层次人才。更为重要的是，知识产权运营机构活跃在专利拍卖市场一线，应当及时感知市场需求和市场变化，依据自身在专利拍卖实践中积累的经验和发现的问题，制定完善的专利拍卖人才培养机制，为专利拍卖市场的后续发展提供源源不竭的动力。

我国知识产权运营正如火如荼地进行，在不断完善的国家法律政策指导下，市场进一步健全，专利拍卖作为传统专利交易的补充，将充分发挥其覆盖面广、交易成本低等优势。市场发展成熟后竞争将愈演愈烈，专利拍卖经营主体需要以市场为导向不断创新服务形式、完善服务标准，以提高服务质量，并探索拓宽市场外延，促进专利拍卖在我国健康茁壮成长。

第八章 专利信托

第一节 概述

一、信托基础理论

1. 基本概念

根据《中华人民共和国信托法》❶（以下简称《信托法》）第 2 条规定，信托是指委托人基于对受托人的信任，将其财产委托给受托人，由受托人按委托人的意愿以自己的名义，为受益人的利益或者特定目的，进行管理或者处分的行为。信托是以资产为核心，以信任为基础，以委托为方式的财产管理制度。

信托财产是指受托人因承诺信托而取得的财产。设立信托，必须有确定的信托财产，并且该信托财产必须是委托人合法所有的财产（包括合法的财产权利）。受托人因信托财产的管理运用、处分或者其他情形而取得的财产，也归入信托财产。法律、行政法规禁止流通的财产，不得作为信托财产。法律、行政法规限制流通的财产，依法经有关主管部门批准后，可以作为信托财产。

2. 信托关系

信托关系是一种法律规范（以《信托法》为基本准则）之下的资产管理关系。在信托的基本关系中最重要的主体有三方，即委托人、受托人和受益人，他们分别是资产的提供者、资产的管理者和利益的享有者。在信托实践中，信托公司开展的信托业务大多是委托人与受益人同一的情况。

（1）委托人

根据《信托法》中的一般规定，委托人应当是具有完全民事行为能力的自然人、

---

❶ 本章所引《中华人民共和国信托法》为 2001 年 4 月 28 日第九届全国人民代表大会常务委员会第二十一次会议通过并发布，2001 年 10 月 1 日生效施行。

法人或者依法成立的其他组织。

信托公司设立集合资金信托计划时要求：①委托人为合格投资者；②参与信托计划的委托人为唯一受益人；③单个信托计划的自然人人数不得超过 50 人，但单笔委托金额在 300 万元以上的自然人投资者和合格的机构投资者数量不受限制。❶

（2）受托人

受托人在法规政策层面是有严格限制和市场准入要求的。根据《信托法》中的一般规定，受托人采取信托机构形式从事信托活动，其组织和管理由国务院制定具体办法。开展信托业务的信托公司由中国银行业监督管理委员会负责监管，而开展信托业务的证券投资基金管理公司由中国证监会负责监管。

其中，信托公司指依照《中华人民共和国公司法》和《信托公司管理办法》设立的主要经营信托业务的金融机构。设立信托公司，应当经中国银行业监督管理委员会批准，并领取金融许可证。❷ 信托公司是目前国内较为典型的受托人，在信托实践方面占有非常重要的市场地位，其他机构依法开展信托业务时往往被限制在特定市场（例如证券市场）或特定领域（例如企业年金基金领域）。

（3）受益人

根据《信托法》中的一般规定，受益人可以是自然人、法人或者依法成立的其他组织。委托人可以是受益人，也可以是同一信托的唯一受益人。受托人可以是受益人，但不得是同一信托的唯一受益人。

受益人应在信托设立时，以其书面文件载明受益人或者受益人范围以及受益人取得信托利益的形式、方法。如受益人或者受益人范围不能确定，则信托无效。受托人应当遵守信托文件的规定，为受益人的最大利益处理信托事务。

3. 基本特征

（1）信托财产所有权与利益相分离

信托关系中受托人享有信托财产的所有权，而受益人享有受托人管理信托财产所产生的收益，实现了信托财产的所有权主体与受益权主体的分离，从而构成信托的根本特质。这里的所有权是带有很多附加条件的所有权。受托人享有信托财产的所有权，可以管理和处分信托财产，第三人也都以受托人为信托财产的权利主体和法律行为当事人，而与其从事交易行为。同时，受托人必须妥善管理信托财产，将所产生收益在一定条件下包括本金交给受益人，形成所有权与受益权的分离。

---

❶ 自 2007 年 3 月 1 日起施行的《信托公司集合资金信托计划管理办法》第 5 条第三项 "单个信托计划的自然人人数不得超过 50 人，合格的机构投资者数量不受限制"，《中国银行业监督管理委员会关于修改〈信托公司集合资金信托计划管理办法〉的决定》（中国银行业监督管理委员会令 2009 年第 1 号）修改为 "单个信托计划的自然人人数不得超过 50 人，但单笔委托金额在 300 万元以上的自然人投资者和合格的机构投资者数量不受限制"。

❷ 自 2007 年 3 月 1 日起实施的《信托公司管理办法》（中国银行业监督管理委员会令 2007 年第 2 号）第 2 条及第 5 条。

（2）信托财产的独立性

信托一经有效成立，信托财产即从委托人、受托人和受益人的自有财产中分离出来，而成为独立运作的财产。委托人一旦将财产交付信托，便丧失对该财产的所有权；受托人虽取得信托财产的所有权，但这仅是形式上、名义上的所有权，因为其不能享有信托利益；受益人享有受益权，但这主要是一种信托利益的请求权，在信托存续期间，其不得行使对信托财产的所有权。即便信托终止后，委托人也可通过信托条款将信托财产本金归属于自己或第三人。尽管信托法并未赋予信托财产本身独立的法律资格，但信托一经设立，信托财产便与外界相独立，信托人、受托人和受益人的债权人均不得主张以信托财产来偿债。

（3）信托责任的有限性

从信托内部关系来看，由于信托一旦设立，委托人除非在信托文件中保留了相应的权利，否则即退出信托关系，信托的内部关系仅表现为受托人与受益人之间的关系。受托人对因信托事务的管理处分而对受益人所负的责任，仅以信托财产为限，除非其未尽善良管理人的忠实义务和注意义务导致信托利益的未取得或损失。从信托的外部关系人来看，委托人、受托人和受益人实质上对因管理信托所签订的契约和所产生的侵权行为而发生的对第三人责任，均以信托财产为限，承担有限责任。

（4）信托管理的承继性

信托关系具有长期性和稳定性。信托财产的运作一般不受当事人经营状况和债权债务关系的影响，具有独立的法律地位，信托一经设立，委托人除事先保留撤销权外不得废止、撤销信托；受托人接受信托后，不得随意辞任；信托的存续不得因委托人、受托人任何一方的消亡而终止，委托人消亡（如破产），不影响信托关系的续存，而受托人消亡，需要通过重新选定受托人来保持信托关系的持续性。❶

二、专利信托

1. 基本概念

狭义的专利信托，就是指委托人基于对受托人的信任，将其专利权委托给受托人，由受托人按委托人的意愿以自己的名义，为受益人的利益或者特定目的，进行管理或者处分专利权的行为。广义的专利信托，不仅包括以专利权及其衍生权利为信托财产设立的信托，而且还包括投资于专利的资金信托。❷ 它借助信托机构的资金、管理和信息优势，实现"受人之托，代人理财"的职能。这属于依据信托财产属性而划分的一种信托类型。专利信托将信托制度运用到专利权领域，以发挥其保值与增值的职能，促进专利权的商品化、产业化和市场化。❸

❶ 李群星. 信托的法律性质与基本理念 [J]. 法学研究, 2000 (3): 123-126.
❷ 袁晓东. 专利信托研究 [M]. 北京: 知识产权出版社, 2010: 133.
❸ 袁晓东. 专利信托管理模式探析 [J]. 管理评论, 2004, 8 (16): 19.

2. 主要优点

企业专利信托以商事信托为主，即企业委托营业性信托机构进行专利商事行为。企业进行专利信托，需要满足以下基本条件：信托目的合法；被信托的专利具有确定性；采取书面形式并依法进行信托登记。企业专利信托对作为权利人的企业而言，具有以下优点：

（1）专利信托可以使权利人获得必要的、稳定的收益。通过专利信托，权利人将其专利委托给信托机构进行管理，信托机构则通过投资入股、许可、转让等形式实现该专利的价值，并将获得的收益转付给权利人或信托受益人。

（2）专利信托是权利人以其专利融资的一种重要手段。通过专利信托，权利人可以及时获得融资，以支持其技术创新和生产活动。

（3）专利信托属于专家型财产管理制度，专利信托机构具有的市场开拓能力和专业工作经验能够弥补权利人对专利市场化开发能力不足的缺点，提高专利转化效率，从而能够为权利人带来利益。

（4）专利信托成立后，被信托的专利独立于委托人与受托人的自有财产，受托人和受益人都对被信托的专利不享有完整的财产权。信托财产具有的独立性，如抵消、强制执行和混同的禁止，使被信托的专利的市场化更具有保障。例如，专利信托成立后，受托人不能直接利用该知识产权。在一般情况下，委托人、受托人和受益人的一般债务也与被信托的专利之间具有独立性。❶

3. 类型

（1）根据信托财产的不同，广义专利信托可以进一步划分为 4 种类型：专利权信托、专利许可费信托、专利抵押贷款信托和专利投资信托。①专利权信托，属于狭义的专利信托，即以专利权为信托财产设立的信托；②以专利许可产生的许可费应收账款为信托财产设立的信托，即专利许可费信托，这类信托实质上属于债权信托，是在将专利权转换为债权后设立的信托；③专利抵押贷款信托，以专利抵押贷款作为信托财产，它实际上是利用专利的实用价值获得贷款，以这些应偿还贷款为信托财产设立的信托；④通过信托方式形成产业基金或风险投资基金，可能投资于某些专利进行商业转化，由此形成专利投资信托。结合相关案例实施情况，后文将对专利权信托及专利许可费信托展开进一步分析。

（2）根据专利信托的用途，专利信托可以划分为两大类：基于融资的专利信托和基于管理的专利信托。基于融资的专利信托，即融资型专利信托，是通过商业设计将具有资产专用性的专利权转换为具有一定流动性的债权、担保物权甚至有价证券。信托财产实际上是专利权衍生出来的各种权利。专利许可费信托、专利抵押贷款信托和

---

❶ 江苏省知识产权局，支苏平，黄志臻. 企业运营实务 [M]. 北京：知识产权出版社，2016：410-411.

专利投资信托，属于融资型专利信托。基于管理的专利信托，即管理型专利信托，是为了降低交易成本或提高管理效率，以专利权作为信托财产设立的信托。专利权信托属于管理型专利信托。

4. 交易架构设计

（1）简易信托交易架构

简易信托交易架构如图8-1所示。

图8-1　简易信托交易架构

（2）结构化信托交易架构

结构化信托业务是指信托公司根据投资者不同的风险偏好对信托受益权进行分层配置，按照分层配置中的优先与劣后安排进行收益分配，使具有不同风险承担能力和意愿的投资者通过投资不同层级的受益权来获取不同的收益并承担相应风险的集合资金信托业务，如图8-2所示。其中，享有优先受益权的信托产品投资者称为"优先受益人"，享有劣后受益权的信托产品投资者称为"劣后受益人"。

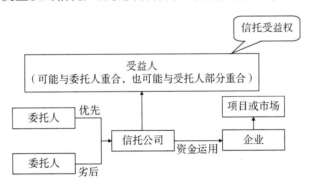

来源：http://trust.jrj.com.cn/2013/05/22072615324449.shtml

图8-2　结构化信托交易架构

关于结构化信托的实务操作，一是应该注意相关政策对于某些特定类别信托产品杠杆倍数的特殊限制性规定，而部分证券投资信托产品需要根据止损线来确定结构化的"安全垫"位置；二是应该注意不同层级受益人的风险承担顺序；三是应该注意不同层级受益人的信托利益分配顺序；四是应该注意信托受益权转让机制的妙用；五是应该注意增发或扩募机制的灵活设置，包括允许劣后受益人在信托文件约定的情形出现时追加资金等设计；六是应该注意财产权信托与结构化信托的组合运

用方式；等等。❶

（3）投融资业务架构

从业务范围来看，信托公司是我国金融机构中唯一能够横跨货币市场、资本市场和实业投资领域进行经营的金融机构。也就是说，一个信托牌照的功能就类似于"全牌照"，其独特的制度设计赋予了信托功能的多样性和资金运用的灵活性。❷ 依托"全牌照"竞争优势，信托公司可以为企业提供几乎任何类型的理财产品。在专利信托产品中，信托公司可以把各类有价值的资源分别整合在委托人（受益人）层面、营销渠道层面、担保方（或增信方）层面、投资顾问（或专业外包机构）层面、项目方（或融资方）层面、现金流来源（如客户或股东）层面等，如图8-3所示。

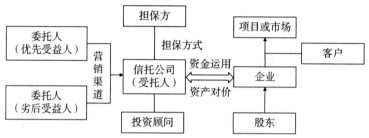

来源：http://trust.jrj.com.cn/2013/05/22072615324449.shtml

图8-3　信托投融资交易要素架构

第二节　信托在专利运营中的应用

一、专利权信托

专利权信托以专利权本身作为信托财产，通常以综合管理及培育运营为主要目的，受托人包括集团内部特定部门或外部专业机构。该种模式强调对于知识产权本身的挖掘和运用，通常以其使用价值的发挥作为运行基础。目前国内通常以集团知识产权部门或专利代理机构的传统方式进行管理运营，尚未引入完善的信托机制，存在一定的发展空间。

【案例8-1】三菱UFJ信托银行受理九州大学知识产权信托

日本很早就开始运用信托制度对企业集团的专利进行集体管理，在促进高

---

❶ 信泽金，王巍. 金融信托的投融资实务基础［EB/OL］.（2013-05-22）［2019-11-01］. http://trust.jrj. com.cn/2013/05/22072615324449.shtml.

❷ 信托专家. 在中国为什么信托是最稀缺的金融牌照［EB/OL］.（2018-08-14）［2019-11-01］. http:// finance.sina.com.cn/trust/xthydt/2018-08-14/doc-ihhtfwqq6733035.shtml.

校、研究院及中小企业的专利研究及专利资本化方面发挥积极的作用。2004 年 6 月，日本新的《信托业法》出台，为专利信托业务的开展提供了法律支持，解除了将专利权作为信托财产的限制。在此背景下，三菱 UFJ 信托银行开展专利权信托融资业务。日本三菱 UFJ 信托银行受托了九州大学的专利，其框架结构如图 8-4 所示。

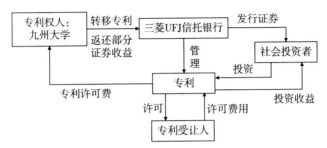

图 8-4 三菱 UFJ 信托银行受理九州大学知识产权信托框架结构

2005 年 11 月 21 日，三菱 UFJ 信托银行与九州大学一风险企业签署合作意向书，受理后者研发的金属加工技术信托。其受理知识财产信托后，集团受理大学的专利（或技术）等知识财产信托，提供给有实施能力的企业。在评估信托知识财产产品上市收益并将收益权小额化后，集团将收益权出售给投资方，再将收益权份额出售款返还给大学。集团则向大学收取信托业务费。三菱 UFJ 信托银行将代理九州大学专利申请等事务，并从三菱 UFJ 金融集团 30 万家的企业客户中寻找上述技术的实施方。三菱 UFJ 金融集团的知识财产信托业务将自九州大学向日本全国大学展开，产品上市后，集团按照比例向九州大学、UFJ 信托机构及投资方分配收益。

日本此次专利信托是将两种专利信托模式相结合的，专利直接信托融资模式和专利衍生权资产证券化融资模式都在日本专利信托融资中得到了体现。在专利信托的前期，受托人对专利进行许可提供了直接转化平台，避免了社会资源的浪费和闲置。通过出售小额化的专利许可收益权实现大规模的融资，对接社会资本。日本专利信托注重对专利产品上市收益的评估，是其运行成功的关键因素之一，我国在实践中应该借鉴其经验。❶

在专利权信托业务中，应注意增强专利流动性准备。信托的刚性兑付使得信托公司会更多面对融资人的流动性乃至偿付能力丧失的风险，这就要求其必须具备资产处置、交易对手转换以及与资产公司合作的能力。专利信托项目对于这些专利的价值认定和流动性安排应有更为全面的思考，与较大的专利经营机构、基金进行战略合作，形成从初期价值认定、运行过程中价值变动判断到发生处置变

---

❶ 朱翠华. 我国专利信托融资法律问题研究 [D]. 上海：华东政法大学，2016：9-10.

现服务的体系，在信托产品设立之时即做好专利资产流动性安排。❶

二、专利许可费信托

在专利许可费信托模式下，权利人通常具有实施性较强的自有知识产权，可以其知识产权未来一段时期预期许可收益权（债权）设立信托，在不改变知识产权权利人的前提下，通过来自既有被许可方的许可费收入作为还款基础，实现权利人知识产权许可收益权的提前变现，以满足其短期融资需求。受托人主要为资金融通能力较强的专业信托机构。

【案例 8-2】合肥市高新区中小企业知识产权受益权投资集合资金信托计划

由安徽国元信托有限责任公司发行的该信托计划预期规模 2000 万元，成立日期为 2018 年 11 月 23 日，信托计划期限 24 个月，参考收益率 7.8%。转让企业范围设置为高新区内的中小企业，信托资金用于补充流动资金。信托期满，受益权转让企业按约定的价格无条件回购本信托计划项下的全部知识产权受益权。最终选定的三家企业分别为合肥市百胜科技发展股份有限公司、合肥联信电源有限公司、安徽中科大国祯信息科技有限责任公司，对应的知识产权受益权转让金额分别为 500 万元、500 万元和 2000 万元。

风控措施主要包括：①质押担保：受益权转让企业提供知识产权质押担保。百胜科技融资规模 500 万元，提供价值为 726.60 万元的知识产权质押，回购价款质押率为 80.51%；联信电源融资规模 500 万元，提供价值为 791.82 万元的知识产权质押，回购价款质押率为 73.88%；中科大国祯融资规模 1000 万元，提供价值为 1551.98 万元的知识产权质押，回购价款质押率为 75.38%。②保证担保：合肥高新融资担保有限公司为本信托项下的受益权转让企业按期支付回购价款义务提供不可撤销的连带责任保证担保。

三、工商企业其他融资类信托业务❷

在信托公司目前开展的主流信托业务中，除了房地产信托业务、基础设施信托业务（政府融资平台）、资本市场信托业务外，工商企业信托在信托公司业务板块中占据很大的比重。工商企业信托业务合作的交易对手既有大型企业和中小企业，也有国有企业和民营企业。根据国务院办公厅下发的《关于金融支持经济结构调整和转型升级的指导意见》，国家从政策层面大力倡导金融支持实体经济，信托公司可以通过工商企业信托，尤其是中小企业信托以支持实体经济的发展。

---

❶ 吕建文. 以风险管理视角看待信托业务的发展 [N]. 金融时报，2012-08-20（8）.

❷ 路娜. 投资信托：信托投融资实务操作指引 [M]. 北京：中国法制出版社，2018：397-448.

信托作为一种直接融资工具，通过多样化的结构设计和产品创新，服务于实体经济的发展，在中小企业、三农、一般工商企业等领域，已经并将继续发挥非常重要的作用。

1. 信托贷款业务

信托贷款业务是指信托公司以信托资金向工商企业发放信托贷款，并由借款人按期履行还本付息义务，信托资金的用途可以是借款人日常运营所需的流动资金需求，也可以用于借款人诸如新建、改造生产线等扩大再生产。信托贷款业务是所有融资类信托业务的基本交易模式，是结构简单、风险可控的一种交易模式。基本交易结构如图 8-5 所示。

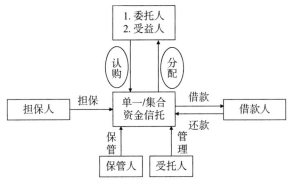

来源：《投资信托：信托投融资实务操作指引》

图 8-5　信托贷款业务基本交易结构

2. 应收账款投资附加回购业务

应收账款投资附加回购业务是指信托公司以信托资金用以受让融资人所持有的应收账款，信托期满时由融资人予以回购应收账款，信托公司也有权直接对应收账款进行托收清算。工商企业可以通过应收账款投资附加回购方式从信托公司进行融资。其基本交易结构如图 8-6 所示。

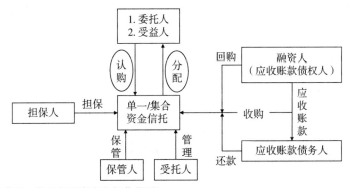

来源：《投资信托：信托投融资实务操作指引》

图 8-6　应收账款投资附加回购业务基本交易结构

由于部分工商企业销售货物时经常会形成大量的应收账款，所以可将应收账款出售给信托公司，从而将资产盘活以提高资产的流动性。

3. 中小企业信托基金

中小企业信托基金是指信托公司通过集合资金信托计划募集信托资金设立信托基金，信托资金通过债权、物权、股权、买入返售等方式运用于多个中小企业。其基本交易结构如图 8-7 所示。

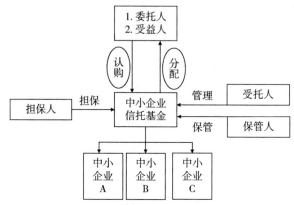

来源：《投资信托：信托投融资实务操作指引》

图 8-7 中小企业信托基金基本交易结构

中小企业信托基金项下信托资金主要的运用对象为中小微企业，具体运用方式灵活多样，比如可以综合运用债权、物权、股权、买入返售等多种投融资方式进行投融资。中小企业信托基金具有如下特征：①单个企业的融资金额较小，通常中小企业信托基金项下信托资金运用于多个中小微企业；②由于单个企业提供的信用增级措施有限，通常中小企业信托基金会由融资型担保公司为多个中小微企业综合提供连带责任保证担保；③很多地方政府为了促进当地中小企业发展，拓宽中小企业融资渠道，信托公司由地方政府牵头并成立中小企业信托基金，地方政府会通过贴息等方式支持中小企业拓宽融资渠道。

4. 产业投资基金

产业投资基金是指信托公司设立产业投资基金集合信托计划募集信托资金，通过贷款、股权、特定资产收益权投资附加回购等方式用于企业的日常营运资金需求、技术改造、企业重组，信托资金的运用方式包括贷款、特定资产收益权投资附加回购、股权投资、产业投资基金等方式。其基本交易结构如图 8-8 所示。

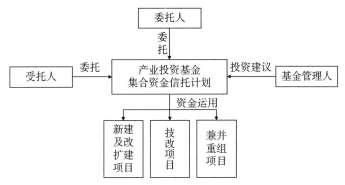

来源：《投资信托：信托投融资实务操作指引》

图 8-8　产业投资基金基本交易结构

5. 中小企业集群融资

（1）中小非金融企业集合票据

①中小企业集合票据。根据《银行间债券市场中小非金融企业集合票据业务指引》，中小企业集合票据是指 2 个及以上、10 个及以下具有法人资格的中小企业，在银行间债券市场以统一产品设计、统一券种冠名、统一信用增进、统一发行注册方式共同发行的，约定在一定期限还本付息的债务融资工具。在中国银行间市场交易商协会注册，一次注册、一次发行。任一企业集合票据待偿还余额不得超过该企业净资产的 40%。任一企业集合票据募集资金金额不得超过 2 亿元，单只集合票据注册金额不得超过 10 亿元。

②区域集优集合票据。区域集优债务融资票据是指地方政府及主管部门、中国人民银行当地分支机构、信用增进机构以及承销机构共同遴选符合条件的各类地方企业，在银行间市场发行中小企业集合票据。地方政府以财政资金发起设立专项基金"中小企业直接债务融资发展基金"，对中小企业集合票据提供信用支持，专项基金由当地政府、中国人民银行当地分支机构、信用增进机构以及承销银行对专项基金进行四方监管。

如 2013 年发行的"山东省济宁市 2013 年度第一期区域集优中小企业集合票据"，即通过山东省济宁市人民政府以财政出资，设立总额为 3000 万元的"济宁市中小企业直接债务融资发展基金"，在发行人违约的情况下将直接对本次集合票据的增信提供方中债信用增进投资股份有限公司进行偿付，偿付金额上限为济宁市区域集优项目累计发行总额的 12.5%。

（2）集群担保融资

集群担保融资是指同一地域内同一产业的多家企业共同合资建立担保公司，担保公司为特定范围内的企业融资提供担保的融资模式。通常而言，集群担保融资具有如下特点：①担保公司提供担保的被担保企业范围是特定担保公司的出资企业；②担保公司不以营利为目的，仅向被担保人收取维持公司正常运营的费用；③出资企业向担保公司出资的担保基金存入贷款银行进行监管，被担保企业同时也需要对担保公司提供反担保。集群担保融资的另一种方式是担保圈担保融资，担保圈担保融资有互保、联保、循环担保三种方式。

第三节　国内信托实践

一、国内监管形势[1]

1. 2001—2010 年，信托推介相关制度法规逐步完善，财富管理初萌芽

2001 年的《信托法》和 2002 年的《信托投资公司管理办法》《信托投资公司资金信托管理暂行办法》（俗称"旧两规"）首次明确了信托公司"受人之托、代人理财"的职责，主要收入来源应为手续费、佣金等。但由于旧两规对信托的限制较为严苛，超低的投资者准入门槛和单个信托计划合同份数的限制，使得信托公司难以依靠自身力量解决大规模信托项目的资金募集。与此同时，信托公司仅允许在注册地经营，不得异地展业或推介，信托项目的获取和业务推动也难以快速发展。

直到 2007 年《信托公司管理办法》和《信托公司集合资金信托计划管理办法》（俗称"新两规"）正式颁布，取消了异地展业和异地推介的限制，各家信托公司开始从注册地所在区域走出去面向全国展业，信托行业才开启了发展新阶段。而伴随着合格投资者相关法律制度的不断完备和对信托展业范围的监管不断放开，信托底层资产更加多样，信托产品更加丰富，信托逐步打开多元化资金渠道，推动信托行业发展。而这个时期，券商资管、银行理财、基金管理公司等获得监管批准也陆续进入了理财市场，与信托公司形成业务竞争的同时，也为信托公司打开了新的资金渠道。从全行业来看，彼时的信托行业财富管理仍然处于萌芽初期，没有很大的发展。

2. 2011—2017 年，资产端扩容和资金端收紧，推动信托财富渐具规模

第三方销售渠道乱象丛生促使监管趋严，2011 年《关于规范信托产品营销有关问题的通知》出台，鼓励信托公司发展直销业务。2011 年，外部市场环境和监管政策都发生了较大变化，一方面，银行理财、券商资管、基金子公司、保险资管等纷纷进入"泛资管"领域，与信托展开激烈的同质化业务竞争；另一方面，同业监管逐步趋严，通道业务严格受限，银行理财投资范围、保险资金投资集合资金以及社保基金信托贷

---

[1]　中国社会科学院金融研究所博士后流动站，中建投信托博士后工作站. 中国信托行业研究报告（2019）[M]. 北京：社会科学文献出版社，2019：1277-1372.

款投资都陆续受到明文监管，是否具备自主营销能力将直接影响信托公司的核心竞争力强弱。信托行业基础制度进一步健全、监管体系进一步完善，为信托财富管理业务发展创造了良好条件。

2014 年年底，银监会和财政部联合印发《信托业保障基金管理办法》，2015 年中国信托业保障基金有限责任公司正式成立，为保护信托投资人权益再加一道防护，隔断了行业风险，进一步增强了投资人参与信托业的热情和信心；2016 年年底，中国信托登记有限责任公司正式成立，2017 年 9 月《信托登记管理办法》生效的同时信托登记系统正式上线，2018 年 8 月《中国信托登记有限责任公司信托登记管理细则》出台，进一步推动信托财产独立、破产隔离及信息披露等问题的完善；2018 年 9 月，《信托公司受托责任尽职指引》正式发布，明确信托公司开展业务的受托责任、尽职要求，强调消费者权益保护；2019 年 4 月，信托业协会正式启动了《信托消费者权益保护自律公约》的制定工作。2011—2017 年，信托的主动管理能力显著增强，也建立了较强的自主募集能力。

3. 2018 年起，资产管理新规开启信托财富管理市场新纪元

2018 年 4 月 27 日，《关于规范金融机构资产管理业务的指导意见》（以下简称"资管新规"）正式印发，明确规定"资产管理产品应当在账户开立、产权登记、法律诉讼等方面享有平等的地位"，一直以来的分业监管将被功能监管和分类监管所取代，金融统一监管时代来临。资管各子行业将统一杠杆水平、消除多层嵌套，未来资管产品将区分私募产品和公募产品，适用不同的合格投资者标准、资产投资范围、交易结构安排等监管要求。2018—2019 年，监管层陆续出台相关子行业监管细则对接资管新规要求，自此，信托将与银行、证券、公募基金、私募基金以及期货期权投资等金融子行业进入同一跑道，以同一规则重新展开竞赛。2018—2019 年与信托相关的新规见表 8-1。

表 8-1 2018—2019 年与信托相关的新规

颁布时间	颁布机构	文件名称	约束机构
2018 年 4 月 27 日	中国人民银行、中国银保监会、中国证监会、国家外汇管理局	《关于规范金融机构资产管理业务的指导意见》	各金融子行业
2018 年 7 月 20 日	中国人民银行	《关于进一步明确规范金融机构资产管理业务指导意见有关事项的通知》	各金融子行业
2018 年 9 月 12 日	中国银保监会信托部	《信托部关于加强规范资产管理业务过渡期内信托监督工作的通知》	信托公司
2018 年 9 月 26 日	中国银保监会	《商业银行理财业务监督管理办法》	商业银行

颁布时间	颁布机构	文件名称	约束机构
2018 年 10 月 22 日	中国证监会	《证券期货经营机构私募资产管理业务管理办法》	证券期货经营机构 *
2018 年 10 月 22 日	中国证监会	《证券期货经营机构私募资产管理计划运行管理规定》	证券期货经营机构
2018 年 12 月 2 日	中国银保监会	《商业银行理财业务子公司管理办法》	商业银行
2019 年 2 月	中国银保监会	《信托公司资金信托管理办法》（征求意见稿）	信托公司

注：* 指证券公司、基金管理公司、期货公司及前述机构依法设立的从事私募资产管理业务的子公司。

资管新规在给信托转型发展施压的同时，也为信托财富管理带来了发展机遇。随着中国银保监会拟制定的《信托公司资金信托管理办法》等文件出台，未来信托产品有望划分为公募和私募。进入公募领域将为信托财富端客户的积累和培养打下坚实基础。

二、行业发展趋势

1. 对科技型小微企业的政策支持力度不断加大

小微企业非严格意义上的经济学术语，其界定标准也较为模糊，各行业的区分标准也不统一。实践中，小微企业的界定可参考《关于印发中小企业划型标准规定的通知》（工信部联企业〔2011〕300 号）。

小微企业是我国社会主义市场经济的重要组成部分，对国民经济的持续发展起着重要作用，但存在其中的融资困难也是由来已久的难题，受到各层级政府的高度关注。2018 年政府工作报告中明确提出"改革完善金融服务体系，支持金融机构扩展普惠金融业务"的任务，其中小微企业的金融服务正是亟待改善的重中之重。近两年，相关部委持续出台政策扶持小微企业发展，金融监督管理部门也陆续出台政策降低中小微企业融资难度和成本。❶

国务院知识产权战略实施工作部际联席会议办公室印发的《2019 年深入实施国家知识产权战略　加快建设知识产权强国推进计划》指出，加强知识产权综合运用，鼓励信托公司综合运用股权、债权、投贷联动、产业基金、知识产权信托等方式开展知识产权投融资业务。鼓励融资担保公司开发适合知识产权的信用担保产品，加大对小微企业知识产权融资的支持力度。

2. 资金投向"脱虚向实"

2018 年，信托资金投向结构出现调整，资金"脱虚向实"趋势明显。投向工商企

---

❶ 中国社会科学院金融研究所博士后流动站，中建投信托博士后工作站. 中国信托行业研究报告（2019）[M]. 北京：社会科学文献出版社，2019：2422.

业的资金依然稳居首位，根据信托业协会数据，截至 2018 年年末，共计 5.67 万亿元信托资金流入工商企业，同比增速下滑 7.12%，仅为行业同比降幅的一半左右；投向工商企业的资金占比则从 2017 年年末的 27.84% 提升至 2018 年年末的 29.90%，近三年来均维持稳步上升态势。

3. 创新业务稳步发展

2018 年，尽管面临着较大的外部压力，信托公司在业务创新上仍保持积极态度。创新业务类型包括资产证券化、家族信托、消费金融、绿色信托、普惠和小微金融、供应链金融、保险金信托等。

资产证券化是近年来信托公司的重点创新业务。对于信托公司而言，资产证券化业务既可以作为盘活存量资产的工具，也可以与传统业务充分联动，对信托公司具有重要的战略意义。2018 年，资产证券化的类型逐渐多元化，底层资产更趋丰富，业务规模也不断扩大。在众多类型资产证券化业务中，信托型资产支持票据（ABN）成为信托公司资产证券化业务的新增长点。

小微金融是金融科技运用于信托业务的典型案例，也是近年来国家政策扶持的信托创新业务方向之一。由于在资产端具有客户分散、单笔金额小、交易频次高等特点，金融科技的支持是开展此类业务的先决条件。❶

三、产品设立流程

不同类型的信托产品，其设立流程是不同的。以融资类集合信托产品为例，设立流程主要包括尽职调查、产品审核、产品推介、产品成立四个部分。❷

1. 尽职调查

尽职调查又称"谨慎性调查"，是指信托产品各方达成初步合作意向后，经协商一致，信托公司作为受托人，就本次信托相关的各类事项开展的现场调查、信息收集、资料分析等一系列活动。

2. 产品审核

（1）产品立项。信托产品立项是在前期广泛的项目调研基础上，业务承办部门就拟受托承办的信托项目确定产品框架，撰写立项报告，同时对该产品的销售、营销进行可行性分析。

（2）产品文件的制作。一般而言，集合资金信托计划的文件内容应包含认购风险申明书、信托计划说明书、信托合同以及中国银监会规定的其他内容。

---

❶ 中国社会科学院金融研究所博士后流动站，中建投信托博士后工作站. 中国信托行业研究报告（2019）[M]. 北京：社会科学文献出版社，2019：541~567.

❷ 中国建投投资研究院，中建投信托研究中心. 中国信托业研究报告（2013）[M]. 北京：社会科学文献出版社，2013.

（3）产品审批。在项目报审阶段，由合规部门对项目的合规性进行审核，并出具合规意见；由风险管理部门对项目风险进行预评估，并出具风控意见。在合规部门和风控部门分别对项目出具合规意见和风控意见后，项目材料提交至项目评审委员会（信托委员会）进行评定。根据项目评审委员会（信托委员会）的综合评定，得出信托产品是否通过评审的结论。

3. 产品推介

产品推介的方式有两种：一是直接销售，信托公司自身的销售人员直接向合格投资者推介信托计划；二是代理销售，信托公司委托商业银行等金融机构代为向合格投资者推介信托计划，同时委托商业银行办理信托计划的资金收付。

4. 产品成立

信托产品按照信托文件规定的条件成立，依法需要办理信托登记或者主管部门审批的信托项目，于信托登记手续办理完毕或者获得主管部门批准后成立。通常而言，集合信托产品成立后还应向相关监管机构进行事后报备。

第九章
注册商标运营

第一节　商标价值与品牌资本

一、商标价值的构成要素

2013 年，中华人民共和国国家质量监督检验检疫总局和中国国家标准化管理委员会发布的国家标准 GB/T 29186—2012《品牌价值　要素》规定，品牌价值的构成要素包括：①品牌价值创建要素：质量能力、财务状况、创新能力、社会责任、法律保护；②品牌价值传递要素：市场竞争力、市场稳定性、品牌营销渠道、品牌文化、品牌供应链；③品牌价值实现与维护要素：顾客满意度、品牌形象、顾客期望、感知质量、感知价值、品牌忠诚度、顾客投诉。

商标和品牌都是企业无形资产的重要组成部分，在某些语境下，商标是品牌的同义语，所以二者价值的构成要素具有共性，但品牌的内涵比商标更加丰富。商标价值指的是商标作为无形资产在企业的生产经营活动中能够为企业带来的资本价值。商标价值随着自身情形和市场环境的变化而变化。一般而言，商标价值的构成要素包括商标的成本价值、区分价值和商誉价值。企业设计、注册、维持和保护商标的实际成本分为取得成本和维护成本。商标具有的区分商品或服务来源的功能是商标的区分价值，即商标的显著性。消费者可以借助商标将特定的产品或服务与企业联系起来，商标显著性越强，顾客对其敏感度也越高，就越能吸引顾客的注意力。尤其是互联网时代，它是一个注意力经济时代，消费者的注意力是企业竞相争夺的稀缺性资源。商誉（Goodwill）指的是企业通过商品或服务的提供及广告宣传所产生的吸引顾客的能力，它是企业在市场中的竞争优势的集中体现，受到《商标法》和《反不正当竞争法》的保护。商标的商誉价值主要体现在商标所承载的消费者对相应商品的性能、质量与服务品质及企业形象的整体认知与认可程度上。综上，商标价值的构成要素中，商标的成本价值、区分价值和商誉价值都是商标的价值构成要素，共同体现一件商标的价值。

二、商标价值评估的影响因素

从无形资产评估的角度看，商标价值评估和品牌价值评估均属于企业无形资产评估的范畴，但是品牌比商标的内涵更加丰富。一般而言，品牌价值评估主要从以下三个维度进行：第一，基于财务的评估方法，如成本法、收益法、市场法；第二，基于市场要素的评估方法，如 Interbrand 评估法❶、世界品牌实验室法❷等；第三，基于消费者要素的评估方法，如艾克品牌资产十要素法❸。

目前，我国对于知识产权评估并没有指定专门的法律，现行可以参照适用的标准是《资产评估执业准则——无形资产》《知识产权资产评估指南》《文化企业无形资产评估指导意见》《商标资产评估指导意见》《著作权资产评估指导意见》《专利权资产评估指导意见》等。其中《知识产权资产评估指南》规定的市场法❹、收益法❺以及成本法❻是三种重要的知识产权资产评估的方法。评估机构一般会根据企业及商标的具体情况选择适宜的评估方法。

2018 年，广药集团收回"王老吉"商标使用权时使用收益法和成本法评估商标的价值，最终确定收益法更能反映被评估商标的市场价值。白云山与公司控股股东广药集团签订了《广州白云山医药集团股份有限公司与广州医药集团有限公司关于现金购

---

❶ 约翰·墨菲（John Murphy）凭借其在销售领域多年积累的经验，创建了英特品牌，并提出英特品牌（Interbrand）评估法。Interbrand 评估法对品牌价值评估包括两个部分：一是不以营利为目的推出年度"全球 100 个最有价值品牌"；二是受托于特定企业客户而进行的品牌价值评估。

❷ 世界品牌实验室所采用的品牌评估法是"经济适用法"，对企业的销售收入和利润等财务数据进行综合分析，运用"经济附加值法"得到企业过去的盈利水平。主要是根据各品牌的世界影响力进行抽象评估得到各品牌的品牌价值。

❸ 大卫·艾克《建立强势品牌》一书中将品牌资产五要素模型进一步扩展，形成了品牌资产十要素模型。包括忠诚度评估（①价差效应，②满意度/忠诚度）；品质认知/领导性评估（③品质认知，④领导性/受欢迎程度）；联想性/区隔性评估（⑤价值认知，⑥品牌个性，⑦企业联想）；知名度评价（⑧品牌知名度）；市场状况评估（⑨市场占有率，⑩市场价格、通路覆盖率）。

❹《资产评估执业准则——无形资产（征求意见稿）》第 23 条规定，采用市场法评估无形资产应当：

（一）考虑该无形资产或者类似无形资产是否存在活跃的市场，考虑市场法的适用性；

（二）收集类似无形资产交易案例的市场交易价格、交易时间及交易条件等交易信息；

（三）选择具有比较基础的可比无形资产交易案例；

（四）收集评估对象近期的交易信息；

（五）对可比交易案例和评估对象近期交易信息进行必要调整。

❺《企业会计准则——基本准则》（2014）第 42 条规定，在现值计量下，资产按照预计从其持续使用和最终处置中所产生的未来净现金流入量的折现金额计量。负债按照预计期限内需要偿还的未来净现金流出量的折现金额计量。

❻《资产评估执业准则——无形资产（征求意见稿）》第 15 条规定，成本法是指按照重建或者重置被评估资产的思路，将评估对象的重建或者重置成本作为确定资产价值的基础，扣除相关贬值，以此确定资产价值的评估方法的总称。

买商标协议书》，双方约定根据《广州医药集团有限公司拟转让商标涉及广州医药集团有限公司拥有的 420 项商标专用权资产评估报告书》（中联国际评字〔2018〕第 WIG-PZ0701 号）确定的评估值定价，白云山拟以 13.89 亿元的价格收购广药集团拥有的"王老吉"系列 420 项商标专用权。❶采用收益法评估基础性商标价值为 138912.2631 万元，采用成本法评估基础性商标价值为 141.1331 万元，二者相差甚远。这主要是因为收益法主要以资产与其收益为价值标准，反映资产的经营能力（获利能力）的大小，其受宏观经济、产业政策及资产的有效使用等多种因素的影响。基础性商标都是知名度比较高的商标，收益法能够有效反映商标较高知名度对于商标产品销售所具有的重要贡献，收益法评估结果更能反映出商标资产的市场价值。但成本法以资产的成本重置为价值标准，反映对资产的投入所消耗的社会必要劳动（构建成本）。商标的构建成本与其价值之间的对应关系一般很难真实反映商标专用权的内在价值。所以，评估机构认为"王老吉"系列商标采用收益法更合适。❷

根据《商标资产评估指导意见》第 19 条之规定❸，一般情况下，商标价值评估的主要因素包括商标自身和商标所依附的商品或服务。

1. 商标自身的因素

（1）商标是否注册

商标注册体制下，注册商标的经济价值具有相对稳定性。未注册的商标即使能带来经济价值，但由于权属未定，法律不为其提供充分的保护，其经济价值也得不到确认。

---

❶　"王老吉"商标争夺战再起，白云山称公司不受影响［EB/OL］.［2019-10-26］. https://www.sohu.com/a/324399362_162818.

❷　郑宏飞. 知识产权资产评估的现实困境与完善路径［EB/OL］.［2019-10-28］. https://mp.weixin.qq.com/s/M0cpVugLwWpel6_RXBpK8w.

❸　2011 年《商标资产评估指导意见》第 19 条规定，注册资产评估师执行商标资产评估业务，应当对商标资产相关情况进行调查，包括必要的现场调查、市场调查，并收集相关资料等。

注册资产评估师在调查过程中收集的相关资料通常包括：

（一）商标注册人的基本情况；

（二）商标和有关权利事项登记情况；

（三）商标权利限制情况，包括在时间、地域方面的限制以及质押、法律诉讼等；

（四）公众对商标的知晓程度；

（五）商标使用的持续时间；

（六）商标宣传工作的持续时间、程度和地理范围；

（七）与使用该商标的商品或者服务相关的著作权、专利、专有技术等其他无形资产权利的情况；

（八）宏观经济发展和相关行业政策与商标商品或者服务市场发展状况；

（九）商标商品或者服务的使用范围、市场需求、经济寿命、同类商品或者服务的竞争状况；

（十）商标使用、收益的可能性和方式；

（十一）类似商标近期的市场交易情况；

（十二）商标以往的评估及交易情况；

（十三）商标权利维护方面的情况，包括权利维护方式、效果、成本费用等。

（2）商标注册核准使用的商品或服务范围

注册商标专用权只在核定的商品或服务上使用时才受法律保护，超出这个范围则不具有商标专用权，对于超出使用范围的部分所带来的经济利益不计入商标权的预期收益中。所以在进行商标价值评估时，商标注册的商品或服务种类及范围也是影响商标价值的重要因素。

（3）商标注册的地域

注册商标专用权受到地域范围的限制，商标权只有在法律认可的一定地域范围内受到保护，商标权的地域范围对商标价值有一定影响。

2. 商标的使用和宣传情况

（1）商标使用的时间

商标通过使用才能在市场交易中体现其价值，把商标的无形财产权转化为物质财富。证明商标使用持续时间的有关材料包括该商标使用、注册的历史和范围。同时，商标的权利期限、续展期限也会影响对商标价值的评估。

（2）商标宣传工作的持续时间、程度和地理范围

企业对于商标投入的广告宣传越多、时间越久，商标影响力的范围就越广。一般证明商标宣传工作的材料包括广告宣传和促销活动的方式、地域范围、宣传媒体的种类以及广告投放量等。

3. 商标的知名度

相关公众对于商标的知晓程度也是商标价值评估的重要因素。驰名商标的跨类保护体现了知名度与商标受保护的范围和商标价值呈正比关系。商标专用权的效力体现在禁止第三人在相同或相似商品上使用相同或近似的商标。商标专用权禁用范围的大小受到其商标知名度大小的限制。未注册商标受保护的前提是经过使用建立一定的知名度和影响力。注册商标的禁用范围是相同或类似的商品或服务。驰名商标的排斥范围可以扩大到与其核定使用商品不同的商品类别上。

4. 商品或服务的因素

宏观经济发展和相关行业政策与商标商品或者服务市场发展状况，以及商标商品或者服务的使用范围、市场需求、经济周期、同类商品或者服务的竞争状况也是影响商标价值评估的因素。

三、品牌的价值与作用

品牌是企业与营销相关的无形资产，包括（但不限于）名称、用语、符号、标识、设计或其组合，用于区分产品、服务和（或）实体，或兼而有之，能够在利益相关者

意识中形成独特印象和联想，从而产生经济利益。❶品牌核心价值是品牌竞争力的集中表现，是品牌向消费者传递的价值理念。品牌赋予商品或服务一个独特而有价值的特征，可以告知消费者"我是谁""我可以为消费者带来什么样的产品或服务""我的品牌价值是什么"等。具体而言，品牌对于企业和消费者的作用主要体现在以下几个方面。

1. 品牌对企业的价值与作用

第一，品牌是企业的核心竞争优势。品牌的价值直接体现了企业在市场中的身价和竞争地位。Brand Finance 发布《2019 年全球最具价值品牌 500 排行榜》（Brand Finance Global 500 2019），美国亚马逊、苹果、谷歌分别以价值 1879 亿美元（增值24.6%）、1536 亿美元（增值 5%）、1427 亿美元（增值 18.1%）占据全球品牌前三位。❷世界品牌实验室（World Brand Lab）发布了 2019 年《中国 500 最具价值品牌》排行榜，国家电网、工商银行、海尔、腾讯分别以价值 4575.36 亿元人民币、4156.79 亿元人民币、4075.85 亿元人民币、4067.25 亿元人民币占据中国品牌排行榜的前四位。❸可见，上述品牌的货币价值是品牌在预期的有效经济寿命期内所具有的经济利益，直接反映了企业在市场中的竞争地位。企业创建品牌是日积月累的过程，需要企业投入时间和资本去维护和建设品牌。良好的品牌可以设置竞争壁垒，提高企业的竞争力。

第二，品牌具有外部性，可以降低企业的成本。品牌是企业的商品或服务、经营能力、声誉及影响力、社会价值等要素的综合反映。品牌具有很强的价值增值功能，品牌包含的价值、个性、品质等特征都能给商品或服务带来重要的价值，能够提升企业的价值。良好的品牌是企业拓宽市场的背书，可以有效降低企业的广告宣传成本和新产品开发的成本。

第三，品牌可以激励企业不断提升商品或服务质量。品牌是企业对消费者的承诺，品牌是企业塑造自身形象、知名度和美誉度的基石，在产品同质化的时代，为企业和产品赋予个性、文化等许多特殊的意义。企业品牌做大做强的过程中，其影响力越大，越能激励企业重视产品与服务质量，从而形成良好的正向循环。

2. 品牌对消费者的价值与作用

第一，品牌可以帮助消费者识别商品或服务来源。品牌或商标都可以指示产品或服务的来源，帮助消费者辨认出产品的制造商、产地等基本要素。

第二，品牌可以降低消费者的搜寻成本和决策风险。品牌帮助顾客理解、处理并存储大量的商品或服务信息，从而减少消费者在搜寻过程中花费的时间和精力。更为

---

❶　中华人民共和国国家标准 GB/T 29187—2012《品牌评价 品牌价值评价要求》。

❷　Brand Finance Global 500（USDm）。

❸　2019 中国 500 最具价值品牌榜 ［EB/OL］. ［2019-10-28］. https://mp.weixin.qq.com/s/_EnglNnEMpR2qTQs3s-Bgg.

重要的是，品牌可以为消费者塑造期望，影响消费者决策。一个好的品牌会在无形中影响消费者的购买意愿。在用户注意力越来越稀缺的情况下，品牌所承载的信任可以为顾客带来安全感，简化顾客决策，并降低决策风险。

第三，品牌可以表达消费者的身份识别和体验价值。品牌经过发展积累了独特的个性和丰富的文化内涵，消费者可以通过购买与自己个性、气质相吻合的品牌来展现自我，定位自己，并赢得社会尊重。

四、商标与品牌价值的关系

关于商标与品牌价值之间的关系没有统一的认识。有人认为商标与品牌价值之间是共生的关系；也有人认为商标是法律概念，品牌是市场概念。品牌既有市场营销的因素，也有丰富的文化和价值取向，体现了企业及其产品和服务的影响力与知名度。品牌是一个市场的判断，它是一个影响力与知名度的判断。商标是品牌的关键和内核，品牌以商标为支撑。❶

第一，从商标的来源识别功能看，企业的品牌是以商标为支撑。商标最基本的功能是识别商品或服务来源，其发挥了识别产品或服务来源的功能，所以它指向了品牌价值的归属。商标对品牌来说，具有主体的指向意义，从品牌归属方面决定了商标对于品牌的内在支撑地位。

第二，从商标的品质保障功能看，企业的商标是品牌的关键。商标向消费者传递商品的品质信息，它传播商品的品质信息，客观上激励商标权人、督促商标权人去保持甚至不断提高商品和服务质量。对于品牌培育来说，商标最重要的功能就是督促商品和服务的提供者去保持和提高商品与服务的质量。

第三，从广告宣传功能看，企业的品牌是以商标为支撑。企业的商标是一个广告宣传的载体，推销商品和服务。基于品质保证功能和广告宣传功能，商标实际上是维系品牌的连续性、影响品牌市场表现、扩大社会公众对品牌认知，并培养消费者对品牌忠诚度的基础。商标的品质保障功能、宣传功能决定了商标对品牌发挥的支撑作用。

第四，从商标的文化功能看，企业的商标是品牌的关键。一般而言，商标有一种美好的寓意，蕴含了企业的发展理念，代表了一种时尚和文化价值观。消费什么样的品牌，可能就代表了这个人的价值取向和文化观念。

总之，商标的品质保障、广告宣传和文化功能与品牌之间的关系体现在：商标强化了品牌的差异性和个性化，影响消费者对品牌最初的印象和后续的联想，确定并逐渐丰富品牌的概念和市场的定位。

---

❶ 杜颖. 大数据技术助推商标支撑品牌经济发展 [EB/OL]. （2019-7-30）. https://mp.weixin.qq.com/s/GfT2j9HeiB dt0SWSGjq17g.

五、企业商标与品牌资本的典型案例

企业使用商标的目的是确保消费者或潜在的消费者能够了解其提供的产品或服务，并且让消费者对企业提供的产品的质量、价格和售后服务有良好的印象，这种印象进而影响到消费者的后续联想，逐渐丰富企业品牌的内涵，确定品牌的市场定位。

【案例 9-1】王老吉商标与品牌运营

1997 年王老吉进入广州药业，并作为王老吉商标持有者与香港鸿道集团签订了王老吉商标许可使用合同。2000 年广药集团与鸿道集团签订《商标许可协议》，期限自 2000 年 5 月 2 日至 2010 年 5 月 2 日。2002 年 11 月 27 日，双方再次签约将许可协议延长至 2020 年 5 月 1 日。王老吉虽然是个百年老牌，但长期以来广药集团运营不善，并没有发挥出王老吉的品牌效应。与加多宝公司合作以后，王老吉的知名度越来越大，带来市场份额、产品以及服务上的增值。2010 年 11 月，广药集团启动王老吉商标评估程序，其品牌价值为 1080.16 亿元。2012 年 7 月 6 日，广药集团与加多宝公司于同日分别向法院提起诉讼，均主张享有"红罐王老吉凉茶"知名商品特有包装装潢的权益，并据此诉指对方生产销售的红罐凉茶商品的包装装潢构成侵权。最高人民法院终审判决认为，广药集团与加多宝公司共享对红罐王老吉凉茶的特有包装装潢权益。❶

加多宝与广药集团之间的"王老吉"商标之争实质上是品牌资本的竞争，体现了品牌资本对于企业发展的重要性。优质的品牌资产是固定资产无法取代的。纠纷发生之后，加多宝改名，从产品、价格、推广、渠道等方面强化自身品牌，扩大品牌的影响力。可见，品牌资产的建设与管理是一项系统工程，是与企业发展战略相匹配的品牌战略部署，做品牌资产的管理与建设的根本目的是使企业更有益地成长，为企业创造更有益的长久发展空间。

第二节　商标的运营战略

一、商标运营的意义

知识产权运营是指知识产权权利人和相关市场主体优化资源配置，采取一定的商业模式实现知识产权价值的商业活动。❷国家知识产权局对知识产权运营的定义是："以实现知识产权经济价值为直接目的的、促成知识产权流通和利用的商业活动行为。具

---

❶ 最高人民法院（2015）民三终字第 2、3 号民事判决书。
❷ 范建永. 知识产权运营开启价值实现之门 [N]. 中国知识产权报，2016-09-29 (8).

体模式包括知识产权的许可、转让、融资、产业化、作价入股、专利池集成运作、专利标准化等，涵盖知识产权价值评估和交易经纪，以及基于特定专利运用目标的专利分析服务。"商标运营是知识产权运营体系中的重要组成部分，是指商标权人通过许可、转让、抵押融资等方式实现商标价值、建设企业品牌的商业活动。商标运营对于企业的意义具体分为以下几个方面。

第一，商标运营可以直接为企业带来经济价值。

商标是企业重要的无形资产，商标运营促进企业实现价值转化。商标运营的主要目的是将商标权人的注册商标专有权转变为现实的经济利益，因此企业对于商标的运营可以直接给企业带来经济利益。无论是商标权人自己使用商标还是将商标授权许可、转让给第三方，都可以直接为企业带来经济收益。商标的质押融资还可以为企业解决融资问题，进而盘活企业的其他资产，为企业带来收益。

第二，商标运营可以帮助企业建设核心品牌。

企业持续使用商标，商标时间和空间上的影响力扩大还可以帮助企业在市场中树立品牌，品牌又可以给产品或者企业带来溢价。品牌的溢价主要在于品牌可以培育消费者的信任度和好感度。中国指数研究院报告显示，中国房地产品牌维持销售溢价的优势明显，中海、万科、保利等十家全国品牌企业在一线、二线及三线城市的溢价率均值分别为 28.78%、21.51% 和 9.12%。品牌企业回归或深耕经济发展强劲、市场需求旺盛的一、二线城市，品牌地位受到充分认可，获得更为突出的销售溢价表现。❶可见品牌溢价使得企业从市场竞争的同行业者中胜出，得到消费者认可的同时不断获得利润并实现增值。品牌价值的增值和影响力的扩大会促使企业不断改良推出新的产品，强化消费者对于品牌的认可度和忠诚度。

第三，商标运营可以帮助企业获得市场竞争优势，增强企业的防御能力。

企业拥有商标，商标运营发展成为品牌，品牌帮助企业在市场竞争中确立地位。尤其是在知识产权经济时代，商标等无形资产日益成为新的市场竞争工具，更加受到国家和企业的重视。企业商标运营反映了其拥有的商标价值和品牌资本与实现企业价值的内在关联性。在激烈的市场竞争中，商标运营可以有效利用企业的商标和品牌资本，整合企业内部其他资源，利用知名度和影响力及时有效地将企业的产品或服务推向市场，提高企业的经济效益，实现企业的战略目标，从而整体上提升企业的竞争优势。

第四，商标运营可以促进企业自主创新，推动企业完善经营机制。

企业知识产权战略的最大价值在于运营，只有将专利、商标等投入运营，在运营中发现问题、解决问题、总结经验才可以促进并产生新一轮的企业创新，才可以发现

---

❶ 中指院报告：中海万科保利品牌价值突破 300 亿元［EB/OL］.［2019-10-28］. http://m.haiwainet.cn/middle/345646/2014/0919/content_21107582_2.html.

预期效果之外的问题。商标的知名度和市场价值、品牌战略的打造与维护、企业的商誉和企业文化等，这些问题的发现和解决将会有利于企业发掘蕴藏其中的新的创新点，在运营中的知识产权战略带来的力量和市场价值才是无穷无尽的。随着企业无形资产不断累积，技术研发持续推进，商标运营将是企业不断强化自身形象、打造驰名商标、塑造国际化形象的重要手段。

二、我国商标运营的状况分析

2018 年，我国商标注册申请量为 737.1 万件。商标注册量为 500.7 万件，其中国内商标注册 479.7 万件。截至 2018 年年底，我国国内有效商标注册量（不含国外在华注册和马德里注册）达到 1804.9 万件。❶ 目前，我国已经是世界上商标申请量第一大国，已经成为全球商标知识产权增长的主要贡献者，也逐渐成为全球创新和品牌发展的引领者。❷

我国商标运营存在以下问题：

（1）商标交易运营平台起步晚

自 2014 年以来，国家知识产权局会同财政部以市场化方式开展知识产权运营服务试点，确立了在北京建设全国知识产权运营公共服务平台，在西安、珠海建设两大特色试点平台，并通过股权投资重点扶持 20 家知识产权运营机构（20），示范带动全国知识产权运营服务机构（N）快速发展，初步形成了 "1+2+20+N" 的知识产权运营服务体系。❸但是我国商标运营中还是存在交易不够活跃、运营模式和服务有待创新等问题。

（2）商标运营模式单一，商业化程度不高

相比于美国的知识产权运营模式，我国的知识产权运营起步比较晚，制度建设还处在初级阶段，主要依靠政府的政策性引导，运营资本更多依靠政府出资，因此市场化和商业化的程度不高。此外，很多初创企业商标战略思维不高。

（3）商标运营中的价值评估机制不完善

商标运营的各个阶段都会涉及对于商标价值的评估。但是目前我国商标价值评估存在标准不明确、随意性大、可靠度不高等问题。商标和品牌的价值不断地发展变化，没有非常客观的标准可以计算出商标在许可、转让、质押、出资等运营过程中的准确价值。市场虽然存在一些第三方评估机构，但是商标价值评估参照的是无形资产评估

---

❶ 国家知识产权局：2018 年中国发明专利申请量 154.2 万件［EB/OL］.（2019-1-10）［2019-10-28］. http://money.163.com/19/0110/16/E563C6PE00258105.html.

❷ 中国经济迎来 "品牌时代"［EB/OL］.（2017-12-23）［2019-10-21］. https://baijiahao.baidu.com/s?id=1587531428438887690.

❸ 国家知识产权局副局长：我国已初步形成四位一体的知识产权运营服务体系［EB/OL］.（2018-11-20）［2019-10-18］. https://www.sohu.com/a/276590224_362042.

办法，缺乏具体的商标价值评估标准和规则。

（4）商标运营缺乏专业性人才

商标运营是系统性和综合性的工作，需要有专业知识的人进行，相关管理人员不仅要具备知识产权专业相关的知识，更要精通市场营销、品牌管理和投资证券类的知识，但是我国目前缺乏这类人才。

三、品牌定位与商标保护

1. 清晰的品牌定位是消费者对品牌认知的第一步

品牌定位是企业在市场定位和产品定位的基础上，对特定的品牌在文化取向及个性差异上的商业性决策，它是建立一个与目标市场有关的品牌形象的过程和结果。换言之，企业品牌定位是告诉消费者企业是谁，企业的产品或服务的特征，以及企业文化等。对于企业而言，锁定目标消费者群体，实现消费者需求，并根据自身的经营战略，在满足消费需求的同时实现与同行业竞争者之间的差异。

2. 品牌定位就是针对竞争确立优势位置

企业品牌定位的三个必经阶段是明确细分市场、选择目标市场、具体品牌定位。品牌定位的方法包括产品利益定位、竞争者定位、消费群体定位、质量/价格定位、文化定位以及情景定位。与可口可乐碳酸饮料的定位不同，王老吉把吃火锅喝的饮料重新定位为一种植物草本、清凉、预防上火的功能饮料，与可乐形成对立差异关系，"怕上火喝王老吉"广告语更能打动顾客的心。但品牌定位并不是一成不变的，随着外部环境变化，当新的竞争对手出现时，品牌就要重新定位。

3. 品牌定位与商标保护相互作用

企业的品牌定位与商标战略相互助力。首先，商标注册是品牌定位战略的起点。企业商标注册要有前瞻性，要根据企业的未来发展及竞争对手，合理选择商标并选择商标类别，做到"市场未动，商标先行"。其次，商标保护是品牌战略的根本保障。企业在市场上利用其商标品牌战略竞争之际，难免遭遇侵害。无论是权利人维权，还是行政机关治理，其所依托的基本依据是商标的法律保护，并以此为基础判定是否构成商标侵权或不正当竞争等。因此，对商标权的保护，无论是从制止混淆，还是从反淡化的角度，都是商标品牌战略的根本保障。

综上，品牌定位是企业将品牌的价值特征和宣传特点与顾客的购买动机保持一致，将品牌自身的优势特征与目标消费者的心理需求相统一。通过在目标消费者心目中确立差异化的竞争优势和位置，从而锁定消费者。随着消费者需求的多样化，品牌也必须要具有鲜明的特征，从而显示独特的差异优势。

四、品牌延伸与商标布局

品牌延伸是指企业同时加大对品牌利用的深度，挖掘品牌的附加价值，如借助品牌发展战略联盟，进行资产重组或股权经营等。针对美国超市销售量最大的几个品牌的研究发现，有三分之二以上的品牌都是原有品牌的延伸品牌。❶品牌延伸已经成为西方企业发展战略的核心。如雀巢咖啡经过品牌延伸之后形成奶粉系列、柠檬茶系列、冰激凌系列都在市场中获得了成功。中国市场上的海尔、娃哈哈、乐百氏等品牌也通过品牌延伸拓宽企业自身的产品类别、利用知名品牌的竞争优势扩大企业规模和产品的市场占有率，使得知名品牌所蕴含的价值得到充分利用。

从商标法律制度的角度看，品牌延伸首先必须扫清法律上的障碍，在多个领域广泛注册商标才能为品牌延伸提供有效的法律保障。我国商标制度采用先申请原则，具有使用意图的企业应具有商标布局意识，提早注册商标。另外，若出于种种考虑，有意申请多个关联商标，在申请和使用过程中，应注重强化名下各关联商标之间的联系，促使相关公众形成对特定来源的稳定认知，否则可能因在类似商品或服务上存在在先申请或注册的相同或近似商标而被阻却注册，又因难以满足基础商标延伸注册要求的条件，最终被驳回商标申请。

其次，品牌延伸还需要将企业的商标在其他相关领域申请注册，主动防止他人使用相同或近似的商标，进而避免不同企业使用相同商标可能导致的品牌混淆，保持品牌与企业的唯一对应关系。北京市高级人民法院制定的《商标授权确权行政案件的审理指南》第8条规定，商标延续注册是指"商标注册人的基础注册商标经过使用获得一定知名度，从而导致相关公众将其在同一种或者类似商品上在后申请注册的相同或近似商标与其基础注册商标联系一起，并认为使用两商标的商品均来自该商标注册人或与其存在特定联系的，基础注册商标的商业信誉可以在在后申请注册的商标上延续"。商标延伸注册审查中，"知名度""类似商品或服务上的近似商标""特定联系"是判断商标延续关系的关键词。

最后，企业在申请商标注册选择商品范围时不能只着眼于实际生产的商品，需要有前瞻性，对可能涉及或者具有一定关联性的商品一并予以保护，以免为品牌的发展留下障碍和后患。

五、品牌与商标的海外战略

1. 企业申请海外商标的策略

（1）企业应该建立全方位的品牌和商标保护体系

商标注册途径包括单一国家注册、地区注册、马德里商标国际注册。不同的途径具有各自的优势和劣势（见表9-1）。企业在进行商标申请布局时，要综合企业的发展阶段和战略目标及时申请商标注册，建立全方位的品牌和商标保护体系。本着"商标先行，商标引领"的战略目标，海尔商标率先在海外业务市场展开海外注册。海尔集

---

❶ 董金山. 企业品牌延伸战略研究［D］. 天津：天津大学，2007.

团的主商标英文字母、汉字和图形三种形式，在全世界 190 个国家和地区申请注册了 3274 件商标，其中，基于对马德里商标国际注册途径的认识与理解，充分利用其手续更简便、费用更划算、时间更省的优势，积极通过马德里国际注册 7 枚标识共计 522 件商标，分别为 casrate、Haier（新标）、海尔兄弟（图形）、海尔、Haier、Haier 海尔、LUXURII；2013 年，海尔集团的主商标进一步优化，2014 年，海尔积极通过马德里国际注册切换了最新优化商标，涉及 6 个国际类别 16 件商标，覆盖了整个马德里体系成员方。

表 9-1　商标注册的途径

途径	依据	优点	缺点
单一国家注册	各国法律	适用范围广	成本高、手续烦琐、注册周期长
地区注册	向一个区域商标主管机关申请注册商标，如欧盟知识产权局（EUI-PO）、非洲知识产权组织（OAPI）等	一份申请可以涵盖该地区多个成员方	以全有或全无的方式覆盖该区域，如果申请被驳回，则在该区域的各个成员方都不能获得注册
马德里商标国际注册（领土延伸申请）	《商标国际注册马德里协定》《商标国际注册马德里协定有关议定书》	费用低廉 手续简单：一套程序、一份申请、一次性办理 注册周期短：成员方主管局必须遵守自国际注册通知之日起 12 个月或 18 个月的驳回期限	绝大多数国家不颁发注册证：目前只有美国和日本颁发商标注册证 缺少一些后续程序❶ 部分国家尚未加入

　　首先，企业要及时制定和调整商标跨国保护策略，商标海外注册申请要有前瞻性。企业应该有计划、分期、分批次地在一些具有潜在市场的国家或地区申请商标注册，并不断关注各地商标的变化情况。其次，企业要根据确定的产品出口国清单、产品的种类和性质，有重点地选择注册国别，争取做到突出在重点国家、重点地区的商标注册，避免商标布局过于分散，造成资源浪费。此外，企业要尽量选择防护类别及对应的商品/服务项目进行申请。自己基本上不会使用，但该商标类别及对应的商品/服务项目属于申请人的重要业务，很容易被别人利用，因此，即使自己不用也不能让其他人使用，防止被他人借用商誉，给今后经营无形资产留下隐患。同时，商标的命名要考虑不同地域的文化差异，防止与个别国家禁忌相矛盾或在当地语言中有不良含义。同时，要避免使用英文词汇中被广泛使用的词汇，以防因缺乏独创性而被驳回。因此，在拟注册商标设计阶段，要进行主要目标地域跨地域检索，考虑不同国家的文化差异

---

❶ 在被指定缔约方出现被驳回或被异议的情况下，申请人还是需要委托当地代理机构来提交复审或者异议答辩。

对于同一个商标的接受力及识别度，以及综合各目标地域授权前景来确定申报方案。

（2）企业应该针对各国地域特点制定商标与品牌策略

英国和美国是商标先使用取得的典型国家，中国、日本、韩国等是商标先注册取得的典型国家。对于申请或注册在先原则的国家，如日本、韩国、意大利等，申请注册要越早越好、越快越好，否则企业的商标就会存在被抢注的风险。对于使用在先原则的国家应注意尽早将出口商品所含商标投入出口对象国的商业实际使用之中。因为注册不及时导致我国商标在海外被抢注的例子也有很多。例如，"大宝"在美国、英国、荷兰、比利时、卢森堡被一名荷兰人注册；上海冠生园食品总厂的"大白兔"商标在日本、菲律宾、印度尼西亚、美国和英国都曾被抢注；"青岛啤酒"在美国被抢注；"竹叶青酒"在韩国被抢注等。另外，商标使用证据的保存也至关重要。使用证据包括产品销售网页、有效合同、广告材料、产品说明书、外包装、产品宣传材料、销售票据等。即使被他人抢注，也可以基于这些实际使用证据，通过异议、无效等程序，将商标权夺回来。

（3）商标应该在注册国进行持续使用

无论是商标注册在先还是商标使用在先的国家，商标的价值都在于使用。如果商标被核准注册之后，企业一定要在注册地域内及时有效使用。《与贸易有关的知识产权协定》（TRIPs）规定："如维持注册需要使用商标，则只有在至少连续三年不使用后方可注销注册，除非商标所有权人根据对商标使用存在的障碍说明正当理由。"实践中，世界各国一般规定注册商标连续三年或五年不使用即可被撤销。因此，商标注册后，一定要积极使用，并尽量多地保留使用证据。最大限度地使用注册商标是对商标最好的保护。

（4）企业应该及时监测和维护商标

商标注册只是企业商标工作的第一步，为企业后续商标从法律上获得确权。商标被核准注册后，企业应该在注册商标有效期内及时使用商标，使利益最大化，避免第三方侵权或"搭便车"。商标的真正作用是通过大量使用不断形成的品牌效应，使消费者接受并忠于该品牌。如果第三方对自身商标权利产生侵害或构成冲突，便应合理利用各种法律措施阻止对方侵权或注册商标。

2. 企业的品牌管理策略

品牌管理是对建立、维护、巩固品牌的全过程进行有效监管控制，并协调与消费者之间关系的全方位管理过程。评价品牌的指标有品牌知名度、品牌美誉度、品牌忠诚度等。品牌资产只有通过系统化的品牌管理才能最终确立品牌资产的竞争优势。品牌管理成熟的一个标志是将品牌管理与产品管理相分离。与产品组合类似，在大企业中也存在一个由许多品牌组成的品牌组合。所谓和谐的品牌组合，是指相互独立的众多品牌的有机结合。不同品牌在其中扮演各自不同的角色，同时又相互支持，以便取得协同效果。

（1）精简产品的品牌数量

品牌过多，不仅造成企业资源分散，还由于缺乏主打品牌，在国际市场竞争中处于不利地位，所以企业要集中力量培育核心品牌，将品牌建设的重点放到培育具有国际影响力的旗帜品牌上。著名战略管理专家哈默尔和普拉哈拉德在《竞争大未来》一书中，形象地将未来企业的构架比作一间房子：核心能力是其地基，核心产品和核心技术是房子的支柱，而屋顶则是企业品牌或旗帜品牌。他们认为，旗帜品牌是未来企业获得持久竞争优势的重要来源。所谓旗帜品牌，就是企业的主要品牌，在企业的品牌组合中居于较高层次，发挥核心作用，是企业营销投资的重点。一般而言，旗帜品牌具有很高的知名度和良好的形象，顾客联想较为抽象，延伸能力强，可以同时使用在多种产品上，起到注释和推动产品销售的作用。一个企业可能只有一个旗帜品牌，如 Body Shop、Intel、Nike、Virgin 等公司，它们的旗帜品牌就是企业品牌；也可以同时拥有几个旗帜品牌，例如吉列公司的 Gillette、Sensor、Gel、Series 等。

（2）注重品牌间的合作与配合

在品牌组合中，不同层次的品牌具有不同的功效。旗帜品牌知名度大，能够向公众传递企业的经营理念，反映企业的实力和信誉，有助于吸引消费者的注意力和增强购买信心；产品品牌易于表达产品的具体功能和特色，传达产品的独特卖点。如果巧妙地将不同品牌的特点有机结合，在旗帜品牌与产品品牌之间建立适当的联系，使它们能够相互支持和促进，就可以收到事半功倍的效果。注重品牌间的合作和配合，主要做法有两种。第一，双品牌策略或合作品牌策略。即在促销时，同时使用两种品牌。吉列公司就是一个典型的例子。它把公司的旗帜品牌"吉列"的主题设为"男人的最佳选择"，并且把这个主题和"吉列"这个名称印制在其所有的产品包装上。当它为产品做广告时，突出其旗帜品牌"吉列"所代表的含义，依靠"吉列"的声誉帮助其产品成功地被顾客接受。这种双品牌策略在"吉列"推出"感应"（Sensor）系列时，取得了巨大成功，并且很快使吉列在全球树立起一个良好的新形象。第二，在产品品牌中含有旗帜品牌。例如，雀巢公司在许多产品品牌前面都加上"Nes"这个字头，如 Nescafe（咖啡）、Nestea（茶）和 Nesquik（奶昔）等，这样使雀巢在推出众多产品的同时，可以利用雀巢的知名度和良好信誉带动产品销售，同时也强化了雀巢品牌的市场地位。20 世纪 90 年代中期，雀巢已经成为全球十大最有价值的品牌之一。3M 公司在其新战略中也采取了这种方法，在推出产品时，采用 3M 加上通用产品名称或已有产品品牌名称的方法。企业品牌和产品品牌相互支持，相得益彰。近年来，部分企业还借助外部资源，缔结品牌战略联盟。

（3）树立国际化品牌的理念

跨国公司在中国市场能够成功地实施其品牌战略，与其实现品牌全球化理念是分不开的。就中国企业而言，树立国际化品牌的理念是实施品牌国际化的首要立足点。中国企业只有进军国际市场，成功地打出自己的品牌，才有可能成为国际知名品牌。

国内企业首先是要树立国际化品牌的理念，只有这样，才能真正促进企业品牌国际化战略的实施。同时，企业还应该保护好自己的品牌，避免出现商标注册不及时、保护不全面导致在其他国家被抢注的现象。目前，国内华为企业是树立国际化品牌理想的典范，随着华为手机走向世界，华为品牌也得到欧洲、北美洲和非洲等市场的认可。

（4）夯实品牌国际化的基石

企业核心竞争力是指企业最基本的、能够使整个企业保持长期稳定发展的竞争优势和获得超额利润的竞争力。它是企业获得长期稳定的竞争优势的基础，是将技能、资产和运作机制有机结合在一起的企业组织能力。跨国公司大都具有独特的核心竞争力，品牌是苹果公司最具有价值的资产，其懂得如何运用品牌、理念和出色的设计来展现它的价值。品牌是企业核心竞争力的外在表现，品牌定位是一种价值定位，从顾客的角度，立足于市场，说服顾客并赢得顾客，努力满足目标顾客心理需求并产生共识。

第三节　商标的运营策略

一、商标的使用策略

商标的价值在于使用，如果不使用就会面临失去商标的风险。根据《商标法》的规定，注册商标连续三年未在注册指定的商品或服务上使用，又无不使用的正当理由，任何人都可以申请撤销该商标注册。可见，企业对其商标的正确使用，既是该商标受法律保护的基础，也是有效实施商标战略的保障。

1. 强调商标使用的标准化

《商标法》第 56 条规定："注册商标的专用权，以核准注册的商标和核定使用的商品为限。"《商标法》第 24 条规定："注册商标需要改变其标志的，应当重新提出注册申请。"因此，原则上商标权人使用其注册商标应该严格与注册证书上的商标一致。换言之，企业应该保持商标注册的形象与使用在产品或服务、企业形象和广告宣传中的相一致。尤其是在品牌形象越来越强大时，企业的经典商标标识应该固定。Coca-Cola、IBM、Apple、Google、McDonald's、星巴克等知名企业的商标标识经历了演变发展的过程，❶但是随着品牌影响力扩大，企业标识的经典形象就会被固定下来，这样做既符合消费者认知经济性，又能强化企业的形象。

---

❶　一个 logo 用 100 年？细数这些经典 logo 的进化史［EB/OL］. ［2019-10-26］. https://mp.weixin.qq.com/s/Ze0-PU9A8sfCR_HTEQnaBw.

2. 建立商标使用的管理标准

商标设计、注册、使用、维持、保护等都涉及商标的管理，它是一项系统性的工作。若企业使用商标不规范，不仅会面临商标被撤销和侵权的风险，还会面临企业品牌形象遭受破坏的风险。因此，企业应该建立商标使用的标准化管理体系，不仅要规范企业自身内部使用商标的行为，而且要规范企业外部。首先，企业内部应该将商标和企业品牌形象管理作为企业日常管理的一部分。其次，企业应规范供应商、经销商、广告商等各类合作伙伴使用商标的行为，加强沟通，准确地向相关公众表达、传递商标和品牌信息。❶

3. 留存商标使用的证据材料

《商标法》第48条规定："本法所称商标的使用，是指将商标用于商品、商品包装或者容器以及商品交易文书上，或者将商标用于广告宣传、展览以及其他商业活动中，用于识别商品来源的行为。"商标使用的证据是商标注册、异议、撤销程序以及商标侵权诉讼中的重要证据。因此，企业在平时的经营活动中应该留存使用的证据，包括合同书等交易文书、发票、产品外包装以及各类宣传资料等。❷ 此外，法律还规定了不可抗力、政府政策性限制、破产清算以及其他不可归责于商标注册人的正当事由等。

4. 有针对性使用商标的策略

企业要在遵循商标使用原则的基础上，根据商品或服务及市场的情况，结合自身的经营发展战略，有针对性地实施商标使用的策略。首先，单一商标策略是指企业在经营过程中只使用一个商标。比较有代表性的是宝马、雀巢、飞利浦、耐克、佳能等。单一商标策略的优势是，既可以节省企业商标注册和管理成本，还可以迅速拓展市场，企业可以专注于建立商标的知名度，最大限度地拓宽品牌的影响力。

其次，主副商标策略是指在同一产品上注册多个商标，一个是在各类产品上体现企业形象的主商标，其他的则是在某种特定产品上使用的副商标（又称为从商标），副商标建立在一个在先成功的主商标基础上。主商标的作用是建立和提高企业各类产品的名气，副商标的作用是特定产品的用途、功能、成分、品质等，相得益彰。也就是说，副商标本质上是一种商标延伸策略，主要利用消费者对于主商标的忠诚度和信赖度，推动副商标下产品或服务的销售，获得市场优势。对于有多种产品门类的企业，

---

❶ 袁真富. 完善企业商标使用的标准化管理 [N]. 中国知识产权报，2015-10-09 (6).

❷ 国家知识产权局商标局明确商标使用在指定商品上的具体表现形式主要包括：①采取直接贴附、刻印、烙印或者编织等方式将商标附着在商品、商品包装、容器、标签等上，或者使用在商品附加标牌、产品说明书、介绍手册、价目表等上；②商标使用在与商品销售有联系的交易文书上，包括使用在商品销售合同、发票、票据、收据、商品进出口检验检疫证明、报关单据等上；③商标使用在广播、电视等媒体上，或者在公开发行的出版物中发布，以及以广告牌、邮寄广告或者其他广告方式为商标或者使用商标的商品进行的广告宣传；④商标在展览会、博览会上使用，包括在展览会、博览会上提供的使用该商标的印刷品以及其他资料；⑤其他符合法律规定的商标使用形式。

主副商标策略非常普遍，比如日本的丰田、索尼，中国的光明乳业、海尔集团。

主副商标策略对企业有很多好处。第一，企业可以充分利用商标知名度和正外部性。副商标既能利用主商标的市场知名度、市场信誉度，又能避开同行业经营者的追随和竞争，大力推动副商标产品的销售。比如光明乳业对于乳制品布局了大量的商标。以牛奶为例，目前光明的品牌包括致优、优倍、如实、基础鲜牛奶等。光明在品牌运营过程中形成了不同档次、不同需求的产品品牌，采用主副商标的策略进行品牌保护。光明采用的方式是将"光明"主商标与副商标共同使用在产品上，通过"光明"主商标长期以来形成的名气提高消费者的接受度，并且在主商标和副商标长期使用的过程中，也逐步形成了对副商标使用中积累的熟悉度，当后期副商标的识别度达到一定程度时，甚至可以独立使用副商标，也能达到相同的市场效果。但作为企业整体的品牌宣传考虑，将主商标和副商标持续共同使用在同一产品上，对主商标和副商标能够形成共同的促进作用。从市场上来看，由于"光明"品牌大众的认可度，光明乳业对于旗下的各个不同产品大多采取的是主副商标策略。除了光明以外，很多大型企业也在进行主副商标的布局。企业所需要的商标一定是为了满足品牌战略、市场需求和法律保护三方面的需求，达到品牌识别、传播的目的。因而，企业在构建自己的商标体系时还需要考虑自身实际，以保证每件商标有其作用和价值，形成符合自身发展要求的主副商标策略。第二，主副商标策略可以避免商标一损俱损。与单一商标策略相比，主副商标策略更加有利于企业降低商标运营中的风险。因为副商标策略中宣传的重点是副商标的产品，而主商标放在宣传的次要地位，在主商标出现负面影响时，能最大限度地降低对于企业其他副商标的损害。

但是主副商标策略也存在一些劣势。第一，企业商标的管理成本高。第二，发生纠纷时维权困难。"港中旅"❶ "新百伦"❷ 等商标侵权案件中，法院在确定赔偿金额时考虑了被诉侵权标识对被告获利的贡献率。因此，被诉侵权商品上同时使用两个或多个商标时，很难证明其中一个商标对被告获利的贡献率。同时，对原告来说，若其主商标一直是与其他商标共同使用于同一商品之上，如何确定权利商标的价值或者原告遭受的损失则面临同样的问题。

二、商标的许可策略

1. 商标许可的类型

对于商标权人而言，商标许可使用可以迅速实现品牌知名度的提升和品牌价值的增加，维持商标持续稳定使用，可获得巨大的经济利益。对于被许可人而言，利用有一定知名度的商标可以帮助其减少前期商标注册、宣传等费用，迅速实现获利。商标

---

❶ （2015）粤高法民三终字第 444 号。
❷ （2015）湘高法民三终字第 4 号。

使用许可是商标注册人通过法定程序允许他人使用其注册商标的行为。《最高人民法院关于审理商标民事纠纷案件适用法律若干问题的解释》第 3 条将商标使用许可分为独占使用许可、排他使用许可、普通使用许可三个类型。

（1）注册商标的独占使用许可

注册商标的独占使用许可是指商标权人许可他人在规定地域内使用其注册商标后，不仅不得就同一注册商标于同一地域再许可第三人使用，而且自己也不得使用的一种使用许可方式。在注册商标的独占使用许可中，只能由被许可人使用该注册商标，连许可人即注册人自己也不能使用该注册商标，否则即构成违约，须承担相应的法律责任。商标独占使用许可必须在使用许可合同中明确约定，且要求双方当事人（许可方和被许可方）严格按照约定履行自己的义务。

（2）注册商标的排他使用许可

注册商标的排他使用许可是指许可人在同一时间内准许一个被许可人在规定的地域和指定的商品或者服务项目上使用其注册商标的同时，不得再准许他人使用其注册商标，但许可人本人仍然保留使用该注册商标的权利。

（3）注册商标的普通使用许可

注册商标的普通使用许可是指许可人在同一时间内准许一个被许可人在规定的地域和指定的商品或者服务项目上使用其注册商标的同时，不但许可人本人仍然保留使用该注册商标的权利，而且还保留了许可其他人使用其注册商标的权利。在普通使用许可中，被许可人只是取得了该注册商标的使用权，至于许可人使用该注册商标以及其他第三人经许可使用该注册商标，被许可人都无权干涉。

2. 商标许可备案的流程

委托商标代理机构办理商标使用许可合同备案的，申请人可以自愿选择任何一家国家认可的商标代理机构办理。

申请人直接到商标注册大厅办理商标注册申请的，申请人可以按照以下步骤办理：准备申请书件 → 在商标注册大厅受理窗口提交申请书件→ 在打码窗口打收文条形码→ 在交费窗口缴纳备案规费→ 收取商标使用许可合同备案通知书。

（1）应提交的申请书件

①一件注册商标许可一个被许可人使用，应提交一份商标使用许可合同备案申请书。

②申请人为自然人的，应当提交能够证明其身份的有效证件的复印件（如身份证等）。

③商标使用许可合同副本，或经过公证的商标使用许可合同复印件（现今在商标局备案阶段无须提供此文件）。

④合同文字使用外文的应当同时附送相应的中文译本。

⑤委托商标代理机构办理的，还应提交商标代理委托书。

（2）具体要求

①所有书件应当字迹工整、清晰，备案申请书应当用打字机打印。

②许可合同双方当事人必须在合同上加盖各自的印章，无印章的应当由法定代表人签名。

③申请书的填写应符合以下要求：

A. 申请书上的许可人名称、注册证号、商品或者服务名称应与《商标注册证》上的注册人名义、注册证号、商品或者服务名称完全相同。

B. 许可使用的商品不得超出《商标注册证》核定使用的商品范围。

C. 许可使用的期限不得超过《商标注册证》上的有效期限。

（3）商标使用许可合同应具备的条款

①许可使用的商标名称及其注册证号码。

②许可使用的商品及服务范围。

③许可使用的期限。

④被许可人使用的注册商标标识的提供方式。

⑤许可人对被许可人使用其注册商标的商品质量进行监督的条款。

⑥被许可人在其使用许可商标的商品上标明被许可人的名称和商品产地的条款。

3. 商标的许可策略

（1）重视对被许可人的资质的审查，及时进行商标许可备案

首先，在授予许可之前，许可人首先应该对被许可人的资质进行审查，对于国家规定的特殊行业需要特殊资质的，应该要求被许可人提供。其次，《商标法》第43条第3款规定："许可他人使用其注册商标的，许可人应当将其商标使用许可报商标局备案，由商标局公告。商标使用许可未经备案不得对抗善意第三人。"因此，商标许可合同信息会在商标局公共系统中公开备案，视为相关公众对此许可情况已经知晓。如果没有在商标局进行备案，不视为相关公众知晓这种许可关系。另外，许可人还需对被许可人的生产能力、管理水平、产品质量等进行考察、测试，选择生产能力较好、经营管理水平较高且履约能力较强的企业作为被许可人。

（2）重视对许可人的产品质量监督，合理计算商标许可费

首先，《商标法》第43条第1款规定："许可人应当监督被许可人使用其注册商标的商品质量。"可见，质量监督既是许可人的法定义务，也是对于其商誉和利益保护的体现。因此，许可人应该提前在合同中约定明确细化的质量标准和要求。其次，许可人作为品牌所有人应该对任何可能对品牌造成严重打击的商业行为极力予以规避，力求塑造企业品牌在市场良好的口碑以及企业的良好形象。同时，企业应该根据商标的评估价值和企业经营状况合理确定商标许可费。一般情况下，被许可商标的知名度，被许可使用的时间、地域以及商品或服务的范围，许可使用方式等都是影响商标许可费的重要因素。除此之外，企业所处行业的前景、利润率等也是影响费率的因素。

（3）加强对于商标和品牌的管理，避免商标被淡化

企业应该在合同中明确约定禁止被许可人注册或使用与被许可商标近似的商标。因为在商标许可使用中，被许可人出于自身利益的考虑会培养自由品牌，注册或使用与被许可商标近似的商标，甚至将被许可商标的一部分与自己的商标组合后使用和注册，这会导致消费混淆或品牌被淡化。

（4）特许经营中商标许可策略

特许经营是指权利人将其商标、商号、经营模式在一定条件下许可给经营者，允许其在一定区域内从事与授权人相同的经营业务。特许经营中的商标许可策略包括：第一，企业以其商标作为商业特许经营资源对外进行商业特许经营活动的，其商标应为注册商标。❶第二，在特许经营合同关系中，应当保持特许人对注册商标等特许经营资源的绝对控制，被特许人应当依约诚信经营，不得攫取特许人的知识产权利益，且未经特许人许可，被特许人不得擅自使用特许经营资源开设店铺。❷第三，对于被特许人在经营过程中对特许人的品牌增值做出的贡献，应该提前在特许经营合同中进行约定，避免后续因品牌增值引起纠纷。

三、商标的交易策略

商标交易又称为商标转让，是指商标权人将自己的注册商标转让给第三人使用的行为。同时，当企业想要使用的商标被他人抢注之后，若通过异议或无效宣告程序后仍无法取得商标时，商标交易也是一种有效的措施。因此，对于商标交易双方当事人而言，商标转让时存在的风险一般是合同风险。除此之外，还包括商标交易中特有的风险，比如商标权不稳定的风险、商标权存在权利负担等风险。

对于商标出让人而言，应该与受让人共同到商标局办理注册商标的转让手续，商标转让生效的时间是商标局核准公告的时间。对于商标受让人而言，在交易前应该主动核实商标的使用情况、效力状态以及与该商标相关的诉讼。如商标注册满三年但未进行市场使用则可能导致被其他人提出撤销的风险，或者该商标可能已经办理了质押手续，不能在质押解除之前进行转让等。

【案例 9-2】"IPAD"商标的交易策略

深圳唯冠在中国大陆申请了两个"IPAD"文字商标和文字图形结合商标的商标专用权，并于 2001 年获得商标局核准注册，之后深圳唯冠将该商标使用在其自行研发的液晶显示器等电子产品上。2001—2004 年，唯冠控股旗下另一子

---

❶ 上海浦东新区人民法院（2015）浦民三（知）初字第 142 号。

❷ 江苏省高级人民法院（2010）宁知民初字第 465 号、（2012）苏知民终字第 0154 号，南京宝庆银楼连锁发展有限公司、江苏创煜工贸有限公司与南京宝庆银楼首饰有限责任公司、南京宝庆首饰总公司特许经营合同纠纷案。

公司"台湾唯冠"在欧盟、韩国、墨西哥、新加坡等国家和地区共获得 8 个"iPad"相关注册商标专用权。2005 年前后，苹果公司策划相关产品进入欧洲市场时，得知 iPad 商标归台湾唯冠所有，以撤销闲置不用商标等理由向英国商标局提出申请，但在英国败诉。2009 年 12 月，英国的 IP 公司（IP Application Development Limited）与我国台湾唯冠签署 IPAD 商标整体转让协议，协议对价 3.5 万英镑。2010 年 4 月 3 日，苹果公司 iPad 平板电脑产品在美国上市，4 月 7 日，苹果公司与 IP 公司签订转让协议，以 10 万英镑价格"受让"包括涉案商标在内的所有商标。2010 年下半年，苹果公司联合 IP 公司在中国深圳市中级人民法院起诉深圳唯冠，请求法院确认两个 IPAD 商标专用权归苹果公司所有。美国苹果公司和 IP 公司起诉唯冠科技（深圳）有限公司（以下简称"唯冠科技"或"唯冠深圳"）不履行 IPAD 转让商标义务。该案件经过三次开庭，最终判定苹果败诉。2012 年 2 月，唯冠要求在上海地区禁售 iPad 的听证会结束，苹果提请驳回禁售令。2012 年 6 月，广东省高级人民法院通报，苹果公司支付 6000 万美元一揽子解决 IPAD 商标纠纷。

四、商标质押融资

商标质押融资是指企业或个人以合法拥有的商标权经评估后作为质押物，向银行申请融资贷款。中国银保监会、国家知识产权局和国家版权局在《关于进一步加强知识产权质押融资工作的通知》中强调"鼓励商业银行对企业的专利权、商标专用权、著作权等相关无形资产进行打包组合融资，提升企业复合型价值，扩大融资额度。研究扩大知识产权质押物范围，积极探索地理标志、集成电路布图设计作为知识产权质押物的可行性，进一步拓宽企业融资渠道"。商标质押融资对于中小企业意义重大，因为商标质押融资能在一定程度上缓解其资金困难。宁波东钱湖投资开发有限公司以"东钱湖"商标作为质押从浙江稠州商业银行宁波分行获得 2 亿元的贷款。❶ 安徽鸿润（集团）股份有限公司以"鸿润"商标在徽商银行安庆桐城支行质押贷款 10 亿元人民币。昆山市巴城镇阳澄湖蟹业协会质押巴城阳澄湖大闸蟹地理标志商标专用权获得银行贷款 1 亿元。可见，商标质押融资是拓宽企业质押融资渠道的重要途径。

1. 我国商标质押融资的现状

（1）商标质押制度不健全，融资效果不明显。据统计，商标权质押融资额度集中分布在 3000 万元以下和 500 万元以上，占比 85%。❷ 数据显示，2016 年，江苏省注册商标申请量突破了 20 万件，而同期办理的商标质押仅有 29 件。从全国来看，截至

---

❶ "东钱湖"商标再次成功质押获得贷款 5 亿元［EB/OL］．［2019-10-24］．http://news.cnnb.com.cn/system/2016/04/19/008495642.shtml.

❷ 李群，毛立国．商标权质押融资困难重重，出路在哪里？［N］．中国知识产权报.

2018 年 9 月底，商标质权登记数量为 895 件，融资金额 462.5 亿元，这一数据相对于我国 1000 多万件的注册商标总量和 2000 多万家的企业总数来说显得极不相称。我国目前关于商标质押融资效果不明显，据调查，主要原因是银行、企业开展商标权质押贷款工作的积极性不高，尤其是银行部门认为商标权质押贷款存在很大风险。企业也认为手续麻烦、质押困难，还很难找到相应质押机构等，其中手续费用比较高，时间比较长。❶

我国知识产权质押融资起步较晚，但是随着我国知识产权产业发展的进步，技术、品牌走出国门的需要，政府从政策层面也更加重视对于商标、专利、著作权等的质押融资，以实现无形资产的变现。目前，北京中关村中技知识产权服务集团与华软资本集团合作建立了国内首家"评—保—贷—投—易"五位一体的知识产权金融服务体系，通过"成长债"业务帮助科技型企业以"知识产权质押+股权质押"方式获得银行贷款，成为国内债股结合、投贷联动的经典案例。❷

（2）商标质押融资具有良好的产业前景，但是就我国目前的商标价值评估而言，评估方法和模型还需加强。中细软知识产权研究院发布的《2017—2020 年知识产权市场规模预测报告》指出，"2016 年我国商标办理质权登记申请 1410 件，同比增长 20%，帮助企业融资 649.9 亿元，同比增长 90%。保守估计，按照 20% 增长率计算，预测 2017 年商标质押登记件数达到 1692 件，金额达 780 亿元；2020 年商标质押登记件数达到 2924 件，金额达 1348 亿元。"❸国家质检总局和国家标准化委员会出台的《品牌评价　品牌价值评价要求》《品牌价值　要素》《品牌价值　术语》和《品牌评价　多周期超额收益法》四项推荐性国家标准，为企业品牌价值管理提供了规范、一致的价值评价参考依据。

2. 商标质押融资的法律风险和防范措施

（1）商标权的不稳定性

①被无效的风险。首先，《商标法》第 44 条规定：已经注册的商标，违反本法第 10 条、第 11 条、第 12 条规定的，或者是以欺骗手段或者其他不正当手段取得注册的，由商标局宣告该注册商标无效；其他单位或者个人可以请求商标评审委员会宣告该注册商标无效。因此，商标无效的绝对理由包括：已经注册的商标，不具备显著性和合法性的，可以被宣告无效。以欺骗手段或者其他不正当手段取得注册的商标也可以被宣告无效。其次，《商标法》第 45 条规定：已经注册的商标，违反本法第 13 条第 2 款

❶ 关于商标质押融资价值评估体系现状分析 ［EB/OL］. ［2019-10-21］. https://mp.weixin.qq.com/s/7P3NQz8i_QEF7kOHGukbTg.

❷ 北京中关村中技知识产权服务集团. "评—保—贷—投—易"五位一体创新知识产权运营模式 ［EB/OL］. ［2019-10-27］. http://tj.people.com.cn/n2/2017/0421/c380747-30069864.html.

❸ 2017—2020 知识产权市场规模预测报告（三）［EB/OL］. ［2019-10-24］. https://mp.weixin.qq.com/s/K87a5b7t_mfNoiVOqd7VQg.

和第 3 款、第 15 条、第 16 条第 1 款、第 30 条、第 31 条、第 32 条规定的,自商标注册之日起 5 年内,在先权利人或者利害关系人可以请求商标评审委员会宣告该注册商标无效。对恶意注册的,驰名商标所有人不受 5 年的时间限制。因此,构成商标权相对无效的原因是商标权同在先取得的权利或其他合法权益相冲突,包括:与他人的在先权利冲突、侵犯他人的驰名商标权、抢注他人的未注册商标、违反有关代理或代表的规定。

②被撤销的风险。《商标法》第 49 条规定:"商标注册人在使用注册商标的过程中,自行改变注册商标、注册人名义、地址或者其他注册事项的,由地方工商行政管理部门责令限期改正;期满不改正的,由商标局撤销其注册商标。注册商标成为其核定使用的商品的通用名称或者没有正当理由连续三年不使用的,任何单位或者个人可以向商标局申请撤销该注册商标。"

(2)商标质押模式的多样性

一是单笔质押,以商标权质押为债权人和债务人签订的借款合同或债务提供担保,债权数额以合同约定为准,质权登记日,该债权数额已经确定;二是最高额质押,以商标权质押为债权人和债务人在一定期限、在合同约定的最高额限度内连续发生的借款或债务提供担保,质权登记日,该债权数额并未确定;三是余额质押,商标已办理质押后,在征得质权人同意的情况下,可以其剩余价值部分办理再次出质,在后质权人受偿顺序居后。

(3)商标价值评估的滞后性

商标只有在持续使用过程中才能实现价值增值,商标价值评估的时间节点并不能正确反映出商标的动态价值和未来的溢价。首先,企业的商品或服务质量、品牌策略、销售模式等都会对商标价值产生影响。其次,市场环境、政策导向、行业格局调整等都会影响商标价值。目前商标评估的方法有,一是直接的估值方法——割差法;二是"收益现值法"评估企业整体资产-"重置成本法"评估企业有形资产-商标之外的无形资产;三是超额收入法,即同一企业销售同一种产品,"使用商标"收入减去"不使用商标"收入,得出实际收入差额,就是商标价值。此外还有间接的估值方法,主要参考以往商标许可合同中确定的许可费率,或借助同类行业或同类产品在侵权诉讼中由法院判决的数额。

五、商标运营中的风险分析

1. 商标运营中的风险

商标运营风险与企业无形资产运营风险密切相关,商标运营中的风险既包括企业无形资产运营的一般风险,也包括商标运营中特殊的风险。

(1)商标注册不当的风险

商标注册不当的风险包括被抢注和不被核准注册的风险,后者主要指商标注册存在禁止注册的绝对事由和相对事由。根据《商标法》规定，商标权取得要件包括显著性、合法性、非功能性以及不与在先权利相冲突。若申请人申请的商标不满足上述要件，就会面临无法获得商标权的风险。即便暂时获得授权，还会因为缺乏合法性（违反《商标法》第 10 条）、缺乏显著性（违反《商标法》第 11 条）、缺乏非功能性（违反《商标法》第 12 条）而被行政机关依职权撤销或被第三人申请撤销。

（2）商标使用不规范的风险

商标被核准注册后的侵权风险来自两方面：一是商标不规范使用侵犯他人权利的风险；二是商标不规范使用被撤销、无效的风险。若存在使用商标的主体不合法、使用的商标不合法、使用不连续等情形，就会面临商标被行政机关撤销、侵犯他人商标权和在先权利等风险。根据《商标法》第 49 条的规定，商标注册人自行改变注册商标的；自行改变注册商标、注册人名义、地址或者其他注册事项的；连续三年停止使用已注册商标的，注册商标可能面临被商标局撤销的风险。根据《商标法》第 57 条的规定，不规范使用有可能侵犯他人注册商标专用权。

2. 商标运营中风险的应对措施

（1）商标申请前充分检索评估，降低商标不被授权的风险

第一，企业要规划商标申请的时间，避免被抢注。企业在推广宣传产品前要做好商标申请的规划，避免产品进入市场后被其他人抢先注册。若商标已经被他人抢注，企业可以通过谈判购买被抢注的商标，但容易被价格挟持索要高价。在无法通过购买途径获得商标时，我国现行商标法对于商标抢注行为进行了规制，《商标法》第 15 条规定了禁止代理人、代表人以及特定关系人抢注；第 32 条规定了禁止不正当抢注具有一定影响力的商标。

第二，企业要确认是否存在在先权利，避免侵犯他人在先权利。

《商标法》第 32 条规定，申请商标注册不得损害他人现有的在先权利。在先权利指的是在商标申请注册日之前已经取得的，除商标权以外的其他权利，包括字号权、著作权、外观设计专利权、姓名权、肖像权、地理标志以及应该保护的其他合法的在先权益（《反不正当竞争法》第 6 条规定的其他权益）。

第三，企业根据分类表的变化及时补充新的商标，避免商标侵权风险。

《类似商品和服务区分表》是商标审查员、商标代理人和商标注册申请人判断类似商品或服务的参考，也是行政机关和司法机关处理商标案件时判断类似商品或服务的参考。尼斯分类表每五年会有一次重大修订，每年会有一些小的修订。因此，企业应及时关注其变化，避免因分类表变化而带来的商标侵权风险。

（2）商标被核准注册后要规范使用，降低侵权风险

第一，注册商标的使用应以《商标注册证》上核准的标志为限。注册商标的使用应以《商标注册证》上核定的类别和核定使用的商品为限，不得超出核定使用的类别。

第二，商标注册人的名义、地址发生改变的，应及时依法办理变更手续。

（3）商标的许可、转让以及质押要进行风险评估

商标的许可、转让及质押涉及注册商标专用权的转移，风险主要存在于合同订立及履行的过程中。作为商标的被许可人、受让方以及质押权人，要重视对商标使用的侵权风险和商标权的稳定性。

六、商标运营的典型案例解析

【案例 9-3】鲁花商标质押成功授信 15 亿元

农行山东分行成功为山东鲁花集团有限公司 15 亿元授信业务办理商标专用权质押登记。银行的贷款授信常因为担保落实问题，无法对优质客户授信。当时鲁花可供抵押的机器设备、房地产固定资产已经比较少了，第三方担保也难以落实。农业银行总行结合鲁花的市场销售额、品牌保护程度等多项因素，与山东鲁花集团有限公司签署《最高额权利质押合同》，并在国家工商行政管理总局商标局办理最高额质押登记后，农行山东省分行以知识产权质押方式积极为山东鲁花集团有限公司办理贷款业务。一旦出现贷款风险，依据质押合同，农行有权处置其"鲁花"商标，农行信贷资产可得到保障。

第四节　商标与专利运营的相互助力

一、产品研发期——商标专利提前布局

商标和专利运营是企业知识产权运营的重要组成部分，商标和专利提前布局是非常重要的，尤其是对于科技型产业，要做到产品上市前，专利和商标先行。华为公司在中国和海外的商标布局和专利技术布局是实现商标与专利运营相互助力的典范。华为公司自 1989 年开始自主研发，于 1995 年成立知识产权部，从 2000 年起华为国内外专利申请量以每年翻倍的速度增长，在国外专利申请方面，累计 PCT 申请或国外专利申请已经超过 10650 件，累计国内外商标也超过 600 件。❶

华为在产品研发期，提前实施商标和专利战略，做到产品上市前商标和专利先行。首先，在产品推出前提前申请商标注册。比如早在华为推出 Mate 20 产品时，华为已经向欧盟注册申请了 Mate 系列的产品，包括 Mate 30、Mate 40、Mate 50、Mate 60、Mate 70、Mate 80 和 Mate 90 商标。另外，据外媒 Letsgodigital 报道，华为向英国知识产权局（IPO）在第 9 类（包括智能手机、移动电话、平板电脑等）上提交了名称为 P300、P400 和 P500 的三份商标

---

❶　陈星星. 浅析我国企业海外知识产权战略的构建：基于华为案例的引申思考［EB/OL］.［2019-10-27］. https://mp.weixin.qq.com/s/26k1SkQQ7DesAWCZL-TSjA.

申请。其次，在技术研发前提前申请商标注册。比如华为已经向欧盟知识产权局（EUIPO）申请了多项商标专利，其中"HUAWEI ARK OS"（华为方舟系统）被认为是华为在为海外市场发布自研系统而做准备。2015 年，国家商标局核准华为申请注册的"华为鸿蒙"商标，相关的一系列"华为鲲鹏""华为昆仑""华为麒麟"等以中国传统文化中神仙、志怪、异境为名的商标也都被核准注册。从华为商标布局战略可以看出华为对其品牌手机以及计算机运行操作系统及核心芯片核心专利技术、商标的体系化建设。"华为鸿蒙"不仅仅是一个操作系统，更是其商标和品牌。更为重要的是，华为公司在技术构思确定时就开始专利布局。比如在华为退出 MateX 手机前，华为早已将多显示屏的折叠拼接作为未来显示设备的发展方向去进行技术研究开发和专利布局。"折叠式多屏手机"这个想法于 2012 年甚至更早就已萌芽（CN201210161483.4——折叠式移动终端），于 2014 年左右进一步深化（CN201410765262.7——多屏拼接显示处理方法和设备），直至 2016—2017 年技术才更加成熟化。❶ 华为于 2016 年为折叠处的铰链结构申请的专利在 2018 年才申请公开。华为利用发明专利公布的最晚规定期限公开其专利，尽可能让其竞争对手延迟看到自己的核心技术，从而防止专利公开太早而导致技术被别人模仿。

由此可以看出，有实力的研发型企业对技术是具有长远眼光的，从技术萌芽—发展—成熟—面市有长远规划和布局。进行核心技术的开发及长远技术研究型的企业应该在技术构思成型后即开始进行专利布局、专利申请，如后续不断有技术改进，则可再进行扩展性或补充性专利申请的布局。具体来说，要遵循以下几个原则：第一，产品未上市，专利先行；第二，不提前公开，抢占早的申请时间，防止被他人仿冒；第三，随着研发的进步，进行专利扩展布局；第四，不仅申请中国专利，同时通过 PCT 途径进行全球战略布局。

二、成熟推广期——商标专利齐护航

如果说华为是专利布局和商标布局并驾齐驱、相互助力的典范，那么当年腾讯的微信商标案就是企业商标布局不及时的深刻教训。创博公司于 2010 年 11 月 12 日在第 38 类信息传递等通信服务上申请注册"微信"商标。2011 年 8 月 27 日，该申请经商标局初审公告。2011 年 1 月 21 日，腾讯发布微信即时通信软件的测试版，随后在很短时间里吸引了超过 5000 万的注册用户，"至 2013 年 7 月用户已达 4 亿，至 2014 年 11 月用户更超 8 亿"。第三方张某在法定异议期内对创博公司的商标申请提出异议，认为该商标注册会产生《商标法》（2001）第 10 条第 1 款第（八）项意义上的"其他不良影响"。商标评审委支持张某的主张，拒绝核准注册该"微信"商标。北京知识产权法院一审维持了这一决定。虽然腾讯公司最终以"不良影响"的理由撤销了创博公司注

---

❶ 你只看到 MateX 的惊艳，没看到华为的专利布局［EB/OL］．［2019-10-28］．https://mp.weixin.qq.com/s/UeR-dgEJaPbipO6Y9H-vU5w．

册的微信商标，表面上腾讯维护了企业的利益，将微信商标争夺回了自己手中，不至于像在"IPAD"商标案中那样被索要高价的商标转让费用，但是这一案件也反映出腾讯公司在商标布局战略上缺乏应有的敏感度和前瞻性。据悉，腾讯于 2011 年 1 月 21 日才对外发布名为"微信"的 1.0 测试版软件，1 月 24 日才首次向商标局提交"微信"图文商标注册申请。❶ 可见，相比于华为全面的商标和专利布局，腾讯的知识产权运营战略还有待改进和完善。

三、无形资产增值——1+1>2

在数字化经济时代，无形资产的类型越来越多样化，企业对于无形资产的培育、维护也越发重视。知识产权运营战略中对于无形资产的使用、许可、质押融资、证券化等策略都是帮助企业实现无形资产价值及促进价值增值的重要途径。所以企业在发展的任何阶段，尤其是在产品研发期和成熟推广期更要重视无形资产的布局和规划。

---

❶　微信商标案的不良"后遗症"［EB/OL］.［2019-10-28］. https://mp.weixin.qq.com/s/h9NqCddrcASXBUocT620yg.

第十章 · CHAPTER 10

地理标志品牌运营

第一节　知识产权保护视角下的地理标志制度

一、知识产权保护下的地理标志

1. 地理标志的概念及内涵

地理标志是由原产地名称逐渐发展而来的。1958 年,《保护原产地名称及其国际注册里斯本协定》规定:"原产地名称系指一个国家、地区或地方的地理名称,用于指示一项产品来源于该地,其质量或特征完全或主要取决于地理环境,包括自然和人为因素。"❶ 该公约虽然只有 19 个成员方,但其关于原产地名称的定义为世界各国所接受。随后,世界知识产权组织在 20 世纪 60 年代通过的《发展中国家原产地名称和产地标记示范法》,树立了保护地理标志的一个立法范本,它为原产地标记提供了更加完善的保护措施,详细规定了对原产地标记予以保护的条件以及违法使用的责任等。1991 年,世界贸易组织缔结的《与贸易有关的知识产权协议》明确适用了地理标志概念,规定:"地理标志是指识别一货物来源于一成员领土或该领土内一地区或地方的标识,该货物的特定质量、声誉或其他特征主要归因于其地理来源。"❷

我国与地理标志相关的概念较早出自原国家质量技术监督局于 1999 年 8 月 17 日制定的《原产地域产品保护规定》,其是我国第一部专门规定原产地域产品保护制度的部门规章。并且我国作为《与贸易有关的知识产权协定》的成员方,根据相关规定,也将地理标志称为原产地域产品,在本规定的第 2 条中对其概念做出了明确界定,"原产地域产品是指利用产自特定地域的原材料,按照传统工艺在特定地域内所生产的,质量、特色或者声誉在本质上取决于其原产地域地理特征并依照本规定经审核批准以原

---

❶ 世界知识产权组织(WIPO). 保护原产地名称及其国际注册里斯本协定 [Z]. 1979 (10) 译本.
❷ 国家知识产权局. 与贸易有关的知识产权协议 [Z]. 2010 (3) 译本.

产地域进行命名的产品"。2001 年 10 月修订的《中华人民共和国商标法》则首次以法律形式明确了地理标志概念，此后颁布的《中华人民共和国商标法实施条例》规定了地理标志可以通过申请集体商标和证明商标予以保护。2005 年 6 月，国家质量监督检验检疫总局公布《地理标志产品保护规定》将《原产地域产品保护规定》中的"原产地域产品"改称为"地理标志产品"。明确地理标志产品是指"产自特定地域，所具有的质量、声誉或其他特性本质上取决于该产地的自然因素和人文因素，经审核批准以地理名称进行命名的产品"。据此，可明确我国的地理标志与国际上地理标志的相关概念存在一致性，具有以下特征：

（1）地理标志是一种标示商品地理来源的标志。该标志商品必须来源于某地区而非其他地区，且该地理名称必须真实存在。❶ 例如，使用普洱地理标志的普洱茶，就是标示着该茶是云南普洱茶区生产的茶；西湖龙井商标中的西湖，实际存在于浙江省杭州市，而不是虚构出来的一个地理名称。

（2）地理标志标示的商品具有特定的质量、信誉或者其他特征。例如，章丘大葱的特定质量、特征为：可高达 1.5 米，葱白长 0.5~0.6 米，茎粗 3~5 厘米，重有 1 斤多，被称为"葱王"；辣味淡，有清香润甜，葱白肥大脆嫩，久藏而不变质，嚼之无丝，汁多味甘。❷

（3）使用地理标志的商品的特定质量、信誉或者其他特征，主要由该地区的自然因素或者人文因素所决定。所谓自然因素，是指自然界客观存在的各种因素，如水质、土壤、地势、气候等。吐鲁番葡萄皮薄、肉脆、高糖低酸、高出干率等独特的品质，是由新疆吐鲁番地区独特的水土、光热等自然资源决定的。所谓人文因素，是指人类社会生产、生活中的各种因素，如用料、配方、工艺、历史传统等。南京云锦是明代早期南京织锦艺人发明的工艺技法，已有 1500 多年的手工织造历史，其"木机妆花"工艺是在我国织锦历史中不可被机器取代，只凭口传心授的编织工艺。❸

2. 地理标志与其他知识产权的区别

地理标志是与商标有关的商品区别标志，与发明、商标、实用新型、外观设计、厂商名称、服务标记等工业产权相比，有着明显的区别。

首先，功能不同。一般的知识产权并不直接反映商品质量或特色，而地理标志有品质担保、质量认证的功能。因此，地理标志不能个体专有，但是商标可独家注册。❹ 一般商标不能注册为地理标志，地理标志也不能注册为商标，但是善意注册的继续有效。

---

❶ 于金葵. 地理标志法律保护模式的探讨［J］. 中国海洋大学学报（社会科学版），2006（1）：89-91.

❷ 乔晓阳.《中华人民共和国商标法》释义及实用指南［M］. 北京：中国民主法制出版社，2013：59-60.

❸ 陆晔，王宝林. 独创的艺术成就：谈南京云锦"妆花"工艺［J］. 上海工艺美术，2002（4）：49-50.

❹ 吴汉东. 知识产权法学［M］. 6 版. 北京：北京大学出版社，2014：198.

其次，时间性要求不同。很多地理标志都与传统、文化、历史紧密相关，而且该项权利也没有保护期的限制。然而，多数的工业产权保护则需要在一定的保护期限内。

再次，权利转让不同。地理标志不得转让或许可使用；商标可被转让或许可他人使用；发明、外观设计、厂商名称、服务标记等也都具有可转让的法律特征。

最后，寻求法律保护和救济的权利主体范围不同。地理标志被滥用时，任何权利人均可起诉。而其他权利被侵权时，只有权利个体可以主张权利。

二、知识产权保护下的地理标志产品

1. 地理标志产品的类型

地理标志产品，是指产自特定地域，所具有的质量、声誉或其他特性本质上取决于该产地的自然因素和人文因素，经审核批准以地理名称进行命名的产品。在我国，目前存在三类地理标志产品认证及保护管理体系：一是国家工商行政管理总局认证及管理保护的中国地理标志 GI；二是国家质量监督检验检疫总局认证及管理保护的中国地理标志 PGI；三是农业部认证及管理保护的农产品地理标志 AGI。具体分类差异见表 10-1。

表 10-1　三种地理标志产品的分类列表

	GI	PGI	AGI
部门	国家工商行政管理总局	国家质量监督检验检疫总局	农业部
名称	地理标志证明商标和集体商标	地理标志保护产品	农产品地理标志
法律依据	《商标法》《集体商标、证明商标注册和管理办法》	《地理标志产品保护规定》	《农产品地理标志管理办法》
定义	某商品来源于某地区，该商品的特定质量主要由该地区的自然因素或者人文因素所决定的标志	产自特定地域，所具有的质量、声誉或其他特性本质上取决于该产地的自然因素和人文因素，经审核批准以地理名称进行命名的产品	来源于特定地域，产品品质和相关特征主要取决于自然生态环境和历史人文因素，并以地域名称冠名的特有农产品标志
范围种类	组织成员的资格标志；已证明产地、原料、制造方法、质量或特定品质的商品和服务	本地区种植、养殖产品；原材料来自本地区或部分来自其他地区，并在本地区按特定工艺生产和加工的产品	在农业活动中获得的植物、动物、微生物及其产品

2. 地理标志产品之间的异同

以上三类地理标志从产品认证、保护与使用的有关规定、法律依据来看，虽然认证机构不同、认证相关规定与制度有一定的差异性、有效年限不同，但在对地理标志产品的相关要求、技术制度、管理办法、标志使用等方面，依然存在着基本类似的特征。

（1）地理标志产品的特征（见图10-1）

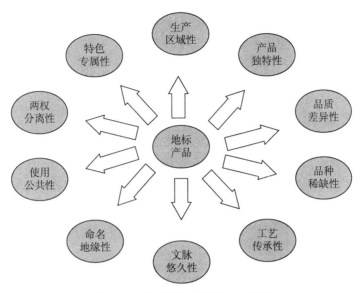

图10-1 地理标志产品的十个特征

针对三类地理标志（GI、PGI、AGI），生产区域性决定了地理标志产品不同区域会有不同的风土、物种、工艺、人文等因素，从而限定了地理标志产品的生产区域范围。并且通常该地区具有长期的种养殖历史，在历史演变中形成工艺发展技法和生产文化脉络，进一步形成了地理标志产品的工艺传承性和文脉悠久性。如龙井茶产于浙江杭州西湖龙井村一带，已有1200余年历史，并且该茶的采制具有"抖、搭、揭、捺、甩、抓、推、扣、磨、压"十大手法。产品独特性则要求地理标志产品要具有品种独特性、品质风味差异性、原材料特色、特殊工艺、特殊人文因素等当地地域特点及人文因素。另所谓"橘生淮南则为橘，生于淮北则为枳"，即便是同一科同一属的产品，由于地理条件、人文因素等的不同，不同地区会产出不同的品种，并且即使是同一品种，品质特征也是有差异的，因此形成品质差异性和品种稀缺性。如同样是羊，就有宁夏盐池滩羊、内蒙古巴美肉羊、陕西横山羊、海门山羊、蒙山黑山羊、梁山青山羊、阿勒泰大尾羊等不同区分。不仅如此，为了更好地区分以及标志产品的特殊性，便于记忆，便于产生品牌联想，地理标志产品通常具有命名地缘性。实践中，除GI之外（规定可以是该地理标志标示地区的名称，也可以是能够标示某商品来源于该地区的其他可视性标志），PGI、AGI两类地理标志认证的产品，名称均由农产品所生产的地理区域名称、农产品品类通用名称两者合并构成。如福州茉莉花、云阳红橙等，前两字为地理区域名称，后几个字为产品品类通用名称。除此，地理标志产品具有使用公共性，只要是在限定的区域内生产，其产品符合地理标志产品认证要求的、获得认证保护管理权力机构（协会或者其他组织）认可的企业或个人，都能够获得授权，拥有生产权益。两权分离性是指所有权和使用权分离。GI 中明确表明地理标志证明商标的商标所有权、商标使用权两权分离，PGI、AGI 则由于其使用的公共性，存在地理标志产品保护监管者、地理标志使用者（企业、合作社、农户等）之间的分离现象。综上，PGI、GI、AGI 三类地理标志认证的产品，品质和特色主要取决于独特的自然生态环境和人文历史底蕴，因此，地理标志产品也具有特色专属性。

（2）地理标志产品之间的差异

一是管理依据和范畴不同。GI 是由国家工商行政管理总局依据《中华人民共和国商标法》对集体商标、证明商标的注册和使用进行管理，属于法律层面的管理。PGI 是由国家质量监督检验检疫总局以《地理标志产品保护规定》等部门规章进行地理标志产品的注册、质量监控、专用标识使用管理。❶ AGI 则是由农业部以《农产品地理标志管理办法》等部门规章强调对农产品地理标志实行登记制度，从而加以保护，同样属于部门规章层面的保护。

二是品质规范不同。GI 的申请要求附送主体资格证明文件并详细说明其具有生产特定商品品质的能力。PGI 的申报则要求说明：产品生产地域的范围及地理特征；产品生产技术规范；产品的理化及感官等质量特色，与生产地域地理特征之间的关系；产品生产、销售、历史渊源等。AGI 的申请主体则是具有监督和管理农产品地理标志及其产品的能力、能提供指导服务和承担独立承担民事责任的农民专业合作经济组织、行业协会等组织。

三是两权关系不同。GI 两权分离，商标注册者不可以使用该证明商标，集体商标只能由注册者集体成员使用。PGI 的使用者为地理标志产品产地区域内的企业。而 AGI 的使用则需要登记证书持有人与经营单位或个人之间签订农产品地理标志使用协议，并在协议中载明使用的数量、范围及相关的责任义务。

三、地理标志知识产权保护制度的历史沿革及现状

1. 地理标志知识产权保护制度的历史沿革

地理标志产品保护制度，是世贸组织协定的工业知识产权之一，地理标志产品经注册登记后，赋予该产品专用的特殊标志，它既是地理标志，也是质量标志，更是一种知识产权，实施地理标志知识产权保护制度，有利于保护地理标志产品，维护市场秩序，推广民族精品，提升国际竞争力，打造世界级知名品牌。我国地理标志知识产权保护制度自 20 世纪 80 年代初开始探索，发展至今大体经历了三个阶段。

（1）地理标志知识产权保护的萌芽阶段（1985—1992 年）

我国有关地理标志保护的知识产权制度起步相对较晚，直到 1985 年加入《保护

---

❶ 指南针商品交易. 三类地理标志产品认证及管理保护体系的共性特征与差异比较［EB/OL］.（2017-06-01）［2018-10-24］. http://www.sohu.com/a/145084759_813950.

工业产权巴黎公约》（以下简称《巴黎公约》）之后，为了履行《巴黎公约》的义务，我国才开始正式考虑有关地理标志的保护问题。并且当时我国有关地理标志保护的法律相对缺乏，与地理标志保护相关的争议，大多只能依靠行政命令来解决。其中，1986 年 11 月 6 日，《国家工商行政管理局商标局就县级以上行政区划名称作商标等问题的复函》中指出，行政区划名称不能用作商标，且不能与原产地名称保护相矛盾。1987 年 10 月 29 日，《国家工商行政管理局商标局关于保护原产地名称的函》中表示，我国是《保护工业产权巴黎公约》成员方，有义务遵守该公约的规定。因此，责令北京京港食品有限公司立即停止使用"丹麦牛油曲奇"这一名称，以保护《巴黎公约》缔约方的原产地名称在我国的合法权益。❶ 除此之外，我国地理标志的知识产权保护在 1988 年修订的《商标法实施细则》中第 6 条规定："县级以上（含县级）行政区划名称和公众知晓的外国地名，不得作为商标，但是使用前述名称已经核准注册的商标，继续有效。"这一规定后来被 1993 年修订的《商标法》采纳，并成为我国从法律层面对地理标志进行保护的开始。由此可见，虽然在这一阶段我国还没有建立起正式的地理标志知识产权保护制度，但相关法律法规及行政规范已经开始对地理标志保护问题有所涉及。不过，当时这些规范的出发点主要在于维护市场秩序和产品质量，其重点并非在于保护地理标志权利人的权利，因此保护水平较有限。而且，由于当时有关地理标志保护的法律制度缺失，再加上普通民众保护意识不强，我国境内有关地理标志的侵权案件时有发生，其中最为典型的地理标志侵权案是"法国香槟酒"案，成为当时我国地理标志保护基本状况的一个缩影。❷ 该案后，要求我国企业、事业单位和个体工商户以及在中国的外国（法国除外）企业不得在酒类商品上使用"Champagne"或"香槟"字样。

（2）地理标志知识产权保护制度的初步建立时期（1993—2000 年）

20 世纪 90 年代以后，随着市场经济体制的不断完善，我国有关地理标志保护的需求不断增加，开始对如何完善我国地理标志保护制度进行一定的探索和尝试，我国公布了许多关于地理标志保护的法律法规。例如，1993 年，我国对《商标法》进行了修订，其中第 8 条延续了 1988 年《商标法实施细则》的立场，规定"县级以上行政区划的地名或者公众知晓的外国地名，不得作为商标，但是，地名具有其他含义的除外；已经注册的使用地名的商标继续有效"。同年修订了《商标法实施细则》，对地理标志保护问题进行了更为详细的规定，其中第 6 条规定："依照《商标法》第三条规定，经商标局核准注册的集体商标、证明商标，受法律保护。"这一规定将集体商标和证明商标纳入注册商标的范围，为后来我国通过证明商标和集体商标保护地理标志奠定了基础。

---

❶ 黄琳. 刍议我国地理标志保护法的历史、现状与未来 [J]. 法制与经济（下半月），2008（1）：17-18.
❷ 黄礼彬. 试论强化我国地理标志的法律保护——以法国香槟酒行业委员会与商标评审委员会商标争议纠纷为引 [J]. 价值工程，2014（16）：294-296.

1994 年，我国又颁布了《集体商标、证明商标注册和管理办法》，该办法第 2 条第 2 款规定："证明商标是指由对某种商品或者服务具有检测和监督能力的组织所控制，而由其以外的人使用在商品或服务上，用以证明该商品或服务的原产地、原料、制造方法、质量、精确度或其他特定品质的商品商标或服务商标。"这是我国法律首次明确规定，通过证明商标的形式来保护与地理标志相关的原产地名称。

通过上述努力，我国开始初步构建起以商标权为核心的地理标志保护制度，并对地理标志的申请机构、申请程序和监督管理等问题做出了相应的规定。这时，我国工商部门地理标志保护工作的重心，也随之从单纯的禁止虚假产地标志，转移到主动授权的保护工作上来。❶ 除了工商部门外，我国质检部门也在这一时期参与到地理标志保护工作中来。1999 年，国家质量技术监督局发布了《原产地域产品保护规定》，该规定对原产地域产品的定义及相关权利的登记与使用等问题进行了规定，对由地理因素决定其质量、特色或者声誉的产品给予直接保护。至此，我国形成了由工商部门和质检部门共同管理地理标志问题的"二元"管理模式。

（3）地理标志知识产权保护制度的进一步发展阶段（2001—2017 年）

2001 年，我国正式加入 WTO。为了履行入世承诺，尤其是 TRIPs 协议中有关保护地理标志的要求，我国开始着手对《商标法》中有关地理标志的条款进行修订。修订后的《商标法》第一次对"地理标志"进行了定义，并对通过证明商标来保护与原产地相关的特定标志进行了明确规定。为了配合新《商标法》的施行，2002 年 8 月国务院修订了《商标法实施条例》，首次指出可以通过集体商标制度来保护地理标志。2003 年 4 月，国家工商行政管理总局又修订了《集体商标、证明商标注册和管理办法》，明确规定了通过集体商标或证明商标制度进行地理标志保护所需要的程序及所需提交的材料，增强了通过商标法体系保护地理标志制度的可操作性。

与此同时，我国农业部也加入地理标志保护工作中。2002 年修订的《农业法》第 23 条规定："符合规定产地及生产规范要求的农产品可以依照有关法律或者行政法规的规定申请使用农产品地理标志。"该条规定赋予了我国农业部门对地理标志进行管理的权力。为了加强对农产品地理标志的保护，农业部又于 2007 年 12 月颁布了《农产品地理标志管理办法》，对有关农产品地理标志保护的问题进行了规范。此外，我国农业部还制定了《农产品地理标志登记程序》和《农产品地理标志使用规范》，并于 2008 年 8 月发布施行，以进一步规范我国农产品地理标志的登记和使用管理。

除此之外，在这一时期，我国质检部门也加强了对地理标志产品的保护，并制定了一些有关地理标志保护的新规定，其中比较重要的是 2005 年的《地理标志产品保护规定》。该规定取代了 1999 年的《原产地域产品保护规定》，成为当时我国质检部门从事地理标志管理工作的重要文件之一。与 1999 年规定相比，2005 年规定的一个显著变

---

❶ 王笑冰. 我国地理标志保护的问题和对策［J］. 电子知识产权，2006（6）：25-29.

化便是将原先的"原产地域产品"改为"地理标志产品",以便与国际条约以及我国其他法律文件保持一致。此外,该规定还对地理标志产品的申请受理、审核批准、专用标志的注册登记和监督管理等问题进行了较为详细的规定。

2. 地理标志知识产权保护制度的现状

经过几十年的发展,目前我国已经构建起一套由质检、工商、农业三部门共同管理的地理标志知识产权保护制度。这三个部门在职能方面存在明显差异,因此在地理标志保护的主体和范围、方式等基本问题上,三个部门的相关规定也存在显著不同。

(1)工商部门对地理标志的管理。我国工商部门主要负责商标注册和管理工作,依法保护商标专用权和查处商标侵权行为,处理商标争议事宜,加强驰名商标的认定和保护工作,同时负责特殊标志、官方标志的登记和保护等工作。地理标志是一种常见的商业标志,对其保护显然属于工商部门的职能范围,并且在商标法体制下,工商部门主要通过集体商标和证明商标来保护地理标志。根据《商标法》《商标法实施条例》《集体商标、证明商标注册和管理办法》等相关规定,一方面,工商部门禁止有关地名商标的使用、误导性地名商标的注册和使用等行为;另一方面,工商部门进一步明确地理标志品牌的使用范围,对有关地理标志的集体商标和证明商标采取的主动管理行为,包括登记、注册、宣传、维权等行为。该种管理模式下,地理标志品牌主要采取"地理标志商标+特色商品+精准扶贫"的模式。如紫阳富硒茶、静宁苹果、英山云雾茶、宽城板栗、平谷鲜桃、沼山胡柚、盐池滩羊、黄松甸黑木耳等地理标志商标。❶ 我国地理标志商标注册情况及种类分别如图 10-2、图 10-3 所示。

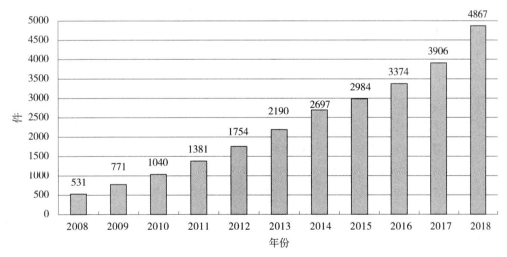

图 10-2　我国地理标志商标注册情况

---

❶ 数据来源于 2019 年 1 月 10 日国家知识产权局举办的 2019 年第一季度例行发布会的统计数据。

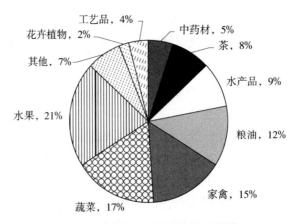

图 10-3　我国已注册地理标志分类情况

（2）质检部门对地理标志的管理。其一，我国质检部门主要负责产品质量的监督工作，对有关地理标志产品质量进行管理与保护。质检部门对地理标志产品的管辖范围并不仅限于经过加工制作的产品，也包括了大量未经加工制作的农业产品。比如西林火姜、仓桥水晶梨、昌平草莓等农产品都已经成功获得我国质检部门地理标志保护产品的称号。其二，根据我国《地理标志产品保护规定》与《地理标志产品保护工作细则》，我国质检部门负责地理标志产品的申请受理、审核批准、地理标志专用标志的注册登记和监督管理、地理标志产品质量监督、地理标志保护的国际合作及国外地理标志保护与注册等工作。其三，随着我国对外开放程度的不断增大，质检部门逐渐加强了在涉外地理标志产品保护与地理标志保护的国际合作等方面的工作。自 2007 年开始，国家质检总局和欧美共同组织了中欧 10+10 地理标志互认互保试点工作。❶ 2013 年，国家质检总局发布了《质检总局办公厅关于加强涉外地理标志产品保护工作的通知》（质检办科〔2013〕153 号），通知要求地方质检部门加强对涉外地理标志产品保护工作的领导，加强对企业以及其他地理标志产品生产者的业务咨询指导，促进涉外地理标志保护产品的对外贸易，筛选并研究推荐符合国际消费市场、出口稳定或无安全质量问题的涉外地理标志保护产品清单。2016 年 3 月，为了有效保护在我国销售的国外地理标志产品，规范国外地理标志产品名称和专用标志在中国的使用，国家质检总局又专门发布了《国外地理标志产品保护办法》。

（3）农业部门对地理标志的管理。按照《农产品地理标志管理办法》《农产品地理标志登记程序》《农产品地理标志使用规范》《农产品地理标志登记审查准则》《农产品地理标志登记申请人资格确认评定规范》等相关规定，农业部门主要负责对农产品地理标志产品的管理工作，该农产品是指来源于农业的初级产品，而不包括经过加

---

❶　国家质检总局. 中欧地理标志互认项目取得重大进展［EB/OL］.（2011-06-09）［2019-10-27］. http://kjs.aqsiq.gov.cn/dlbzcpbhwz/zcfg/zxzcxx/201303/t20130305_345406.htm.

工的农产品。不仅如此，为强化对农产品地理标志的证后监管，保护农产品地理标志知识产权，2012年我国农业部农产品质量安全中心专门发布了《关于加强农产品地理标志证后管理工作的通知》，并多次开展地理标志农产品标志使用专项检查、举办全国农产品地理标志核查员暨师资培训班。此外，为了更好地监督农产品地理标志产品的质量，我国农业部门专门建立了全国农产品地理标志产品追溯云平台，有效地促进了农产品地理标志产品的质量监管。❶

第二节　地理标志品牌运营

一、地理标志品牌的发展

1. 地理标志品牌的概念及内涵

现代营销学之父科特勒在《市场营销学》中定义：品牌是销售者向购买者长期提供的一组特定的特点、利益和服务。❷ 因此，地理标志认证不等于品牌，产品取得地理标志认证之后，要进一步品牌化，但基于地理标志产品的特殊专属性、独特性，地理标志产品具有良好的品牌基因。

一方面，地理标志是法律层面的概念，品牌是市场层面的概念，在市场经济环境下，任何标志皆应品牌化。地理标志产品和地理标志品牌之间相异的是，地理标志产品是机构批准的，而品牌是消费者认可的；相同的是，地理标志产品和品牌都具有个性化、特色化的本质特征。两者的关系在于，地理标志品牌的建立以获取地理标志认证的产品为基础，但品牌化还要求传播面广、被消费者广泛认同，同时有着较强的市场影响力与美誉度等。

另一方面，品牌是一种差异化竞争战略，这种差异化体现在特色和个性上。因此，地理标志产品要成为品牌，要深入挖掘当地的历史文化，凸显产品品牌个性，满足消费者的情感诉求，树立特色农产品在消费者心目中独特的品牌形象。除此之外，还必须通过符号化与消费者建立深层联结，实现独特的价值。概而言之，"差异化" + "符号化" + "有力传播" 就是地理标志产品的品牌化路径。❸

❶ 张民，高丹. 建立农业生产端大数据平台　助力地理标志农产品质量追溯 [J]. 中华商标，2018（11）：48-51.

❷ 黄见. 战略性品牌管理：理论与案例 [D]. 重庆：西南财经大学，2000.

❸ 宋奕勤，张媛. 城市品牌形象的符号化传播应用研究：以湖北省城市品牌形象为例 [J]. 大家，2012（8）.

2. 地理标志品牌的发展模式

(1) 特色农产品区域公用品牌

地理标志产品在产品生产、品质监管、产业规模、商标使用、文化背景、生产者等方面均具有区域共性特征。因此，特色农产品区域公用品牌就是利用地理标志产品一系列的区域共性特征，创建单一产品品类、全品类的农产品区域公用品牌。首先，区域公用品牌，与企业品牌、合作社品牌、农户品牌等普通商标意义上的品牌不同，具有整合区域资源、联动区域力量的特殊能力。其次，特色农产品区域公用品牌主要是以地理标志产品为产业基础，创建区域公用品牌，并形成与企业品牌、合作社品牌、农户品牌等的母子品牌协同关系，创造区域与企业（合作社、农户）的品牌互动模式，最大限度地形成区域、产业、企业、农户的合纵连横，创造区域品牌新生态。最后，特色农产品区域公用品牌形成一种公共背书，解决了品牌共性认知问题，让文化和产业紧密相融，形成品牌创造的整体战略规划体系，并经过传播、推广，进一步得到市场和消费者的认可。

以陕西户县葡萄为例，鲜食葡萄是近年来全国各地争相发展的一个产业。但随着种植面积的迅速扩大，销售压力日渐增加。户县葡萄在产品层面，无论是规模还是品质都不占优势，但户县是闻名全国的"农民画之乡"，于是户县种植葡萄的农民，晚上拿着画笔作画，白天则拿着锄头下地种葡萄，将每一颗葡萄都注入了艺术因子。最终根据这一文脉特色，户县葡萄被定位为"农作艺术品"，并提出区域特色显著的品牌口号"户县葡萄，粒粒香甜醉秦岭!"❶ 让户县葡萄在市场上很快脱颖而出。

(2) 差异化、专属性强的个性品牌

品种稀缺性可以创造农产品品牌基于品种特色的独特品牌竞争力；自然风土与生产工艺特征带来的产品品质差异性可以形成品质差异化的品牌特征；悠久文脉的独特性可以传承与演绎农产品品牌的文化特色与个性价值；特色专属性则能打造出专属性强、无法复制的区域农产品品牌。地理标志产品在具有以上特征的情况下，完全可以形成具有差异化、专属性强的个性品牌。另外，差异化、专属性强的个性品牌是以形成区域公用品牌为基础的，因此要进一步区分地理物种品牌和地理集群品牌。❷ 其一，地理物种品牌的差异化、专属性集中表现为区域环境特性突出，从而提炼出具体的产品卖点；其二，地理集群品牌需要打造区域生态形象名片，将产业文化与产品生产、营销相结合。例如，新疆瓜果品牌（吐鲁番葡萄、哈密瓜）、东北大米品牌（盘锦大米、五常大米）、福建浙江茶系列品牌（安溪铁观音、武夷山大红袍）等都是极具差异化、专属性强的地理标志品牌。

---

❶ 淡海英. 谈陕西省户县葡萄的推广经营之路 [J]. 福建农业, 2014（Z1）: 42.

❷ 陈矗, 吴传清. 区域产业集群品牌的地理标志管理模式选择 [J]. 武汉大学学报（哲学社会科学版）, 2012（3）: 107-113.

（3）区域形象互动融合、互为支撑的区域品牌

地理标志产品的两大优势，一是质量、品质上具有独特之处；二是一定地域范围内具有社会影响和知名度。因此，区域形象和区域品牌的建立相辅相成，借助区域特征及形象，可以进一步提高地理标志品牌的知名度、联想度、记忆度，并形成富有唯一性的品牌形象与品牌个性特征，从而建立一个区域的品牌形象与农产品区域公用品牌的互为背书、互为支撑的专属性、唯一性品牌关系。

"丽水山耕"就是一个典型案例。丽水地处浙南山区，发展受限，随着生态文明时代的到来，丽水的发展出现了新的转机。其依据丽水山区"九山半水半分田"的客观事实和延续多年的农耕文化特点，以农业品牌的区域性、公共性特征为基础，探索打造一个全区域、全品类的农业区域公用品牌，并命名为"丽水山耕"，定品牌口号为"法自然、享纯真"，挖掘价值链，形成区域特色带动区域品牌创造区域公用产品的发展模式。❶

3. 地理标志品牌的构建

地理标志产品是地方特色产品发展的一条重要渠道，而地理标志品牌更是作为一种无形的财产对市场买卖双方起到了联系的纽带作用，对增强地方经济实力具有较强的指导性，是推动地理标志产品长期循环绿色发展的必然途径。在地理标志品牌的具体构建中，要对各个产品的特征进行充分的调查认证，包括市场因素、文化因素、管理因素和质量因素等，从而确立其在市场的定位目标，增大品牌的效应。另外，要对整个品牌化系统的管理进行完善，最终推动地理标志品牌化的建设。具体构建因素分析见表10-2。

以三门青蟹为例。三门青蟹品牌建设的主要做法包括：把争创品牌作为实施"青蟹三门"战略的重要措施，安排专项资金用于品牌宣传、品牌推介和争创品牌等各项工作，致力于提高三门青蟹的知名度和美誉度。通过网货改造、供应链优化提升产品品质，历时五年来，持续开展品牌营销活动；借助网红直播、新媒体内容营销、跨界营销（与中华老字号、十大餐饮品牌企业知味观建立跨界跨区营销活动，现场青蟹烹饪、品尝，网红直播全过程，线下+线上产品订购，提升三门青蟹的品牌知名度，以扩大产品销量），广泛连接市场资源，倒逼青蟹产业提质增效。❷ 此外，形成了三门小海鲜、三门蜜瓜、三门蜜橘等周边产品联动发展的局面，共同打造三门城市名片。

———————————————

❶　何有良. "丽水山耕"区域公用品牌创建发展之路［J］. 杭州农业与科技，2018（1）：47-48.

❷　卢昌彩，赵景辉. 水产品区域品牌建设：三门青蟹区域品牌案例分析［J］. 中国水产，2014（1）：36-38.

表 10-2 地理标志品牌影响指标构成

一级指标	二级指标	影响因素
市场因素	单品模式	将有限的资源投入品质最佳、市场潜力最大的产品，通过集中所有资源，打造一两款大单品，通过大单品联动，带动地方产品线上的其他产品的发展，最终形成完整的产品结构
	样板市场	地理标志产品品牌的发展需要以样板市场为根基，建立一个该区域市场销量大、销量相对稳定且持续、产品品牌在区域内有较高的品牌认知度和美誉度的连片式样板市场，从而实现"样板市场—战略性市场—全国性市场"的发展路径
	消费倾向	当地理标志性产品无法实现大众市场时，切勿盲目地追求规模。通过对消费群体的细分，挖掘其个性化需求，描述消费画像，通过专注服务好一部分人的需求而占据市场份额，以做强做大产品品牌，做"小而美"
文化因素	品牌文化	地理标志品牌区别于一般商标品牌最为核心的因素在于它蕴含的深厚文化底蕴。消费者在消费过程中不仅收获了产品，更体验了一种文化。因此，必须要强化文化因素，建立品牌文化，使得地理标志品牌比一般商品更具吸引力和经济效益
	去地方化	地方特色品牌营销的本质就是"去地方化"，以往，很多地方特色品牌产品只为当地人所熟悉，如今，互联网技术打破了信息传播的时空局限，微信、微博等新媒体手段，直接连接全国消费者，促进了区域产品在全国范围内的流通
质量因素	质量标准	产品质量是根本，其影响着地理标志品牌长远发展的规划实施以及稳定收益获取的能力。要保障地理标志产品的质量，同时还要将质量的保障情况、消费者的投诉情况、质量监督抽查、风险检测等纳入质量稳定性中
	产品稳定性	
	区域形象	地理标志产品具有生产区域性，区域环境的好坏直接影响产品的口感、风味、色泽等变化，从而影响消费者的体验和购买欲望
管理因素	合作组织	包括地理标志品牌的申请者：农民合作组织或行业协会；自建垂直类电商平台及与第三方平台合作，进一步与消费者建立高黏性、高频次的连接
	品牌传播	对于地理标志产品品牌而言，如何选择品牌传播方式，需要结合产品自身的特性、历史文化、目标受众等多种因素来考量

二、地理标志品牌的运营模式

1. 模式一：传统产区发展模式

传统产区发展模式主要是完善地理标志产品生产布局，完成地理标志上下游产业链产业集聚，让农民增收、企业获利，从而使地理标志产业促进地方经济发展，让地理标志产品成为真正的金字招牌。因此，地理标志产品采取传统产区发展模式主要在于利用本地资源禀赋和独特的人文历史，壮大传统产区的地理标志品牌，打造资源利用更加节约高效、产地环境更加清洁、绿色供给能力更加突出的产品生产基地，促进特色产业实现绿色发展。除此之外，另一大优势在于可以依托传统产区增加就业机会，拓宽增收渠道，并进一步挖掘文化内涵、引进科技服务、加大人才建设和宣传推广，不断扩大品牌影响力，推动地方土特产和小品种做成带动持续增收的大产业。

2. 模式二：现代农业园区发展模式

近年来，随着现代农业转型升级，"区域品牌+支柱产业+龙头企业+产业链"的现代农业联动发展格局正加快形成。以技术推广、科技开发、农业示范、成果孵化等为任务的现代农业园区，是传统农业向现代化农业发展的必然选择。一方面，响应国家农业供给侧结构性改革号召，把"五区一园四平台"作为推进的重点，加快农业现代化建设，以实现"保供给、保收入、保生态"的目标。❶ 包括：打造现代农业示范的载体从而带动区域农业发展、农业技术推广与创新、农业企业化发展、农业主导产业品牌化等作用。另一方面，采取"企业+基地+农户""合作社+基地+农户"的合作经营模式，以企业、合作社为主体，统一流转土地，统一种植品种，统一培育品牌，统一产后销售，以此引领农民增收致富。❷ 下一步，加大招商引资力度，全力推进现代特色农业示范园区建设；通过政策扶持、资金补助等措施，全面提升发展现代农业园区，优化产业发展环境，形成现代农业生态循环发展。积极培育和扶持地理标志区域品牌和龙头企业发展，触发了生态旅游、餐饮、交通运输等第三产业联动发展，吸引带动高端产业和重大项目集中落地，集聚形成产业转型升级的新兴增长点。

例如，河南省正阳县就实现了龙头带动、品牌集中、品类齐全的以花生为主导产业的现代农业产业园。河南省正阳县现代农业产业园在 17 万亩耕地上种植优质花生 16.6 万亩，带动全县种植花生 170 多万亩，辐射周边市县种植花生近 1000 万亩。此外，产业园相继引进"君乐宝""鲁花"两个龙头企业，以及花生天地、正花食品、正味粮油、维维粮油等以花生油、休闲食品、花生饮料、花生蛋白、花生保健食品为主的深加工企业，形成了龙头带动、品牌集中、品类齐全的加工体系。园内花生加工企业达到 30 家，花生机械生产企业 38 家，君乐宝乳业延伸产业链，建成了 4000 多亩的乐源观光牧场。

3. 模式三：地理标志特色小镇发展模式

地理标志特色小镇是指在地理标志产品核心产区打造地理标志特色小镇，完善整个区域的产业结构，就近解决了农村剩余劳动力就业问题，从而实现产城融合与城乡

---

❶ 今年农业供给侧结构性改革的重要抓手 重点抓好"五区一园四平台"[J]. 农村·农业·农民（A版），2017（1）.

❷ 孔凡铭，姚待献. 公司+基地+合作社+农户=粮食银行 [J]. 企业管理，2018（4）.

融合。其中，特色应主要基于小镇自身的自然禀赋与文化积淀，聚焦特色产业打造完整的产业生态圈，用特色产业激活经济发展，用特色文化保留乡土气息，增强人们对小镇文化的认同感、归属感，又让居住其中的人享受到便利的城市公共设施和现代化的生活方式。2016 年 7 月，国家决定在全国范围开展特色小镇培育工作，明确提出到 2020 年培育 1000 个左右具有特色、富有活力的特色小镇。

例如，江苏省农业委员会依托地理标志品牌资源，建立了横溪街道甜美西瓜小镇（依托横溪西瓜）、茅山葡萄小镇（依托丁庄葡萄）、阳山蜜桃小镇（依托阳山水蜜桃）。广东省依托埔田竹笋建立了埔田特色小镇，以竹笋种植为基础，带动竹笋深加工、旅游业、餐饮服务业等产业协同发展，并积极发展农业观光旅游和休闲旅游，开发生态旅游景区，进一步发展竹产业交易平台、田园综合体等项目。❶

4. 模式四：企业博物馆发展模式

企业博物馆主要进行企业自身的文化展示和品牌宣传，以"收藏、教育、研究、传播"为任务，只做与企业相关的主题与内容，通过展览教育，将价值观、企业愿景、制度经验、品牌形象等文化信息凝聚、加工、放大成一个洪亮的声音，传播给社会大众，以"强势文化"打造"强势品牌"。

以酒类博物馆为例，茅台酒、五粮液等都设有企业博物馆，葡萄酒行业烟台张裕酒文化博物馆也是国内知名的博物馆。游客在参与博物馆体验项目的过程中，对企业品牌形成进一步的理解。企业广告歌、定制主题曲等环境音效可以被运用到场馆休闲区，品牌设计元素可以被装点在宣传册（页）上，借由参观者传递给更多的潜在受众，从而加大地理标志品牌的知名度及公众影响力。

5. 模式五："一村一品"发展模式

"一村一品"是指以村为基础，充分发挥本地优势，使一个村拥有一个或多个市场潜力大、区域特殊、附加值高的主要性产品或产业，从而快速提升经济实力的农村经济发展模式，也是贫困地区开展扶贫开发、帮助农民脱贫致富的重要途径。

以国内首个国家地理标志产品保护示范区平度为例。平度市立足传统优势和种植习惯，在一村范围内发展优势明显的主导产业或产品，形成"一村一品"发展格局，涌现专业村百余个。其中大庙村油桃、大黄埠西瓜、樱桃西红柿被农业部评为"一村一品"特色产业并获得地理标志保护农产品登记。大力推广"地理标志产品+龙头企业+合作社（基地）+市场+农户"的经营模式，将分散的生产要素予以优化配置和重新组合，加快扩大产业化经营规模。❷ 强化品牌监督管理保护工作，建立无公害管理、投入品管理、无公

---

❶ 何小妍. 揭东区埔田镇依托绿水青山打造特色小镇［EB/OL］.（2018-08-07）［2019-10-28］. http://jyrb.jynews.net/content/20190104/detail252169.html.

❷ 宋学春，李培强，等. 山东平度白埠镇"一村一品"拓宽农民致富路［EB/OL］.（2009-09-28）［2019-10-28］. http://country.aweb.com.cn/2009/9/28/4802009092814155000.html.

害种养、质量抽检、种养档案及产品追溯"六项制度",制定实施《平度市地理标志产品保护办法》,规范地理标志产品专用标志的申请、使用和管理,使得地理标志品牌成为当地农业的一个"金字招牌"。

三、地理标志品牌的运营实践

1. 地理标志区域公用品牌培育与运营

加强地理标志品牌和区域公用品牌培育,是助推农业转型升级、实现高质量发展的客观要求,是调整产业结构、提高农产品质量和安全水平的重要手段,也是助力产业扶贫、实现农业增效农民增收的重要途径。同时,加强地理标志品牌和区域公用品牌建设,有利于整合资源,培育富农支柱产业,形成规模集聚效应;有利于打造区域品牌名片,增强农产品市场竞争力,实现品牌销售和溢价收益;有利于树立统一的区域品牌形象和农产品品质标准,形成推进脱贫攻坚的经济效益、社会效益和生态效益。

地理标志区域公用品牌的培育与运营,要做到"创一个品牌、带一个产业、富一方群众"。一要加速发展地理标志品牌建设,增强区域公用产品市场竞争力。二要持续推动区域公用品牌建设,采取统一品牌形象、统一宣传参展、统一许可授权、统一质量标准、统一建立追溯机制、统一包装标识销售等方式,让品牌惠及企业、农户,形成政府宣传推动、企业农户受益的发展格局。三要健全完善区域公用产品流通营销体系。加强"龙头带基地、企业连农户、产供销一体化"渠道建设,以优质特色产品抢占主流市场份额。根据国内区域性消费特点和市场需求差异,组织开展特色产品专项推介会等以提升品牌知名度和市场占有率。四要创新区域公用品牌运营机制。积极推进市场建设,发展网上交易、连锁分销,引导和推动优质品牌农产品和公益性集体商标产品通过直销方式或与第三方平台合作,形成多层次、多渠道的营销体系。

以潜江龙虾掀起红色浪潮,成就网红小龙虾的区域公用品牌培育和运营为例。首先,用品质铸造品牌,把品牌建设放在首位。潜江龙虾从养殖到运输、从农田到餐桌的每个环节都有严格管控。其一,潜江龙虾建立虾稻全产业链质量监管可追溯体系,实时监控龙虾养殖环境、监测水质条件,实现龙虾疫病远程诊断等。其二,严格龙虾质量检测标准。在小龙虾质量检测的 120 个检测参数基础上,新探索出小龙虾养殖用水实验室检验、虾稻种植土壤检验以及快检检测工作。其三,推行以"生产记录、用药记录、销售记录"为核心的"三项记录"制度。要求养殖场、虾稻共作基地等重点生产区域监督指导生产者按标准要求组织水产品生产、规范水产投入品使用行为;由湖北小龙虾检测中心对抽检结果合格的小龙虾产品出具小龙虾产品检验合格证明;农民专业合作社或养殖基地对检验合格区域的小龙虾开具小龙虾产地证明;最后由市场监管局对全市具备这两项证明的小龙虾批发市场开具小龙虾"一票通"。❶ 不仅如此，市工商部门还会对其审查发放"潜江龙虾"二维码地理标志以确保每批次小龙虾来源可溯、去向可查。其次，建立品牌文化，推动品牌"走出去"。一是潜江自 2009 年起开始举办潜江龙虾节，并将其发展成为集"美食盛宴、文化盛典、经贸盛会"于一体的省级节会。二是为进一步提升品牌影响力，潜江市还开展了"潜江旅游一卡通""虾路相逢"等系列龙虾美食宣传推介活动，"坐高铁、吃龙虾、游潜江"蔚然成风。三是潜江成功举办中国（潜江）国际龙虾·虾稻产业博览会，进一步提升"一会一节"影响力，擦亮"潜江龙虾"品牌名片。四是拍摄以龙虾为主题的"虾哥的故事""虾哥传奇"等影视作品，编排了以龙虾为题材的万人广场舞，举办了"中国摄影家聚焦潜江"和中国作家、中国诗人、中国书画名家曹禺故里行采风创作活动等一系列文化交流活动，收获一批龙虾文化产品。再次，实施品牌创新战略，构建品牌创新发展模式。其中，"虾稻共作"模式促进了资源综合利用和生态环境保护，实现循环农业、效益农业，是稻田综合种养和现代农业发展的成功典范。另外，潜江龙虾积极探索绿色农业发展模式，变废为宝，将小龙虾壳生产成甲壳素；并将潜江龙虾加工业形成了"良仁""楚玉""楚江红"等品牌。探索合作共赢模式，与餐饮企业合作，在潜江"虾皇"等店门头上都有"潜江龙虾"的区域公用品牌标识。借助互联网，"虾小弟""虾尊"等线上品牌涌现，带动互联网营销小龙虾破亿元。最后，提升品牌的政府公信力和背书认可。在政府引导下，潜江与其他地区签订《共享"潜江龙虾"区域公用品牌合作协议》，实现"潜江龙虾"品牌及技术 9 地共用共享，加大知识产权保护，将潜江龙虾及其图片认定为驰名商标。进一步强化龙虾名优品牌培育工程，完善龙虾产业品牌发展、推介、保护、利用运行机制，加快龙虾品牌整合，形成规模优势和品牌效应。

2. 地理标志品牌的保护

（1）地理标志保护模式

国际上，目前主要存在四种地理标志保护模式：专门法保护模式、商标法保护模式、混合法保护模式和反不正当竞争法保护模式。❷ 我国目前的制度设计主要是采用专门法保护模式及商标法保护模式相结合的方式。

①专门法保护模式：通过制定专门的地理标志法或者原产地名称法对地理标志进行保护，属于强保护模式。如对农产品地理标志和地理标志保护产品的保护。该模式具有如下特点：设立专门的各级别的管理委员会负责注册和管理形式；对产品生产过程采取严格控制；要求产品申请人为特定协会、组织，具有民事行为能力等。

②商标法保护模式：把地理标志当作一种特殊的商标，通过采用注册集体商标

---

❶ 农业部渔业渔政管理局调研组. 汉江稻田作出大文章　潜江龙虾造就大产业：湖北省潜江市小龙虾产业发展情况调研报告 [J]. 中国水产, 2015 (7)：15-17.

❷ 于金葵. 地理标志法律保护模式的探讨 [J]. 中国海洋大学 (社会科学版), 2006 (5)：89-91.

或者证明商标的方式对其进行保护。具有如下特点：首先，禁止地名注册为商标是一般性原则，通过采用集体商标或者证明商标进行注册是例外。其次，商标法的保护是一种私权保护，属于申请人所有，侵害时由商标所有人和有权使用人提起诉讼。最后，申请者必须是集体组织，且其中集体商标只能通过授权他人使用的方式确保权利。

（2）地理标志保护实践

地理标志产品是推进优势特色产业发展的重要途径和有效措施，是打造区域性品牌的重要途径，其在促进经济发展的基础上兼具了保护中华民族文化的重要使命。强化地理标志保护工作，生产者和商标使用者要强化维权意识及产品质量的保障意识；政府要强化监管，为实施农产品地理标志发展创造良好的氛围；消费者要树立监督意识及对传统文化的保护意识，协力促进地理标志良好有序发展。

①地理标志产品必须来源于地理标志所在地，否则不予注册并禁止使用。

【案例10-1】杨柳青案

申请人提出商标注册申请，申请在年画、剪纸商品上注册"杨柳青"商标。司法实践认为：天津杨柳青年画历史悠久，其年画制作有自身鲜明的特色、独特的风格，并为社会公众所熟知，因此构成我国《商标法》中所称的地理标志。另外，剪纸和年画都是节庆时所使用的商品，两者在功能、用途、销售渠道、消费对象等方面基本一致，加之"杨柳青年画"的知名度，将"杨柳青"使用在剪纸商品上容易使相关公众误认为剪纸也来源于天津杨柳青镇。并且申请人未提供证据证明其与杨柳青镇（或杨柳青画）有关联，因此其将"杨柳青"作为商标指定使用在年画、剪纸商品上，容易使消费者对商品来源产生误认，进而产生不良影响。

②规范使用"商标+产品通用名称"组合，否则构成商标侵权。

【案例10-2】射阳大米案

地理标志之所以采用"具体地名+产品通用名称"的方式获得商标注册，是因为地理标志所标识的某一类通用产品的特定质量、品质、声誉或其他特征往往与生产地的气候、地质、土壤以及品种等自然因素和与之相适应的生产技术、加工工艺等人为因素密切相关，需要通过连用"具体地名+产品通用名称"的方式来凸显来自该地区的该类通用产品具有特殊的品质及其特有的风格。因此对地理标志商标的保护，应当以"具体地名+产品通用名称"的构成为界，确定商标专用权的保护范围，不能随意使用与地理标志商标中与地名相近似的文字加产品通用名称组合使用的标识。"射场大米"与汉字"射阳大米"在整体视觉效果上具有一定的相似性，相关公众容易产生混淆，造成侵权。

③符合证明商标使用管理规则规定条件的，在履行注册人所规定的手续后，才能使用该证明商标。

【案例 10-3】涪陵榨菜案

"涪陵榨菜"品牌有着很高的市场声誉，使得涪陵成为在竞争市场中侵犯该地理标志证明商标的首要地区。不法商家通过对其生产的榨菜产地或对"涪陵榨菜"证明商标会员身份造假，而擅自使用"涪陵榨菜"商标。这些非会员榨菜生产厂家虽是涪陵当地的企业，但其生产的榨菜品质达不到"涪陵榨菜"证明商标要求的标准，其生产成本低，销售价格也低，对"涪陵榨菜"的声誉造成了严重的损害。该类行为构成了对"涪陵榨菜"证明商标的侵犯，工商部门对不法商家做出责令其停止侵权、收缴假冒榨菜并处罚款的行政处罚。

④协会加强对注册证明商标进行管理与宣传，但无法阻碍他人合理使用地理标志与植物品名。

【案例 10-4】库尔勒香梨案

"库尔勒香梨"商标注册人发现未经许可便印制和买卖标记有"新疆特产香梨"与"香梨特产基地"等词汇的纸箱，认为这些行为严重损害了其权益，提起诉讼。一方面，商标专用权的范围不能扩张到地名或者通用名称的单独使用方式；另一方面，其禁用权的范围不能不当剥夺他人合理使用地名或者产品通用名称的正当权利，不能扩张为禁止他人单独使用地名或者产品名称等其中一项要素。因此该使用行为属于正当使用，并不构成商标权益侵犯。

⑤假冒他人注册商标情节严重的，追究刑事责任。

【案例 10-5】赣南脐橙案

赣南脐橙是国家地理标志产品，经营水果生意的符某在湖北省某县购得当地脐橙 780 件，运至赣州市安远县金亿隆生态农业发展有限公司进行外包装。该公司黄某明知符某采购的脐橙非赣南脐橙，仍然为其提供印有"赣南脐橙"字样的包装纸箱、精品塑料袋、箱贴，进行分级加工。该利用外地脐橙假冒赣南脐橙，非法使用"赣南脐橙"注册商标的行为构成了假冒注册商标罪。

（3）地理标志产品的防伪溯源

防伪溯源系统可以对产品进行全生命周期追溯，真正做到来源可查、去向可追、责任可究，便于企业对产品的监控稽查，为企业提供了一款更方便的管理系统和地理标志保护系统。第一，溯源功能使消费者更放心，并且对产品有了更深的认识，增强对产品品牌的信任度。第二，防伪功能可以阻断造假者钻"产品没有防伪标签，或者防伪标签易复制"的空子，规避市场内假冒伪劣行为，保护品牌信誉。

　　以五常大米为例。五常大米域外造假、域内掺混、恶意竞争现象频生，严重损害了五常大米的声誉和品牌形象。因此，五常市政府引进了最为先进的溯源防伪技术，并基于该技术建立五常臻米网和五常大米溯源防伪系统，通过"三确一检一码"溯源防伪制度确保真品五常大米全程质量可追溯，并针对造假或以次充好的不法企业，为政府提供准确的执法依据，实现"稻农增收、企业增效、财政增税、消费满意"。❶ 五常大米针对建立防伪溯源系统采取以下方式：首先，要求五常市所有获证大米生产加工企业都加入五常大米防伪溯源体系，如发现违法违规行为立刻取消资格。其次，将防伪溯源体系的企业水稻情况信息录入物联网数据库，自动上传博码防伪溯源查询平台和五常臻米网，让消费者可以通过网站或博码防伪溯源查询平台直接进行有关信息查询。另外，要求统一溯源防伪标志使用形式，由粘贴标签改为在包材上统一印刷；统一溯源防伪标志印制位置。再次，由政府牵头，建立五常稻农地块确权、建设物联网中心工作，并设置监控中心、云数据中心、智慧农业控制系统中心，实时监测农户从育种、种植到收割等一系列的过程。❷ 最后，反复抽检，合格后稻米上的防伪码才会被激活，并可以由消费者实时扫描查询相关流程信息，完善消费者监督机制。

---

❶ 蒋红瑜，杨柳，邓乔. 五常大米追溯辨真假 [J]. 中国食品药品监管，2017（7）.
❷ 防伪溯源：五常大米防伪溯源平台开通　确保消费者吃到放心米 [J]. 中国品牌与防伪，2016（1）：75.

创新篇

第十一章·CHAPTER 11
知识产权基金

第一节　知识产权基金概述

一、知识产权基金定义

知识产权基金是将股权投资基金与知识产权相结合，通过建立知识产权领域的投资基金作为直接投资工具，以支持战略性、地域性、重要产业相关知识产权运营的手段之一。

传统知识产权融资方式以债务融资为主，例如知识产权质押、融资租赁等。但从操作实践来看，除少部分价值量极高、较为成熟的知识产权资产以外，我国绝大多数知识产权资产的市场价值评估，不易获得质押贷款融资，限制了中小型科技公司或个人的融资途径。目前，各地政府出台贷款贴息、资助担保等多项政策帮助，但质押贷款提供金额较小，不能满足知识产权技术研发过程中庞大的资金需求[1]。

知识产权基金本质上是一种股权融资，通过设立知识产权为标的的投资基金，为自主创新型企业或个人在知识产权实现过程中，提供资金、技术、管理经验等方面的支持[2]。知识产权基金作为国内较新的一种融资方式，近些年在地方上得到了较大的发展。

发展至今，知识产权基金种类繁多，可依据投资主体、设立目的、投资地域等不同标准加以划分。

1. 以投资主体为划分标准

知识产权基金成立的前提是募集足够的资金。根据投资主体属性，可分为政府主

---

[1] 刘然，蔡峰，宗婷婷，等. 专利运营基金：域外实践与本土探索 [J]. 科技进步与对策，2016，33 (5)：56-61.

[2] 任霞. 全球知识产权股权基金运营模式浅析 [J]. 中国发明与专利，2016 (10)：23-27.

导型、私营主导型和公私合营型三类。

（1）政府主导型。近年来，由中央和地方财政引导，联合社会资本设立的政府主导型知识产权基金在地方上较为流行，如北京市重点产业知识产权运营基金。此外，主权专利基金也属于政府主导型知识产权基金的一种，在全球范围内拥有较广的覆盖面，美国、日本、德国、法国和韩国等国政府陆续进行尝试。国家主导型知识产权基金受政府相关政策与政治倾向影响较大，可用于政府实施反倾销、反补贴的贸易救济途径。

（2）私营主导型。美国高智发明有限公司迄今掌握全球最大的知识产权基金，主要以私募股权基金的方式募集资本，在全球范围内筹资超过 55 亿美元。由于缺少政府的参与，私营主导型知识产权基金更加注重基金收益，易受主要投资者的意图影响。相对于政府主导型，该类知识产权基金存在转化为"专利流氓"的可能，对公共利益产生不良影响，严重威胁知识产权市场的健康运营。

（3）公私合营型。目前，政府主导型的知识产权基金在我国较为常见，在地方上较为流行。公私合营型知识产权基金由政府资金及相关政策作为引导，并由良好市场积极性的私营部门管理，在运营绩效方面也能得到保障。国内首支知识产权基金——睿创专利运营基金即应用此模式，由北京中关村管委会和海淀区政府出资引导设立，金山科技、小米科技、TCL 集团等多家公司共同参与，并委任北京智谷睿拓技术服务有限公司作为普通合作人管理基金，负责投资策略与日常运营。

2. 以设立目的为划分标准

在创新环境下，我国知识产权运营水平不断提升，催生出一批非运营实体（Non-Practicing Entities，NPE），推动专利诉讼案件数量大幅增加。为应对此问题，各国政府和企业等构建出以下三种基金模式：

（1）诉讼进攻型。高诉讼成本和长受理流程使部分被诉侵权企业选择在庭外和解，存在一定的利益空间。一些基金管理者通过支持非运营实体提起专利诉讼，从而获得较高的收益。

（2）集中防御型。投资主体本身知识产权存在的诉讼风险，可通过知识产权基金对可能造成麻烦的知识产权进行收购和授权，以规避被起诉的风险。

（3）激励创新型。高价值的知识产权及相关产品的研发通常需要投入庞大的人力、物力。知识产权基金在运作过程中，可通过支持影响产业发展的关键性科研成果，激励科技创新。

3. 以投资地域为划分标准

我国还出现专门针对海外市场知识产权布局的海外专利运营基金，如七星天海外专利运营基金，也包括由中央财政和地方财政引导的地方性知识产权运营基金，如北京市重点产业知识产权运营基金等。

二、知识产权基金市场规模

我国知识产权基金较美国、日本、欧洲等发达国家及地区起步晚，近年来，其市场规模增长较为迅速。2014 年 4 月，国内首支知识产权基金——睿创专利运营基金成立，拉开我国知识产权基金的序幕。近年来，我国通过中央和地方财政的引导与各地社会资本积极合作，陆续涌现一批本土知识产权基金。2015 年 3 月 25 日，国内首支海外专利运营基金——七星天海外专利运营基金正式落户苏州国家知识产权服务业集聚区。该基金以专利猎头的方式，通过专利收购基金的方式进行运作，系统化解决中国企业海外专利储备不足的市场痛点❶。2015 年 11 月 9 日，国内首支国家资金引导的知识产权股权基金国知智慧知识产权股权基金在北京发布。该基金首期规模 1 亿元，投资定向用于企业知识产权挖掘及开发。该基金设立的核心要义为帮助国内中小企业有效地获取核心技术专利，为企业在未来行业发展格局中获取主导权，从而发挥其示范性作用。2015 年 12 月 31 日，北京市重点产业知识产权运营基金在北京市经济技术开发区宣布正式成立，是我国首支由中央、地方财政共同出资引导发起设立的知识产权运营基金。

2016 年，随着"十三五"规划及相关政策的陆续颁布，我国对科技创新和知识产权运营需求日益增加，推动我国知识产权基金规模在当年显著增加至 64 亿元，较 2015 年呈现超过 3 倍的增长态势。2016 年 1 月 22 日，广东省粤科国联知识产权投资运营基金成立，以中央财政 4000 万元重点产业知识产权运营扶持资金为引导，向社会资本招募，基金总规模将达 30 亿元。2016 年 12 月 16 日，上海市重点产业知识产权运营基金注册成立，基金首期募集资金 2.02 亿元。

2016 年年底，《关于加快建设知识产权强市的指导意见》（国知发管字〔2016〕86 号）提出，按照"对标国际、领跑全国、支撑区域"的要求，采取"工程式建设、体系化推进、项目式管理、责任制落实"的方式推进知识产权强市建设。到 2020 年，在长三角、珠三角、环渤海及其他国家重点发展区域建成 20 个左右具备下列特征的知识产权引领型创新驱动发展之城。国家知识产权局会同财政部分两批共支持了上海、四川等 20 个省市以社会资本共同组建重点产业知识产权运营基金。2017 年 11 月 9 日，湖南省重点产业知识产权运营基金在长沙正式揭牌成立，基金总规模 6 亿元。2018 年 4 月 20 日，河南重点产业知识产权运营基金启动，首期 3 亿元。2019 年 9 月 27 日，深圳市市场监管局发布了《深圳市知识产权运营基金管理办法（试行）（征求意见稿）》（以下简称《意见稿》）。《意见稿》指出，深圳市知识产权运营基金的首期规模，以深圳市市场监督管理局受托管理的中央服务业专项引导资金 7000 万元为委托资金的基

---

❶ 中国知识产权资讯网. 七星天（苏州）海外专利运营平台落户苏州高新区［EB/OL］.（2016-03-26）［2019-11-01］. www.iprchn.com/Index_NewsContent.aspx?newsId=92635.

础，定向吸引社会资金的投入和参与，争取首期基金规模达 2.1 亿元❶。

如图 11-1 所示，从基金规模来看，近年来，我国知识产权基金发展迅速，从 2014 年的 3.0 亿元上升至 2018 年的 113.6 亿元，年复合增长率为 148.1%。

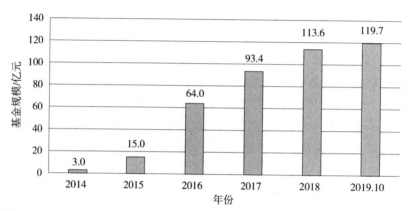

数据来源：Frost & Sullivan

图 11-1　我国知识产权基金规模（2014 年—2019 年 10 月）

三、知识产权基金设立的意义 ❷

1. 满足社会当前发展的现实需求

（1）实体经济创新升级的转型需求

知识产权基金是将知识产权与资本相结合，共同推动重点产业升级、服务经济社会创新发展、支撑创新型国家建设的重要手段。自改革开放以来，我国的人口红利得到充分释放，相应地以劳动密集型为主的产业结构逐渐形成。在经济全球化不断加深的背景下，拥有技术研发能力强、产品科技含量高、品质难以替代、品牌受众广泛的科技型企业逐渐被市场认可。知识产权是凝聚创新科技与经济价值的智慧结晶，其重要性日趋突出。知识产权基金在推动知识产权转移转化、促进传统产业转型升级、加快培育战略新兴产业等方面具有重要作用，不仅推动了科技成果的转化，也促进了传统产业的结构调整优化。此外，完善包括知识产权基金在内的知识产权运用和服务体系，有助于提高自主知识产权的质量和价值，是提高我国竞争力、推动创新型国家建设的必然要求。

此外，知识产权基金有助于拓宽企业尤其是中小企业融资渠道。由于缺少传统金融机构信贷所需要的抵押物，科技型中小企业普遍存在着融资难问题。专利、商标等

---

❶ 集微网. 深圳知识产权运营基金将起航，首期基金规模或达 2.1 亿元［EB/OL］.（2019-10-09）［2019-11-01］. www.sohu.com/a/345781220_166680.

❷ 范建永，丁坚，胡钊. 横空出世：知识产权金融与改革开放 40 年［J］. 科技促进发展，2019，5（1）：45-53.

知识产权作为中小企业的核心资产，是企业生产经营的重要保障。将知识产权与股权投资基金这一重要金融资源相结合，实现知识产权资产化，是近年来解决科技型中小企业融资难的新型方式。

（2）金融业多元化发展需求

知识产权基金有助于促进金融业的健康优质发展。传统金融业务与不动产特别是房地产关联度大，金融风险较为集中，致使金融和经济泡沫比较突出。伴随着传统金融业务领域增长乏力的情况，知识产权基金为银行等金融机构开辟了一个全新的业务领域。对投资者而言，知识产权作为全新的投资标的，可以丰富投资组合，如金融资源与知识产权资源的结合，市场潜力巨大，前景广阔。

2. 完善知识产权运营的基本框架

知识产权基金通过知识产权运营与股权投资基金创新融合，形成逐渐完善的知识产权运营的完整体系。知识产权运营是一项高度综合多种技能的智力博弈，需要知识产权、法律、商业和技术等跨领域的交流与结合。知识产权基金的设立与运作需要以高端人才、服务平台和金融资本等为支撑，打通知识产权创造、保护、运用、管理、服务和产业化全链条，为构建知识产权运营服务生态体系提供重要支撑。

3. 提升国家核心竞争力和战略定力

知识产权基金对我国建设知识产权强国、占领核心技术高地具有重要意义。全球化贸易与交流日益频繁，知识产权逐渐成为大国间经贸往来中极具战略意义的关键要素。自我国加入世界贸易组织以来，飞速发展的制造业与科技发展的不平衡导致我国每年不得不对外支付大量并高速增长的知识产权费，对我国经济发展及企业运营造成了较大的负担。另外，以美国为代表的西方发达国家，凭借自身长期积累的制度、技术和市场等优势，将知识产权作为向发展中国家施加压力、维护自身利益或提高竞争优势的强力武器。我国通过中央和地方财政引导，带动社会活跃资本共同参与到知识产权基金的设立与运作中来，能够充分体现政府宏观调控能力与调动市场积极性，大力推动我国在集成电路、智能制造、生物医药、新能源汽车、人工智能和未来网络等产业领域的整体布局。因此，完善包括知识产权基金在内的企业知识产权运用和服务体系、提高自主知识产权的质量和价值，是提高我国竞争力、推动创新型国家建设的必然要求。

四、知识产权基金相关法律法规与政策

1. 中央法律法规与政策

（1）《国务院办公厅关于转发知识产权局等单位深入实施国家知识产权战略行动计划（2014—2020 年）的通知》（国办发〔2014〕64 号）提出促进知识产权服务业发展和加强财政对知识产权基金的引导与支持。

促进现代服务业发展。大力发展知识产权服务业，扩大服务规模、完善服务标准、提高服务质量，推动服务业向高端发展。培育知识产权服务市场，形成一批知识产权服务业集聚区。建立健全知识产权服务标准规范，加强对服务机构和从业人员的监管。发挥行业协会作用，加强知识产权服务行业自律。支持银行、证券、保险、信托等机构广泛参与知识产权金融服务，鼓励商业银行开发知识产权融资服务产品。完善知识产权投融资服务平台，引导企业拓展知识产权质押融资范围。

加强财政支持。中央财政通过相关部门的部门预算渠道，安排资金支持知识产权战略实施工作。引导支持国家产业发展的财政资金和基金向促进科技成果产权化、知识产权产业化方向倾斜。

（2）《国务院关于新形势下加快知识产权强国建设的若干意见》（国发〔2015〕71号）主要提出推进知识产权管理体制机制改革、实行严格的知识产权保护、促进知识产权创造运用、加强重点产业知识产权海外布局和风险防控、提升知识产权对外合作水平、加强政策保障 6 个方面。

其中，针对知识产权基金，该文件指出：

（十六）加强知识产权交易平台建设。构建知识产权运营服务体系，加快建设全国知识产权运营公共服务平台。创新知识产权投融资产品，探索知识产权证券化，完善知识产权信用担保机制，推动发展投贷联动、投保联动、投债联动等新模式。在全面创新改革试验区域引导天使投资、风险投资、私募基金加强对高技术领域的投资。细化会计准则规定，推动企业科学核算和管理知识产权资产。

（十七）培育知识产权密集型产业。探索制定知识产权密集型产业目录和发展规划。运用股权投资基金等市场化方式，引导社会资金投入知识产权密集型产业。

（二十一）拓展海外知识产权布局渠道。推动企业、科研机构、高等院校等联合开展海外专利布局工作。鼓励企业建立专利收储基金。

（三十）加大财税和金融支持力度。运用财政资金引导和促进科技成果产权化、知识产权产业化。深入开展知识产权质押融资风险补偿基金和重点产业知识产权运营基金试点。

（3）《政府投资基金暂行管理办法》（财预〔2015〕210 号）主要包括政府投资基金的设立、运作和风险控制、终止和退出、预算管理、资产管理和监督管理 6 个环节。

其中，针对政府投资基金涉足领域的方向，该文件指出：

第七条　各级财政部门一般应在以下领域设立投资基金：

（一）支持创新创业。为了加快有利于创新发展的市场环境，增加创业投资资本的供给，鼓励创业投资企业投资处于种子期、起步期等创业早期的企业。

（二）支持中小企业发展。为了体现国家宏观政策、产业政策和区域发展规划意图，扶持中型、小型、微型企业发展，改善企业服务环境和融资环境，激发企业创业创新活力，增强经济持续发展内生动力。

（三）支持产业转型升级和发展。为了落实国家产业政策，扶持重大关键技术产业化，引导社会资本增加投入，有效解决产业发展投入大、风险大的问题，有效实现产业转型升级和重大发展，推动经济结构调整和资源优化配置。

（四）支持基础设施和公共服务领域。为改革公共服务供给机制，创新公共设施投融资模式，鼓励和引导社会资本进入基础设施和公共服务领域，加快推进重大基础设施建设，提高公共服务质量和水平。

（4）《国务院关于印发"十三五"国家知识产权保护和运用规划的通知》（国发〔2016〕86号）要求推动知识产权重要领域和关键环节的改革，保护和运用能力得到大幅提升，建成一批知识产权强省、强市，为促进大众创业、万众创新提供有力保障，为建设知识产权强国奠定坚实基础。

促进知识产权密集型产业发展。制定知识产权密集型产业目录和发展规划，发布知识产权密集型产业的发展态势报告。运用股权投资基金等市场化方式，引导社会资金投入知识产权密集型产业。加大政府采购对知识产权密集型产品的支持力度。

支持产业知识产权联盟发展。鼓励社会资本设立知识产权产业化专项基金，充分发挥重点产业知识产权运营基金作用，提高产业知识产权运营水平与国际竞争力，保障产业技术安全。

深化知识产权评议工作。建立国家科技计划（专项、基金等）知识产权目标评估制度。

深化知识产权投融资工作。优化质押融资服务机制，鼓励有条件的地区建立知识产权保险奖补机制。研究推进知识产权海外侵权责任保险工作。深入开展知识产权质押融资风险补偿基金和重点产业知识产权运营基金试点。探索知识产权证券化，完善知识产权信用担保机制，推动发展投贷联动、投保联动、投债联动等新模式。创新知识产权投融资产品。在全面创新改革试验区引导创业投资基金、股权投资基金加强对知识产权领域的投资。

强化传统优势领域知识产权保护。完善传统知识和民间文艺登记、注册机制，鼓励社会资本发起设立传统知识、民间文艺保护和发展基金。

（5）《关于加快建设知识产权强市的指导意见》（国知发管字〔2016〕86号）提出以知识产权与城市创新发展深度融合为主线，以加强知识产权保护和运用为主题，以改革和创新为动力，以知识产权强县（区）、强局、强企建设为抓手，建设一批创新活力足、质量效益好、可持续发展能力强的知识产权强市，为建成中国特色、世界水平的知识产权强国奠定坚实基础。

构建城市知识产权运营生态体系。建设城市知识产权运营交易中心，全面对接全国知识产权运营服务体系，链接国际一流知识产权创新主体、服务机构和产业资本。培育若干产业特色突出、运营模式领先的知识产权运营机构，以专利池、专利组合为主开展知识产权运营。推动高等院校、科研院所建立独立运行的知识产权运营机构，促进产业创新与市场需求有机对接。推动安排知识产权运营专项资金，鼓励带动社会资本共同设立产业知识产权运营基金，促进知识产权产业化。

（6）《中国科学院关于印发〈中国科学院促进科技成果转移转化专项行动实施方案〉的通知》（科发促字〔2016〕37号）统筹相关资源，采取多种方式，支持和引导院属单位探索科技成果转移转化的创新方式。

设立"中国科学院成果转化与知识产权运营基金"，与院知识产权运营管理中心密切配合，对重点专利进行再开发。支持有条件的院属单位争取地方政府和社会资源多元化投入，设立所级成果转化与知识产权运营基金，单独或联合建立专业化科技成果转移转化机构。以市场机制与全球知名知识产权运营公司合作，共同支持我院科技成果工程化、产品化，促进科技成果应用并实现价值最大化。

（7）《关于印发2017年工作要点及任务分工的通知》（国知办发规字〔2017〕26号）要求加强知识产权保护运用，深化知识产权领域改革，加快知识产权强国建设。

高效运用重点产业知识产权运营基金，发展产业知识产权联盟。完善知识产权质押融资风险补偿机制，破解质押融资面临的评估难、处置难、变现难等问题，推进专利保险险种开发。

（8）《关于2018年继续利用服务业发展专项资金开展知识产权运营服务体系建设工作的通知》（财办建〔2018〕96号）提出坚持企业的市场主体地位和知识产权的市场价值取向，发挥财政资金引导作用，加强政策集成和资源集聚，推动知识产权运营与实体产业相互融合、相互支撑。

完善知识产权运营服务链条。分类施策提高创新主体知识产权管理运营能力，强化知识产权运营服务供给，打通知识产权运营服务全链条。具备条件的城市可视自身财力情况，探索设立重点产业知识产权运营基金，推广贷款、保险、财政风险补偿捆绑的知识产权质押融资模式。

（9）《关于开展2019年知识产权运营服务体系建设工作的通知》（财办建〔2019〕70号）提出拓展知识产权金融服务范畴，深入推进知识产权金融服务创新，加快促进知识产权与金融资源融合。

丰富知识产权金融服务供给内容。拓宽现有产投、创投基金投资方向，将知识产权服务机构、高价值专利培育项目纳入投资对象；鼓励知识产权运营基金差异化发展，探索形成基于企业知识产权价值发现的投贷联动模式；引导建立知识产权运营基金，围绕战略性产业投资运营专利、商标，构建高价值知识产权资产组合；积极推进知识产权证券化工作。

2. 地方法律法规与政策

自 2015 年以来，各地人民政府、财政厅、科学技术厅、知识产权局陆续出台相关法律法规及政策，支持知识产权基金的落地与运作，具体文件见表 11-1。

表 11-1　我国地方性知识产权相关法律法规及政策整理

相关法律法规及政策名称	颁布时间
《山东省重点产业知识产权运营引导基金管理实施细则》	2015-12
《青岛市专利运营引导资金管理暂行办法》	2016-08
《河南省重点产业知识产权运营基金实施方案》	2017-09
《西安市知识产权运营服务体系建设实施方案（2017—2019 年）》	2017-11
《广州市重点产业知识产权运营基金管理办法》	2017-12
《苏州市知识产权运营引导基金设立方案》	2017-12
《杭州市重点产业知识产权运营基金管理办法（试行）》	2018-01
《北京市重点产业知识产权运营基金管理办法》	2018-02
《厦门市知识产权运营服务体系建设专项资金管理办法》	2018-09
《深圳市知识产权运营服务体系建设实施方案（2018—2020 年）》	2018-10
《成都市知识产权运营基金暂行管理办法》	2019-03

以北京市为例，《北京市知识产权局　北京市财政局关于印发〈北京市重点产业知识产权运营基金管理办法〉的通知》（京知局〔2018〕42 号）从基金的设立、基金管理、基金使用、风险控制、基金的管理费和收益、基金的终止和退出 6 个环节，对北京重点产业知识产权运营基金的管理进行规范。

其中，文件中针对北京市重点产业知识产权运营基金定义、用途及投资运作原则指出：市政府通过预算安排，与社会资本共同出资设立，主要采用股权投资方式支持北京市战略性新兴产业知识产权运营的资金；基金按照"政府引导、市场运作、循环使用、提高绩效"的原则进行投资运作。

近年来，北京市在知识产权运用方面进行了专利商用化、专利保险、知识产权质押融资等多方面的探索，为配合知识产权运营体系建设，重点研究设立北京市知识产权运营基金的相关工作。北京市重点产业知识产权运营基金的成立将更加关注产业发展中的知识产权要素，服务国家重大专项知识产权管理，培育运营高价值专利，紧密联系中关村园区各类创新主体，有力推动基金服务首都各大高校、科研院所和创新型企业，助力产学研相结合，提升我国重点产业领域的知识产权创造运用能力❶。

第二节　知识产权基金运作模式及案例分析

一、知识产权基金运作模式

1. 募集资金

我国知识产权基金以政府财政资金为引导，吸引社会资本，如地方龙头企业、战略投资者，作为有限合伙人。根据基金业协会《私募投资基金募集行为管理办法》第15条，募资流程为特定对象确定、投资者适当性匹配（专业投资者略过此步骤）、基金风险揭示、合格投资者确认、投资冷静期以及回访确认。此外，由于知识产权基金投资标的的特殊性，在引入社会资本时，应充分考量其过往主要投资领域，以及相关领域与本省/区特定发展产业协同性，确保基金稳定、高效运作。

2. 投资环节

我国知识产权基金投资方式以股权投资为主，跟进投资以及融资担保为辅，通过知识产权授权许可、转让、诉讼和知识产权再开发形成高价值专利组合等途径实现盈利。

通过较为成熟的股权投资模式，可增加公众参与感，并能够维持基金的持续发展，在实际操作中具有资本引导性强、项目运作规范和管理方式科学等优点。此外，通过股权投资模式引入外界较有实力的战略投资者，可提高被投企业运营管理效率以及优化企业资本结构，为知识产权的顺利产业化做好铺垫。

通过跟进投资环节的设定，知识产权基金可通过一定股权投资比例，以社会创业投资资本相同的价格，投向目标企业，对当地地区创业投资机构集中度、活跃度具有显著催化作用。此外，知识产权基金与创业投资机构的合作机制设定也较为灵活，通过分红让利、退出后资本增值让利等措施，使知识产权基金有效达到促进新型产业形成、知识产权投资的可持续发展等目标。

通过融资担保服务，可有效降低创业企业、专利发明人资金压力，政府财政资金引导效应得到进一步放大，且通过知识产权基金增信，对调动合作银行开展知识产权质押融资业务积极性具有推动作用。知识产权基金融资担保服务主要包括对合作银行进行风险补偿、风险兜底等。同时，知识产权基金利用认股权证获得企业股权，若未

---

❶ 中国知识产权资讯网. 北京市重点产业知识产权运营基金成立 ［EB/OL］.（2015-12-31）［2019-11-01］. http://www.iprchn.com/cipnews/news_content.aspx?newsId=90723.

来企业发展顺利，则会为基金带来丰厚的资本增值收益❶，使知识产权基金在高杠杆运作下能够保证资金供给，实现基金的良性循环发展。

3. 管理环节

知识产权基金要求基金管理人（普通合伙人）对相关领域的技术需求及未来发展方向具有深刻了解，因此基金普通合伙人职责通常交由具有丰富知识产权运营经验的管理公司担任，并设有投资决策委员会与合伙人会议，同时设定知识产权部、研发部、战略部等相关部门进行协助运作与管理。知识产权基金以资本为纽带，整合相关产业战略企业与知识产权运营服务商，通过三级运作模式为知识产权顺利实现商业价值奠定良好基础。

通过知识产权基金的管理与运作，成熟的管理团队可更有效地为知识产权提供全程化服务。

在抵御外部威胁方面，被投企业依据自身性质获得不同层级的专利组合授权方式，以抵御外界恶意诉讼。此外，被投企业在面临外界的侵权行为时，知识产权基金平台会有专业团队以及强有力的后台支持帮助其维护自身权益，降低诉讼维权成本。

在推动专利发明方面，基金平台吸纳大量知识产权运营资源以及战略投资者，通过整合专利资源、科研资源以及市场资源，为被投企业提供完善的知识产权服务，可涵盖"知识产权发明评估和筛选——发明培育与研发——专利技术推广——许可监督"等环节❷，使单一企业及个人在推动知识产权发明方面克服资源短板，降低资源获取成本，使跨学科、跨行业的系统工程得以实现。

4. 退出环节精准对接市场需求

知识产权基金通过收购知识产权，从而积累大量高质量、有前景的专利资产组合，同时吸纳相关领域内优质科技公司作为战略投资者，使之弥补单一科研企业专业化团队不完善、缺乏国际视野以及管理层薄弱等短板。知识产权基金所具有的平台优势为被投企业提供多元化商业增值服务，保障知识产权顺利落地，实现商业价值。如睿创专利运营基金，该基金由北京中关村管委会和海淀区政府各出资 2000 万元作为引导资金，金山软件股份有限公司、北京小米科技有限公司以及 TCL 集团股份有限公司等多家智能终端、移动互联网领域企业作为首批战略投资方参与其中❸。战略投资者的进入，为所收购、孵化的知识产权提供有效的市场资源，提高推广营销精准度，保障知识产权资产能够顺利实现商业化价值。

此外，我国成熟的二级市场也为知识产权基金的财务投资者提供了完善的退出渠

---

❶ 李希义，朱颖. 设立知识产权质押贷款专项基金的研究探讨——基于财政资金创新使用角度 [J]. 科学学研究，2016，34（6）：882-886.

❷ 何耀琴. 北京市知识产权运营模式分析 [J]. 北京市经济管理干部学院学报，2013（3）：12-26.

❸ 陈博勋，王涛. 从专利角度探析知识产权基金运作模式 [J]. 电子知识产权，2016（2）：83-87.

道。2019 年 6 月，我国注册制试点——科创板正式开板，为科创型、知识产权密集型企业提供了更具包容性的二级市场，有利于在较短的时间内取得投资回报。如苏州市知识产权运营引导基金，完成投资的"工业机器人"概念公司——江苏北人公司（688218. SH）已于 2019 年 12 月 11 日成功登录科创板。

二、知识产权基金风险分析与管理策略

1. 知识产权基金风险分析

（1）政策和市场风险❶

宏观环境以及投资知识产权所涉及行业的变化，会导致相关产品的市场需求下降，进而引起相关产品为依托的知识产权标的的投前和投后的价值产生波动，造成知识产权基金资金使用效率降低及盈利预期转向。此外，国家对知识产权法律环境的变化，会对知识产权基金已投标的价值造成影响。

（2）缺乏全国性知识产权基金布局

我国知识产权运营基金大多以中央、省市财政资金作为引导而设立，基金投资范围具有较明显的地域特征，且在基金投资方案设计上主要以扶持省（地区）内产业、推动省（地区）内产业升级为目标，尚未形成全国性知识产权基金投资网络。知识产权运营基金投资活动的地域性特征，将影响其形成具有全国性的融合专利池，致使其在知识产权资源配置利用、唤醒沉睡专利、促进具有国际竞争力的产业集群的形成等方面具有一定限制。

（3）知识产权运营风险

相较于欧美、日本、韩国等发达国家和地区，我国知识产权运营机构较少，知识产权评估能力较弱，相关从业人员稀缺，高质量从业人员团队组建困难，且人才培育周期长。此外，因知识产权运营机构通常在知识产权基金中担任普通合伙人角色，相较于投资于证券及成熟企业股权的私募基金普通合伙人而言，知识产权基金普通合伙人除需负责资金的运作外，还需具有强大的知识产权运营实力，因此我国知识产权运营机构的种种不足将导致知识产权基金具有声誉受损、难以达到预期目标等风险。

（4）标的处置困难

知识产权属于无形资产，相较于有形资产，知识产权的流动性受限，且目前国内市场还没有发展成熟的知识产权交易平台。知识产权缺乏快速变现路径，导致知识产权交易市场活跃度不足。另外，目前国内市场尚未有规范的、具有公信力的知识产权评价评估机构，缺乏统一的知识产权评估标准，难以客观、真实地反映知识产权价值，这也为知识产权的处置带来了一定障碍。

---

❶ 李臻洋. "产业公司+VC" 式知识产权投资基金运作模式研究 [D]. 北京：对外经济贸易大学，2018：33.

2. 知识产权基金管理策略

（1）合理确定基金总规模

考虑我国知识产权运营基金特色，在基金规模设立时应充分考虑投资区域内相关行业市场容量，保证资金使用效率，避免大量的资金闲置导致收益率降低。此外，过高的省（自治区、直辖市）内知识产权运营基金规模会导致有限的资产价格急剧上升，价值中枢向上偏移，导致资产优良与否将不再成为投资时首要考虑的因素。另外，基金总规模过高催生出大量资产价值泡沫，对知识产权投资行业、被投行业的健康发展和社会资本参与积极度产生不良影响。

通常情况下，知识产权运营基金规模应全面评估区域内相关领域的发展前景和企业存量，通过恰当设定投资比例，以保障基金总规模落在合理区间，避免资产泡沫与行业定价畸形情况产生。

（2）合理设定利益绑定条款

在知识产权运营基金中，普通合伙人决定基金运营的好坏，因此对基金管理人设定合理的利益绑定条款，有助于降低基金运营风险，并且可规避基金管理人为追求高昂管理费而盲目投资。通常情况下，基金管理人按基金总规模的1%出资，但考虑知识产权运营基金存在较高风险以及需要丰富的知识产权运作、资金管理经验，可适当调高基金管理人出资门槛，防止缺少利益绑定而出现委托代理人问题。同时，门槛的提高可减少对基金管理人的筛选成本。

以湖南省重点知识产权运营基金为例，该基金期初设定总规模为5亿元，在招标初期，打破现行基金管理人按基金总规模的1%出资的常规做法，将出资额设定为至少3000万元，即至少为总规模的6%，将基金管理人的利益与知识产权运营基金深度绑定❶。

（3）政府合理安排让利措施

在知识产权运营基金中，政府财政资金的投入主要为吸引社会资本参与以及为基金声誉背书，其目的不在于追求客观的经济回报，而是更关注社会效益是否最大化，因此，在基金获得较好收益时，政府具有一定的让利空间，以确保最大限度地调动基金管理人、社会资本等各方积极性，以激活区域内知识产权运营、投资等活动。

常见政府让利模式如提供长期无息资金扶持、作为劣后级引导社会资本、让渡部分或全部经济利益等，均确保在实施利益绑定的同时，提供不同程度的收益激励以保障风险与收益的平衡。

（4）搭建完善的内部人才团队与评估体系

知识产权的运营是基金运作中最为重要的一个环节。由于知识产权运营的复杂性，

---

❶ 沈坚. 政府股权投资基金设立方式研究：以湖南省重点知识产权运营基金为例 [J]. 城市学刊，2018（4）：43-49.

要求基金运营管理团队除具备科研人才队伍外，仍需技术与金融相结合的跨界人才、市场团队、收购团队、谈判专家、法务团队与管理团队，为知识产权的研发、外部知识产权的收购、抵御外部威胁、实现商业价值奠定良好基础。此外，在人才队伍完善的基础上，应建立健全内部评估体系，如技术评估、法律评估、市场评估、价值评估等，以确保基金能够因地制宜、可持续发展。

三、知识产权基金国外案例分析

1. 美国高智发明有限公司❶

美国高智发明有限公司（以下简称"高智发明"）成立于 2000 年，其总部位于美国华盛顿，是全球最大的专业从事发明、投资和孵化的公司，且在美国总部设有发明实验室。

（1）运营模式

高智发明属于私营部门主导的专利基金模式，因此具有高度市场化特征，致使公司基金通过授权和战略合作等方式形成协同运行机制，发现具有市场前景的专利，采用投资、购买的方式将其纳入基金体系，为投资者赢得稳健收益。

高智发明旗下专门设立 3 支专利基金，即以主攻内部自主研发以获得发明创新成功为主的发明科学基金（Invention Science Fund，ISF）；以致力于外部创意合作、专注于寻找和创新孵化为主的发明开发基金（Invention Development Fund，IDF）；以收购具有市场前景的发明创新进行开发和组合，最后通过授权许可、转让获利为目标的发明投资基金（Invention Investment Fund，IIF）。此外，它还有专注于投资发展中国家公共卫生和农业经济关键技术领域的全球优质（Global Good）基金。

（2）资金规模

高智发明以私募股权基金方式募集资本，截至 2016 年，高智发明公司管理着超过55 亿美元的发明投资基金，管理的专利货币化组合约 3.8 万项，总计拥有超过 7.5 万项发明，是目前全球规模最大的专利基金。

（3）优势与特色

高智发明的优势可以归结为人才优势和强大的资源背景两个方面。高智发明的两位创始人纳森·梅尔沃德（Nathan Myhrvold）和爱德华·荣格（Edward Jung）是业界资深技术专家，其中纳森被《商业周刊》誉为"发明教父"，曾担任微软的首席技术

---

❶ 李黎明，刘海波. 知识产权运营关键要素分析——基于案例分析视角 [J]. 科技进步与对策，2014，31（10）：123-130.

刘然，蔡峰，宗婷婷，等. 专利运营基金：域外实践与本土探索 [J]. 科技进步与对策，2016，33（5）：56-61.

王海吉. 运用知识产权运营基金实现社会融资创新 [J]. 现代经济信息，2016（16）：334-336.

Intellectual Venture [EB/OL]. [2019-10-29]. https://www.intellectualventures.com/what-we-do/global-good-fund.

官和战略师，也是微软研究院的创始人；爱德华曾担任微软首席软件架构师，其在微软 10 年中与他人共同创建了 Windows NT、微软研究院、移动与消费产品及 Web 服务等多个团队。资金方面，高智发明以私募股权基金方式募集资本，在全球范围内筹资 50 亿美元，是目前全球最大的专利基金。

此外，多家全球科技巨头对高智发明进行投资，如微软、英特尔、苹果、诺基亚等，为高智发明在知识产权运营及顺利实现产业化方面做好铺垫，也提高了自身抵御外部恶意诉讼的能力。

（4）运营案例

2010 年 3 月，高智发明与上海交通大学合作共同实施"联合创新基金"项目，其合作模式为"启动经费+奖金+分成"。经上海交通大学组织，船舶海洋与建筑工程学院的方从启副教授提交了简历并通过了筛选，高智发明为其提供资金支持，最终项目得以顺利开展，专利申请成功。高智发明在得到单一专利后，不会急于对外进行许可授权赚取授权费，而是对专利进行二次开发和组合，将专利组合整体授权给技术需求企业，进而从中获利。

2. 以色列英菲尼迪股权基金管理集团❶

英菲尼迪集团的第一支中国概念基金 Infinity-CSVC 成立于 2004 年，是中国最早的中外合作人民币创业投资基金，获得中国政府颁发的第一张非法人制中外合作创业投资基金的营业执照。

（1）运营模式

英菲尼迪股权基金管理集团（以下简称"英菲尼迪管理集团"）的主要运营模式为"资本+技术"的创业投资基金。一方面，英菲尼迪管理集团投资于着眼开拓中国市场且处于成熟发展阶段的海外企业，并为这些企业寻找相匹配的中国本土企业。同时，英菲尼迪管理集团利用自身商业网络与政府关系，帮助企业在中国以较低的成本进行生产，从而顺利进入中国市场，实现海外技术优势和本土产业优势的结合。另一方面，英菲尼迪管理集团投资中国本土的高科技初创企业，并由旗下先进科学家团队评估专利技术产业化的市场前景和风险，利用自建的技术孵化器为中国本土企业提供技术支持、财务管理等增值服务，同时提供 IPO、并购等退出策略，帮助中国本土企业实现创新技术的产业化。

（2）资金规模

英菲尼迪管理集团旗下共 17 支基金，其中 15 支在中国，基金总规模达 100 亿元人

❶ 李黎明，刘海波. 知识产权运营关键要素分析：基于案例分析视角［J］. 科技进步与对策，2014，31（10）：123-130.

胡信勇. 以色列基金 Infinity 的中国路数：访 Infinity 基金创始合伙人 Amir Gal-Or（高哲铭）［J］. 中国科技财富，2009（21）：96-97.

英菲尼迪集团官网［EB/OL］.［2019-10-29］. http://www.infinity-equity.com/about.php?id=12.

民币和 7 亿美元。

（3）优势与特色

英菲尼迪管理集团的优势表现在政府关系与人才优势。英菲尼迪管理集团的主要投资者之一是以色列 IDB 集团，该集团是以色列最大的多元化产业集团，占以色列国家 GDP 的 12%。此外，英菲尼迪管理集团在中国的核心投资者主要是国家开发银行。两大金融财团不仅为英菲尼迪管理集团提供了雄厚的资金支持，也为其赢得了两国政府的大力支持。同时，英菲尼迪管理集团在长期的投资实践中形成了一支知识产权运营的专业队伍，投资管理团队在基金管理、企业并购、技术研发、法务财务等领域均有丰富经验。

（4）运营案例

Shellcase 是以色列一家专业做半导体封装测试的企业，虽然其研究的技术已达到全球领先水平，但其在以色列建成半导体设备工厂后并没有找到相应投放市场。与此同时，苏州一家名为晶方半导体的企业，专业从事影像传感芯片（CCD 和 CMOS）和晶圆级芯片的尺寸封装，但缺乏相关核心技术。2005 年，英菲尼迪管理集团以 1400 万美元购买了 Shellcase 的专利技术，随后英菲尼迪集团、Infinity-CSVC 与 Shellcase 三家机构联合向中国晶方半导体公司投资 2500 万美元，并在苏州工业园区管委会的支持下投资建设了一条生产线。晶方半导体公司在资金与技术的支持下，逐渐成长为中国国内第一家、全球第二家能大规模提供晶圆级芯片尺寸封装（WLCSP）量产技术的高科技公司。

3. 韩国创智发明基金❶

2010 年，韩国政府成立韩国知识产权基金，即韩国创智发明基金（以下简称"创智发明"），基金规模超过 5 亿美元，投资主体为韩国政府以及战略投资企业，以期更好地应对国外专利运营公司侵权诉讼。同年，设立韩国创意资本公司（Intellectual Discovery），截至 2016 年，其已向 500 多家企业进行了知识产权投资。

韩国创意资本公司及旗下 2 个子公司基于对专利价值的评估，为各类公司提供融资项目，积极投资初创企业和合资企业，帮助其开发有创意、高质量的专利，致力于提高本国企业国际竞争力。

创智发明开创了一种独特的知识产权货币化模式，致力于同高校、研究机构以及企业建立多样化的合作网络，形成知识产权开发和持续商业化的良性循环。

创智发明的业务模式包括三个方面：一是全球知识产权投资。创智发明投资移动通信、智能汽车、纳米材料以及云计算等新兴领域，同时积极开展知识产权交易与联

❶ 孟奇勋，张一凡，范思远. 主权专利基金：模式、效应及完善路径 [J]. 科学学研究，2016，34（11）：1655-1662.

王海吉. 运用知识产权运营基金实现社会融资创新 [J]. 现代经济信息，2016（16）：334-335.

266

合投资。二是知识产权货币化。创智发明帮助拥有前瞻性思维的企业、高校、研究机构从创新中获利，为各个企业的项目研究和产品开发提供专利组合，协助知识产权争端解决以及开展许可活动。三是知识产权挖掘和创造。创智发明的知识产权挖掘打包致力于提供"一站式"解决方案，主要包括知识产权全方位评价与评估。

四、知识产权基金国内案例分析

1. 北京市重点产业知识产权运营基金❶

北京市重点产业知识产权运营基金（以下简称"北京 IP 基金"）成立于 2015 年 12 月，是我国首支由中央、地方财政共同出资引导发起设立的知识产权运营基金，基金总规模为 10 亿元，是国内资金规模最大的知识产权运营基金之一。北京 IP 基金首期规模为 4 亿元，其中中央、北京市、部分中关村分园管委会三级财政体系投入政府引导资金 9500 万元，引导重点产业企业、知识产权服务机构和投资机构等投入社会资本 30500 万元，北京屹唐华睿投资管理有限公司（以下简称"屹唐华睿"）担任普通合伙人，重点关注移动互联网和生物医药产业。

屹唐华睿是一家从事投资管理、资产运营的国有背景专业的投资机构。公司以知识产权为切入口，关注重点产业核心专利、科技资产，挖掘专利信息，筛选优质投资标的，运用丰富的资源深度参与产业整合，同时与知识产权领域专业服务机构紧密合作，共同推进知识产权运营。

此外，北京 IP 基金不同于传统产业发展投资基金，重点产业知识产权运营基金更关注产业发展中的知识产权要素，投资于现有的核心专利技术和未来 5~7 年具有发展前景和行业导向的技术，包括以专利为核心的无形资产，以及拥有技术的创新型企业等。

2. 湖南省重点产业知识产权运营基金❷

湖南省重点产业知识产权运营基金（以下简称"湖南 IP 基金"）成立于 2017 年 11 月，由湖南省财政厅、湖南省知识产权局发起设立，目的是进一步推动知识产权流转，加强运营体系建设，支撑产业升级和经济转型。主要关注领域为拥有核心专利和高价值专利组合或其他知识产权的先进轨道交通装备、工程机械以及有特色的细分先进装备制造高新技术企业。

湖南 IP 基金总规模 6 亿元，其中政府出资 7500 万元（由湖南文旅基金管理中心作为政府出资代表），向社会募集资金 5.25 亿元。湖南 IP 基金总规模的设定与所投产业容量相契合，且在吸引省外先进技术时，允许基金投资省外知识产权项目，并在管理

---

❶ 李臻洋. "产业公司+VC"式知识产权投资基金运作模式研究［D］. 北京：对外经济贸易大学，2018：15.

❷ 沈坚. 政府股权投资基金设立方式研究：以湖南省重点知识产权运营基金为例［J］. 城市学刊，2018（4）：43-49.

费的提取方式与管理人的出资比例上予以创新。

在管理费的提取方面，湖南 IP 基金为达到带动省内优势产业快速发展的目的，将管理费的提取进行划分。基金管理人在投资省内项目时，管理费按 2.5% 提取；投资于省外项目时，管理费按 1.5% 提取。拉开省内和省外项目的管理费提取差异，充分调动基金管理人积极性，并使政府资金引导效益最大化。在管理人出资比例方面，湖南 IP 基金一改传统基金管理人按基金总规模 1% 出资的做法，而是进行定额管理，以便对基金管理人进行筛选，降低基金运营风险。

3. 睿创专利运营基金❶

睿创专利运营基金（以下简称"睿创基金"）成立于 2014 年 4 月，由北京中关村管委会和海淀区政府各出资 2000 万元设立，引导金山科技、小米科技、TCL 集团等多家公司参与组建，基金总规模达 3 亿元，并委任北京智谷睿拓技术服务有限公司（以下简称"智谷公司"）作为普通合作人管理基金投资策略与日常运营，重点围绕智能设备终端、移动互联网等核心技术领域。

智谷公司成立于 2012 年，2013 年 4 月，智谷公司完成第一轮融资，小米科技、金山软件、顺为资本成为智谷公司的战略投资方。从时间点上看，小米科技进入智谷公司以及参与设立睿创基金时期，正是小米科技快速成长阶段。2011 年 12 月，小米科技真正进入大众视野——小米 1 代智能手机正式在线上出售，此后三年相继推出小米 2 代智能手机、红米 1 代智能手机、小米 3 代智能手机、小米 4 代智能手机等热销机型。作为智能手机领域新进入者，小米科技在系统性知识产权布局方面的需求，主要是提升自身知识产权防御实力，避免被产业内传统巨头诉讼。同时，这也为小米科技在之后由智能手机转向智能家电家居领域奠定了良好基础。

睿创基金作为中国第一支专注于专利运营和技术转移的基金，是我国在探索知识产权商用化、创新知识产权服务模式中的突破性尝试。睿创基金通过市场化机制以及采取类似高智发明公司的防御性专利聚合模式，将有助于激活中国的技术交易市场，促进科技成果转化，提升企业知识产权保护意识。

4. 苏州国发苏创知识产权投资企业（有限合伙）

苏州国发苏创知识产权投资企业（有限合伙）（以下简称"苏国苏创"）是苏州市知识产业引导运营基金，同时也是全国地级城市第一支实体化投资运作的知识产权引导基金。苏国苏创管理人为苏州国发创业投资控股有限公司，主要关注苏州全市范

❶ 李臻洋. "产业公司+VC"式知识产权投资基金运作模式研究 [D]. 北京：对外经济贸易大学，2018：9-10.

任霞. 全球知识产权股权基金运营模式浅析 [J]. 中国发明与专利，2016（10）：23-27.

杨晨，刘谦，戴凤燕. 产业安全型专利运营探析：模式、结构与机理：基于扎根理论的多案例研究 [J]. 科技进步与对策，2018（7）：18-26.

围内的生物医药、人工智能、智能制造等知识产权密集型科技企业。苏国苏创首期规模 2 亿元，其中，中央财政资金支持 1 亿元，地方财政资金 9800 万元（根据基金运作情况逐步出资到位），基金管理公司 200 万元。2019 年 12 月 10 日，根据《苏州市产业引导基金管理办法实施细则》《苏州市知识产权运营引导基金运作方案》的有关规定，苏州市知识产权运营引导基金经过尽职调查、专家咨询委员会评审等环节，苏州工业园区元禾重元贰号股权投资基金合伙企业（有限合伙）、苏州国发科技创新投资企业（有限合伙）通过引导基金管理委员会的最终评审，成为首批合作机构。苏州工业园区元禾重元贰号股权投资基金合伙企业（有限合伙）为提供与机器人相关的系统集成解决方案的公司——江苏北人（688218.SH）股东，持 3228613 股，占总股本 2.75%，企业已于 2019 年 12 月 11 日顺利登录二级市场。苏国苏创后续将引入中科院知识产权项目并转化落地苏州。

第十二章 · CHAPTER 12

知识产权质押融资

第一节 知识产权质押融资相关概念及特征

一、相关概念

知识产权质押融资，是指债务人或者第三人依法将其拥有的专利权、商标权、著作权中的财产权等知识产权作为质押物，向债权人申请融资，在债务人不履行或不能履行债务的情况下，债权人有权依法以该知识产权折价或者以拍卖、变卖该知识产权的价款优先受偿。其中，债权人为质权人，债务人或者第三人为出质人。出质设定担保的知识产权为质押标的物，即通常所说的"质物"。

《中华人民共和国担保法》❶ 第 75 条规定，依法可以转让的商标专用权，专利权、著作权中的财产权，可以出质。这里的财产权，指因取得知识产权而产生的具有经济内容的权利，包括独占实施权、实施许可权、转让权等，知识产权的质押合同应当约定被质押的是哪几项权利，其中，标记权和专利产品的进口权一般不得作为质押标的。

二、主要特征

1. 知识产权质押随主债权消灭或因质权实现而消灭

与实物资产质押相同，担保物权依附于主债权而存在，当债权消灭时，担保物权随之消灭；当债务人不履行债务时，质权人行使质权优先受偿其债权时，质权自然消灭，质押同时消灭❷。

---

❶ 该法于 1995 年 6 月 30 日第八届全国人民代表大会常务委员会第十四次会议通过，自 1995 年 10 月 1 日起施行。

❷ 钱坤. 专利质押融资理论与实践研究 ［M］. 北京：社会科学文献出版社，2015：12.

2. 知识产权质押融资以无形资产作为抵押物

传统质押贷款要求提供有形资产作为抵押物、质押担保物，与之不同，知识产权的质押融资是以无形资产作为抵押物。这种创新给许多固定资产相对缺乏的新兴企业提供了获取银行贷款的新契机，使许多本来不能满足银行借款需求的企业，特别是中小企业获得了申请银行贷款的资格❶。

3. 我国知识产权质押融资尚未形成统一的运作模式

作为一种新兴的融资方式，尽管社会各界对其拓宽企业融资渠道、缓解中小企业融资难等寄予了较高的期望，许多企业也保持高度关注，部分银行已经积极尝试开发了相关产品，但总体而言我国知识产权质押融资市场尚未形成统一的模式，还存在较强的区域性特点。

4. 与实物资产质押相比，知识产权质押债权人承担的市场风险较高

以专利权质押为例，首先，专利权的质押标的具有无形性。专利权的质押本质上是以其财产权进行质押的，而且这种财产权是无形的，其价值的实现必须通过商业化开发或产业实施才可以体现，如果有些技术在实践中得不到实施，那么经济价值就很难体现，因此债权人在专利质押融资过程中，需要承担较高的市场风险。而实物资产作为抵押物，由于其价值的实现不需要通过中间过程的转化，而权利人可以较为方便地通过市场租赁、转让（包括清算）等方式对该实物资产行使权利，因此接受实物资产抵押的债权人的风险远低于专利质押中债权人所承担的风险。其次，专利权的价值构成因素复杂，对其价值准确量化评估比较困难。专利权具有不稳定性、排他性、时间性、地域性等特点，专利文献是集技术、经济、法律于一体的信息资源，在判断其价值时，须充分考虑专利权特性和专利文献信息的复杂性，因此较难准确地估量某一项专利或一个专利包的市场价值。而在实物资产抵押中，评估机构只需要说明在特殊市场情况下的变现风险对实物资产抵押价值的影响，而无须考虑抵押资产的时间性、地域性等特性。最后，专利权的快速变现困难。由于专利权具有不确定性、排他性、无形性等特性，且其市场价值的认可度不高、交易市场相对狭小等问题，造成其快速变现困难，导致质权的实现面临较高的风险。实物资产虽然也存在一定的价值波动风险，但当价值波动威胁到债权人利益实现的时候，债权人可以采取适当的保护措施，及时要求出质人将实物资产变现，从而保护其债权的实现。

---

❶ 刘红霞. 知识产权质押融资模式运行中的问题及其优化建议［M］. 北京：经济科学出版社，2015：1-2.

第二节　知识产权质押融资参与主体及业务流程

一、参与主体

知识产权质押融资示意如图 12-1 所示，参与主体主要包括资金需求方、资金提供方、评估/评价机构、风险缓释机构、质押登记机关以及其他利益相关方。

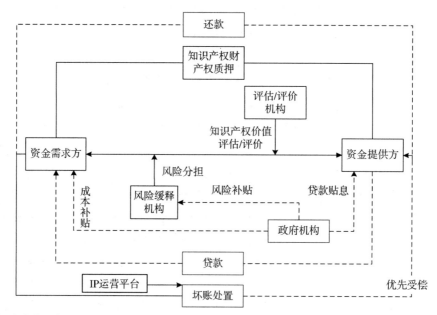

注：虚线表示资金流，实线表示业务流。

图 12-1　知识产权质押融资示意

1. 资金需求方

资金需求方通常指在拥有知识产权资产的同时又缺乏实物资产的科技型企业，其很难运用常规资产进行融资。资金需求方一般具有以下特点：主体多为初创期或成长期的中小型企业；不希望融资导致股权稀释；对资金的需求量有限；有中短期融资需求；对知识产权所有权确定。

2. 资金提供方

资金提供方主要包括银行、现金流充沛的知识产权运营机构、小额贷款公司等。

3. 评估/评价机构

由于与专利权人（资金需求方）相比，资金提供方处于信息劣势地位，所以需要借助专业的无形资产评估或评价机构进行专利权属的核实，对知识产权的价值进行预估。其中，评价机构一般为知识产权服务机构。

4.风险缓释机构

与实物资产质押相比，知识产权质押融资中，由于资金提供方承担的市场风险较高，所以需要引入如保险、担保、风险处置资金池、风险补偿基金等风险缓释机构进行风险分担。其中，风险处置资金池一般由知识产权运营机构联合地方政府设立，风险补偿基金由政府出资引导，吸引社会资本参与共同设立。

5.质押登记机关

《中华人民共和国担保法》第79条规定，以依法可以转让的商标专用权，专利权、著作权中的财产权出质的，出质人与质权人应当订立书面合同，并向其管理部门办理出质登记。质押合同自登记之日起生效。

6.其他利益相关方

其他利益相关方主要包括政府机构、知识产权运营平台等。其中，政府机构主要对知识产权质押融资提供推选、监督、质押补贴成本等综合服务，由于知识产权资产的风险偏高，银行等金融机构表现出较强的风险规避性，为了推进知识产权质押融资的市场化运作，在引导阶段，政府往往需要提供相配套的服务或信贷支持，以促进市场对该项融资创新的尝试和发展；知识产权运营平台主要提供供需信息展示、匹配及坏账专利处置（拍卖、转让等）场所。

二、业务流程

知识产权质押融资业务流程如图12-2所示，一般按照企业申请、资格预审、尽职调查、风险缓释机制约定并签订承保协议、签订质押合同、办理质押登记、发放贷款和贷后管理等程序进行。不同的质押融资模式可能会有不同程度的微调，以下以资金提供方为银行举例说明。

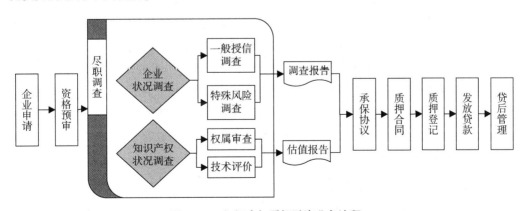

图12-2 知识产权质押融资业务流程

1. 企业申请

资金需求方向银行或质押融资产品发起方提出贷款申请，填写申请表，一般包含企业基本信息（名称、社会统一信用代码、联系方式、注册资金、近三年财务情况、已有贷款情况等）、拟质押知识产权信息和融资需求等内容。

2. 资格预审

银行或质押融资产品发起方根据资金需求方（融资申请人）提供的申请信息对申请资格进行预审，含企业规模、财务情况、注册地或经营地等信息是否符合质押融资产品要求；拟质押知识产权的类别及有效期是否符合要求，权利人和融资申请人是否一致，多个权利人的，融资申请人是否依法征求了其他权利人的同意等。

3. 尽职调查

尽职调查一般由银行、风险缓释机构、价值评估/评价机构按照自有内部程序进行，主要包括企业状况调查和知识产权状况调查。

（1）企业状况调查

此部分调查主要由银行和风险缓释机构的项目经理进行，方式包括下户考察和资料审查，是对企业的整体状况进行调查，初步确定是否可授信、可承保，并结合"估值报告"拟定授信额度、承保额度。调查内容包括一般授信调查和特殊风险调查。一般授信调查主要有贷款企业最近两年（含）以上的经营业绩和盈利情况，历史信贷记录，财务制度建设情况以及工商部门年检手续办理情况，主营业务及市场占有率，经营团队，上下游主要合作伙伴情况。特殊风险调查主要关注知识产权项目的实施风险，主要有拟质押知识产权项目的实施情况、产业化规模、市场准入限制、产业政策适应性、市场规模前景、竞争情况等。

（2）知识产权状况调查

此部分调查主要由知识产权运营机构或无形资产评估机构进行，主要是对拟质押的知识产权的权属进行审查、技术进行评价，并出具价值评估/评价报告（估值报告）。其中，权属审查主要是对知识产权的权利归属（目前质押、转让、实施许可情况）、诉讼、无效情况等影响质权实现的因素进行审查；技术评价主要是对知识产权的法律地位稳固性、侵权可判断性、权利的保护范围、技术的独立性、技术的创新性、技术寿命周期、技术成熟度等——进行分析，并结合行业发展趋势、企业状况调查情况，根据实际情况选择成本法、收益法或市场法对拟质押知识产权的市场价值进行预估。

4. 风险缓释机制约定并签订承保协议

银行和风险缓释机构根据前述调查，约定各方承担的风险比例，风险缓释机构经内部程序确定承保额度，为银行出具"承保函"，与资金需求方签订承保协议。

5. 签订质押合同

银行结合承保额度和约定的风险分担比例，经内部程序最终确定授信额度，并通知资金需求方签署知识产权质押贷款合同。在风险缓释机构为担保公司的情况下，根据约定，由担保公司和资金需求方签署知识产权质押贷款合同。

其中，专利权质押合同中应当包括以下与质押登记相关的内容：当事人的姓名或者名称、地址；被担保债权的种类和数额；债务人履行债务的期限；专利权项数以及每项专利权的名称、专利号、申请日、授权公告日；质押担保的范围。可以在专利权质押合同中约定下列事项：质押期间专利权年费的缴纳；质押期间专利权的转让、实施许可；质押期间专利权被宣告无效或者专利权归属发生变更时的处理；实现质权时，相关技术资料的交付。

商标专用权质押合同一般包括以下主要内容：出质人、质权人的姓名（名称）及住址；被担保的债权种类、数额；债务人履行债务的期限；出质注册商标的清单（列明注册商标的注册号、类别及专用期）；担保的范围；当事人约定的其他事项。

著作权质押合同应当包括以下内容：出质人和质权人的基本信息；被担保债权的种类和数额；债务人履行债务的期限；出质著作权的内容和保护期；质权担保的范围和期限；当事人约定的其他事项。

6. 办理质押登记

质押合同签署后，一般在订立书面合同之日起 20 ~ 30 日，由当事人向相应质押登记机关申请办理质押登记手续，质押合同自登记之日起生效。

（1）专利权质押登记

国家知识产权局负责专利权质押登记工作，当事人可以通过邮寄、直接送交等方式办理专利权质押登记相关手续，国家知识产权局自收到专利权质押登记申请文件之日起 7 个工作日内进行审查并决定是否予以登记。

申请专利权质押登记的，应当提交下列文件：出质人和质权人共同签字或者盖章的专利权质押登记申请表；专利权质押合同；双方当事人的身份证明；委托代理的，注明委托权限的委托书；其他需要提供的材料；专利权经过资产评估的，还应当提交资产评估报告。上述文件除身份证明外，当事人提交的其他各种文件应当使用中文。身份证明是外文的，当事人应当附送中文译文；未附送的，视为未提交。

专利权质押登记申请经审查合格的，国家知识产权局在专利登记簿上予以登记，并向当事人发送《专利权质押登记通知书》。经审查发现有下列情形之一的，国家知识产权局做出不予登记的决定，并向当事人发送《专利权质押不予登记通知书》：出质人与专利登记簿记载的专利权人不一致的；专利权已终止或者已被宣告无效的；专利申请尚未被授予专利权的；专利权处于年费缴纳滞纳期的；专利权已被启动无效宣告程序的；因专利权的归属发生纠纷或者人民法院裁定对专利权采取保全措施，专利权的质押手续被暂停办理的；债务人履行债务的期限超过专利权有效期的；质押合同约定在债务履行期届满质权人未受清偿时，专利权归质权人所有的；质押合同不符合登记要求的；以共有专利权出质但未取得全体共有人同意的；专利权已被申请质押登记且处于质押期间的；其他应当不予登记的情形。❶

（2）商标专用权质权登记

国家工商行政管理总局商标局负责办理注册商标专用权质权登记。申请人❷向登记机关申请登记的，应当提交下列文件：申请人签字或者盖章的《商标专用权质权登记申请书》；出质人、质权人的主体资格证明或者自然人身份证明复印件；主合同和注册商标专用权质权合同；直接办理的，应当提交授权委托书以及被委托人的身份证明；委托商标代理机构办理的，应当提交商标代理委托书；出质注册商标的注册证复印件；出质商标专用权的价值评估报告，如果质权人和出质人双方已就出质商标专用权的价值达成一致意见并提交了相关书面认可文件，申请人可不再提交；其他需要提供的材料。上述文件为外文的，应当同时提交其中文译文，中文译文应当由翻译单位和翻译人员签字盖章确认。

质权登记申请不符合规定的，允许在 30 日内补正。申请人逾期不补正或者补正不符合要求的，视为其放弃该质权登记申请，商标局应书面通知申请人。申请登记书件齐备、符合规定的，商标局予以受理。受理日期即为登记日期。商标局自登记之日起 5 个工作日内向双方当事人发放《商标专用权质权登记证》。有下列情形之一的，不予登记：出质人名称与商标局档案所记载的名称不一致，且不能提供相关证明证实其为注册商标权利人的；合同的签订违反法律法规强制性规定的；商标专用权已经被撤销、被注销或者有效期满未续展的；商标专用权已被人民法院查封、冻结的；其他不符合出质条件的。❸

（3）著作权质权登记

国家版权局负责著作权质权登记工作。以著作权出质的，出质人和质权人应当订立书面质权合同，并由双方共同向登记机构办理著作权质权登记。出质人和质权人可以自行办理，也可以委托代理人办理。申请登记时，应当向登记机关提供下列文件：申请人签字或者盖章的《商标专用权质权登记申请书》；出质人、质权人的主体资格证明或者自然人身份证明复印件；主合同和注册商标专用权质权合同；直接办理的，应当提交授权委托书以及被委托人的身份证明；委托商标代理机构办理的，应当提交商标代理委托书；出质注册商标的注册证复印件；出质商标专用权的价值评估报告（如果质权人和出质人双方已就出质商标专用权的价值达成一致意见并提交了相关书面认可文件，申请人可不再提交）；其他需要提供的材料。上述文件为外

---

❶ 具体流程及注意事项详见附件《专利质押登记办法》国家知识产权局令第五十六号。
❷ 申请人应当是商标专用权质押合同的出质人与质权人。
❸ 具体流程及注意事项详见附件《注册商标专用权质权登记程序规定》。

文的，应当同时提交其中文译文，中文译文应当由翻译单位和翻译人员签字盖章确认。

经审查符合要求的，登记机构应当自受理之日起 10 日内予以登记，并向出质人和质权人发放《著作权质权登记证书》。经审查不符合要求的，登记机构应当自受理之日起 10 日内通知申请人补正。无正当理由逾期不补正的，视为撤回申请。有下列情形之一的，登记机关不予登记：出质人不是著作权人的；合同违反法律法规强制性规定的；出质著作权的保护期届满的；债务人履行债务的期限超过著作权保护期的；出质著作权存在权属争议的；其他不符合出质条件的。❶

7. 发放贷款

办理完质押登记后，资金需求方根据银行要求办理相关的提款账户，银行根据质押合同中关于提款的相关规定，向资金需求方发放贷款。

8. 贷后管理

项目放款后直到完成项目退出期间的各项管理内容，主要包括贷后监控、投贷联动、坏账处置及 IP 资产管理等。

（1）贷后监控

有知识产权运营机构参与的，一般由知识产权运营机构和银行共同对借款方进行贷后监控。知识产权运营机构负责对企业生产经营情况及质物专利的法律状态、实施进展等进行监控，银行对企业财务情况、用款情况等进行跟踪管理。无知识产权运营机构参与的，知识产权的法律状态监控一般由银行通过政府官方网站进行查询。

（2）投贷联动

针对贷后的优质项目，各参与主体根据约定或基于其拥有的资源，优先为资金需求方对接相关的投资基金，实现投贷联动。

（3）坏账处置

对产生坏账的项目，依托知识产权运营类平台进行拍卖、许可、转让等方式进行运营，所得收益优先受偿给质权人，同时，风险缓释机构按照约定对银行进行风险补偿。

（4）IP 资产管理

有知识产权运营机构参与的，知识产权运营机构根据约定，向企业提供知识产权创造、运用、保护和管理等相关的服务，以提升企业的知识产权质量、管理水平及运用价值。

---

❶ 具体流程及注意事项详见附件《著作权质权登记办法》国家版权局令第 8 号。

第三节　知识产权质押融资模式及案例分析

一、国外知识产权质押融资模式及案例分析

美国、德国、日本、韩国是世界上四大知识产权国，同时也是世界上最早进行知识产权质押融资实践的国家。经过几十年的发展，这些国家已经构建起了相对成熟和完善的知识产权质押融资制度体系。然而，不同的国家有着不同的国情，进而采用了不同的金融机制。每种金融机制的成功之处都值得我国学习和借鉴。

1. 美国：市场主导型模式

美国的知识产权质押融资业务伴随着技术进步、知识产权发展以及金融创新经历了萌芽、成长到逐渐成熟的过程。在这一历程中，美国政府在传统质押担保融资的基础上，推出多种融资创新，促进了新型知识产权融资模式的发展，逐步由市场化、商业化的融资模式代替了由政府主导的知识产权质押融资模式，充分发挥科技与金融融合的作用，拓宽了中小企业的融资渠道[1]。

（1）美国小企业管理局模式[2]

美国小企业管理局（SBA）成立于1953年，旨在帮助小企业成长和发展。它并不直接向需要资金的小企业提供贷款，也不为小企业融资向金融机构提供足额担保，而是作为政府担保机构对小企业进行信用保证与信用加强，为银企双方搭建良好的沟通平台，进而促成资金借贷双方通过市场化的手段实现信贷活动。如图12-3所示，美国小企业管理局为中小企业的知识产权质押融资提供三种服务：一是为中小企业融资的担保者提供再担保服务；二是为无法利用一般融资渠道获得资金的中小企业提供贷款保证服务，这也是SBA最主要的功能；三是授权风险投资公司为萌芽期的中小企业提供融资服务。

---

[1] 鲍新中，张羽. 知识产权质押融资：运营机制 [M]. 北京：知识产权出版社，2019：142-143.

[2] 鲍静海，薛萌萌，刘莉薇. 知识产权质押融资模式研究：国际比较与启示 [J]. 南方金融，2014（11）：54-58.

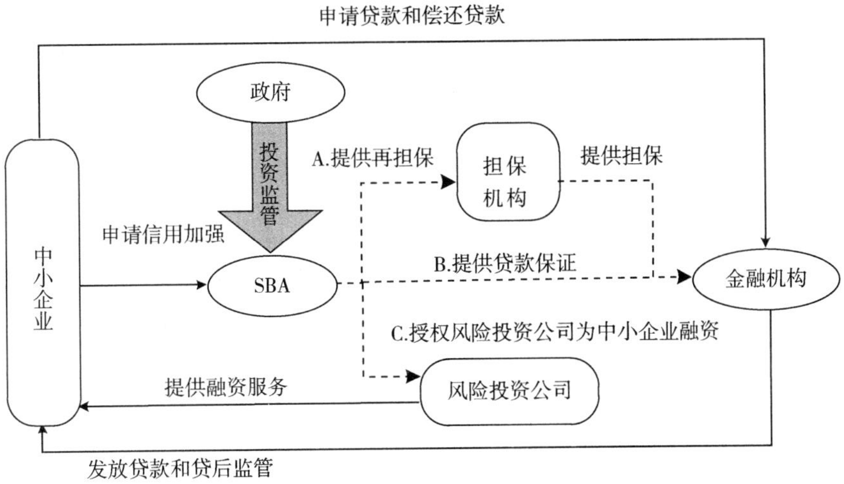

申请贷款和偿还贷款

政府

A.提供再担保　担保　提供担保
机构

投资监管

中小企业　申请信用加强　SBA　B.提供贷款保证　金融机构

C.授权风险投资公司为中小企业融资

提供融资服务　风险投资公司

发放贷款和贷后监管

图 12-3　美国小企业管理局质押贷款模式

（2）保证资产收购价格机制模式❶

2000 年，美国 M-CAM 公司创造性地发展出一种新型知识产权质押融资模式，即保证资产收购价格机制（CAPP）（见图 12-4）。M-CAM 公司并不直接向中小企业提供贷款，而是为企业提供一种新型的信用保证，而且可以在未来以规定价格收购企业向金融机构提供的知识产权。

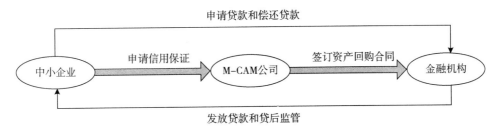

申请贷款和偿还贷款

中小企业　申请信用保证　M-CAM公司　签订资产回购合同　金融机构

发放贷款和贷后监管

图 12-4　美国保证资产收购价格机制质押融资模式

（3）知识产权许可收益质押融资模式❷

2008 年 8 月，美国 Dyax 生物技术公司（以下简称"Dyax 公司"）与美国 Cowen 医疗专利融资贷款公司（以下简称"Cowen 公司"）签订知识产权质押贷款合同，Dyax 公司以其生物医药专利"噬菌体展示技术授权项目"（Licensing and Funded Research Program, LFRP）向 Cowen 公司贷款 5000 万美元，还款日为 2016 年 8 月；2012 年 1 月，双方达成第

---

❶ 鲍静海，薛萌萌，刘莉薇. 知识产权质押融资模式研究：国际比较与启示 [J]. 南方金融，2014（11）：54-58.

❷ 丁锦希，李伟，郭璇，等. 美国知识产权许可收益质押融资模式分析：基于 Dyax 生物医药高科技融资项目的实证研究 [J]. 知识产权，2012（12）：101-105.

二笔 8000 万美元的贷款项目，仍以 LFRP 项目进行担保，还款日为 2018 年 8 月。鉴于 LFRP 项目稳定的现金流和低风险性，两项贷款的利息分别为 16% 及 13%。对于偿还贷款的方式，双方约定 Cowen 公司获得 Dyax 公司 LFRP 项目许可费前 1500 万美元的 75%，超过 1500 万美元部分的 25%，直到协议终止，贷款付清，具体的融资模式框架如图 12-5 所示。

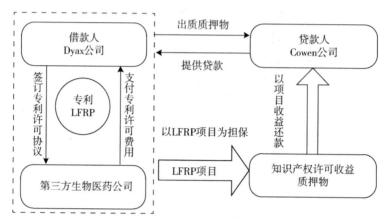

图 12-5　Dyax 公司知识产权许可收益融资模式框架❶

● 借款人——Dyax 公司

Dyax 公司是美国一家高科技生物技术公司。通过自主研发，Dyax 公司创建了"噬菌体展示技术授权项目"专利技术，该平台技术可筛选、开发具有治疗意义的靶点和候选药物，并通过将该专利技术向第三方生物医药公司授权专利许可实施。依托该专利技术研制的生物药物依卡兰肽（Ecallantide）已于 2009 年 11 月在美国上市，主要用于 16 岁以上人群急性遗传性血管性水肿（HAE）的治疗，并被美国 FDA 批准纳入国家罕用药目录。目前，Dyax 公司尚在开发依卡兰肽其他的适应证，由于新药研发需要大量资金支持，因此公司对融资需求非常迫切。

● 贷款人——Cowen 公司

Cowen 公司是一家专门从事全球医疗相关专利质押融资的金融投资机构，主要贷款对象为商业化阶段的医疗保健公司与产品，2008—2011 年，该公司共与 9 家医疗公司进行了专利贷款融资业务。Cowen 公司的金融团队对金融业、生物医药行业具有丰富的理论基础和实践经验。

● 特点

不同于传统知识产权质押融资模式中将质押物直接锁定为知识产权权利本身，在该项融资模式中，Dyax 公司将"噬菌体展示技术授权项目"专利许可收益权进行质押，即将该项专利技术授权许可给第三方使用并将许可收益权作为质押物向 Cowen 公司进行贷

---

❶　丁锦希，李伟，郭璇，等. 美国知识产权许可收益质押融资模式分析：基于 Dyax 生物医药高科技融资项目的实证研究 [J]. 知识产权，2012（12）：101-105.

款。相对于传统知识产权质押而言，以其许可收益权作为质押物在法律上存在以下三项优势：①省略质押评估程序，由于许可收益权是用现金作为其价值计量单位，故对其资产价值无须再进行复杂的资产评估程序；②增强质押物资产稳定性，由于许可收益权的权利体现是通过以契约形式进行定期、定额的现金给付，故质押物具有稳定的现金流，从而极大限度地降低了融资风险；③提升质押权实现能力，在融资还款过程中，一旦出现主贷款合同项下的资金偿还问题，贷款人可以通过质押合同中事先设定的条款，直接变更专利技术许可收益的权利主体，即要求专利被许可人直接向质押权人支付许可费来实现质押权，其质押权的实现成本很低，避免了传统质押模式资产变现成本高的障碍。

2. 德国：风险分摊型模式❶

1945 年，德国联邦政府以行会的建议为基础，从法律形式上建立了有限责任公司的担保银行。因此，德国的担保机构为经济界自助性的担保银行。它是一种资金密集型的金融机构，资金主要来源于企业工商协会、商业银行及国家、州政府发行公债筹集，股权人有银行、协会和私人自由体。从本质上讲，担保银行是德国促进中小企业发展的工具，受国家政策支持，但独立化市场运作。担保银行以责任资本作为保证，为那些不能提供足够贷款抵押的中小企业提供担保，以解决其融资问题，其担保重点是创业型、成长型中小企业和对合理化投资的担保。

经过几十年的发展，德国担保银行整体运行情况较好，形成了较为完善的风险分担机制。德国担保银行与承贷商业银行承担的贷款风险比例为 8∶2。当担保银行发生代偿损失时，政府承担其损失额的 65%（其中联邦政府承担 39%，州政府承担 26%），担保机构仅承担损失额的 35%。也就是说，在无法追偿的情况下，担保银行最终承担 28% 的信贷损失。德国担保银行还形成了较为完善的风险补偿机制。如果其净损失率超过 3%，则通常采取以下三种办法予以解决：一是增加担保费率；二是请求政府增加损失承担比率；三是请求投资人增资。目前，德国担保银行代偿率在 4% 以下，净损失率大约为 1%，运行状况良好。德国联邦政府还出台了税收优惠政策扶持担保银行的发展，政府规定，只要担保银行的新增利润仍用于担保业务，则担保银行可以免税。

德国的知识产权质押融资制度最大的特色是风险分摊机制。在这种机制的作用下，金融机构开展知识产权质押融资业务面临的风险被化解到最低值。

3. 日本：半市场化模式❷

日本是世界上最早推出知识产权质押融资的国家之一，在实践过程中积累了丰富的经验。在宏观经济垄断寡头和中小企业并存的两重结构下，日本建立了双轨制融资机制，即大型企业依靠长期信用银行和信托银行等大型银行发展；在政府支持下建立起来的中小金融机

❶ 崔晓玲. 德国的经济界互助担保经验借鉴（节选）[EB/OL].（2016-06-21）[2019-10-23]. http://www.chinafga.org/hyfxyj/20160621/4853.html.

❷ 鲍静海，薛萌萌，刘莉薇. 知识产权质押融资模式研究：国际比较与启示 [J]. 南方金融，2014（11）：54-58.

构，承担向中小企业提供金融服务的责任。日本的知识产权质押融资以政策投资银行为主，以商业银行为辅。民间银行也可以参与知识产权质押融资活动，但大多数是以与政策投资银行合作的形式展开的。比较具有代表性的模式主要有两种：一种是日本政策投资银行模式（DBJ），即直接债务融资模式；另一种是信用保证协会模式。

（1）日本政策投资银行模式

1999年，为了扶持科技型中小企业、推动知识创新，日本开发银行与北海道开发金库合并，组建了一个具有政府背景的政策性金融机构——日本政策投资银行。它以"贷款提供者、贷款协调者和知识产权资产运行者"的身份为成立初期的科技型中小企业提供著作权、专利权等知识产权质押贷款。如图12-6所示，在这种模式下，中小企业以知识产权为质押直接向日本政策投资银行提出贷款申请。日本政策投资银行对其信用状况进行初步审查后，委托评估机构和律师事务所对质押标的进行价值评估和法律评估，日本政策投资银行在评估结果的基础上确定质押贷款额度、发放贷款并委托资产管理公司实施贷后管理和不良贷款的处置。这一模式被住友银行、三菱银行以及富士银行等广为借鉴。

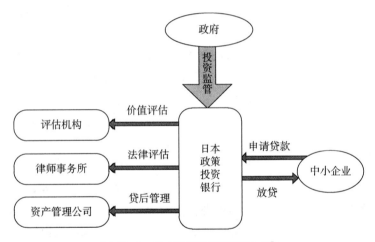

图12-6　日本政策投资银行模式❶

（2）信用保证协会模式

这种模式由信用保证协会对知识产权担保进行信用加强。如图12-7所示，中小企业以其拥有的知识产权向信用保证协会提出担保申请；信用保证协会审查其符合担保条件后，将保证金缴纳给金融机构；金融机构收到保证金后为中小企业提供贷款。同时，为了降低经营风险，信用保证协会和中小企业综合事业团中的信用保险公库签订一揽子保险合同，并按一定比例支付保险费。当发生代偿时，保险公库将以70%~80%的比例对代偿金额进行补偿。其中，中央政府负责对中小企业综合事业团进行投资和

❶ 鲍静海, 薛萌萌, 刘莉薇. 知识产权质押融资模式研究：国际比较与启示 [J]. 南方金融, 2014 (11)：54-58.

监管；信用保证协会的资本金主要依靠地方政府资助。目前，日本国内共有52家信用保证协会，分别为各地区的中小企业提供信用担保服务。

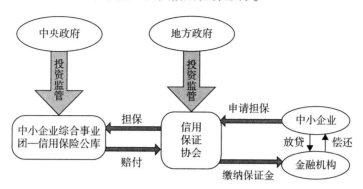

图12-7 日本信用保证协会模式

4. 韩国：政府主导型模式●

目前，韩国运行的是一套政府主导型的知识产权质押融资体系（见图12-8）。国家出资组建韩国技术交易中心（KTTC），为知识产权质押融资提供专业化的场所。韩国技术交易中心实行会员准入制度，担保机构、技术交易机构等中介机构只有通过政府许可，才可以进入场内参与知识产权质押融资业务。韩国知识产权局（KIPO）和韩国科学技术研究院以及为企业提供资金支持的国有金融机构（如友利银行）签订合作协议，由韩国科学技术研究院对知识产权进行价值评估后，企业即可从金融机构获得贷款。也就是说，政府完全介入市场，并运用法律、行政、经济等多种手段对中小企业予以扶持。

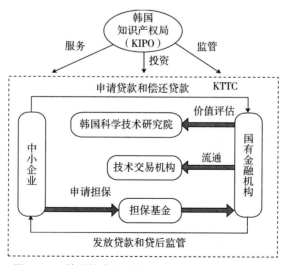

图12-8 韩国技术交易中心知识产权质押融资模式

● 鲍静海，薛萌萌，刘莉薇. 知识产权质押融资模式研究：国际比较与启示［J］. 南方金融，2014（11）：54-58.

二、国内知识产权质押融资模式及案例分析

从 2008 年开始，我国政府大力推行知识产权质押融资工作，目前已经基本形成了具有区域特色的多元化知识产权质押融资体系，各地方结合自己的经济发展特点构建了不同的知识产权质押融资模式，如湘潭模式、北京模式、中山模式、青岛模式、武汉模式、南海模式、浦东模式、广州模式、佛山模式等❶❷。上述模式中，核心的区别点为选择的风险缓释机制不同，以下将从风险缓释机构的角度分类，重点介绍市场中具有代表性的质押融资产品。

1. 纯担保公司承保

（1）模式概述

该模式下，知识产权质押融资的主要风险由担保公司承担，担保公司在融资过程中发挥着关键作用，一般其会要求企业将知识产权作为反担保，即质权人为担保公司而非银行。此外，为了缓解自身的风险，某些担保公司尤其是民营担保公司会通过再担保公司分担一定的风险；某些政府性融资担保机构通过申请担保专项资金来分担风险，如北京市昌平区专门设有担保专项资金，对依监管部门审批核准设立的具有融资担保经营资质的、在昌平区登记注册纳税的政府性融资担保机构从事符合政策支持方向的贷款担保业务、项目发生代偿后，担保机构可申请担保专项资金按照代偿额最高85%的补助❸。

由担保公司尤其是民营担保公司承保，政府的干预较小，有助于知识产权质押融资的市场化发展，但承前所述，担保公司在该模式中起着关键性的作用，而担保公司的业务经理或风控人员大多为金融专业，其在判断是否承保时，主要还是关注企业本身的财务状况和信用，而极少关注知识产权本身，不利于"纯"知识产权的质押的发展。

采用该模式具有代表性的产品主要有由国家知识产权运营公共服务平台（以下简称"国家平台"）❹于 2018 年 4 月发布的知信贷和知闪贷，以及由交通银行股份有限公司于

---

❶ 宋光辉，田立民. 科技型中小企业知识产权质押融资模式的国内外比较研究 ［J］. 金融发展研究，2016（2）：50-56.

❷ 邱志乔. 中国知识产权质押融资实证分析与研究 ［M］. 北京：知识产权出版社，2018：81-94.

❸ 昌平区小微企业创业创新基地城市示范专项支持办法 ［EB/OL］. （2017-09-26）［2019-10-23］. http://www.bc-tid.com/content/details25_985.html.

❹ 国家平台是国家"平台、机构、资本、产业"四位一体的知识产权运营服务体系核心载体和基础支撑，是"1+N"知识产权运营服务体系的核心枢纽，是国家"十三五"规划部署的重要任务之一。国家平台以各类区域性、功能性、产业性知识产权运营平台（中心）为分支，以全国各知识产权运营重点城市为支撑，以各种知识产权运营基金和机构为节点，逐步实现业务流、信息流、资金流的互联互通，形成全国"一张网"全要素的知识产权运营生态圈。其秉承公共服务与市场运作相结合的建设思路，以"数据为基、信用为根、服务为本"为宗旨，围绕企业、高校院所等市场主体及各级政府需求，立足服务于"大众创业、万众创新"，通过提供全链条的知识产权运营公共服务，促进知识产权保护运用，包括知识产权转移转化、收购托管、交易流转、质押融资、导航评议等。

2018年12月发布的新版智融通。下面以知闪贷为例，详述该模式下的产品化运作过程。

（2）产品举例——知闪贷

● 运作模式

知闪贷采用线上和线下联动的模式。线上一方面通过质押融资系统与银行总行的批贷系统打通，充分利用互联网的优势，收集融资需求、初筛合格项目、监控质物法律状态、精简融资流程，提高融资效率；另一方面，采用国家平台的项目交易系统为产生坏账的知识产权进行处置。线下国家平台一方面充分利用人才和IP大数据优势，对知识产权进行技术评价，并出具"知识产权价值评价报告"，以辅助银行和担保公司对IP价值进行判断；另一方面，充分发挥其作为"1+N"知识产权运营服务体系的核心枢纽的作用，充分整合资源，为贷后优质的项目引入知识产权运营基金及股权投资基金，实现投贷联动，并打造了IP资产管理计划，对坏账IP进行线下运营（包括专利池、证券化、许可、诉讼等），若企业对该质物专利有实施需求，国家平台还可通过逆许可的形式将专利许可该企业使用，以保证企业的持续发展，如图12-9所示。

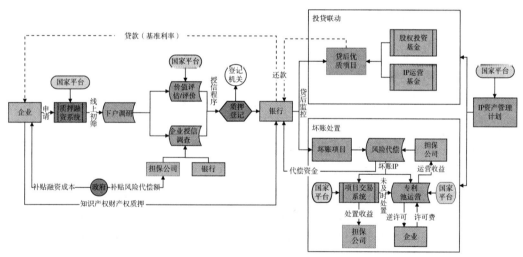

注：虚线表示资金流，实线表示业务流。

图12-9　"知闪贷"产品运作模式示意

● 申请条件

①拥有核心技术及自主知识产权的中小微企业。

②企业具备履行合同、偿还债务的能力，无不良信用记录。

③用于质押的实用新型专利剩余有效保护期大于2年，发明专利剩余有效保护期大于3年，商标为有效注册商标。

④用于质押的专利或商标已实质性实施，并具有盈利能力。

⑤企业法定代表人或实际控制人为"千人计划""青年千人计划"、国家杰出青年

基金人才、"长江学者"、归国创业留学生、博士后学历等顶级人才的优先。

- 业务要素

融资额度：单户不超过 500 万元，续期不超过 1000 万元。

融资期限：以一年以内的短期贷款为主，到期可续贷。

贷款利率：贷款利率为基准利率。

- 产品特点

该产品以国家平台对质物和企业增信为基础，以知识产权资产管理计划为保障，以基金为源头活水，以银行为支点，对科技型中小微企业进行投贷联动，帮助其将"知本"转化为"资本"，具有扩展性强、效率高、无地域性限制等特点。据悉，该产品将借助线上的质押融资系统，在北京试点后，与合作银行总行合作，将产品推向全国。另外，国家平台将建立知识产权质押融资风险缓释机构联盟，根据不同地域选择属地风险缓释机构。

2. 风险处置资金池承保

（1）模式概述

该模式一般由知识产权运营机构联合地方政府按照1：1的比例出资设立风险处置资金池（以下简称"资金池"），该资金池由知识产权运营机构负责运营。当产生融资风险时，由资金池承担主要风险，由于政府不直接参与融资事项，知识产权运营机构在融资的过程中起着决定性作用。为了缓释企业自身承担的风险，知识产权运营机构一般会通过为资金池购买保险，或与担保公司进行合作，将部分风险转给担保公司的形式来分担风险。

由资金池承保，知识产权运营机构决策过程中会充分考虑企业的成长性和知识产权本身价值，可有效提高融资企业的积极性，有助于"纯"知识产权质押的发展，有利于知识产权质押融资的市场化发展。但该模式下，一般知识产权运营机构不是纯金融机构，其资金体量较小，所设立的资金池的体量一般在千万级，所能撬动的银行资金量有限，且由于该资金池跟政府机构共同设立，只能在合作政府的辖区内使用，故该模式产品的可扩展性较低，不利于大范围、大资金量的融资。

该模式下，具有代表性的产品主要是由北京知识产权运营管理有限公司（以下简称"北京 IP"）❶ 于 2016 年推出的智融宝，以下将以其为例详述该模式下的产品化运作过程。

（2）产品举例——智融宝

- 运作模式

"智融宝"产品是由北京 IP 联合银行、担保公司等金融机构共同推出，面向中小

---

❶ 北京 IP 是国内首家由政府倡导并出资设立的知识产权运营公司，公司成立于 2014 年 7 月 11 日，注册资本为 14217 万元，大股东为中关村发展集团，经营范围为知识产权服务、技术服务、投资管理、资产管理等。

微科技企业及文创企业，以企业知识产权为主要质押物的融资产品。北京 IP 以智融宝贷款为基础，进一步提供股权投资、知识产权运营联动综合服务，提升企业知识产权实力，进一步助力企业发展。

　　如图 12-10 所示，在贷款业务中，北京 IP 与银行共同筛选、决策所服务的企业，银行向企业提供知识产权质押贷款，企业将知识产权质押给银行，北京 IP 联合评估公司对银行所质押的知识产权进行评估。当产生融资风险时，以北京 IP 与政府共建的资金池对银行的知识产权质押贷款提供风险处置服务。资金池的首期资金规模为 4000 万元，可撬动银行 6 亿元贷款额度，以北京市海淀区政府和北京 IP 的名义 1∶1 出资设立，截至 2019 年 4 月，共发生 2 笔智融宝贷款风险，资金池已全部履行风险处置责任。该资金池对融资风险的处置方式包括委托贷款、高价值专利收储、知识产权运营处置等。

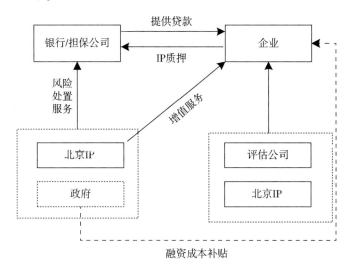

图 12-10　"智融宝"产品运作模式示意

　　委托贷款：当借款企业未能如期偿还银行贷款时，北京 IP 以资金池资金向企业发放委托贷款。委托贷款执行惩罚性利率，要求企业质押全部知识产权及可质押的其他资产，并要求企业实际控制人提供无限连带保证。当企业无法偿还委托贷款时，北京 IP 对企业及实际控制人进行追偿，并处置企业知识产权，处置方式也包括债转股、高价值专利收储、运营处置等。涉及债转股的，公司通常在银行放款前就与企业约定债转股条款，确保公司取得更优惠的债转股价格。

　　高价值专利收储：公司可选择通过购买所质押专利的方式对银行贷款进行风险处置，其中公司与北京银行合作模式中，公司有权对高价值专利以不高于银行贷款额度的价格进行强制购买。高价值专利的选择聚焦智能传感器、新药核心专利等高价值领域，或公司建立专利池所需领域。

　　知识产权运营处置：公司可选取通过运营知识产权，实现所质押知识产权对外转让、许可等方式盘活知识产权价值，弥补银行贷款风险。

此外，为最大限度地分散业务风险，增强商业银行、金融机构开展智融宝业务积极性，使更多小微企业受益，北京 IP 积极探索创新知识产权质押融资产品模式，2018年，北京 IP 创新推出了智融宝知识产权质押融资担保模式，即知识产权处置履约保证模式，与中关村担保、首创担保、北京中小企业再担保等担保机构开展合作，实现了风险共担；在北京市知识产权局、中关村管委会、北京银保监局的支持指导下，打造了国内首个针对知识产权质押融资项目集中投保的保险模式——"中关村模式"，进一步分散业务风险。2018 年年底，北京 IP 与中国人保财险签订了首单智融宝知识产权质押融资保险合作，为 45 个智融宝存量项目购买保险，涉及贷款金额 2 亿元。2019 年 4月，中国人保财险向北京 IP 对首个智融宝知识产权质押融资保险项目进行理赔，赔付金额为 996632.36 元，走通了保险理赔工作全流程。❶

- 申请条件

①企业应属于知识产权密集型或知识产权依赖型企业。

②企业持续经营 2 年以上。

③原则上上年销售收入 1000 万元以上。

④质押拥有权属清晰、有效的专利、著作权、商标等可质押的知识产权。

⑤所质押知识产权应为企业核心知识产权。

⑥质押知识产权剩余保护期不少于 3~5 年。

⑦质押知识产权应具有运营机构认可的运营价值。

- 业务要素

贷款额度：最高可达 2000 万元。

贷款期限：1 年期为主，可滚动续贷。

质押要求：纯知识产权质押。

增信措施：企业实际控制人无限连带责任。

- 产品特点

专业的知识产权运营机构进行决策，可提高知识产权在融资过程中所起的作用，有利于推进"纯"知识产权的质押融资，可增加产品化复制、市场化操作的潜力。此外，该产品通过知识产权运营联动，为缺乏知识产权意识的中小企业解决知识产权问题，并为企业急需的特色服务，提升企业知识产权保护能力、竞争能力和管理水平。

3. 质押融资风险补偿基金+合作机构承保

（1）模式概述

风险补偿基金运作模式主要是政府指导，由政府提供专项资金，为银行的知识产

---

❶ 知识产权质押融资保险"中关村模式"发布　智融宝知识产权普惠金融服务生态圈建成 ［EB/OL］.［2019-10-23］. http://www.iprdaily.cn/article_21421.html.

权融资风险损失和风险提供政策性补偿，形成政府引导、市场运作、风险共担、合理容错的基金运营格局❶。

2015 年，财政部、国家知识产权局发布《关于做好 2015 年以市场化方式促进知识产权运营服务工作的通知》，支持辽宁、山东、广东、四川 4 个省份设立知识产权质押融资风险补偿基金（以下简称"风险补偿基金"），每个省 5000 万元。要求充分发挥财政资金的杠杆放大和风险保障作用，对知识产权质押融资贷款进行风险补偿，有效防范化解知识产权质押贷款风险，充分调动各类金融机构的积极性，推动银行简化知识产权质押融资流程，加快实现知识产权金融服务规模化、常态化。至此，各省份不断地探索知识产权质押融资风险补偿基金承保的质押融资模式。

该模式下，风险补偿基金一般由政府出资设立，政府在整个融资过程中参与程度较高，当产生融资风险时，由风险补偿基金承担主要风险。为了最大限度地放大财政资金的引导作用，缓释政府自身承担的风险，经过近几年的探索，逐渐形成了"政银保评""政银担评"等分担风险的子模式。其中，"政银保评"主要由风险补偿基金、银行、保险公司、评估公司按一定比例共同承担风险，具有代表性的包括由中国光大银行中山分行联合中山市知识产权局、中山中盈产业投资有限公司、中国人民财产保险股份有限公司中山市分公司、中山市云创知识产权服务有限公司等共同推出的"中山市科技企业知识产权质押融资贷款风险补偿项目"——"中山模式"，银行、政府、保险公司、知识产权服务公司等各方按照26：54：16：4的比例进行风险分担❷；由厦门市知识产权局推出的知保贷等。

（2）产品举例——知保贷❸

● 运作模式

为解决中小微企业融资难、融资贵问题，提升专利权质押融资规模和效益，厦门市知识产权局联合银行、保险公司、评估机构推出针对中小微企业提供专利权质押贷款服务的融资方案（以下简称"知保贷"）。

知保贷是指企业将已拥有的发明或实用新型专利（一件或多件）经评估机构评估，以专利权向银行质押并同时向保险公司投保专利权质押贷款保证保险，银行依据专利权评估价向企业发放专利权质押贷款，在企业未按借款合同约定履行还贷义务时，由保险公司按照保险合同约定分担银行贷款损失，贷款流程如图 12-11 所示。

---

❶ 杨帆，李迪，赵东，等. 知识产权质押融资风险补偿基金：运作模式与发展策略［J］. 科技进步与对策，2017，34（12）：99-105.

❷ 光大银行知识产权质押融资"中山模式"案例［EB/OL］.［2019-10-23］. https://baijiahao.baidu.com/s?id=1633492373881272369&wfr=spider&for=pc.

❸ 厦门市知识产权局. 关于进一步推进专利权质押融资工作的通知［EB/OL］.（2017-09-11）［2019-10-23］. http://xmtorch.1633.com/gonggao/13/13943.html.

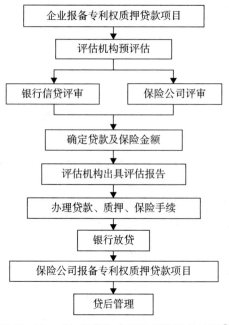

图 12-11 "知保贷"专利权质押贷款流程❶

- 风险补偿机制

为降低专利权质押贷款业务风险，引入"风险补偿资金池"机制，即设立专利权质押贷款风险补偿资金，由市知识产权局与市财政局共同管理，当发生风险代偿时，试行期代偿项目本金损失由专利权质押贷款风险补偿资金分担 40%、保险公司分担 35%、银行分担 20%、评估机构分担 5%。具体补偿机制如下：

①企业连续欠息达 3 个月以上或贷款到期后 1 个月内未偿还本金，银行追索未果的，即可就未按期偿还的贷款本金向保险公司发出索赔通知书，同时及时启动司法程序处置质押物，通过产权交易机构发布质押物的专利权处置公告，依法拍卖或转让该专利权。追偿回的资金或收回的资金在扣抵追偿费用后，优先用于冲减逾期贷款损失。

②保险公司按照保险合同约定，在银行提出索赔申请之日起 30 日内做出核定，并将核定结果通知银行及评估机构。核定结果经银行、评估机构书面确认后，保险公司按比例（扣除银行应承担的部分）向银行优先履行赔偿义务。

③评估机构向保险公司缴存补偿保证金（金额不低于"知保贷"业务规模的 0.5%，最低不少于 50 万元），若项目出现风险，保险公司有权按照评估机构风险承担比例预先扣减缴存保证金用于向银行补偿，并通知评估机构在规定时间内补足保证金。

④保险公司向银行代偿后，向市知识产权局和市财政局提请拨付专利权质押贷款

---

❶ 厦门市知识产权局. 关于进一步推进专利权质押融资工作的通知［EB/OL］.（2017-09-11）［2019-10-23］. http://xmtorch.1633.com/gonggao/13/13943.html.

风险补偿资金，市知识产权局和市财政局审核完成后按照确定的风险分担比例将相应的补偿资金拨付至保险公司。

- 服务对象

知保贷主要的贷款对象为在厦门地区发展良好且拥有核心专利技术的中小微企业，由银行、保险公司及评估机构分别审核、管控，筛选出符合知保贷要求的企业。

- 设质专利权要求

①设质专利权须是出质人经营的核心专利技术，并形成产业化经营规模，具有一定的市场潜力和良好的经济效益。

②设质专利权为单项专利的，该专利至少已进行 2 年（含）以上的实质性实施，且至申请贷款时该专利仍在使用，并具有盈利能力；设质专利权为多项专利的，其中至少 1 项专利应已进行了 2 年（含）以上的实质性实施，且至申请贷款时该专利仍在使用，并具有盈利能力；专利权获得国家级专利奖项的，设质专利权已使用时间可在 1 年（含）以上。

③发明专利现有有效期不得少于 5 年，实用新型专利现有有效期不得少于 5 年。

- 业务要素

融资额度：单笔专利权质押贷款金额最高不超过 500 万元。

融资期限：贷款期限不超过 1 年。

还款方式：按月付息，到期还本。

融资成本：当企业成功还款后，可向市知识产权局申请财政贴息，贴息比例最高为银行贷款实际利率的 60%，补贴资金最高 60 万元。保险公司按照贷款额度×1.0%/年的收费标准向企业收取保险费，财政局按照贷款额度×1.5%/年向保险公司补贴，单笔业务最高不超过 7.5 万元。评估机构按照贷款额度×0.5%/年的收费标准向企业收取评估费，财政局按 1∶1 补贴评估机构评估费，单笔业务最高不超过 5 万元。市知识产权局集中受理、发放企业申请的银行利息贴息和保险公司、评估机构申请的保险费、评估费补贴。具体贴息、补贴比例见表 12-1。

表 12-1 "知保贷"专利权质押贷款成本

利率、费率	银行贷款利率	保险年费率	评估年费率	贷款成本合计
融资成本	5.655% （利率暂定上浮 30%）	2.5%	1%	9.155%
贴息、补贴	3.393% （财政贴息 60%）	1.5% （财政补贴 60%）	0.5% （财政补贴 50%）	5.393%
融资实际成本	2.262%	1%	0.5%	3.762%

- 产品特点

该产品可充分发挥杠杆作用，放大财政资金的引导作用，并且通过政、银、保、评多方合作，设立诚信备案名单，可建立信息共享机制和监督机制，共享企业经营动态信息，协同控制风险。

（3）产品举例——知担贷❶

● 运作模式

为解决中小微企业融资难、融资贵问题，提升专利权质押融资规模和效益，厦门市知识产权局联合银行、担保公司、评估机构推出针对中小微企业提供专利权质押贷款服务的融资方案（以下简称"知担贷"）。

知担贷是指企业将已拥有的发明或实用新型专利（一件或多件）经评估机构评估，以专利权为质押物向担保公司质押并向银行申请贷款，银行依据专利权评估价向企业发放专利权质押贷款。在企业未按借款合同约定履行还贷义务时，由担保公司按照担保合同约定分担银行贷款损失，贷款流程如图 12-12 所示。

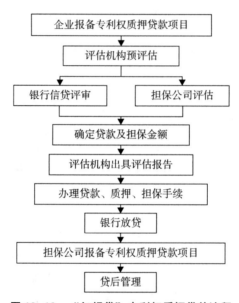

图 12-12 "知担贷"专利权质押贷款流程

● 风险补偿机制

为降低专利权质押贷款业务风险，引入"风险补偿资金池"机制，即设立专利权质押贷款风险补偿资金，由市知识产权局与市财政局共同管理，当发生风险代偿时，知担贷试行期代偿项目本金损失由专利权质押贷款风险补偿资金分担40%、担保公司分担 35%、银行分担 20%、评估机构分担 5%。具体补偿机制参考"知保贷"。

---

❶ 厦门市知识产权局. 关于进一步推进专利权质押融资工作的通知［EB/OL］. （2017-09-11）［2019-10-23］. http://xmtorch.1633.com/gonggao/13/13943.html.

- 业务要素

融资额度：单笔专利权质押贷款金额最高不超过 1000 万元。

融资期限：贷款期限不超过 1 年。

还款方式：按月付息，到期还本。

融资成本：企业还款后可向市知识产权局申请财政贴息，贴息比例最高为银行贷款实际利率的 60%，补贴资金最高 60 万元。担保公司按照贷款额度×1.0%/年的收费标准向企业收取担保费，财政局按1：1补贴担保公司担保费，单笔业务最高不超过 10 万元，担保费补贴作为担保公司收入。评估公司按照贷款额度×0.5%/年的收费标准向企业收取评估费，财政局按1：1补贴评估机构评估费，单笔业务最高不超过 5 万元。市知识产权局集中受理、发放企业申请的银行利息贴息和担保公司、评估机构申请的担保费、评估费补贴。具体贴息、补贴比例见表 12-2。

表 12-2 "知担贷" 专利权质押贷款成本

利率、费率	银行贷款利率	担保年费率	评估年费率	贷款成本合计
贷款成本	5.655%（利率暂定上浮 30%）	2.0%	1%	8.655%
贴息、补贴	3.393%（财政贴息 60%）	1%（财政补贴 50%）	0.5%（财政补贴 50%）	4.893%
贷款实际成本	2.262%	1%	0.5%	3.762%

4. 风险代偿专项资金池+银行承保

（1）模式概述

该模式下，一般由政府划拨财政资金，设立风险代偿专项资金池（以下简称"代偿资金池"），由银行向符合条件的企业进行贷款，当发生风险后，由代偿资金池对贷款逾期一定时间的本金未收回部分按比例给予风险代偿（银行一般承担 10%～40%的风险）。在融资过程中，政府主要负责代偿资金池的管理、符合要求企业的入库、合作银行风险代偿总额及授信总额的确定、风险代偿的受理等工作，主要的放贷行为决策方为银行。和纯担保公司承保的模式类似，由于银行为纯金融机构，其缺乏知识产权类的相关专业人才，在其决策是否放贷时，更多的是关注企业的财务状况，而常常忽略知识产权本身的价值，不利于"纯"知识产权质押融资的发展。

该模式典型的代偿资金池代表包括由江苏省财政厅安排资金设立的"省风险补偿资金"，其对符合条件的金融机构开展省科技成果转化贷款（以下简称"苏科贷"）给予风险予以补偿；由南京市、区（国家级开发园区）财政预算安排资金设立的银行风险代偿专项资金，用于科技型企业贷款风险代偿（以下简称"宁科贷"）；以及由南京市财政出资设立风险代偿资金池，主要对符合"南京市创新创业贷款"（以下简称"宁创贷")要求,向在南京市注册并正常生产经营的小微企业提供贷款的驻宁银行业提供风险代偿。以下以宁创贷为例,详述该模式的运作思路。

(2)风险代偿机制——以"宁创贷"为例

2019年,为激励银行加大对南京市小微企业创新创业的信贷投放力度,根据《中共南京市委南京市人民政府关于支持民营经济健康发展的若干意见》(宁委发〔2018〕39号)设立"南京市创新创业贷款"(以下简称"宁创贷")要求,鼓励驻宁银行业金融机构自愿申请成为"宁创贷"合作银行,向在南京市注册并正常生产经营的小微企业提供贷款。市财政设立总额10亿元的风险代偿资金池,为合作银行提供80%~90%的风险代偿。具体如下:

若合作银行对小微企业发放的不超过同期限贷款基准利率上浮30%的信用贷款等弱抵押、弱担保贷款(原则上无有形资产抵质押或第三方全额担保,均可考虑视同为弱抵押、弱担保贷款)发生风险,由市财政对贷款逾期60天本金未收回部分给予风险代偿。其中,2018年年末信用贷款等弱抵押、弱担保贷款余额占"宁创贷"贷款总余额20%以上(含20%)的给予90%代偿,占比20%以下的给予80%代偿。对合作银行申报的贷款风险,市财政在10个工作日内办理提前代偿,直接归还贷款。对提前代偿的逾期贷款,由市财政局定期聘请中介机构进行审计,会同相关主管部门对审计结果进行确认后多退少补。年度最高代偿总额按单个银行核算不超过上年末"宁创贷"余额的5%,超过部分由合作银行承担。对由风险代偿资金代偿的逾期贷款,合作银行应继续履行追偿责任,追回的资金扣除必要费用后按原比例及时返还市财政。

(3)产品举例——麦金一号

● 产品背景

2017年6月,南京市发布《南京市关于深入推进知识产权质押融资工作的通知》(以下简称《通知》),要求市级层面加快推进"我的麦田"互联网知识产权公共服务平台(以下简称"我的麦田"❶)建设,支持"我的麦田"与银行、担保机构共同开发知识产权质押融资新产品,建立标准化流程,加快企业知识产权质押融资办理速度。各区、园区积极建立与"我的麦田"、金融机构的合作,向企业推介系列知识产权质押融资产品,完善登记备案制度,在全市逐步实现知识产权质押融资产品化、流程的标准化和业务的规模化。"我的麦田"作为市级专门从事知识产权质押融资公共服务平台,要完善线上线下服务系统,开展知识产权质押融资一站式服务,做好与"苏科贷""宁科贷"的衔接工作,扎口统计通过平台操作的知识产权质押融资数据,按季度向市知识产权局报送质押融资统计数据。

---

❶ "我的麦田"知识产权互联网公共服务平台是由江苏省知识产权局、南京市知识产权局、南京市江北新区管委会、中国(南京)软件谷管委会、江苏省专利信息服务中心共同建设的"互联网+金融+知识产权"的专业第三方综合服务平台。该平台隶属于南京扬子国资投资集团有限责任公司投资的江苏智麦汇科技发展有限公司,通过网站和APP为企业提供知识产权债权融资和股权融资、科技政策解读、专利检索等综合服务。

为积极响应《通知》的要求，"我的麦田"推出了麦金系列产品，其中"麦金一号"为其推出的首款知识产权融资服务产品，主要为破解中小微企业融资难和融资慢的现状，助推中小微企业快速成长。

- 运作模式

"麦金一号"主要是在"苏科贷""宁科贷"的基础上衍生的专门针对知识产权质押融资的产品，其享受"苏科贷""宁科贷""宁创贷"的相关政策，在该产品中，"我的麦田"在金融机构、政府和企业之间主要起到了较好的居间作用，企业融资的发起由"我的麦田"带动，其通过组织银企对接会、知识产权培训、知识产权金融宣讲等形式，将政府的相关政策贯彻到位，将银行的融资产品推介给企业，并同时为银行和企业融资、质押登记、代偿资金及补贴申请等提供全流程的配套服务，较好地提高银行发放知识产权质押融资的积极性和企业对知识产权质押融资的认识程度，有效弥补了"苏科贷""宁科贷"之前由银行主导整个融资过程的缺陷。

- 申请条件❶

基本条件：南京市各区（园区）内科创企业，税源关系隶属于各区（园区）；原则上企业资产负债率不超过70%，企业上一年度利润非亏损。

知识产权：具有自主知识产权（包括专利权和著作权），知识产权须与企业经营项目相关，处于法定有效期内（发明专利剩余有效期不少于8年，实用新型专利剩余有效期不少于5年），未许可给其他企业或个人，产权明晰可质押。

- 申请流程

平台申请——麦田初审——金融机构审核——园区推荐——合同签订——贷款发放。

- 业务要素

贷款额度：单笔融资额度不超过500万元。

贷款期限：不超过1年。

担保/抵质押方式：纯知识产权质押。

融资成本：融资综合成本不超过8.85%。

- 产品特点

知识产权无实物抵押融资，融资综合成本低，融资效率高。

三、知识产权质押融资模式比较与启示

从各国质押融资模式的纵向发展看，在发展初期政府均制定了扶持政策或支持措施，并积极完善质押融资服务体系，营造高效的知识产权运营环境。随着质押融资工

---

❶ 科技金融服务平台. 金融产品-详情：麦金一号［EB/OL］.［2019-10-23］. http://njxgkjrc.gov.cn/nj_tech-sub/Apps/finance/index.php?s=/FinanceProduct/detail/id/7.

作的推进，政府逐渐弱化扶持功能，加强相关政策、制度的制定，发挥市场的自我调节作用。我国的知识产权质押融资模式虽然多种并存，但由于目前知识产权价值评估难、处置难的核心问题未得到很好的解决，各模式均不同限度地依赖政府提供的风险缓释，政府承担了主要的风险，若想扩大融资规模，真正为企业提供资金支持，政府每年需要投入大量的政府专项资金，从而影响市场经济功能的发挥，持续性发展难度相对较大。以上各模式的实践经验，对我国知识产权质押融资的发展启示如下：

一是设立专门的政策性金融机构。日本政策投资银行知识产权质押融资模式充分发挥了政府的调控职能，为银企双方搭建了良好的交流平台。我国可以借鉴其做法设立专门的政策性银行，开展知识产权质押融资业务。政策性银行不以营利为目的，为贯彻政府社会经济政策而从事政策性投融资活动，这可以有效解决商业银行参与积极性不高的问题❶。如厦门农商银行何厝支行就是一次有益的尝试：2016 年 5 月，厦门市选定 8 家试点银行开展知识产权金融特色业务，为科技型企业提供专利质押贷款，在此基础上，2017 年 12 月成立全国首家知识产权支行"厦门知识产权特色支行"——厦门农商银行何厝支行，主要为广大科技型中小企业提供更好的知识产权金融服务和资本供给，助力科技型中小企业健康发展❷。

二是政府引导、市场化运作，充分发挥知识产权运营机构及民间金融机构的作用。美国的知识产权质押融资模式以市场为导向，充分发挥民间金融机构的作用为市场注入活力，如美国 M-CAM 公司和美国 Cowen 医疗专利融资贷款公司。我国可以在这一方面进行加强，注重民营金融力量的培育，增加资金提供方的种类，如小贷公司、P2P网贷平台等，2015 年 1 月，《南方日报》报道，P2P 平台开始涉足专利质押融资项目，壹宝贷与广东海科资产管理宣布将推出全国首个知识产权抵押融资类产品"展业宝"。通过 P2P 拓展知识产权质押融资渠道，对新兴科技型企业而言无疑多了一个融资渠道，但模式很新，是否可行有待尝试检验。此外，知识产权运营机构和知识产权运营类平台的参与，可有效提高融资效率，有助于"纯"知识产权质押融资模式的发展，如知闪贷、智融宝和麦金一号等。

三是统一风险缓释机制，标准化知识产权质押融资产品。德国统一的风险分摊机制，大大降低了金融机构开展知识产权质押融资业务所承担的风险，提高了金融机构参与的积极性。目前，我国的风险缓释机制相对分散，呈现出较强的地域差异，使得知识产权质押融资的产品仅能适应某一区域，往全国拓展较难，因此，将风险缓释机制统一，有利于标准化产品，标准化的产品有利于复制和推广。例如，参考德国建立统一的担保公司风险分担机制，或设立一支国家级的风险补偿母基金，将目前的风险

---

❶ 鲍静海，薛萌萌，刘莉薇. 知识产权质押融资模式研究：国际比较与启示 [J]. 南方金融，2014（11）：54-58.

❷ 国家知识产权局网站. 厦门有家知识产权支行 [EB/OL].（2019-08-23）[2019-10-23]. http://www.sipo.gov.cn/mtsd/1141577.htm.

补偿基金统一化运作。

四是构建全国统一的国家知识产权融资坏账处置平台。借鉴美国的私人资本市场知识产权交易中心和韩国的技术交易中心的成功经验，充分利用现有资源，建立国家知识产权融资坏账处置平台，采用统一的交易规则，实现委托买卖、资金交割；利用知识产权动态数据库，及时更新数据信息以供信息需求者查询使用，进而为质权交易提供便利，提高变现效率，以保证质权的实现。据悉，目前国家知识产权运营公共服务平台（国家平台）已开发完成，在国家平台上即可实现知识产权的项目交易和资金交割，此外，国家平台拥有完整的知识产权数据，尤其是专利和商标数据，可以实现专利和商标信息的动态监控，在国家平台上即可实现国家知识产权融资坏账处置平台的基础功能，且承前所述，国家平台还打造了 IP 资产管理计划，专门对坏账知识产权进行线下运营，通过线上和线下联动的方式，实现对坏账知识产权的处置，因此，可在国家平台上进行坏账处置的现行先试。

五是完善知识产权质押融资信用体系。我国各知识产权质押融资模式中，会出现各种不同的风险缓释机制，主要是因为金融机构对企业、对知识产权缺乏有力的判断依据，为了控制其自身的风险，必然要求在模式的设计中增加风险缓释机制。因此，我国的知识产权质押融资的可持续发展，可以借鉴美国和日本，借助知识产权大数据、企业经营数据、公用数据等，建立符合我国国情的信用评价体系，以增加金融机构对企业的信赖程度。

第十三章 · CHAPTER 13
知识产权证券化

第一节 概述

一、基本概念

资产证券化是指发起人将缺乏流动性但能在未来产生可预见的稳定现金流的资产或资产组合出售给特殊目的机构（Special Purpose Vehicle，SPV），由其通过一定的结构安排，分离和重组资产的收益和风险并增强资产的信用，转化成可自由流通的证券，而后销售给投资者获取融资的金融行为❶。根据基础资产不同，资产证券化包括不动产证券化、应收账款证券化、信贷资产证券化、未来收益证券化等。❷

知识产权证券化是资产证券化融资工具在知识产权领域的应用，是将知识产权的相关权利从资产持有者转移至证券发行者，即特殊目的机构（SPV），SPV将这些标的资产汇集成资产池，再以标的资产池未来可能产生的收益作为现金流支撑发行证券进行融资，并且利用资产池未来产生的现金流支付所发行证券的本息和红利的过程❸。其中所述知识产权，包括版权、著作权、商标权、专利权等。

与实物资产不同，知识产权是一种无形资产，存在无形性、价值的不确定性和风险性，证券化过程中的资产重组和风险隔离可有效降低风险等级，提高投资人的信心，具有快速获取大量融资的特点，可为急需资金的中小企业募集到资金，促进知识产权流转，实现知识产权金融价值最大化。

二、基本运作模式

知识产权证券化过程涉及主体有发起人、特殊目的机构、信用增级机构、信用评

---

❶ 袁晓东. 专利信托研究 [M]. 北京：知识产权出版社，2010：142.

❷ 中国证券业协会. 金融市场基础知识 [M]. 北京：中国财政经济出版社，2018：290.

❸ 崔哲，裵桐淅，张源埈，等. 知识产权金融 [M]. 金善花，译. 北京：知识产权出版社，2017：16.

级机构、承销商、服务商、托管人、商业银行、投资银行、会计师事务所、律师事务所、知识产权评估机构等。

知识产权证券化基本结构如图 13-1 所示，在具体的证券化案例中，根据知识产权种类及其特点、各证券化产品的特殊性，其涉及的主体数量、类型、操作方式可能存在差异。

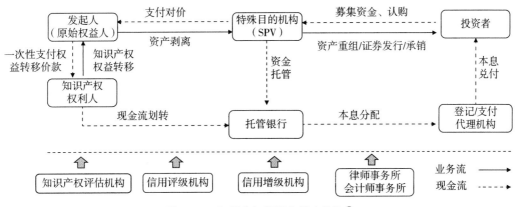

图 13-1　知识产权证券化基本结构❶

具体操作流程和要求❷：

第一，以发起人为起点，确定基础资产，组建资产池。发起人作为基础资产的原始权益人，明确融资目标，并梳理用于证券化的知识产权，从知识产权权利人处获得知识产权的相关权益，测算这些知识产权未来的现金流，组建资产池。

第二，设立特殊目的机构。特殊目的机构是法律上的实体，作为证券化的核心，其可以采用信托、公司或有限合伙的形式，作为发起人和投资者中间的中介机构，向发起人购买资产池，同时向投资者发行证券。在特殊目的机构与发起人的买卖合同中，须明确该资产池不列入发起人资产清算时的清单，从而起到资产剥离、破产风险隔离的目的。

第三，完善交易结构。在该阶段，特殊目的机构与发起人一起，与托管银行签订托管协议以及必要时提供流动性支持的周转协议，与承销商签订证券承销协议，与会计师事务所、律师事务所、信用评级机构、信用增级机构等签署合作协议。

第四，信用增级。鉴于知识产权证券化的核心资产的不确定性，需进行信用增级，以增强投资者的信心。可通过发起人内部增级或引入第三方机构进行外部增级。内部增级可通过超额抵押、优先/次级债券分级的方式实现，一方面分散了产品信用风险，另一方面为各类型投资者提供适合各自风险等级的投资品种，有利于吸引更多投资者。第三方机构可以是政府机构、保险公司、金融机构、金融担保公司等。外部增级可使

---

❶　李建伟. 知识产权证券化：理论分析与应用研究［J］. 知识产权，2006（1）：37-43.

❷　中国证券业协会. 金融市场基础知识［M］. 北京：中国财政经济出版社，2018：290.

知识产权支持证券的信用提升至第三方机构的信用等级。

第五，信用评级。在证券发行之前，需由资本市场上被广大投资者认可的独立、有效、公正的评级机构对该资产支持证券的信用风险进行评级。国际上普遍认可的评级机构有标准普尔（Standard & Poor's）、穆迪（Moody's）和惠誉（Fitch），国内评级机构有中诚信证券评估有限公司、联合信用评级有限公司等，评级后管理人就评级结果向投资者公告。

第六，证券发行。评级结果公布后，承销商向投资者销售知识产权资产支持证券。承销一般由投资银行完成。

第七，向发起人支付权益。投资银行获得投资者的款项后，将其划归特殊目的机构，特殊目的机构委托托管银行进行资金管理，并要求其按照知识产权买卖合同约定，将证券发行收入的大部分支付给发起人，发起人一次性支付给知识产权权利人，权利人达到融资的目的。

第八，资产管理，本息偿还。证券化产品发布，发起人收到融资款项后，发起人或发起人指定的受托管理机构负责证券化产品的管理，托管银行按期对资产支持账户进行核算，向投资者支付本息，向其他服务商支付服务费，并且在产品到期后，将剩余资产退还发起人。

三、发展现状

知识产权证券化最早出现在美国，且初期主要以版权为基础资产。1997 年，金融界以英国摇滚歌手大卫·鲍伊的音乐版权的未来收益为基础资产，发行了 5500 万美元的债券，又称为"鲍伊债券"。"鲍伊债券"的发行首次将知识产权这种无形的非流动性的资产引入资本市场，迈出了知识产权与金融结合的第一步。自此，资产证券化除了传统的抵押住房贷款证券化、汽车按揭贷款证券化、信用卡贷款证券化、应收账款证券化等类型外，新添知识产权资产证券化。同年，美国梦工厂以 14 部电影版权的未来利润为支持，发行了债券，随后基于电影版权又分别于 2000 年和 2002 年发行证券。

2000 年以后，日本、英国等国家也开始了知识产权证券化的探索，同时知识产权证券化的基础资产中出现了专利、商标。2000 年，皇家医药公司（Royalty Pharma）❶

---

❶ 皇家医药公司（Royalty Pharma），成立于 1996 年，总部位于美国纽约，是专门购买已市场化或处于临床试验后期的生物药品知识产权及其他权益的投资机构。自 1996 年成立至 2005 年 8 月，皇家医药公司共进行了 18 次专利许可费收益权交易，拥有 13 种已市场化的专利药品和 5 种处于最后临床试验阶段的药品的专利许可费收益权，发起并运作了 2000 年耶鲁大学专利许可费证券化项目和 2003 年 13 种药品专利许可费收益权证券化项目。2014 年，其以 33 亿美元的价格从美国一家慈善机构"囊性纤维化基金会"（Cystic Fibrosis Foundation，CFF）处购买了用于治疗由囊性纤维化引起的罕见肺病的药物的相关权利。2019 年 11 月，其购买了日本卫材株式会社的一项抗癌药物 Tazemetostat［用于治疗复发性或难治性非霍奇金淋巴瘤（NHL）］在日本境外的销售权。

以医药领域专利许可费为基础资产发行了证券，为耶鲁大学融资 1 亿美元。2003 年，盖尔斯（GUESS）将其 14 份商标许可合同的债权性收益作为基础资产发行了 7500 万美元的私募证券❶。

我国知识产权证券化起步晚，但是得到政府的大力支持，近年来政府相继出台了多项政策鼓励知识产权证券化发展。2016 年，《国务院关于印发"十三五"国家知识产权保护和运用规划的通知》中提出探索开展知识产权证券化和信托业务。2017 年，《国务院关于印发国家技术转移体系建设方案的通知》中提出开展知识产权证券化融资试点。2018 年 4 月，《中共中央　国务院关于支持海南全面深化改革开放的指导意见》中提出"鼓励探索知识产权证券化，完善知识产权信用担保机制"。2019 年 2 月，中共中央、国务院正式印发《粤港澳大湾区发展规划纲要》，其中提出开展知识产权证券化试点工作。2019 年 6 月，国务院知识产权战略实施工作部际联席会议办公室印发《2019 年深入实施国家知识产权战略　加快建设知识产权强国推进计划》，明确鼓励海南自由贸易试验区和雄安新区探索和开展知识产权证券化融资。2019 年 8 月，《中共中央　国务院关于支持深圳建设中国特色社会主义先行示范区的意见》中指出支持深圳探索知识产权证券化。

在国家政策的鼓励和知识产权金融大环境的支持下，证券化产品的探索也陆续展开，2018 年 12 月 14 日，我国首支知识产权证券化标准化产品"第一创业－文科租赁一期资产支持专项计划"（以下简称"文科一期 ABS"）在深圳证券交易所（以下简称"深交所"）成功获批；12 月 18 日，经海南省知识产权局组织，"奇艺世纪知识产权供应链金融资产支持专项计划"在上海证券交易所成功发行。2019 年 9 月，深交所推出第二项知识产权证券化产品，即"兴业圆融－广州开发区专利许可资产支持专项计划"。

2018 年以来，我国知识产权证券化模式呈现多样性特点，底层知识产权涵盖商标、版权、专利等多类型知识产权，资本市场上，知识产权证券化领域创新性地推出了融资租赁证券化、应收账款证券化、许可反授权证券化模式。已有文献中依基础资产性质的不同，知识产权证券化包括专利许可费证券化、专利质押贷款证券化和专利信托证券化几种模式❷❸，其中，专利许可费证券化在国外已有成熟案例，质押贷款证券化和信托证券化模式还在探索中。本章结合国内外知识产权证券化的现状，重点介绍专利许可费证券化、融资租赁证券化、应收账款证券化和信托资产证券化模式，对知识产权质押贷款证券化等模式和可行性进行初步探索。

---

❶ Bonnie McGeer. Profile：Guess deal viewed as a model for IP sector ［EB/OL］.（2003-11-07）［2019-10-12］. https://asreport.americanbanker.com/news/profile-guess-deal-viewed-as-a-model-for-ip-sector.

❷ 周胜生. 专利运营之道 ［M］. 北京：知识产权出版社，2016.

❸ 袁晓东，李晓桃. 专利资产证券化解析 ［J］. 科学学与科学技术管理，2008，29（6）：56-60.

第二节　许可费收益权证券化

一、概述

许可费收益权证券化，是指以知识产权的未来许可费收益权为基础资产，发行证券达到融资目的的金融化行为。这是国际上知识产权证券化较为成熟的模式。

二、运作模式

从特殊目的机构的性质来看，国际上专利资产证券化主要采用特殊目的信托模式，甚至双信托模式。如皇家医药公司 2000 年发起的耶鲁大学药品专利许可费证券化项目采取的是信托模式，2003 年发起的 13 种药品专利许可费证券化案例中采用的是双层信托模式。下面以具体案例来说明这两种运作模式。

三、案例分析

【案例 13-1】耶鲁大学专利许可费证券化

2000 年，耶鲁大学将其最新开发的一种抗艾滋病药物泽瑞特（Zerit）的专利权许可给全球生物制药公司必治妥施贵宝公司（Bristol-Myers Squibb），根据惯例，许可费的获取需要较长的时间，为了解决短期内对大量资金的需求问题，基于以往良好的合作关系和未来收益的可预期性，耶鲁大学将该专利许可费收益权进行拆分，其中 30% 的收益权自留，剩余 70% 卖给皇家医药公司（Royalty Pharma），后者随即成立皇家医药信托（SPV），并将所购得专利许可费收益权以真实销售的方式转让给该信托。皇家医药信托以该专利许可费收益为担保，并据此设计了收益权证券化产品，发行了 7915 万美元的浮动利率债券和 2790 万美元的股票，最终为耶鲁大学融资 1 亿美元。

耶鲁大学药品专利权证券化产品结构框架如图 13-2 所示。皇家医药信托将 7915 万美元的浮动利率债券分为 5715 万美元的优先级债券和 2200 万美元的次级债券，其中次级债券获得第三方保险公司 ZC Specialty 2116 万美元的股权担保。另外，其发行的 2790 万美元的股票则由皇家医药公司、耶鲁大学和风险投资机构 BancBoston Capital 认购。皇家医药公司担任承销商，Major US University 担任分销商。皇家医药信托公司每季度从必治妥施贵宝公司获取专利许可费，并按照协议向服务商和投资人支付相关费用或收益，偿付结束后，将剩余的收益支付给耶鲁大学。

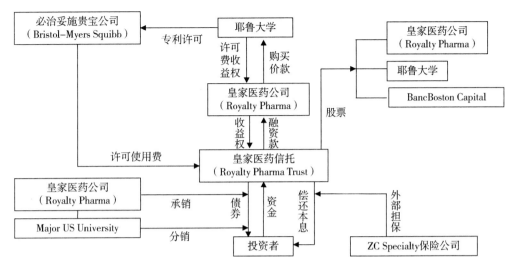

图 13-2 耶鲁大学药品专利权证券化框架❶

该案例最终以皇家医药信托公司于 2001 年冬开始连续三季度会计报告违约，并于 2002 年 11 月底提前进入偿还阶段而宣告失败。业界对该证券化运营案例失败的原因进行了多方面分析，普遍认为有以下因素❷：

（1）基础资产单一，专利许可费收益仅依赖于泽瑞特这一种药品专利，对于产生稳定、持续而充足的现金流而言风险较高。

（2）被许可人单一，耶鲁大学与必治妥施贵宝公司签署的是独家许可协议，许可费收益完全依赖于唯一的被许可人，表现为 2001 年下半年必治妥施贵宝公司将泽瑞特打包折价出售给批发商时，直接导致了泽瑞特销售额的断崖式下跌，以及随之而来的专利许可费的锐减，并最终导致证券化运营的失败。

（3）评估方法不可靠，Royalty Pharma 对 2003 年泽瑞特销售收入的预估值比实际值高出 3.92 亿美元，为此，证券化和评估专业公司 Invasis 副总裁 Ray Throckmorton 认为，应该委托独立的第三方评估机构对泽瑞特进行更合理客观的评估。

【案例 13-2】Royalty Pharma 药品专利许可费证券化

皇家医药公司于 2003 年发起了其第二个专利许可费证券化项目。皇家医药公司为此项目专门设立了皇家医药金融信托（Royalty Pharma Finance Trust，RPFT/SPV），并以 13 种药品的许可费收益权为基础资产池，发行了 2.25 亿美元的循环融资债权，含 7 年期和 9 年期。随后，2004 年 1 月，RPFT 又购买了其中一种药品

---

❶ 改编自：邹小芃，王肖文，李鹏. 国外专利权证券化案例解析 [J]. 知识产权，2009，109（19）：91-95.

❷ 汤珊芬，程良友. 美国专利证券化的实践与前景 [J]. 电子知识产权，2006（4）：32-36.

的另一部分专利的许可费收益权，为整个资产组合增值 2.63 亿美元。瑞士信贷第一波士顿公司为承销商，债权保险公司 MBIA 提供担保。标准普尔和穆迪对债券评级分别为"AAA"和"Aaa"。最终，在项目到期日，本金全部偿还，是目前专利证券化领域的成功案例。

图 13-3 所示为本次证券化交易结构中的双层信托法律结构。

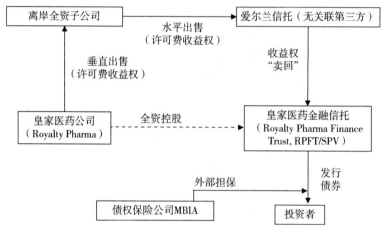

图 13-3　特殊目的信托机构的法律结构❶

吸取耶鲁大学专利许可费证券化案例的教训，皇家医药公司对该项目进行了更详细专业的设计。具体体现在以下几个方面：

第一，基础资产多元化。基础资产池由 13 种药品的许可费收益权组成，降低和分散了风险。这 13 种药品均出自实力雄厚的生物制药公司，药品已经在市场上占据有利地位，或在未来有广阔市场前景。据了解，13 种药品中有 9 种药品在市场上的平均销售时间达 5 年，2002 年，这 9 种药品的销售额约 44 亿美元，而另外 4 种药品处于 FDA 审批的最后阶段，获批后将产生可观的收入。因此，该基础资产池收益具有良好的历史记录且可预期地会在未来产生高价值且稳定的现金流，是较佳的证券化对象。

第二，未来现金流具有时间上的可持续性和稳定性。该项目中 13 种药品专利有效期分布在 2005—2015 年，资产池未来现金流在时间上具有可持续性。作为未来现金流的供给者的专利被许可人是一系列关联性不大但资信水平较高的企业，专利许可费得到有力的保障，降低了资产池的风险。该资产池具有可扩充性，在债务偿付期，RPFT 可继续购买新的专利许可费受益权扩充资产组合的价值和规模。2004 年 1 月，RPFT 购买了安进公司化疗药物 Neupogen/Neulasta 的另一部分专利的许可费收益权，为整个资产组合增值 2.63 亿美元。

第三，设立了双层信托法律结构，更加有效地隔离风险。在该结构中，皇家

---

❶ 邹小芃，王肖文，李鹏. 国外专利权证券化案例解析 [J]. 知识产权，2009，109 (19)：91-95.

医药公司首先将前述 13 种药品专利许可费收益权垂直出售给自己的离岸全资子公司，后者再水平出售给无关联的爱尔兰信托机构，而后爱尔兰信托机构再将专利许可费收益权卖回给 RPFT，如此形成了双层信托法律结构，既实现了收益权的资产隔离，也实现了发起人的表外融资。高峰[1]等对我国资产证券化中 SPV 法律架构进行了研究，结合《公司法》《合同法》《担保法》《证券法》《商业银行法》的相关规定，认为 SPV 采用信托模式能更为有效地隔离风险。

第四，信用增级力度加大，提高了投资者信心。在耶鲁大学专利证券化案例中第三方保险公司 ZC Specialty 提供了部分股权担保，债券评级分别为 "A" 和 "AA-" 级，在该项目中，债权保险公司 MBIA 提供担保，根据保险协议，MBIA 保证债券利息的及时支付和本金在法定到期日前的最终偿付，标准普尔和穆迪两家评级机构对该债券的评级为 "AAA" 和 "Aaa"，极大地提高了投资者的信心。

第五，扩大了信用评级要素范围。与耶鲁大学专利证券化项目信用评级相比，该项目评级过程中，除了考虑到参与主体的信用、未来现金流的压力测试外，还通过待履行合同分析法对该证券化过程中涉及的专利许可合同进行了分析，较之前，评级过程中对风险因素考虑更为全面。

【案例 13-3】兴业圆融–广州开发区专利许可资产支持专项计划

2019 年 9 月 11 日，兴业圆融–广州开发区专利许可资产支持专项计划在深圳证券交易所成功发行。该专项计划底层知识产权均为专利，具体包括广州开发区内 11 家高新科技中小企业的 103 件发明专利、37 件实用新型专利，基础资产是这些专利的许可使用费债权，发行规模 3.01 亿元，债券评级达到 AAA 级，票面利率为 4.00%/年，计划中的每家企业可获得 300 万~4500 万元不等的融资款项。该专项计划作为国内首支专利证券化产品，为我国中小型科技企业融资打开了新的渠道，具有示范意义。因此，有必要对该案例进行分析，以在未来复制推广，优化科技金融服务，扩大金融资本对中小型科技企业的支持力度。

对该专项计划的分析如下：

（1）参与主体

原始权益人/资产服务机构：广州凯得融资租赁有限公司（凯德租赁）

差额支付承诺人/流动性支持承诺人：广州开发区金融控股集团有限公司（开发区金控）

计划管理人：兴业证券资产管理有限公司（兴证资管）

主承销商：兴业证券股份有限公司（兴业证券）

托管银行：中国民生银行股份有限公司广州分行（托管银行）

监管银行：中国民生银行股份有限公司广州分行（监管银行）

---

[1] 高峰. 我国资产证券化结构中 SPV 的法律构建问题 [J]. 当代经济管理, 2009, 31 (7): 93-96.

登记托管机构：中国证券登记结算有限公司深圳分公司（中证登）

（2）交易结构及流程

与专利许可费收益权证券化相同，该专项计划的基础资产也是专利许可费收益权，未来现金流是专利客户按季度支付给租赁机构的专利许可费，不同之处在于：①该项目中不设有特殊目的机构，该项目属于资产支持专项计划，由证券公司设立并管理；②业务模式实际上是专利许可反授权业务模式，广州开发区 11 家高新科技企业是基础资产的专利权人，也是专利被许可人和专利技术实施者。该专项计划交易结构及流程如图 13-4 所示。

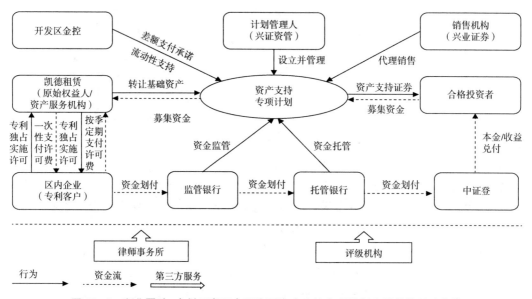

图 13-4　兴业圆融-广州开发区专利许可资产支持专项计划交易结构及流程❶

具体流程包括：

①组建资产池：广州开发区 11 家高新科技企业作为专利权人与原始权益人凯德租赁签署为期 5 年的《专利独占许可协议》，授予凯德租赁实施和再许可专利的权利，约定凯德租赁一次性向专利权人支付相应的专利许可使用费（第一次许可）。随后，凯德租赁依据许可协议中的专利再许可约定，将取得的特定专利以独占许可的方式授予专利权人实施专利（第二次许可/反授权），专利权人从而可以使用该专利继续从事产品生产活动，并按照第二次许可的约定，按季度向凯德租赁支付对应的专利许可使用费，形成未来可预期的现金流，组成该专项计划的资产池。

②兴证资管设立资产支持专项计划，并作为管理人管理该项计划。

---

❶　知识产权 ABS 的三种交易模式［EB/OL］．（2019-09-19）［2019-12-15］．https://mp.weixin.qq.com/s/ExQWUrHW8Hdu715YsBTVGg.

③完善交易结构：管理人分别与监管银行、托管银行、评级机构、律师事务所及其他服务主体签署合作协议，约束双方权利与义务；与投资者签订《认购协议》，形成完整的交易结构。

④增信评级：在组建资产过程中，对入池企业、专利项目进行严格筛选，在源头上对该专项计划进行了增信。另外，专项计划还安排了多项信用增级措施，包括优先级/次级分层的产品结构、超额现金流覆盖、风险金、开发区金控差额支付承诺、开发区金控流动性支持以及权利完善事件、违约事件和提前终止事件等内部信用触发机制。这些增信措施有力地提高了企业的违约成本，降低了增信机构风险。由于交易结构中有广州开发区金控集团的参与，直接引入了强国企"AAA"的信用评级至底层的科技型中小企业，突破了中小企业在资本市场的信用瓶颈。

⑤证券发行：投资者根据《认购协议》相关条款认购资产支持证券，并将认购资金委托计划管理人管理。

⑥资产管理：监管银行根据《监管协议》，在回收款转付日根据资产服务机构的指令将基础资产产生的现金流划转至专项计划账户，并由托管银行根据《托管协议》对该资产进行托管。

⑦偿付结清：管理人根据《专项计划产品说明书》及相关文件约定，向托管银行发送分配指令，托管银行据此提取专项计划涉及的各项费用划付资金至登记托管机构（中证登）的指定账户，用于专项计划资产本金和预期收益的支付。在产品到期后，将剩余资产归还给原始权益人。

（3）产品评价

①底层资产均为专利，实现了国内专利证券化零突破。该专项计划的实践证明，可以通过合法交易结构的设计，构造稳定的可预期的现金流，实现专利这类无形资产证券化融资，而不必等到专利产生真正的现金流。

②底层专利权利人为科技型中小企业，这些企业在研发、生产过程中由于信用水平低，确实存在融资难题，该专项计划的发行，切实通过金融创新解决实体企业融资难的问题，实现了金融与科技的良性结合，有利于引导资本市场向科技板块的倾斜，促进科技和经济的高质量发展。

③专利打包证券化，且融资期限为5年，为科技型中小企业研发和生产工作提供了资金保障。专项计划集合了多家中小企业的知识产权，起到了风险分散的作用，对于企业融资而言，一方面解决了单一企业融资信用低而带来的风险问题；另一方面资产包融资具有一定的规模效应，便于企业从资本市场获得金融支持。特别是与中小型企业通过民间借贷、银行贷款、质押融资等途径融资的流程慢、审批烦琐、融资规模小、期限短、融资成本高的现实相比，知识产权打包证券化融资具有明显优势。

④引入强国企增信，开发区金控作为交易结构中的增信主体，提高了中小型科技企业在资本市场的信用水平，促进了融资行为的实现。

⑤通过专利线上评估系统对专利许可使用费进行了合理评估。这是专利定价机制的创新，利用了科技金融手段，完善了专利定价机制，解决了专利交易市场长期以来因价值评估难而造成的流动性不足问题。

综上所述，广州开发区专利许可费证券化融资模式，对于拓展高科技中小企业融资渠道具有重要的示范意义，这种模式几乎是为国内高新技术开发区、产业聚集区中小规模企业抱团取暖，知识产权打包进行证券化融资量身定制的，有利于产业集群的科技发展，以及产业的高质量发展。

第三节　融资租赁资产证券化

一、概述

融资租赁支持证券是租赁企业融资的创新途径，可增强租赁企业的现金流，提高资产流动性，为该类企业解决了融资难和流动性问题。长期以来，融资租赁资产证券化多限于企业设备等实物资产。近年来，随着我国知识产权运营市场的发展，知识产权融资租赁业务随之兴起。

知识产权融资租赁是指文化科技企业将自有的商标权、版权、专利权等知识产权出售给租赁公司实现融资，并通过租赁的形式回租继续使用该知识产权，在实际业务中，融资租赁公司的资产多以应收租金形式存在，企业资金压力大，甚至会面临资金不足的情况，传统的信托贷款或银行贷款会增加企业的负债，企业资金压力进一步增大，证券化融资作为创新的金融工具，在为企业融资的同时亦可以隔离风险，从而提高企业的资信。在知识产权租赁业务中，融资租赁机构以文化科技企业知识产权在未来产生的收益现金流为偿债基础形成应收融资租赁债权，并且以该应收融资租赁债权为偿付基础，在资本市场上发行证券进行融资的行为即知识产权融资租赁债权证券化。

二、运作模式

有学者通过对美国等发达国家成功的融资租赁资产证券化案例进行研究，认为融资租赁资产证券化模式主要有三种，即表外模式、表内模式和准表外模式。❶ 其分类依据是证券化的资产池与融资租赁机构的关系，其中表外模式是指融资租赁公司整理分离租赁资产后将其真实出售给SPV，再由SPV重组资产池，并以此为基础进行证券化操作。在这一模式中，由于真实出售的存在，真正实现了风险隔离。表内模式是指融资租赁公司自己仍持有融资租赁资产，并以此为抵押发行债券。在这一模式中，融资

---

❶ 李淑琴，周兴荣，田翔宙. 融资租赁资产证券化问题研究［J］. 商业时代，2009（16）：77-78.

租赁资产仍体现在公司的资产负债表中，相当于融资租赁公司自己承担了 SPV 的角色，虽然可以实现融资，但未起到风险隔离的效果。准表外模式是指融资租赁公司专门成立全资或控股子公司作为 SPV，并将融资租赁资产真实出售给该子公司，由子公司进行证券化操作的证券化模式。考虑到风险隔离、操作的简易性及专业性，该学者认为表外模式是三种模式中较好的模式。对于知识产权融资租赁证券化而言，知识产权未来收益的不确定性，对风险隔离的要求更高，因此，笔者认为表外模式也是更适合知识产权租赁融资证券化的模式，其基本框架如图 13-5 所示。

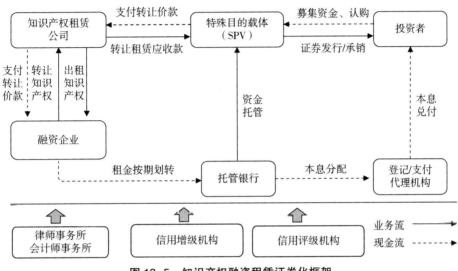

图 13-5 知识产权融资租赁证券化框架

三、案例分析

【案例 13-4】第一创业-文科租赁一期资产支持专项计划

2018 年 12 月 14 日，我国首支知识产权证券化标准化产品"第一创业-文科租赁一期资产支持专项计划"在深交所成功获批。北京市文化科技融资租赁公司作为该证券化产品的原始权益人/发起人，以专利权、著作权等知识产权未来经营现金流为偿债基础形成的应收债权作为基础资产，发行了总规模达 7.33 亿元的证券化产品。文科租赁公司成立了专业团队，对进入该产品的底层知识产权进行严格的风险审查，最终选取的底层资产标的物涉及发明专利、实用新型专利、著作权等知识产权共 51 项，覆盖艺术表演、影视制作发行、信息技术、数字出版等文化创意领域的多个细分行业，有效地分散和降低了风险。同时，文科租赁还通过引入其母公司文投集团作为差额补足支付承诺人对产品进行了外部增信，最后，该产品的信用评级为 AAA 级。

（1）参与主体

该专项计划参与主体如下：

原始权益人/资产服务机构/第一差额支付承诺人：北京市文化科技融资租赁股份有限公司（文科租赁）

计划管理人/主承销商：第一创业证券股份有限公司（第一创业）

托管机构：华夏银行股份有限公司（托管银行）

监管银行：南京银行股份有限公司（北京分行）（监管银行）

第二差额支付承诺人：北京市文化投资发展集团有限责任公司（文投集团）

财务顾问：第一创业证券承销保荐有限责任公司（第一创业）

会计师事务所：北京天圆全会计师事务所（天圆全）

律师事务所：北京市金杜律师事务所（金杜）

评级机构：中诚信证券评估有限公司（中诚信）

登记托管机构：中国证券登记结算有限责任公司深圳分公司（登记机构）

（2）交易结构及流程

该专项计划框架如图13-6所示，承租人向文科租赁租用知识产权，文科租赁依据租赁合同对承租人享有租金请求权和其他权益及其附属担保权益，承租人在未来分期向文科租赁支付租金，形成预期的稳定现金流，因此具有证券化的可行性。

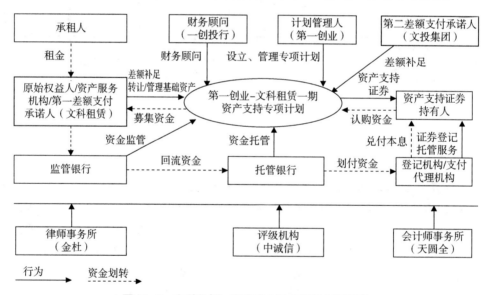

图13-6 文科租赁一期资产支持专项计划框架❶

具体的交易结构和流程如下：

①组建资产池：管理人与原始权益人签订买卖合同，租赁合同约定的知识产权的租金请求权和其他权益及其附属担保权益由资产服务机构文科租赁真实出售

---

❶ 第一创业-文科租赁一期资产支持专项计划_计划说明书 [EB/OL]. （2018-03-20）［2019-10-15］. https://www.cn-abs.com/product.html#/detail/document?deal_id=4095.

给计划管理人第一创业，形成该专项计划的资产池。

②设立资产支持专项计划，委托第一创业为专项计划的管理人。

③完善交易结构：管理人分别与监管银行、托管银行、评级机构、会计师事务所、律师事务所及其他服务主体签署合作协议，约束双方权利与义务；与投资者签订《认购协议》，形成完整的交易结构。

④增信评级：管理人对产品结构进行优先级/次级分层设计，并与第一差额支付承诺人和第二差额支付承诺人签署《差额支付协议》。管理人与评级机构签署委托协议，评级机构对证券化产品进行信用评级。

⑤证券发行交易：投资者根据《认购协议》相关条款认购资产支持证券，并将认购资金委托管理人管理。

⑥资产管理：管理人设立资产专项计划对该知识产权资产支持证券化产品的资产进行管理。监管银行根据《监管协议》，在回收款转付日根据资产服务机构的指令将基础资产产生的现金流划转至专项计划账户，并由托管银行根据《托管协议》对该资产进行托管。在发生差额支付需求时，管理人向差额支付承诺人发出《差额支付通知书》，要求其按时足额将差额资金划转至专项计划账户。

⑦偿付结清：管理人根据《专项计划产品说明书》及相关文件约定，向托管银行发送分配指令，托管银行据此提取专项计划涉及的各项费用划付资金至登记托管机构的指定账户，用于专项计划资产本金和预期收益的支付。在产品到期后，将剩余资产归还给原始权益人。

（3）产品评价

①基础资产具有一定的分散性：基础资产池涉及 10 份租赁合同，共 13 个承租人，属于多个债务人承租同一无形资产的情形，鉴于知识产权资产未来收益的不确定性，资产债务共担可降低产品风险。

②内部增信：首先，采用优先级/次级分层的产品结构，其中次级证券全部由文科租赁认购，且次级证券为优先级证券提供 5.05% 的信用支持，在专项资产的每一次分配时，优先级证券优先获得当期预期收入和/或应付本金。其次，文科租赁作为第一差额支付承诺人，在出现专项资产计划账户的当期收入不足以支付优先级资产证券本息的情况下，需按照第一差额支付承诺无条件地在规定时间内将相应差额足额划转至专项资产计划账户。

③外部增信：以信用评级 AAA 的文投集团作为第二差额支付承诺人，当第二差额支付启动时，文投集团需按规定足额补充差额。

④现金流转付机制增信：在该专项计划中设置了回收款转付机制和保证金转付机制，在计划管理过程中，当文科租赁或文投集团的信用评级变化时，需按照产品相关条款规定，将回收款项划转至专项计划账户，或者需承租人/保证人/物权担保人或其他第三方应支付的款项或保证金直接划转至专项计划账户。

⑤信用触发机制增信：专项计划中一旦出现资产支持证券兑付相关的违约事

件，将触发信用机制，专项计划账户将重新安排基础资产现金流的支付，优先保障优先级资产证券的预期收益和本金得到偿付。

⑥主要风险：首先，该项专项计划中，未设立特殊目的机构，基础资产池与原始权益人文科租赁之间未进行破产隔离，专项计划中虽然租赁标的物的所有权发生了转移，不体现在文科租赁资产负债表中，但在存续期间，如果文科租赁发生破产，租赁标的物是否列入破产清单，当前的司法规定尚不明确，具有一定风险性。其次，基础资产是原始权益人对承租人享有的租金请求权及其附属担保权，即租赁合同，因此，基础资产在未来的现金流完全依赖于租赁合同的回收款质量，一旦承租人违约，原始权益人履约意愿/能力下降，将给投资者带来风险。再次，增信风险，本专项计划外部资信机构文投集团与原始权益人文科创投是关联公司，一方经营业绩会间接影响另一方，与非关联第三方主体增信相比，风险较高。最后，差额支付风险，考虑到文化传媒板块自身的行业周期性波动，以及在该专项计划筹备过程中文投集团净利润大幅下降的事实，以其作为第二差额支付承诺人具有较高的风险。

第四节　应收账款证券化

一、概述

应收账款证券化是指企业将因提供产品或服务所取得的应收账款汇集后真实出售给特殊目的机构（SPV），SPV以购买的应收账款组合为资产池，通过资产重组、信用增级，以该资产池未来产生的现金流为支持，在资本市场上发行证券实现融资，并利用该资产池产生的现金流向投资者清偿本金和利息的金融行为。❶ 企业，特别是中小企业在长期的产品或服务供应中面临较大的应收账款回款压力，应收账款证券化为企业提供了新的融资渠道，降低了企业面临的资金风险，同时低成本、高效率地为企业融资，确保了企业生产的顺利进行，因此近年来在资本市场上受到欢迎。

知识产权应收账款证券化是应收账款证券化这一金融工具的创新应用，指在该证券化产品中，底层资产是知识产权，即应收账款的产生是由于债权人向债务人提供知识产权服务的情况。

二、运作模式

应收账款证券化模式有离岸融资模式、大型企业单独融资模式、中小企业联合融资模式。离岸融资模式是我国企业最先尝试的模式，1997 年，中国远洋运输公司以其

---

❶ 徐文学，蒙菲. 应收账款证券化模式研究［J］. 财会通讯，2009（29）：26-27.

北美航运应收账款为支撑发行了 3 亿美元的浮动利率票据，该证券化的特殊目的机构、评级机构和投资者均在境外，因此属于离岸证券化融资，有效地避开了法律和制度障碍。大型企业单独融资模式是我国目前采用较多的模式，自 2006 年以来，已经发行了多个类似产品，如"华能澜沧江水电收益专项资产管理计划"融资 20 亿元，"南通天电销售资产支持收益专项资产管理计划"融资 8 亿元，"中国网通应收账款资产支持收益凭证"融资 103.15 亿元。中小企业联合融资模式是在我国特定国情下发展起来的模式，中小企业受限于应收账款数额小、信用评级较低等客观现实，在信贷市场处于不利地位，因此普遍面临融资难的问题。中小企业联合融资，可以将中小企业应收账款汇集达到一定的规模，通过适当的增信，为中小企业快速融资，同时降低融资成本。考虑到目前我国科技金融政策向中小企业的倾斜，本章重点讨论中小企业联合模式。

图 13-7 所示为典型的中小企业联合融资模式的运作流程。多个中小企业（债权人）因长期为原始债务人（核心企业）提供贸易服务/知识产权服务而产生了应收账款，发起人/原始权益人（银行、保理公司等）汇集应收账款并将其真实出售给 SPV 形成证券化产品的基础资产池，之后信用增级机构进行增级，信用评级机构对增级后产品进行评级，评级合格后，委托证券承销机构向投资者发行证券，投资者购买证券，证券承销机构扣除相关费用后将发行收入支付给 SPV，SPV 将相应金额支付给原始权益人，原始权益人扣除相关费用后将融资额按比例分别划付至出售应收账款的各中小企业的账户，至此，中小企业通过证券化实现融资，解决了应收账款造成的经济压力，原始债务人也因此偿清债务。

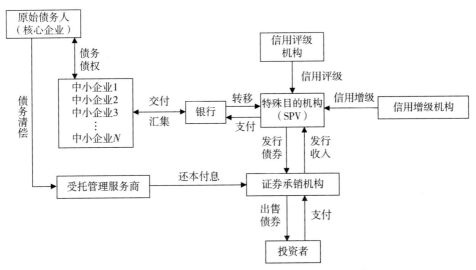

图 13-7　N+1 供应链中应收账款证券化运作流程❶

---

❶ 改编自：李茜. 基于供应链金融的应收账款证券化模式探究 [J]. 现代管理科学，2011 (7)：91-92, 101.

三、案例分析

【案例 13-5】奇艺世纪知识产权供应链金融资产支持专项计划

2018 年 12 月 18 日，在国家知识产权局、中国证监会、上海证券交易所等部门的支持与指导下，我国首单知识产权供应链金融资产支持专项计划——"奇艺世纪知识产权供应链金融资产支持专项计划"（以下简称"奇艺世纪知识产权供应链 ABS"）在上海证券交易所成功获批，并于 12 月 21 日成功发行。该产品的核心企业为北京奇艺世纪科技有限公司，基础资产债权的交易标的物全部为知识产权，具体而言是影视版权，总规模 4.7 亿元。评级机构对该 ABS 优先级证券的评级为 AAA。该项计划是典型的基于供应链的应收账款证券化案例，且属于中小企业联合运作模式。该专项计划的交易结构如图 13-8 所示，以下对该案例进行详细分析。

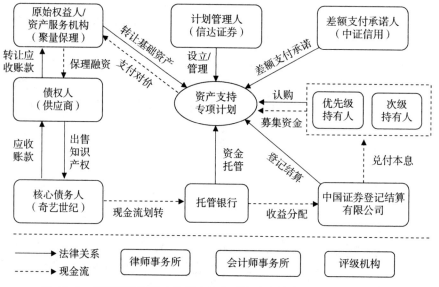

图 13-8 奇艺世纪知识产权供应链金融资产支持专项计划交易结构❶

（1）参与主体

基础债务人：北京奇艺世纪科技有限公司（奇艺世纪）

原始权益人/资产服务机构：天津聚量商业保理有限公司（聚量保理）

计划管理人/主承销商/簿记管理人：信达证券股份有限公司（信达证券）

评级机构：联合信用评级有限公司（联合信用）

托管机构：招商银行股份有限公司（北京分行）（托管银行）

---

❶ 知识产权 ABS 三大交易结构，看这一篇就够了［EB/OL］．（2019-09-25）［2019-10-18］．https://mp.weixin.qq.com/s/J9cLAyIR0jk3NAnTHnL8Zw.

差额支付承诺人：中证信用增进股份有限公司（中证信用）

律师事务所：北京市竞天公诚律师事务所（上海分所）

会计师事务所/验资机构：北京兴华会计师事务所

（2）交易结构与流程

北京奇艺世纪科技有限公司成立于2010年3月8日，是国内领先的版权服务商，近年来向观众稳定持续地输出"好内容""有新意"的影视节目，影视剧播放量在业内居于前列。但是，内容行业在开发过程中高投入、不确定性及回款周期长也是行业共识，居高不下的应收账款给企业，特别是中小企业，造成了极大的现金流压力，将应收账款汇集，在资本市场上通过证券化融资，一方面解决了应收账款难题；另一方面盘活了企业存量资金，提高了资产流动性，有利于内容行业的良性发展。因此，该项目受到业界广泛关注，并为内容行业提供了新的融资途径。具体的操作过程如下：

①组建资产池：该专项计划产品属于保理融资，基础资产是应收账款债权。供应商/债权人（中小企业）长期向基础债务人（奇艺世纪）提供大量知识产权服务（比如影视版权），由此对其享有相应的知识产权服务的应收账款债权。供应商/债权人将该应收账款债权合法委托给原始权益人/保理公司（聚量保理），原始权益人承诺为债权人提供该应收账款债权的保理服务，随后聚量保理将等值债权转让于专项计划，组成该专项计划的资产池。

②完善交易结构：管理人分别与托管银行、评级机构、会计师事务所、律师事务所及其他服务主体签署合作协议，约束双方权利与义务；与投资者签订《认购协议》。

③增信评级：管理人对产品结构进行优先级/次级分层设计，与差额支付承诺人签署《差额支付协议》。管理人与评级机构签署委托协议，评级机构对证券化产品进行信用评级。

④证券发行交易。投资者根据《认购协议》认购资产支持证券，并将认购资金委托管理人管理。

⑤资产管理：管理人设立资产专项计划对该知识产权资产支持证券化产品的资产进行管理。托管银行根据《托管协议》对该资产进行托管。当专项计划资金不足以支付优先级资产支持证券预期收益和/或本金时，管理人向差额支付承诺人发出《差额支付通知书》，要求其补足差额。

⑥偿付结清：管理人根据《专项计划产品说明书》及相关文件约定，向托管银行发送分配指令，托管银行据此提取专项计划涉及的各项费用划付资金至登记结算机构，用于专项计划资产本金和预期收益的支付。在产品到期后，托管银行将剩余资产归还给原始权益人。

（3）产品评价

①该产品是属于反向保理的供应链模式的知识产权ABS，具有创新性，同时

具有较强的可复制性，对于拥有知识产权供应链上应收账款的企业，采取适当的增信措施后，均可以应收账款债权为基础资产进行证券化融资。

②内外部增信措施结合。内部增信，采用优先级/次级分层的产品结构，次级为优先级资产支持证券提供 5.11% 的信用支持。外部增信，引入中证信用增进股份有限公司作为本产品的差额支付承诺人。

③债务人仅奇艺世纪 1 家，仅从风险分散角度而言，该产品的风险较高。但由于中证信用的差额支付承诺，评级机构给予产品"AAA"评级，也间接证明了资本市场对奇艺世纪回款能力（未来可预期的稳定现金流）的信心。因此，对于仅一个债务人或债务人数量较少的证券化产品，债务人较高的信用和/或可预期的稳定现金流可提高资本市场的信心。

④相比融资租赁模式知识产权 ABS 具有更强的操作性和可复制性，具有一定规模的版权服务商均可以进行尝试，而不涉及知识产权租赁这一环节。

第五节　信托资产证券化

一、概述

信托是指委托人基于对受托人的信任，将其财产权委托给受托人，由受托人按委托人的意愿以自己的名义，为受益人的利益或者特定目的，进行管理或者处分的行为。受托人因承诺信托而取得的财产是信托财产。受托人因信托财产的管理运用、处分或者其他情形而取得的财产，也归入信托财产。❶

知识产权信托资产证券化是指委托人将知识产权作为财产委托给受托人进行管理和处分，委托人直接以受托知识产权为基础资产，以知识产权的利用所得收益为支撑向社会发行受益权证进行融资的行为。❷

前述许可费证券化、融资租赁证券化、应收账款证券化产品中，未来现金流的预测有现实基础，未来稳定的现金流是可预期的，而知识产权信托资产证券化直接以知识产权为基础资产发行证券，虽然由于信托资产的法律独立性，委托人与受托人之间实现了资产隔离，但知识产权未来利用情况不明朗，未来现金流不稳定性因素较多，因而具有较高的风险。

二、运作模式

知识产权信托资产证券化运作模式如图 13-9 所示，首先由知识产权权利人将知识

---

❶ 《中华人民共和国信托法》第 2 条和第 14 条，2001 年 4 月 28 日第九届全国人民代表大会常务委员会第二十一次会议通过。

❷ 周胜生. 专利运营之道 [M]. 北京：知识产权出版社，2016.

产权组合委托给信托机构，并签署信托合同，随后信托机构以该知识产权组合为底层资产，以其预期的收益为现金流支撑，向资本市场发行受益权证，投资者认购并向信托机构支付认购款项，信托机构在扣除相关费用后向知识产权权利人返还权益，从而使权利人实现融资的过程。

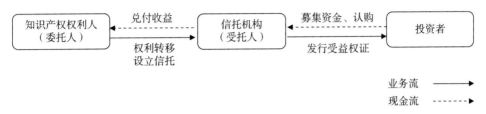

图 13-9　知识产权信托资产证券化运作模式

三、案例分析

【案例 13-6】武汉国投专利信托证券化

为促进专利技术产业化，提高专利资产变现能力，2000 年，由武汉国际信托投资公司（以下简称"武汉国投"）创新性地推出专利信托证券化业务，是我国机构首次对专利信托运营的实践探索。武汉国投从 1990 年以来武汉市申请的专利库中筛选出 2000 项，最终确定其中 8 项进行专利信托化运作，并首先以其最为看重的名为"无逆变器不间断电源"的专利为标的设计证券化产品，发行面值 6 元的风险受益权证。该项目于 2000 年 10 月发布后，2 年内共融资 13200 元，2002 年年底，武汉国投决定停止该业务。其运作模式如图 13-10 所示。

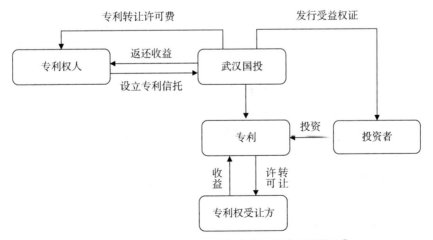

图 13-10　武汉国投专利信托资产证券化运作模式❶

---

❶ 袁晓东. 专利信托研究 ［M］. 北京：知识产权出版社，2010：142.

综合来看，该专利信托证券化产品未给专利权人带来明显的收益，且在产品销售的两年内，关注度较低，投资人对产品的投资热度较低。通过分析，可发现该项目失败的原因主要有❶：

①市场需求调研不足。该项目发布后，尽管武汉国投采取了相应的宣传办法，但是市场响应不足，导致不能与生产商达成专利许可协议，专利技术产业化计划搁浅，收益率未得到有力保障。

②产品结构过于简单，缺乏风险分担和规避设计。从其运营模式来看，产品结构设计中直接以专利为基础资产，本身具备极大的不确定性，未引入保险或补偿基金等方式稀释风险，导致产品的收益完全依赖于未来的实施许可费用，投资风险高，降低了投资人的投资热情。

③未进行信用评级或增信。案例中，未引入专业的信用评级机构对类似专利技术的历史使用费情况进行调研，导致投资人对专利未来可能产生的实施收益或许可费收益信心不足。

④缺乏专业第三方机构的参与。在该案例中，武汉国投是专利项目的评估机构，是证券发行人，又是证券的承销商，从业务分工的专业化和最终结果来看，其完全可以委托专业的第三方评估机构筛选项目，委托专业证券承销完成证券销售，或许能取得较好的效果。

⑤时机不成熟。该项目于 2000 年发布，我国《信托法》于 2001 年颁布实施，中国人民银行于 2002 年颁布《信托投资公司管理办法》并明确了知识产权信托制度，法律依据和相关制度的滞后导致当时大环境对专利信托产品的信赖度和接受程度较低。

随着我国信托和证券法律体系的完善，国家政策对知识产权金融事业发展的扶持，国内大型企业在研发资金、研发设备等方面条件充足，可产生高质量的专利技术，通过自实施或者转让许可实现专利资产变现。而中小型科技企业往往存在资金不足、设备不完备等问题，缺乏专利技术孵化的优质条件，导致技术难以实施或者升级较慢。高等院校产出的部分专利具有一定的产业前瞻性，但由于缺乏中试条件，科研资金不足，因此止步于产业化的黎明前，造成科研资源的极大浪费。

为此，在目前市场化机构对专利运营缺乏热度的现状下，我国政府可从引导建立公益性专利运营机构/平台入手，参考英国技术集团（British Technology Group，BTG）的业务模式，以推动技术的商品化/产业化为目的，根据市场需求，从大学、科研机构、中小企业中选择合适的技术，帮助其进行专利申请和保护，形成的专利可进行专利信托证券化运作，由信托机构对其进行管理和运营，促进技术的产业化，同时为专利权人创造收益，提高专利权人创新的积极性，形成良性科研—创新—应

❶ 唐文聪. 我国知识产权信托法律制度构建研究［D］. 广州：中山大学，2009.

用闭环。

政府通过公益性机构促进专利信托证券化模式的推广应用，形成成熟的模式和市场后，将吸引更多市场化专利运营机构以及社会资本的加入，从而促进我国专利信托资产证券化的规模化发展。

第六节　知识产权资产证券化实践

一、未来趋势探讨

知识产权证券化是科技创新与金融改革创新结合的产物，作为知识产权资产运营的创新途径，具有其独特的优势。目前，我国在政策层面大力鼓励、支持、引导知识产权证券化的发展，国内陆续发行的知识产权证券化产品呈现出多种模式的特点。综合国内外的成功案例，结合我国的产业发展现状、法律环境和资本市场环境，总结国内知识产权证券化趋势如下。

（1）多形式证券化产品共存。随着我国知识产权运营市场的发展，高质量知识产权数量的逐年攀升，科技型中小企业融资需求的加大，资本市场对价值投资品的需求，以及国家对知识产权金融改革的政策支持，国内出现了对知识产权证券化模式的多种探索，深交所、上交所已经发行多项知识产权证券化产品，融资总规模达百亿元。据中国证券网相关专家分析，结合国外金融领先发展经验，未来我国知识产权证券化将具有广阔的发展空间，底层知识产权将涉及专利权、商标权、影视、音乐、文学等著作权及其他众多类型，知识产权资产证券化（ABS）、知识产权 REITs、知识产权质押贷款证券化、知识产权交易等多样性的知识产权证券化金融产品形式将逐步呈现，未来知识产权资产证券化领域还有巨大的发展空间。

（2）许可费收益权证券化成为高校/大型企业证券化融资的主要模式。国外已有的知识产权资产证券化运营，特别是专利资产证券化运营主要针对生物医药、半导体、信息技术等进入壁垒高的新技术领域。证券化模式主要是专利许可费收益权证券化，该模式比较适合专利技术已经产生产业收益，产业具有一定规模，许可费现金流稳定、融资规模较大的情况，目前国内还没有这样的证券化案例，广州开发区的专利许可反授权案例也是以许可费为基础资产，但仍引入了租赁机构作为资产服务机构进行风险隔离。随着国内政策支持力度的加大，资本市场对知识产权证券化产品认可度的提高，以及专利权人对证券化融资方式的认可，许可费收益权证券化或成为未来发展方向。

（3）许可反授权模式将在产业园区大量复制。以广州开发区专利许可反授权案例为模板，该证券化模式特别适用于产业园区、产业集聚区中小企业融资，可为科技型中小企业解决融资难问题，促进相关产业高质量发展。因此，在短期内，该模式或成为知识产权证券化的主要模式。

（4）特殊目的机构采用信托模式。特殊目的机构是知识产权证券化结构的核心，国际上资产证券化项目中特殊目的机构一般采用特殊目的信托、公司或有限合伙公司三种性质类型，美国、日本等国家以特殊目的信托模式最为广泛应用。纵观国内目前已经发行的知识产权证券化产品均属于资产支持专项计划，其发行方均为证券公司，法律结构中不涉及特殊目的信托。考虑到我国信托相关法律的完备性，以及信托法律关系中特殊的风险隔离功能，随着我国知识产权证券化市场的发展和成熟，资本市场对证券化产品的标准会逐渐提高，特殊目的信托或成为未来知识产权证券化法律结构中的主要模式。

（5）知识产权质押融资证券化成为金融机构融资途径之一。齐岳等❶针对目前国内知识产权质押融资发展中科技型中小企业风险高的问题，着眼于科技银行风险管理，从风险分散的角度，创新性地提出多主体联动、风险共担的知识产权质押融资贷款ABS模式，并对其参与主体和运作模式进行了分析。据中债数据，2018年我国微小企业ABS开始发展，目前已发行5单项目，发行规模108.04亿元。2019年10月14日，重庆信托携手重庆三峡银行成功发行西南地区首单微小企业贷款资产支持证券（微小企业贷款ABS）兴渝2019第一期，微小企业贷款ABS可以盘活金融机构存量小微企业信贷资产，打通银行信贷和资本市场，为广大小微企业源源不断地提供资金"血液"，是缓解小微企业融资难题的有益探索❷。在我国目前创新创业的时代背景下，科技型中小企业发挥着重要作用，知识产权质押融资贷款ABS模式为中小企业融资提供了新的思路，有利于中小企业从资本市场获得融资，投身科研和产业化，同时也降低了科技银行的资金压力，或成为未来趋势之一。

（6）专利证券化面临挑战，证券化探索还有很长的路要走。相较于版权和商标权的显性资产特性，专利属于隐性价值资产，绝大多数申请人申请专利权主要是为了进行商业防御、提高技术门槛、形成市场垄断、增强宣传和销售效果。据统计，国内用于运营的专利资产在所有专利资产中的占比不足1%，专利许可率仅9.9%，99%的专利为企业所带来的竞争优势、价格增值、风险规避等隐性价值却没有对应的直接现金流，专利许可的规模化和活跃度也存在问题。针对这一现状，企业自实施专利，开发和销售专利产品，产生稳定的收益，可以以这些收益权产生的现金流为支撑进行证券化融资，从而在保证生产型企业正常使用自有专利的同时，促进专利隐性价值的显性化，盘活企业大量的知识产权，进而为企业融资。这一途径或成

---

❶ 齐岳，廖科智，刘欣，等. 创新创业背景下科技型中小企业融资模式研究：基于知识产权质押贷款ABS模式的探讨［J］. 科技管理研究，2018，38（18）：134-139.

❷ 西南地区首单微小企业贷款ABS成功发行［EB/OL］.（2019-10-19）［2019-10-21］. https://xueqiu.com/2576680180/134291546.

为专利证券化未来方向之一。❶

（7）知识产权证券化相关法律政策的健全，特别是二级市场法律规章制度的健全。资产的高度流动性更多地体现在二级市场，目前我国资产证券化市场二级市场流动性普遍偏低，知识产权证券化还处在二级市场缺乏的状态。随着我国相关法律制度的完善，证券化产品风险担保机制的完善，以及二级市场的成熟，知识产权证券化产品在二级市场流动性的提高，将极大地增强其对投资者的吸引力，降低融资成本。

二、风险控制建议

（1）设立信托模式特殊目的机构，充分发挥信托的风险隔离作用。在国外的一些案例和我国物产 ABS、ABN 案例中，甚至用到了双信托模式 SPV、对发起人和 SPV、SPV 和投资者均进行了风险隔离。

（2）优化基础资产组合形式，设置动态更新机制。商标、版权、专利以合理的方式结合，可以降低资产池的风险，即使对于同一种知识产权类型，也可以通过不同的生命周期组合，确保未来现金流的可持续性。另外，鉴于知识产权的不确定性，为了确保资产池中基础资产的良性状态，可以设置更新机制，在证券发行后，若某些资产出现不合格的情况，则可以新换旧，缓释专项计划的风险。

（3）完善知识产权价值评估制度，提高未来稳定的现金流的预测准确度。知识产权作为无形资产，其价值更多体现在未来，相对于实物资产，其存在极大的不确定性，且商标、版权、专利等知识产权具有各自的特殊性，比如商标与企业的商誉、产品的消费者认可度密切相关，版权受消费者偏好影响较大，专利技术则会受到替代技术的出现的影响而快速贬值，因此在价值评估时，一方面要合理估值、合理预测专利技术在未来带来的现金流的体量，需要考虑知识产权的特殊性及底层知识产权包的组合形式等；另一方面，评估过程要公开透明，利于监管，防范主观因素带来的风险，从而提高价值评估的可靠性。❷

（4）采用独立可靠的第三方增信机构。在证券化过程中，增信方式有内部增信和外部增信。外部增信一般指通过第三方增信机构增信，最常用的是专业保险公司/担保公司，因此证券化产品的评级会受到增信机构信用评级的影响，需要在前期交易结构形成中慎重考察增信机构。

（5）采用可靠的评级机构和评级制度，并进行监管。国际上的评级机构，如穆迪，对知识产权证券化项目的评级主要从资产池中知识产权的信用质量、交易结构、现金流分配、法律风险几个方面考虑，但由于知识产权资产的不确定性，评级难度较大，

---

❶　知识产权证券化　零突破之后怎么走［EB/OL］.（2019-04-02）［2019-10-21］. http://www.chinanews.com/cul/2019/04-02/8797437.shtml.

❷　汤珊芬，程良友，袁晓东. 专利证券化：融资方式的新发展［J］. 科技与经济，2006，19（3）：46-49.

在综合以上几方面的前提下，通过适度的监管可以提高评级的客观性。

（6）加强对金融服务机构的监管，将资产服务机构的服务报酬与资产的超额收益关联，确保资产的良性运行。知识产权证券化过程中涉及较多的参与主体，包括托管银行、资产服务机构、会计师事务所、律师事务所、评级机构等，管理人对各主体设立透明的监管机制可约束各参与主体的行为，确保其按合同约定参与产品的良性运行，将资产服务机构的服务报酬与资产的超额收益关联，可以增强其对基础资产的持续良性管理力度。

（7）建立知识产权证券化权利登记制度、信息披露制度。目前，我国对知识产权确权、权利转移的登记公示制度不统一，特别是专利许可采用备案制度，且不是强制备案，那么在实际案例中，就会造成许可合同效力的不确定性，在证券化过程中埋下潜在风险。因此，在基础资产筛选过程中，优先选择具有明确登记备案的知识产权，可以确定专利权的归属，一旦发生冲突，可以依据登记的先后范围确定权利冲突人的优先顺序。知识产权证券化过程中现金流源于知识产权使用产生的收益，一般以合同形式进行约束，因此发起人需要对合同内容进行充分披露，便于评级机构对整个专项计划的风险做出合理判断。❶

（8）从全国到地方，建立健全的法律体系。知识产权证券化过程中，参与主体较多，且多以未来收益债权为基础资产进行证券化，但是债权的相关规定无法可依，比如未来债权转让性、债权转移公示制度，均未有明确的法律规定。目前证券化过程中，法律关系约束相关条款散落在《公司法》《合同法》《担保法》《证券法》等多项法律法规中，亟须制定针对知识产权证券化的、体系化的专门法律，以填补当前的法律空白，解决法律冲突，消除证券化过程中的法律障碍，降低法律风险，确保各主体的权益。

（9）政府引导鼓励为主。目前，知识产权在证券化市场还处在发展初期，需要政府的大力引导鼓励，加大扶持力度，提升市场信心，推动知识产权证券化进程，促进科技金融市场的繁荣稳定发展。政府引导鼓励可以考虑以下几个方面：①出台一系列的税收扶持政策；②政府主导设立信用担保机制和风险补偿机制；③加大快速确权维权力度；④规范知识产权交易市场，推动知识产权运营公共服务平台发展；⑤推动知识产权评估机构发展。❷此外，针对我国目前资本市场普遍现状，还需要政府加大机构投资者的培育力度，形成基金管理公司和保险公司为主的机构投资者结构，并促使机构投资者成为资本市场的主要力量，引导形成可持续增益的科技投资势力。

❶ 金品. 我国专利证券化的机遇和风险 [J]. 甘肃金融, 2014 (8): 31-34.
❷ 郝嘉岩. 知识产权证券化若干问题研究 [D]. 沈阳: 沈阳工业大学, 2017: 36.

附　件

《专利权质押登记办法》

国家知识产权局令

第五十六号

第一条　为了促进专利权的运用和资金融通，保障债权的实现，规范专利权质押登记，根据《中华人民共和国物权法》《中华人民共和国担保法》《中华人民共和国专利法》及有关规定，制定本办法。

第二条　国家知识产权局负责专利权质押登记工作。

第三条　以专利权出质的，出质人与质权人应当订立书面质押合同。

质押合同可以是单独订立的合同，也可以是主合同中的担保条款。

第四条　以共有的专利权出质的，除全体共有人另有约定的以外，应当取得其他共有人的同意。

第五条　在中国没有经常居所或者营业所的外国人、外国企业或者外国其他组织办理专利权质押登记手续的，应当委托依法设立的专利代理机构办理。

中国单位或者个人办理专利权质押登记手续的，可以委托依法设立的专利代理机构办理。

第六条　当事人可以通过邮寄、直接送交等方式办理专利权质押登记相关手续。

第七条　申请专利权质押登记的，当事人应当向国家知识产权局提交下列文件：

（一）出质人和质权人共同签字或者盖章的专利权质押登记申请表；

（二）专利权质押合同；

（三）双方当事人的身份证明；

（四）委托代理的，注明委托权限的委托书；

（五）其他需要提供的材料。

专利权经过资产评估的，当事人还应当提交资产评估报告。

除身份证明外，当事人提交的其他各种文件应当使用中文。身份证明是外文的，当事人应当附送中文译文；未附送的，视为未提交。

对于本条第一款和第二款规定的文件，当事人可以提交电子扫描件。

第八条 国家知识产权局收到当事人提交的质押登记申请文件后，应当通知申请人。

第九条 当事人提交的专利权质押合同应当包括以下与质押登记相关的内容：

（一）当事人的姓名或者名称、地址；

（二）被担保债权的种类和数额；

（三）债务人履行债务的期限；

（四）专利权项数以及每项专利权的名称、专利号、申请日、授权公告日；

（五）质押担保的范围。

第十条 除本办法第九条规定的事项外，当事人可以在专利权质押合同中约定下列事项：

（一）质押期间专利权年费的缴纳；

（二）质押期间专利权的转让、实施许可；

（三）质押期间专利权被宣告无效或者专利权归属发生变更时的处理；

（四）实现质权时，相关技术资料的交付。

第十一条 国家知识产权局自收到专利权质押登记申请文件之日起7个工作日内进行审查并决定是否予以登记。

第十二条 专利权质押登记申请经审查合格的，国家知识产权局在专利登记簿上予以登记，并向当事人发送《专利权质押登记通知书》。质权自国家知识产权局登记时设立。

经审查发现有下列情形之一的，国家知识产权局作出不予登记的决定，并向当事人发送《专利权质押不予登记通知书》：

（一）出质人与专利登记簿记载的专利权人不一致的；

（二）专利权已终止或者已被宣告无效的；

（三）专利申请尚未被授予专利权的；

（四）专利权处于年费缴纳滞纳期的；

（五）专利权已被启动无效宣告程序的；

（六）因专利权的归属发生纠纷或者人民法院裁定对专利权采取保全措施，专利权的质押手续被暂停办理的；

（七）债务人履行债务的期限超过专利权有效期的；

（八）质押合同约定在债务履行期届满质权人未受清偿时，专利权归质权人所有的；

（九）质押合同不符合本办法第九条规定的；

（十）以共有专利权出质但未取得全体共有人同意的；

（十一）专利权已被申请质押登记且处于质押期间的；

（十二）其他应当不予登记的情形。

第十三条 专利权质押期间，国家知识产权局发现质押登记存在本办法第十二条第二款所列情形并且尚未消除的，或者发现其他应当撤销专利权质押登记的情形的，应当撤销专利权质押登记，并向当事人发出《专利权质押登记撤销通知书》。

专利权质押登记被撤销的，质押登记的效力自始无效。

第十四条 国家知识产权局在专利公报上公告专利权质押登记的下列内容：出质人、质权人、主分类号、专利号、授权公告日、质押登记日等。

专利权质押登记后变更、注销的，国家知识产权局予以登记和公告。

第十五条 专利权质押期间，出质人未提交质权人同意其放弃该专利权的证明材料的，国家知识产权局不予办理专利权放弃手续。

第十六条 专利权质押期间，出质人未提交质权人同意转让或者许可实施该专利权的证明材料的，国家知识产权局不予办理专利权转让登记手续或者专利实施合同备案手续。

出质人转让或者许可他人实施出质的专利权的，出质人所得的转让费、许可费应当向质权人提前清偿债务或者提存。

第十七条 专利权质押期间，当事人的姓名或者名称、地址、被担保的主债权种类及数额或者质押担保的范围发生变更的，当事人应当自变更之日起30日内持变更协议、原《专利权质押登记通知书》和其他有关文件，向国家知识产权局办理专利权质押登记变更手续。

第十八条 有下列情形之一的，当事人应当持《专利权质押登记通知书》以及相关证明文件，向国家知识产权局办理质押登记注销手续：

（一）债务人按期履行债务或者出质人提前清偿所担保的债务的；

（二）质权已经实现的；

（三）质权人放弃质权的；

（四）因主合同无效、被撤销致使质押合同无效、被撤销的；

（五）法律规定质权消灭的其他情形。

国家知识产权局收到注销登记申请后，经审核，向当事人发出《专利权质押登记注销通知书》。专利权质押登记的效力自注销之日起终止。

第十九条 专利权在质押期间被宣告无效或者终止的，国家知识产权局应当通知质权人。

第二十条 专利权人没有按照规定缴纳已经质押的专利权的年费的，国家知识产权局应当在向专利权人发出缴费通知书的同时通知质权人。

第二十一条 本办法由国家知识产权局负责解释。

第二十二条 本办法自2010年10月1日起施行。1996年9月19日中华人民共和国专利局令第八号发布的《专利权质押合同登记管理暂行办法》同时废止。

《注册商标专用权质权登记程序规定》

工商标字〔2009〕第 182 号

第一条 为充分发挥商标专用权无形资产的价值，促进经济发展，根据《物权法》《担保法》《商标法》和《商标法实施条例》的有关规定，制定本程序规定。

国家工商行政管理总局商标局负责办理注册商标专用权质权登记。

第二条 自然人、法人或者其他组织以其注册商标专用权出质的，出质人与质权人应当订立书面合同，并向商标局办理质权登记。

质权登记申请应由质权人和出质人共同提出。质权人和出质人可以直接向商标局申请，也可以委托商标代理机构代理。在中国没有经常居所或者营业所的外国人或者外国企业应当委托代理机构办理。

第三条 办理注册商标专用权质权登记，出质人应当将在相同或者类似商品/服务上注册的相同或者近似商标一并办理质权登记。质权合同和质权登记申请书中应当载明出质的商标注册号。

第四条 申请注册商标专用权质权登记的，应提交下列文件：

（一）申请人签字或者盖章的《商标专用权质权登记申请书》。

（二）出质人、质权人的主体资格证明或者自然人身份证明复印件。

（三）主合同和注册商标专用权质权合同。

（四）直接办理的，应当提交授权委托书以及被委托人的身份证明；委托商标代理机构办理的，应当提交商标代理委托书。

（五）出质注册商标的注册证复印件。

（六）出质商标专用权的价值评估报告。如果质权人和出质人双方已就出质商标专用权的价值达成一致意见并提交了相关书面认可文件，申请人可不再提交。

（七）其他需要提供的材料。

上述文件为外文的，应当同时提交其中文译文。中文译文应当由翻译单位和翻译人员签字盖章确认。

第五条 注册商标专用权质权合同一般包括以下内容：

（一）出质人、质权人的姓名（名称）及住址；

（二）被担保的债权种类、数额；

（三）债务人履行债务的期限；

（四）出质注册商标的清单（列明注册商标的注册号、类别及专用期）；

（五）担保的范围；

（六）当事人约定的其他事项。

第六条　申请登记书件齐备、符合规定的，商标局予以受理。受理日期即为登记日期。商标局自登记之日起 5 个工作日内向双方当事人发放《商标专用权质权登记证》。

《商标专用权质权登记证》应当载明下列内容：出质人和质权人的名称（姓名）、出质商标注册号、被担保的债权数额、质权登记期限、质权登记日期。

第七条　质权登记申请不符合本办法第二条、第三条、第四条、第五条规定的，商标局应当通知申请人，并允许其在 30 日内补正。申请人逾期不补正或者补正不符合要求的，视为其放弃该质权登记申请，商标局应书面通知申请人。

第八条　有下列情形之一的，商标局不予登记：

（一）出质人名称与商标局档案所记载的名称不一致，且不能提供相关证明证实其为注册商标权利人的；

（二）合同的签订违反法律法规强制性规定的；

（三）商标专用权已经被撤销、被注销或者有效期满未续展的；

（四）商标专用权已被人民法院查封、冻结的；

（五）其他不符合出质条件的。

第九条　质权登记后，有下列情形之一的，商标局应当撤销登记：

（一）发现有属于本办法第八条所列情形之一的；

（二）质权合同无效或者被撤销；

（三）出质的注册商标因法定程序丧失专用权的；

（四）提交虚假证明文件或者以其他欺骗手段取得商标专用权质权登记的。

第十条　质权人或者出质人的名称（姓名）更改，以及质权合同担保的主债权数额变更的，当事人可以凭下列文件申请办理变更登记：

（一）申请人签字或者盖章的《商标专用权质权登记事项变更申请书》；

（二）出质人、质权人的主体资格证明或者自然人身份证明复印件；

（三）有关登记事项变更的协议或相关证明文件；

（四）原《商标专用权质权登记证》；

（五）授权委托书、被委托人的身份证明或者商标代理委托书；

（六）其他有关文件。

出质人名称（姓名）发生变更的，还应按照《商标法实施条例》的规定在商标局办理变更注册人名义申请。

第十一条　因被担保的主合同履行期限延长、主债权未能按期实现等原因需要延长质权登记期限的，质权人和出质人双方应当在质权登记期限到期前，持以下文件申请办理延期登记：

（一）申请人签字或者盖章的《商标专用权质权登记期限延期申请书》；

（二）出质人、质权人的主体资格证明或者自然人身份证明复印件；

（三）当事人双方签署的延期协议；

（四）原《商标专用权质权登记证》；

（五）授权委托书、被委托人的身份证明或者商标代理委托书；

（六）其他有关文件。

第十二条　办理质权登记事项变更申请或者质权登记期限延期申请后，由商标局在原《商标专用权质权登记证》上加注发还，或者重新核发《商标专用权质权登记证》。

第十三条　商标专用权质权登记需要注销的，质权人和出质人双方可以持下列文件办理注销申请：

（一）申请人签字或者盖章的《商标专用权质权登记注销申请书》；

（二）出质人、质权人的主体资格证明或者自然人身份证明复印件；

（三）当事人双方签署的解除质权登记协议或者合同履行完毕凭证；

（四）原《商标专用权质权登记证》；

（五）授权委托书、被委托人的身份证明或者商标代理委托书；

（六）其他有关文件。

质权登记期限届满后，该质权登记自动失效。

第十四条　《商标专用权质权登记证》遗失的，可以向商标局申请补发。

第十五条　商标局设立质权登记簿，供相关公众查阅。

第十六条　反担保及最高额质权适用本规定。

第十七条　本规定自 2009 年 11 月 1 日起施行。本规定施行之日起原《商标专用权质押登记程序》（国家工商行政管理局工商标字〔1997〕第 127 号）废止。

《著作权质权登记办法》

国家版权局令第8号

第一条　为规范著作权出质行为，保护债权人合法权益，维护著作权交易秩序，根据《中华人民共和国物权法》《中华人民共和国担保法》和《中华人民共和国著作权法》的有关规定，制定本办法。

第二条　国家版权局负责著作权质权登记工作。

第三条　《中华人民共和国著作权法》规定的著作权以及与著作权有关权利（以下统称"著作权"）中的财产权可以出质。

以共有的著作权出质的，除另有约定外，应当取得全体共有人的同意。

第四条　以著作权出质的，出质人和质权人应当订立书面质权合同，并由双方共同向登记机构办理著作权质权登记。

出质人和质权人可以自行办理，也可以委托代理人办理。

第五条　著作权质权的设立、变更、转让和消灭，自记载于《著作权质权登记簿》时发生效力。

第六条　申请著作权质权登记的，应提交下列文件：

（一）著作权质权登记申请表；

（二）出质人和质权人的身份证明；

（三）主合同和著作权质权合同；

（四）委托代理人办理的，提交委托书和受托人的身份证明；

（五）以共有的著作权出质的，提交共有人同意出质的书面文件；

（六）出质前授权他人使用的，提交授权合同；

（七）出质的著作权经过价值评估的、质权人要求价值评估的或相关法律法规要求价值评估的，提交有效的价值评估报告；

（八）其他需要提供的材料。

提交的文件是外文的，需同时附送中文译本。

第七条　著作权质权合同一般包括以下内容：

（一）出质人和质权人的基本信息；

（二）被担保债权的种类和数额；

（三）债务人履行债务的期限；

（四）出质著作权的内容和保护期；

（五）质权担保的范围和期限；

（六）当事人约定的其他事项。

第八条 申请人提交材料齐全的，登记机构应当予以受理。提交的材料不齐全的，登记机构不予受理。

第九条 经审查符合要求的，登记机构应当自受理之日起 10 日内予以登记，并向出质人和质权人发放《著作权质权登记证书》。

第十条 经审查不符合要求的，登记机构应当自受理之日起 10 日内通知申请人补正。补正通知书应载明补正事项和合理的补正期限。无正当理由逾期不补正的，视为撤回申请。

第十一条 《著作权质权登记证书》的内容包括：

（一）出质人和质权人的基本信息；

（二）出质著作权的基本信息；

（三）著作权质权登记号；

（四）登记日期。

《著作权质权登记证书》应当标明：著作权质权自登记之日起设立。

第十二条 有下列情形之一的，登记机构不予登记：

（一）出质人不是著作权人的；

（二）合同违反法律法规强制性规定的；

（三）出质著作权的保护期届满的；

（四）债务人履行债务的期限超过著作权保护期的；

（五）出质著作权存在权属争议的；

（六）其他不符合出质条件的。

第十三条 登记机构办理著作权质权登记前，申请人可以撤回登记申请。

第十四条 著作权出质期间，未经质权人同意，出质人不得转让或者许可他人使用已经出质的权利。

出质人转让或者许可他人使用出质的权利所得的价款，应当向质权人提前清偿债务或者提存。

第十五条 有下列情形之一的，登记机构应当撤销质权登记：

（一）登记后发现有第十二条所列情形的；

（二）根据司法机关、仲裁机关或行政管理机关作出的影响质权效力的生效裁决或行政处罚决定书应当撤销的；

（三）著作权质权合同无效或者被撤销的；

（四）申请人提供虚假文件或者以其他手段骗取著作权质权登记的；

（五）其他应当撤销的。

第十六条 著作权出质期间，申请人的基本信息、著作权的基本信息、担保的债权种类及数额或者担保的范围等事项发生变更的，申请人持变更协议、原《著作权质权登记证书》和其他相关材料向登记机构申请变更登记。

第十七条 申请变更登记的，登记机构自受理之日起 10 日内完成审查。经审查符合要求的，对变更事项予以登记。

变更事项涉及证书内容变更的，应交回原登记证书，由登记机构发放新的证书。

第十八条　有下列情形之一的，申请人应当申请注销质权登记：

（一）出质人和质权人协商一致同意注销的；

（二）主合同履行完毕的；

（三）质权实现的；

（四）质权人放弃质权的；

（五）其他导致质权消灭的。

第十九条　申请注销质权登记的，应当提交注销登记申请书、注销登记证明、申请人身份证明等材料，并交回原《著作权质权登记证书》。

登记机构应当自受理之日起10日内办理完毕，并发放注销登记通知书。

第二十条　登记机构应当设立《著作权质权登记簿》，记载著作权质权登记的相关信息，供社会公众查询。

《著作权质权登记证书》的内容应当与《著作权质权登记簿》的内容一致。记载不一致的，除有证据证明《著作权质权登记簿》确有错误外，以《著作权质权登记簿》为准。

第二十一条　《著作权质权登记簿》应当包括以下内容：

（一）出质人和质权人的基本信息；

（二）著作权质权合同的主要内容；

（三）著作权质权登记号；

（四）登记日期；

（五）登记撤销情况；

（六）登记变更情况；

（七）登记注销情况；

（八）其他需要记载的内容。

第二十二条　《著作权质权登记证书》灭失或者毁损的，可以向登记机构申请补发或换发。登记机构应自收到申请之日起5日内予以补发或换发。

第二十三条　登记机构应当通过国家版权局官方网站公布著作权质权登记的基本信息。

第二十四条　本办法由国家版权局负责解释。

第二十五条　本办法自2011年1月1日起施行。1996年9月23日国家版权局发布的《著作权质押合同登记办法》同时废止。

参考文献

［1］陈博勋，王涛. 从专利角度探析知识产权基金运作模式［J］. 电子知识产权，2016（2）：83-87.

［2］李棽. 知识产权交易机制创新探析［J］. 经济与社会发展，2008（1）：123-126.

［3］李希义. 日本政策投资银行开展知识产权质押贷款的做法和启示［J］. 中国科技论坛，2011（7）：147-152.

［4］郑杰. 浅谈知识产权运营中心平台建设意义［J］. 企业技术开发，2014，33（1）：88-89.

［5］企业专利分类分级管理漫谈［EB/OL］.（2019-04-11）［2019-09-30］. http://www.360doc.com/content/19/0411/11/22751255_827897303.shtml.

［6］中规（北京）认证有限公司.《企业知识产权管理规范》审核实务与案例汇编［M］. 北京：知识产权出版社，2019.

［7］马天旗. 高价值专利筛选［M］. 北京：知识产权出版社，2018.

［8］国家知识产权局专利管理司. 专利价值分析指标体系操作手册［M］. 北京：知识产权出版社，2012.

［9］李小娟，王双龙，梁丽，等. 基于专利价值分析体系的专利分级分类管理方法［J］. 高科技与产业化，2014，10（11）：92-95.

［10］仲崇明，黄春梅. 浅析科研院所专利分级分类管理［J］. 职工法律天地（下），2018（12）：258-259.

［11］如何玩转高校专利转化？华南理工大学的做法或值得借鉴［EB/OL］.（2018-06-12）［2019-09-30］. http://ip.people.com.cn/n1/2018/0612/c179663-30051925.html.

［12］凌赵华. 一种中小企业专利分级管理简易模型［EB/OL］.（2018-10-12）［2019-09-30］. https://mp.weixin.qq.com/s/wBrm8BISstdyRG4wSt1W9g.

［13］也谈高质量专利和高价值专利：企业 IP 管理者视角［EB/OL］.（2019-01-09）［2019-09-30］. https://bbs.mysipo.com/thread-978488-1-1.html.

［14］商凤敏. 专利交易与专利诉讼相互作用研究［D］. 大连：大连理工大学，2018.

［15］国家知识产权运营公共服务平台. 中国专利运营分析报告：转让、许可、质押［EB/OL］.（2019-07-08）［2019-09-30］. https://baijiahao.baidu.com/s?id=1638479511943511312&wfr=spider&for=pc.

［16］ 一丰龚先生. 专利转让变更手续办理的 20 个策略，更新版 ［EB/OL］.（2018-10-24）
　　　 ［2019-10-27］. https://mp.weixin.qq.com/s/4rhtl7C3TVlW8Asgqp6R0w.

［17］ 杨霄飞. 专利运营商业模式比较研究 ［D］. 重庆：重庆理工大学，2017.

［18］ GONIADIS I, GONIADIS Y. Patent as a Motivation of Starting a New Entrepreneurial
　　　 Activity of High Potential ［J］. International Journal of Economic Sciences & Applied Re-
　　　 search, 2010, 3（1）：97-108.

［19］ 杨会娟. 企业并购中尽职调查及知识产权风险的规避：以专利为视角 ［J］. 法制博
　　　 览，2018（10）：46，50-51.

［20］ 王宇，孙迪. 高价值专利：激活创新源动力的“上海密码”［N］. 中国知识产权报，
　　　 2017-06-07（4）.

［21］ 徐棣枫，于海东. 专利何以运营：创新、市场和法律 ［J］. 重庆大学学报（社会科学
　　　 版），2016（6）.

［22］ 滴滴被曝斥资千万美元豪购 60 余件导航技术基础专利 ［EB/OL］.（2016-11-02）［2019-
　　　 09-30］. http://www.wotao.com/display.asp?id=3591.

［23］ 陈璐璐. 专利许可视角下的技术扩散研究 ［D］. 大连：大连理工大学，2015.

［24］ 徐丽娜. 知识产权许可使用权的效力研究 ［D］. 湘潭：湘潭大学，2017.

［25］ 张盈. 专利交叉许可的反垄断规制研究 ［D］. 武汉：武汉工程大学，2018.

［26］ 国家知识产权局. 许可备案和质押登记咨询培训 ［EB/OL］.（2016 03 08）［2019-
　　　 09-30］. http://www.sipo.gov.cn/zhfwpt/zlsclcggfw/zlzydjyxkba/xxzl/1068134.htm.

［27］ 杨玲. 专利实施许可备案效力研究 ［J］. 知识产权，2016（11）：77-83.

［28］ 国家知识产权运营公共服务平台. 尤尼林集团的专利许可案例分析研究报告 ［EB/
　　　 OL］.（2016-03-08）［2019-09-30］. https://mp.weixin.qq.com/s/OnQB3XR-n-X_
　　　 4OgVPUX7jw.

［29］ 吴朝晖：新任浙大校长，百分百浙大制造 ［EB/OL］.（2015-03-26）［2019-09-30］.
　　　 http://news.cnnb.com.cn/system/2015/03/26/008287964.shtml.

［30］ 专利许可：期待从“花开数枝”到“春色满园”［EB/OL］.（2017-11-23）［2019-
　　　 09-30］. http://www.sohu.com/a/206248126_100019625.

［31］ 李群星. 信托的法律性质与基本理念 ［J］. 法学研究，2000（3）：118-126.

［32］ 袁晓东. 专利信托研究 ［M］. 北京：知识产权出版社，2010.

［33］ 袁晓东. 专利信托管理模式探析 ［J］. 管理评论，2004，8（16）：18-23.

［34］ 江苏省知识产权局，支苏平，黄志臻. 企业运营实务 ［M］. 北京：知识产权出版
　　　 社，2016.

［35］ 信泽金，王巍. 金融信托的投融资实务基础 ［EB/OL］.（2013-05-22）［2019-11-
　　　 01］. http://trust.jrj.com.cn/2013/05/22072615324449.shtml.

［36］ 信托专家. 在中国为什么信托是最稀缺的金融牌照 ［EB/OL］.（2018-08-14）［2019-11-
　　　 01］. http://finance.sina.com.cn/trust/xthydt/2018-08-14/doc-ihhtfwqq6733035.shtml.

［37］朱翠华. 我国专利信托融资法律问题研究［D］. 上海：华东政法大学，2016.

［38］吕建文. 以风险管理视角看待信托业务的发展［N］. 金融时报，2012-08-20（8）.

［39］路娜. 投资信托：信托投融资实务操作指引［M］. 北京：中国法制出版社，2018.

［40］中国社会科学院金融研究所博士后流动站，中建投信托博士后工作站. 中国信托行业研究报告（2019）［M］. 北京：社会科学文献出版社，2019.

［41］中国建投投资研究院，中建投信托研究中心. 中国信托业研究报告（2013）［M］. 北京：社会科学文献出版社，2013.

［42］何耀琴. 北京市知识产权运营模式分析［J］. 北京市经济管理干部学院学报，2013，28（3）：21-26.

［43］李黎明，刘海波. 知识产权运营关键要素分析：基于案例分析视角［J］. 科技进步与对策，2014，31（10）：123-130.

［44］刘伟，蔺宏. 设立知识产权运营基金 实现知识产权融资创新［J］. 产权导刊，2015（10）：40-43.

［45］乔万里. 国内企业如何面对主权专利基金崛起？［N］. 中国知识产权报，2015-11-12（1）.

［46］刘然，蔡峰，宗婷婷，等. 专利运营基金：域外实践与本土探索［J］. 科技进步与对策，2016，33（5）：56-61.

［47］王海吉. 运用知识产权运营基金 实现社会融资创新［J］. 现代经济信息，2016（11）：334-336.

［48］李希义，朱颖. 设立知识产权质押贷款专项基金的研究探讨：基于财政资金创新使用角度［J］. 科学学研究，2016，34（6）.

［49］任霞. 全球知识产权股权基金运营模式浅析［J］. 中国发明与专利，2016（10）.

［50］孟奇勋，张一凡，范思远. 主权专利基金：模式、效应及完善路径［J］. 科学学研究，2016，34（11）.

［51］屈乔，鲍新中. 北京市知识产权运营模式分析［J］. 现代商业，2017.

［52］姜莉. 政府专利基金相关法律问题研究［D］. 湘潭：湘潭大学，2017.

［53］杨帆，李迪，赵东. 知识产权质押融资风险补偿基金：运作模式与发展策略［J］. 科技进步与对策，2017，34（12）：99-105.

［54］袁琳. 基于中介服务视角的我国知识产权运营典型模式研究：以中关村国家自主创新示范区核心区为例［J］. 科技管理研究，2018（1）.

［55］沈坚. 政府股权投资基金设立方式研究：以湖南省重点知识产权运营基金为例［J］. 城市学刊，2018（4）.

［56］张惠彬，邓思迪. 主权专利基金：新一代的贸易保护措施：基于韩国、法国、日本实践的考察［J］. 国际法研究，2018（5）.

［57］李臻洋. "产业公司+VC"式知识产权投资基金运作模式研究［D］. 北京：对外经济贸易大学，2018.

［58］范建永，丁坚，胡钊. 横空出世：知识产权金融与改革开放40年［J］. 科技促进发

展，2019，15（1）.

［59］孙劼，卞呈祥. 基于价值评估的知识产权运营基金投资决策探析［J］. 赤峰学院学报
（汉文哲学社会科学版），2019（5）.

［60］邱尚楸. 主权专利基金的法律性质与中国对策：基于《补贴与反补贴措施协议》补贴
构成要件分析［D］. 桂林：广西师范大学，2019.

［61］郭晓珍，陈楠. 重点产业知识产权运营基金的发展现状及建议［J］. 厦门理工学院学
报，2019，27（4）.

［62］钱坤. 专利质押融资理论与实践研究［M］. 北京：社会科学文献出版社，2015.

［63］刘红霞. 知识产权质押融资模式运行中的问题及其优化建议［M］. 北京：经济科学出
版社，2015.

［64］鲍新中，张羽. 知识产权质押融资：运营机制［M］. 北京：知识产权出版社，2019.

［65］鲍静海，薛萌萌，刘莉薇. 知识产权质押融资模式研究：国际比较与启示［J］. 南方
金融，2014（11）：54-58.

［66］丁锦希，李伟，郭璇，等. 美国知识产权许可收益质押融资模式分析：基于 Dyax 生
物医药高科技融资项目的实证研究［J］. 知识产权，2012（12）：101-105.

［67］崔晓玲. 德国的经济界互助担保经验借鉴（节选）［EB/OL］.（2016-06-21）［2019-
10-23］. http：//www.chinafga.org/hyfxyj/20160621/4853.html.

［68］宋光辉，田立民. 科技型中小企业知识产权质押融资模式的国内外比较研究［J］. 金
融发展研究，2016（2）：50-56.

［69］邱志乔. 中国知识产权质押融资实证分析与研究［M］. 北京：知识产权出版
社，2018.

［70］昌平区小微企业创业创新基地城市示范专项支持办法［EB/OL］.（2017-09-26）
［2019-10-23］. http：//www.bc-tid.com/content/details25_985.html.

［71］知识产权质押融资保险"中关村模式"发布 智融宝知识产权普惠金融服务生态圈
建成［EB/OL］.［2019-10-23］. http：//www.iprdaily.cn/article_21421.html.

［72］光大银行知识产权质押融资"中山模式"案例［EB/OL］.［2019-10-23］. https：//
baijiahao.baidu.com/s?id=1633492373881272369&wfr=spider&for=pc.

［73］厦门市知识产权局. 关于进一步推进专利权质押融资工作的通知［EB/OL］.（2017-
09-11）［2019-10-23］. http：//xmtorch.1633.com/gonggao/13/13943.html.

［74］科技金融服务平台. 金融产品-详情：麦金一号［EB/OL］.［2019-10-23］. http：//
njxgkjrc.gov.cn/nj_techsub/Apps/finance/index.php?s=/FinanceProduct/detail/id/7.

［75］国家知识产权局：厦门有家知识产权支行［EB/OL］.（2019-08-23）［2019-10-23］.
http：//www.sipo.gov.cn/mtsd/1141577.htm.

［76］袁晓东. 专利信托研究［M］. 北京：知识产权出版社，2010.

［77］崔哲，裴桐淅，张源埈，等. 知识产权金融［M］. 金善花，译. 北京：知识产权出版
社，2017.

［78］中国证券业协会. 金融市场基础知识［M］. 北京：中国财政经济出版社，2018.

［79］MCGEER B. Profile：Guess Deal Viewed as a Model for IP Sector［EB/OL］.（2003-11-07）
［2019-10-12］. https://asreport.americanbanker.com/news/profile-guess-deal-viewed-as-a-
model-for-ip-sector.

［80］袁晓东，李晓桃. 专利资产证券化解析［J］. 科学学与科学技术管理，2008，29（6）.

［81］邹小芃，王肖文，李鹏. 国外专利权证券化案例解析［J］. 知识产权，2009（19）.

［82］汤珊芬，程良友. 美国专利证券化的实践与前景［J］. 电子知识产权，2006（4）.

［83］高峰. 我国资产证券化结构中 SPV 的法律构建问题［J］. 当代经济管理，2009，31（7）.

［84］李淑琴，周兴荣，田翔宙. 融资租赁资产证券化问题研究［J］. 商业时代，2009（16）.

［85］第一创业-文科租赁一期资产支持专项计划：计划说明书［EB/OL］.（2018-03-20）
［2019-10-15］. https://www.cn-abs.com/product.html#/detail/document?deal_id=4095.

［86］徐文学，蒙菲. 应收账款证券化模式研究［J］. 财会通讯，2009（29）.

［87］李茜. 基于供应链金融的应收账款证券化模式探究［J］. 现代管理科学，2011（7）.

［88］知识产权 ABS 三大交易结构，看这一篇就够了［EB/OL］.（2019-09-25）［2019-10-
18］. https://mp.weixin.qq.com/s/J9cLAyIR0jk3NAnTHnL8Zw.

［89］周明，陈柳钦. 信托模式：我国资产证券化发展模式的现实选择［J］. 新金融，2004（10）.

［90］张刚. 我国资产证券化的模式选择：特殊目的信托［J］. 南方金融，2016（2）.

［91］唐文聪. 我国知识产权信托法律制度构建研究［D］. 广州：中山大学，2009.

［92］齐岳，廖科智，刘欣，等. 创新创业背景下科技型中小企业融资模式研究：基于知识
产权质押贷款 ABS 模式的探讨［J］. 科技管理研究，2018，38（18）.

［93］西南地区首单微小企业贷款 ABS 成功发行［EB/OL］.（2019-10-19）［2019-10-21］.
https://xueqiu.com/2576680180/134291546.

［94］知识产权证券化 零突破之后怎么走［EB/OL］.（2019-04-02）［2019-10-21］. http://
www.chinanews.com/cul/2019/04-02/8797437.shtml.

［95］汤珊芬，程良友，袁晓东. 专利证券化：融资方式的新发展［J］. 科技与经济，
2006，19（3）.

［96］金品. 我国专利证券化的机遇和风险［J］. 甘肃金融，2014（8）.

［97］乔晓阳. 中华人民共和国商标法释义及实用指南［M］. 北京：中国民主法制出版
社，2013.

［98］吴汉东. 知识产权法学［M］. 6 版. 北京：北京大学出版社，2014.

［99］于金葵. 地理标志法律保护模式的探讨［J］. 中国海洋大学学报（社会科学版），
2006（5）：89-91.

［100］陆晔，王宝林，等. 独创的艺术成就：谈南京云锦"妆花"工艺［J］. 上海工艺美
术，2002（4）.

［101］黄琳. 刍议我国地理标志保护法的历史、现状与未来［J］. 法制与经济（下半月），
2008（1）.

[102] 黄礼彬. 试论强化我国地理标志的法律保护：以法国香槟酒行业委员会与商标评审委员会商标争议纠纷为引 [J]. 价值工程，2014（16）.

[103] 张民，高丹. 建立农业生产端大数据平台　助力地理标志农产品质量追溯 [J]. 中华商标，2018（11）：48-51.

[104] 宋奕勤，张媛. 城市品牌形象的符号化传播应用研究：以湖北省城市品牌形象为例 [J]. 大家，2012（8）.

[105] 淡海英. 谈陕西省户县葡萄的推广经营之路 [J]. 福建农业，2014（Z1）：42.

[106] 陈矗，吴传清. 区域产业集群品牌的地理标志管理模式选择 [J]. 武汉大学学报（哲学社会科学版），2012（3）.

[107] 何有良.“丽水山耕”区域公用品牌创建发展之路 [J]. 杭州农业与科技，2018（1）.

[108] 卢昌彩，赵景辉. 水产品区域品牌建设：三门青蟹区域品牌案例分析 [J]. 中国水产，2014（1）.

[109] 孔凡铭，姚待献. 公司+基地+合作社+农户=粮食银行 [J]. 企业管理，2018（4）.

[110] 农业部渔业渔政管理局调研组. 汉江稻田作出大文章　潜江龙虾造就大产业：湖北省潜江市小龙虾产业发展情况调研报告 [J]. 中国水产，2015（7）：15-17.

[111] 指南针商品交易. 三类地理标志产品认证及管理保护体系的共性特征与差异比较 [EB/OL].（2017-06-01）[2018-10-24].http://www.sohu.com/a/145084759_813950.

[112] 国家质量监督管理局. 中欧地理标志互认项目取得重大进展 [EB/OL].（2011-06-09）[2019-10-27]. http://kjs.aqsiq.gov.cn/dlbzcpbhwz/zcfg/zxzcxx/201303/t20130305_345406.htm.

[113] 黄见. 战略性品牌管理：理论与案例 [D]. 重庆：西南财经大学，2000.

[114] 宋学春，李培强，等. 山东平度白埠镇“一村一品”拓宽农民致富路 [EB/OL].（2011-09-28）[2019-10-28]. http://country.aweb.com.cn/2009/9/28/480200909281415500.html.

[115] 蒋红瑜，杨柳，邓乔. 五常大米追溯辨真假 [J]. 中国食品药品监管，2017（7）.

谨以此书献给为国家平台建设做出卓越贡献的朱宁同志